华东政法大学研究生系列规划教材

华东政法大学
教材建设和管理委员会

主　　任	郭为禄　叶　青
副 主 任	韩　强
部门委员	虞潇浩　杨忠孝　洪冬英
	屈文生　陆宇峰
专家委员	王　迁　孙万怀　钱玉林
	任　勇　余素青　杜素娟

证券法专题研究

伍 坚 ◎ 主编

北京大学出版社
PEKING UNIVERSITY PRESS

图书在版编目(CIP)数据

证券法专题研究/伍坚主编. —北京：北京大学出版社，2024.1
ISBN 978-7-301-34713-3

Ⅰ. ①证⋯　Ⅱ. ①伍⋯　Ⅲ. ①证券法—研究—中国　Ⅳ. ①D922.287.4

中国国家版本馆 CIP 数据核字(2023)第 225433 号

书　　　名	证券法专题研究 ZHENGQUANFA ZHUANTI YANJIU
著作责任者	伍　坚　主编
责 任 编 辑	李小舟
标 准 书 号	ISBN 978-7-301-34713-3
出 版 发 行	北京大学出版社
地　　　址	北京市海淀区成府路 205 号　100871
网　　　址	http://www.pup.cn　新浪微博：@北京大学出版社
电 子 邮 箱	zpup@pup.cn
电　　　话	邮购部 010-62752015　发行部 010-62750672　编辑部 021-62071998
印 刷 者	北京虎彩文化传播有限公司
经 销 者	新华书店 730 毫米×980 毫米　16 开本　21.25 印张　393 千字 2024 年 1 月第 1 版　2024 年 1 月第 1 次印刷
定　　　价	88.00 元

未经许可，不得以任何方式复制或抄袭本书之部分或全部内容。
版权所有，侵权必究
举报电话：010-62752024　电子邮箱：fd@pup.cn
图书如有印装质量问题，请与出版部联系，电话：010-62756370

春华秋实结硕果 奋进征程启新篇

——华东政法大学研究生系列规划教材总序

中国特色社会主义进入新时代，在迈向建设社会主义现代化国家的新征程上，党和国家事业发展迫切需要培养造就大批德才兼备的高层次人才。习近平总书记强调，研究生教育在培养创新人才、提高创新能力、服务经济社会发展、推进国家治理体系和治理能力现代化方面具有重要作用。为全面贯彻落实全国教育大会、全国研究生教育会议精神，切实提升研究生教育支撑引领经济社会发展能力，加快新时代研究生教育改革发展势在必行。为此，亟需优化研究生课程体系，加强研究生教材建设，创新研究生教学方式，突出研究生的创新意识和创新能力培养，切实提升研究生人才培养质量。

春华秋实结硕果，华东政法大学喜迎七十华诞，经过70年的建设和发展，华政已由一所不足1000人的单一学科院校成长为一所以法学学科为主，兼有经济学、管理学、文学、工学等学科的办学特色鲜明的多科性的高水平地方大学，被誉为"法学教育的东方明珠"。华政研究生教育也已走过40年的非凡历程，回首过往，教授们在课堂上传播知识、分享见解，他们的讲义、讲稿都是浓缩的精神财富，弥足珍贵。教材是教师思想智慧和研究成果的结晶，是传播知识和传递价值的重要载体，是师生学习和交流的重要工具，在教学中具有教育引领和立德树人的重要作用。为贯彻落实上海市人民政府《关于本市统筹推进一流大学和一流学科建设实施意见》（沪府发〔2018〕7号）、上海市教育委员会《上海高等学校创新人才培养机制 发展一流研究生教育试行方案》（沪教委高〔2018〕75号）和我校"十三五"发展规划纲要，深入推进研究生教育质量保障体系建设和专业学位综合改革，提升我校研究生培养质量，我校于2019年开始实施地方高水平大学和一流研究生教育引领计划系列项目建设，包括对10个研究生教材建设项目进行资助，自此有序迈开我校研究生教材建设的步伐。

根据《教育部 国家发展改革委 财政部关于加快新时代研究生教育改革发展的意见》（教研〔2020〕9号）、《上海市教育委员会 上海市发展和改革委员会 上海市财政局关于加快新时代上海市研究生教育高质量发展的实施意见》(沪教委高〔2021〕42号)等文件精神,我校紧密结合经济社会发展需要,根据学科和人才培养特色,规范研究生核心课程设置,开好学科基础课程、核心课程和前沿课程,制定交叉学科专门的课程体系,着力打造我校研究生精品示范课程。为更好地提供课程配套教材,提升课程教学质量,推动优质资源共享,我校组织开展了研究生系列规划教材建设工作,主要包含以下几个方面:

一是建设习近平法治思想专项研究生教材。为深入学习贯彻习近平法治思想,推进习近平法治思想"三进"工作,把习近平法治思想有效融入课程思政建设,立项资助习近平法治思想专项教材,要求充分体现习近平关于全面依法治国、建设法治强国等方面的新理念、新思想和新战略。**二是建设研究生专业基础课和专业核心课教材**。面向我校法学学科以及其他特色优势学科的研究生专业基础课和专业核心课,建设一批专业课教材,夯实学科基础。要求体现本学科专业优势和特色,在内容和体系上有明显特色和创新,及时吸纳最新科研和教研成果。**三是建设研究生交叉学科教材**。为加强我校交叉学科、新兴学科建设,激发学校创新活力,提升学科竞争力,建设一批高质量的法学与其他学科交叉教材,体现我校特色和优势,为国家法治建设作出新的贡献。**四是建设专业学位研究生实务教材**。为保证我校专业学位研究生复合型、应用型人才培养目标的实现,提高专业学位研究生课程教学的实效性,建设一批高质量的实务教材,编写的案例应以培养学生实践能力和职业技能为导向,要符合应用性、典型性、客观性、创新性要求。

我校研究生系列规划教材建设具有鲜明的特色和优势,我认为主要体现在以下几点:

第一,立德树人,坚持政治和学术标准统一。我校研究生教材建设立足为党育人、为国育才的使命,坚持立德树人,坚持思想政治教育和科学教育并重,要求政治标准和学术标准相统一。大力加强研究生课程思政建设,坚持习近平新时代中国特色社会主义思想和社会主义核心价值观进教材、进课堂、进头脑,把研究生课程教材质量作为学校学位点合格评估、学科发展水平、教师绩效考核和人才培养质量评价的重要内容和重要大事来谋划和落实,力求站位高、标准严、评审细、成效好。

第二,专家领衔,确保研究生教材质量有保障。我校研究生教材建设提倡组建团队集体编写,在此基础上进一步打造一支较为稳定的研究生课程教学团队。学校立项资助的研究生教材主编基本上都是各个学科领域的优秀知名专家,具有丰富的经验,已编写出版过高质量的教材,且对本领域的重点和前沿问题发表有很高质量的研究成果。编写的研究生教材内容能够充分反映各学科的最新研究成果，在国内同类教材中具有鲜明的特色或具有先进性。学校组织校内外同行专家进行教材书稿评审验收，以严格的过程管理和成果验收机制，充分发挥专家的作用，确保研究生教材的质量有保障。

第三，百花齐放，建设研究生品牌教材体系。围绕上海市地方高水平大学和一流研究生教育建设目标，学校通过立项资助鼓励广大教师积极开展教材研究，编写出版高水平高质量教材，建设并形成具有华政特色的研究生品牌教材体系。其中，既有各个法学学科领域的重点经典专题研究类教材，也有数字法治人工智能等前沿问题探讨类教材；既有适合学术学位研究生的理论型教材，也有针对专业学位研究生的实务型教材；既有向纵深拓展的专业学科教材，也有横向宏阔视野的交叉学科教材。充分呈现了华政研究生教材建设百花齐放的美好态势。

第四，国际视野，全面助力涉外法治人才培养。华政始终坚持"开门办学、开放办学、创新办学"的发展理念，在科学研究、人才培养、社会服务、国际交流与合作、文化传承与创新等方面承担起社会主义政法院校应有的责任，历来注重涉外法治人才的培养。我校国际法系曹建明教授主编的《国际经济法概论》荣获司法部普通高校法学优秀教材一等奖，曹建明教授和贺小勇教授主编的《世界贸易组织》获得上海普通高校优秀教材二等奖，朱榄叶教授和贺小勇教授的专著《WTO争端解决机制研究》荣获司法部第三届全国法学教材与科研成果三等奖，何勤华教授主编的《外国法制史》获得司法部第二届法学教材与科研成果三等奖、上海市高校优秀教材一等奖，丁伟教授主编的《国际私法学》获得上海普通高校优秀教材三等奖，刘晓红教授和袁发强教授主编的《国际商事仲裁》以及王虎华教授主编的《国际公法学》荣获上海普通高校优秀教材二等奖，等等。2021年2月，根据教育部的通知要求，我校进一步加大法律硕士专业学位（涉外律师）研究生人才的培养力度。2021年4月，我校成立了最高人民法院国际合作局司法协助研究基地，致力于培养大批德法兼修的高素质涉外法治人才。2021年9月，我校受司法部律师工作局委托，承担法律硕士专业学位（涉外律师）研究生培养项目联合培养工作，学校也对此项目相关的研究生教材予以倾斜资助，全面助力高端涉外法治人才的培养。2022年，学校率先在全国成立了独立运行的二级学院——涉外法治学院，培养国际知识产权法律、国际组织人才。

研究生教育肩负着高层次人才培养和创新创造的重要使命，是国家发展、社会进步的重要基石，是应对全球人才竞争的基础布局。我校现在推出的研究生系列规划教材，紧密结合当前经济社会实际，体现了我校研究生导师的最新研究成果，反映了本学科领域发展的动态前沿，我们相信它们是符合广大研究生的学习需求的，也相信能收获研究生教材建设项目的预期成效。

今后，我校将坚持以习近平新时代中国特色社会主义思想为指导，全面贯彻党的教育方针，坚定走内涵式发展道路，以立德树人、服务需求、提高质量、追求卓越为主线，不断推出研究生精品课程和高质量品牌特色教材，为有效提升研究生人才培养质量，为实现中华民族伟大复兴的中国梦作出新的更大的贡献！

叶 青
2022 年 12 月

目 录

第一章 证券及衍生品专题

论金融理财产品法律规范的统一适用 …………………… 季奎明 (3)
  一、典型金融理财产品的法律结构比较 ………………………… (4)
  二、金融理财产品共同的信托本质 ……………………………… (7)
  三、金融理财产品法律规范适用的现状与问题 ………………… (11)
  四、统一适用于金融理财产品的法律及其完善 ………………… (16)
  五、结语 …………………………………………………………… (21)

金融衍生产品净额结算的法律规范 …………………………… 季奎明 (23)
  一、采用净额结算的原因:法律特性的影响 …………………… (24)
  二、净额结算的实践与意义 ……………………………………… (25)
  三、净额结算的基本法律规则 …………………………………… (26)
  四、不涉及破产的净额结算在中国法上的适用 ………………… (27)
  五、涉及破产的净额结算在中国法上的适用 …………………… (28)

中国证券法 40 年 ……………………………… 吴 弘 桂 祥 库娅芳 (33)
  一、证券法 40 年的发展变迁 …………………………………… (34)
  二、证券法发展中理论和实践的重要问题 ……………………… (39)
  三、中国证券法的未来展望 ……………………………………… (47)

第二章 市场法治专题

刍议我国债券市场创新发展的法治建设问题 ………………… 窦鹏娟 (53)
  一、发展中的中国债券市场:新变化与新问题 ………………… (54)

二、中国债券市场:"这个世界会好吗" …………………………… (58)
　　三、走向法治:关于我国债券市场创新发展的几点建议 ………… (61)
　　四、结语 ……………………………………………………………… (66)

金融市场基础设施自律管理规范的效力形成机制 ………… 季奎明 (67)
　　一、自律管理规范的效力困境 ……………………………………… (68)
　　二、自律管理规范效力形成的前提问题:廓清基础设施法律地位的
　　　　比较法经验 ……………………………………………………… (74)
　　三、自律管理规范效力形成的中国式双轨路径 …………………… (79)
　　四、结语 ……………………………………………………………… (87)

论公开主义
——关于我国证券法基本理念的省思 ……………………… 周　珺 (89)
　　一、公开主义与实质主义的区分 …………………………………… (89)
　　二、各国采纳公开主义的主要理由 ………………………………… (90)
　　三、公开主义的主要缺陷 …………………………………………… (93)
　　四、我国证券法基本理念的选择 …………………………………… (96)

论我国地方政府债券评级优化的法治进路 ……………… 窦鹏娟 (98)
　　一、地方政府债券评级:揭示地方政府信用风险的"晴雨表" ……… (99)
　　二、我国地方债券评级中的现实问题:舶来品的本土"不服"现象 … (101)
　　三、优化我国地方债券评级的法治之路:舶来制度如何在本土
　　　　"重生" ………………………………………………………… (105)

第三章　股东权利专题

表决权虚化与优先股制度 ……………………………… 王东光 (115)
　　一、小股东表决权虚化 ……………………………………………… (116)
　　二、表决权的财产价值 ……………………………………………… (122)
　　三、优先股:应对虚化的权益设计 …………………………………… (127)
　　四、结语 ……………………………………………………………… (132)

论股东本位
——阿里巴巴公司"合伙人"制度引发的思考 ……………… 周 珺 （133）
一、阿里巴巴公司"合伙人"制度产生的争议 …………………………… （134）
二、公司的目标 …………………………………………………………… （135）
三、公司控制权的归属 …………………………………………………… （140）
四、个案中能否突破股东本位 …………………………………………… （145）

美国法中股东提名董事制度研究 ……………………………… 伍 坚 （147）
一、股东提名董事制度在美国的发展历程 ……………………………… （147）
二、2010年SEC修正规则的主要内容 …………………………………… （152）
三、商业圆桌会议诉SEC案及其影响 …………………………………… （155）
四、对我国构建股东提名董事规则的启示 ……………………………… （156）

第四章 投资者保护专题

金融机构适当性义务辨析
——新《证券法》及《纪要》视角 ……………… 吴 弘 吕志强 （163）
一、适当性义务法律体系的完善 ………………………………………… （163）
二、适当性义务内涵的整体概括 ………………………………………… （164）
三、适当性义务的核心内涵是风险匹配 ………………………………… （168）
四、适当性义务的核心内涵决定其先合同义务法律性质 ……………… （170）

上市公司退市时小股东利益之保护 …………………………… 王东光 （172）
一、上市公司退市的法律界定及动因 …………………………………… （173）
二、上市公司退市的条件 ………………………………………………… （175）

新常态下我国公司债券违约问题及其解决的法治逻辑 ……… 窦鹏娟 （184）
一、违约频现：我国公司债券市场"新常态" …………………………… （185）
二、政府兜底债券违约：逻辑悖论与现实困境 ………………………… （187）
三、宜疏勿堵：债券违约解决的法治机制与域外经验 ………………… （191）

四、我国解决债券违约问题的法治转向:政策与法律的转变及
未来改进方向 ……………………………………………… (196)
五、余论 ………………………………………………………… (200)

证券信息披露的投资者中心原则及其构想 ……………… 窦鹏娟 (202)
一、引言 ………………………………………………………… (202)
二、作为金融监管工具的证券信息披露制度:局限与问题 ……… (203)
三、挑战传统信息披露范式:投资者需要什么样的信息披露 ……… (205)
四、信息披露的投资者中心原则:基于证券衍生交易信息披露的
新动向 ……………………………………………………… (208)
五、以投资者为中心的证券信息披露制度之构想 ……………… (211)
六、结语 ………………………………………………………… (216)

第五章 证券交易与收购专题

论我国大额持股披露制度的完善 ………………………… 伍 坚 (219)
一、对《证券法》修订前大额持股披露制度及其实施效果的检讨 …… (220)
二、新《证券法》的制度变革及其得失 …………………………… (225)
三、违反大额持股披露制度的责任优化 ………………………… (229)

上市公司收购中收购方的余股挤出权 …………………… 王东光 (235)
一、域外法中的强制排除规则考察 ……………………………… (236)
二、强制排除权之立法理由 ……………………………………… (241)
三、对完善我国相应法律的启示 ………………………………… (242)

证券错误交易撤销权研究 ………………………………… 王东光 (247)
一、证券错误交易及其认定 ……………………………………… (248)
二、错误交易政策:原则与框架 ………………………………… (253)
三、我国错误交易撤销权的制度体系 …………………………… (256)
四、错误交易撤销权 ……………………………………………… (259)
五、错误交易撤销权的法理基础 ………………………………… (264)

第六章 证券市场监管专题

后金融危机时代评级机构的监管改革、评价与未来趋势
　　——兼及对我国评级监管的启示与借鉴 ················· 窦鹏娟 (275)
　　一、评级机构迎来监管改革风暴 ································· (276)
　　二、后危机时代评级机构监管改革的成效与不足 ················· (281)
　　三、评级机构监管改革的未来方向 ······························· (284)
　　四、我国的信用评级与监管的完善 ······························· (290)
　　五、结语 ··· (292)

论证券行政和解的正当性及其制度功能 ··················· 窦鹏娟 (294)
　　一、禁止性证券交易民事赔偿责任的实现困境 ··················· (295)
　　二、证券行政和解及其正当性基础 ································ (298)
　　三、证券行政和解在监管执法与投资者补偿之间的沟通性 ········ (303)
　　四、余论 ··· (307)

新三板市场差异化监管略论 ······························· 窦鹏娟 (309)
　　一、从新三板分层制改革到北京证券交易所的成立 ·············· (310)
　　二、新三板分层制度与差异化监管的辩证关系 ··················· (311)
　　三、新三板市场差异化监管的法治逻辑 ···························(313)
　　四、新三板"后分层时代"的差异化监管径路 ····················(315)

证券期货市场诚信监管及其法治化的实现 ················ 窦鹏娟 (317)
　　一、证券期货市场诚信监管的法律维度 ···························(318)
　　二、证券期货市场诚信监管法治化的理论基础 ···················(321)
　　三、证券期货交易诚信监管法治化的实现路径 ···················(325)
　　四、结语 ··· (329)

第一章

证券及衍生品专题

论金融理财产品法律规范的统一适用

季奎明

【内容摘要】 信托公司、证券公司、基金公司、保险公司以及商业银行均经营理财业务,虽然产品的名称不一,投资者群体不尽相同,但理财产品的法律构造高度同质化。信托在各个国家会呈现出不同的样貌,但其本质是界分出范围明确的特殊目的财产,并在此基础上规范委托人、受托人、受益人及其与第三人的关系,尽管我国的一些理财产品不乏刻意回避"信托"名称的情况,但究其实质并未跳出信托的范畴。目前,我国对理财产品的分业而治,导致了行业竞争不公平、投资者保护不力、规范漏洞明显、司法依据混乱等困局。而金融监管模式的转变不是一夕之功,且规范市场的有效途径不局限于行政监管,确保金融理财市场适用统一的权威的法律规范,才是消解目前各类弊端的更可行的路径。建议完善《信托法》来统一规范理财业务的当事人,扩张《证券法》的适用范围来统一规范理财产品的公开发行与流通。

【关键词】 理财产品 统一规范 信托法 证券法

随着金融创新的深化,我国分业经营的金融格局正在发生着微妙的变化,尤其是在国民收入水平提高,个人资产保值、增值诉求增加的背景下,新兴的金融理财市场逐步壮大。面对巨大的市场需求,各金融行业先后实施了"资管新政":证券公司与基金公司资产管理的投资范围和运作方式被放宽,保险公司也可以取得开展资产管理业务的营业牌照,再加上传统的信托公司、商业银行同样大量经营资管业务,各行业、机构"画地为牢"的旧常态被打破,"大(泛)资产管理时代"来临。然而,探究各种金融理财产品的法律结构,可以发现名目各异的产品有着高度的相似性,却在法律的层面缺乏统一的规范适用,发挥主要影响的大多是各自监管部门制定的规范性文件,"同质不同规"引发了理财市场上的乱象。

一、典型金融理财产品的法律结构比较

目前,我国金融机构向投资者提供的理财服务纷繁多样,大致可分为信托公司的信托投资计划、证券公司的客户资产管理服务、基金管理公司的证券投资基金与货币市场基金、保险公司附加有投资理财功能的创新险种(如投资连结险、分红险、万能寿险等)以及商业银行的人民币或外币理财产品。尽管发行的金融机构不一、销售的目标群体不同,但各类理财产品的法律结构是高度的同质化。

(一)信托公司的集合资金信托计划

信托,"信以为托"的称谓已经显示了这种法律关系在理财市场中的重要地位,信托这一肇始于英美衡平法的制度之所以被引入大陆法系,重要原因之一就是其可以适应理财需求、盘活资本市场。2009 年,作为监管部门的银监会专门颁布了《信托公司集合资金信托计划管理办法》,在这部行政规章的约束下,典型信托产品的法律构造是:两个以上的委托人将其合法拥有的资金转移到受托人为实施信托计划在托管银行开立的专用账号,受托人为受益人的利益以自己的名义将信托资金进行集中管理、运用或处分,在扣除相应的债务、费用、税赋及受托人佣金后,按照约定向受益人给付。大多数的集合资金信托计划均为自益信托,即委托人与受益人为同一人。

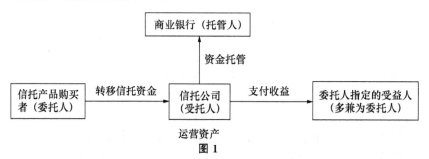

图 1

(二)证券公司资产管理业务

根据《证券期货经营机构私募资产管理业务管理办法》,证券公司可以为单一客户办理定向资产管理业务,为多个客户办理集合资产管理业务,为客户办理特定目的的专项资产管理业务,其中以集合资产管理业务最为常见。证券公司应当将集合资产管理计划设定为均等份额,面向具有一定资质的合格投资者发

行,将募集的资金交存于托管机构,并设立单独的账户核算、管理,按照资产管理合同的约定向投资者给付投资份额的价值,而相应投资风险由投资者自行承担。

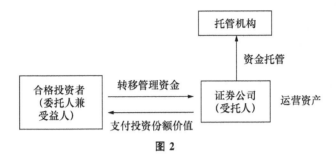

图 2

(三)基金管理公司的证券投资基金与特定客户资产管理业务

基金管理公司依据《证券投资基金法》可以公开或非公开募集资金设立证券投资基金,由其充当基金管理人,由商业银行或其他金融机构担任基金托管人,为基金份额持有人的利益进行证券投资活动。《证券投资基金法》明确本法未尽之问题适用《信托法》的相关规定,进而基本肯定了投资基金的信托法律结构。为保证受托财产的独立性,在投资基金资管业务中不仅要求商业银行出任托管人,还赋予托管人监督基金管理人的权力,因而基金管理人和托管人被认为是共同受托人。

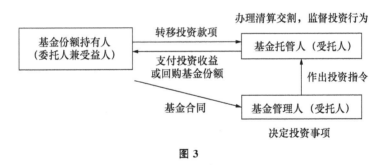

图 3

(四)保险公司有投资理财功能的创新险种

随着放宽对保险公司从事资产管理业务的限制,保险业也推出了一系列带有金融理财属性的保险产品,其中又以投资连结保险合同推行时间最久、最具代表性。所谓投资连结保险合同,是指包含保险保障功能并至少在一个投资账户拥有一定资产价值的人身保险产品,其中实际上包含了两种法律关系:一是传统的人身保险合同,投保人支付保费,保险人在保险事由发生时向受益人给付保险金(也被称为基本保险金额),以实现保障功能;二是保险公司实施的资产管理行为,投保人支付的费用除去基本保费之外的大部分资金本质上是投保人交付给保险人代为理财的款项,须设立单独管理的投资账户,划分为等额单位,单位价值由单位数量及投资账户中资产或资产组合的市场价值决定,保险人一般根据投资标的的风险程度将投资账户划分为不同的等级,供投保人选择或转换①,以实现投资目标。在保险合同约定的事由发生时,受益人可以从保险人处受领的保险金为基本保险金额加上投资单位价值总额,进而为受益人实现了保险保障与金融投资的双重连结功能。

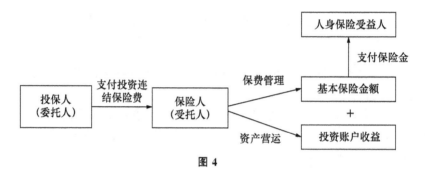

图 4

(五) 商业银行的综合理财业务

商业银行也是较早被允许开展个人理财业务的金融机构,可以向特定目标客户群销售理财计划,客户授权银行按照合同约定的投资方向和方式,进行投资和资产管理。根据客户获取收益方式的不同,银行发行的理财计划分为保证收益型与不保证收益型,而后者又有保本或不保本的区分。因为商业银行本身就是资金托管机构,在它销售的理财计划中又同时充当资金的管理人,所涉法律结构相比其他理财产品更为简单。此外,商业银行的理财计划还可以作出保证本金甚至是保证收益的承诺,这与其他大部分的金融理财产品(至少在名义上)是不同的。

---

① 一般划分为:风险最低的准现金管理型投资账户,较多投资于存款、国债的稳健平衡型投资账户,大量投资于证券投资基金的积极进取型投资账户,主要投资于股票及各类基金的高风险型投资账户。各类投资账户均不承诺保本,投保人有权在上述的一个或多个账户中自由分配可投资保险费。

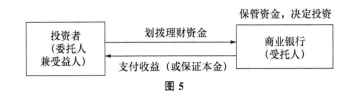

图5

二、金融理财产品共同的信托本质

理财产品是我国各类金融机构竞相争夺的市场,虽然从形式上看,不同机构发行的理财产品名称、参与主体、合同内容均存在差异,然而其最核心的法律关系仍是信托。信托是源起于英美衡平法的一项制度,对它的概念甚至至今未形成一致的看法,但通过梳理、比较依旧可以勾勒出它的本质特征。

英美法系以判例作为主要法律渊源,成文法没有给出信托的明确定义。英国最具影响力的著述认为,只能根据多年的司法实践对信托的特征作一种描述而非定义,"信托是一种衡平法义务,约束一个人(称为受托人)为了某些人(称为受益人,也可能是受托人之一)的利益处分他所控制的财产(称为信托财产),而任何一位受益人均可以强制执行这项义务,受托人未得到信托文件或法律授权、豁免的行为或过错都会构成对信托的违反"。[①] 美国的《信托法重述》则将信托表述为"一种与财产有关的信义义务,产生于意图设立该关系的明确意思表示,享有财产权的人有义务为了公益目的或一人、多人(至少有一人不是唯一的受托人)之利益管理该财产"[②]。英美法系对信托的认识普遍强调如下几项规则:第一,信托财产的占有、管理、处分与实际收益是分离的;第二,受托人的义务是强制性的,当事人不能否认或忽视;第三,受益人可以直接强制实现信托所赋予的权益。英美法系对信托的界定依托于衡平法的传统,分别给予受托人、受益人在普通法和衡平法上的相应权利,以此实现信托制度的目标,但这种定义方式难以被大陆法系采纳。

大陆法系移植信托较为成功的日本、韩国对信托的定义基本趋同:所谓信托,是将财产权转移或为其他处分,使他人依照一定的目的而管理、处分该财产。[③] 这样的界定方式不依赖衡平法体系,突出三方面的内涵:首先,信托必须存在信托财产的转移或进行其他处分(如设定用益物权、担保物权等),并确保信

---

① 参见〔英〕D.J.海顿:《信托法》(第4版),周翼、王昊译,法律出版社2004年版,第3—6页。
② Restatement (Third) of Trusts,§3.
③ 参见现行日本《信托法》第3条、韩国《信托法》第2条。

托财产的独立性；其次，受托人依信托目的管理或处分信托财产；最后，信托是为了受益人的利益或特定公益目的。① 我国《信托法》第2条则规定："本法所称信托，是指委托人基于对受托人的信任，将其财产权委托给受托人，由受托人按委托人的意愿以自己的名义，为受益人的利益或者特定目的，进行管理或者处分的行为。"从其表述看，在我国成立信托的四个要件是：委托人信任受托人，委托人将财产权委托给受托人，受托人以自己的名义管理、处分信托财产，受托人为受益人的最大利益管理信托事务。②

第一项要件"信任"在大部分国家的信托定义中虽未直接提及，但均隐含其意，一方面受托人能占有并管理财产是基于委托人的信任，另一方面受托人又无法摆脱广泛的强制性义务，"信以为托"正是信义义务的法理基础。我国立法在信托的定义中直接揭示了"信任"要件，而这一要件也是投资于各种金融理财产品的投资者与金融机构签订理财合同时普遍具有的主观状态。投资者对金融机构的"信任"有两点重要依据：其一，发行理财产品的机构均受到金融监管并获得了特许资质，投资者因政府信用而信任金融机构，进而因机构信用而信任其雇佣的专业管理人士；其二，金融机构的理财服务是有偿的，投资者支付管理费用的行为已证明其对金融机构最基本的信任态度。③

第二项要件是财产权的"委托给"，原本属于委托人的信托财产是否必须经由"委托"行为转移"给"受托人，这是我国《信托法》颁行后始终不息的争论。英美法系的受托人是信托财产在普通法上的所有人，或被称为形式上的所有权人；信托制度发达的大陆法系国家、地区亦在法律上规定财产权必须转移或作其他处分。我国立法的措辞是"委托给"，既为委托，则财产不必转移，有学者认为这种一元结构的信托财产所有权是中国信托法的重大特色④，而"给"字又提供了不小的解释空间，让大部分学者坚持信托财产权应当转移给受托人，以契合信托的本旨。⑤ 讨论"委托给"的意义在于为受托人依信托目的自主地管理财产找到正当基础，需要登记的财产是否转移或作相应处分较易识别，因此真正值得明确的是占有和所有可以分离而又无须登记的财产如何才能实现"委托给"。这一难题在理财产品的场合恰恰争议不大，因为我国理财市场上的标的绝大多数是金融资产，或需要登记公示权属或为货币。通说认为货币之归属一律适用"占有即

---

① 参见何宝玉：《信托法原理研究》（第二版），中国法制出版社2015年版，第5页。
② 同上书，第7—10页。
③ 参见黄韬：《我国金融市场从"机构监管"到"功能监管"的法律路径——以金融理财产品监管规则的改进为中心》，载《法学》2011年第7期。
④ 参见张淳：《中国信托法特色论》，法律出版社2013年版，第33—34页。
⑤ 关于"委托给"的解释方法，可参见季奎明：《论信托的本质及其对传统物权体系的解构》，载王保树主编：《商事法论集》（总第13卷），法律出版社2008年版。

所有"的原则:"由货币的性质和职能所决定,货币的所有权不得与对货币的占有相分离。凡占有货币者,不分合法、非法,均取得货币所有权;将货币借贷他人或委托他人保管亦由借用人或保管人取得货币所有权。对于货币,不适用《民法典》第 235 条关于原物返还请求权的规定、第 462 条关于占有回复请求权的规定;丧失货币所有权的人,只能根据合同关系、不当得利制度或侵权行为制度获得救济。"① 货币"占有即所有"的原因有三:其一,货币的作用在于流通,并在流通的过程中丧失了作为标的物的特殊性,在现实支配(占有)之外另有可能支配(所有),实属无法想象;其二,货币的购买力不在于素材价值,依靠的是国家强制通用力及社会信赖,因而货币的现实占有人可被推定为货币价值的归属人;其三,如果认可货币的占有可与所有分离,那么交易相对人在接受货币时就必须逐一考察交付货币之人是否享有所有权,交易成本过高,客观上限制了货币的流通机能。② 鉴于此,投资者将货币资产交付于金融机构或转入专门的资金账户后,应当认定财产的所有权被转移给了金融机构,完全符合最严苛的信托财产转移要件。也有部分学者指出,货币"占有即所有"的原则应有例外。③ 例如,在委托、信托、行纪中,货币所有权人将货币的实物性财产利益转化为价值性财产利益,并通过专门资金账户予以特定,从而否定货币所有权的移转,对这样的货币占有应当适用动产物权变动的一般规则。④ 即便如此,也无法否认上述商事关系中的货币占有至少也是一种处分行为,依然符合大陆法系国家信托法对设立信托财产的要求,亦属我国《信托法》中"委托给"的应有之义。

第三项要件为受托人以自己的名义管理、处分财产,大部分理财产品合同与监管机构的行政规章中并未明确金融机构接受财产后是以何种名义实施管理、处分行为,但是都要求金融机构设立理财资金专户,其中汇聚了不同投资者的资产,若金融机构在集中理财时分别以投资者个人的名义为之,实属不合理、不效率之举。比如《证券期货经营机构私募资产管理业务管理办法》(2023 年 1 月 12 日证监会令第 203 号修订)第 12 条规定,证券公司从事私募资产管理业务,应当以管理人名义,代表投资者利益行使诉讼权利或者实施其他法律行为。事实上,纵观两大法系的代表性信托定义,均未见"受托人名义"的限定。受托人以自己的名义从事管理和处分行为这一条件虽然可以使信托区别于委托—代理关系,

---

① 梁慧星:《民法总论》(第六版),法律出版社 2021 年版,第 156—157 页。
② 参见郑玉波:《民法物权》,三民书局 1986 年版,第 417—418 页。
③ 参见李锡鹤:《作为种类物之货币"占有即所有"无例外吗——兼论信托与捐赠财产的法律性质》,载《法学》2014 年第 7 期。
④ 参见其木提:《货币所有权归属及其流转规则——对"占有即所有"原则的质疑》,载《法学》2009 年第 11 期。

但是不能区别管理人以自己的名义行事的行纪关系。① 我国《信托法》所要求的"受托人名义",是在信托财产"委托给"受托人的背景之下用以强化受托人的独立地位、限制委托人的指示权,使信托不致混同于委托,真正应当突显的本质是信托财产作为特殊目的财产的独立性,以何人之名行事仅是表象。即便少数理财产品的受托机构无法以自身名义从事管理、处分,但只要能保障客户拨付财产之独立,仍无碍其信托属性。

第四项要件即受托人为受益人的最大利益管理信托事务,在各金融机构提供的理财产品中均有多方面体现:投资者理财的目的是借由专业机构的管理行为获得资产增值,合同或产品说明书中都会明确收益的计算方法或预期,这表明金融机构管理资产是为了受益人的权益;所有的产品销售合同以及法律、规章都要求受托机构设立一个专门的账户存放、结算委托人交付的资产,不能与机构固有财产或其他理财计划的财产混同,有些产品还聘请专业托管人,使投资人交付的资产成为为受益人利益而独立的特定目的财产;受托金融机构必须对受益人(常兼为委托人)承担诚信、尽职的义务,履行信息披露的职责,且这些要求多为法律或规章中确立的强行性规范,以最大程度地确保信托目的实现。值得注意的是,商业银行及保险公司提供的部分理财产品允许含有保底条款(有保本承诺收益、保本不承诺收益等多种类型),信托公司、基金公司、证券公司则不能作出此类承诺,保底条款的存在使得相应理财产品的法律结构趋近于债权关系,因此有人主张约定了保底条款的理财产品不宜被认定为信托。然而,日本、韩国在继受并发展信托法制的初期均允许商事信托的受托人保证受益人的最低收益。② 这种态度一方面是为了实现受托人的自由裁量权同个人责任之间的平衡,另一方面也为信托产品赢取了社会大众的信赖,促进了信托业的发展。③ 尽管从长远来看,保底承诺有可能侵害受托人债权人的利益,但在培育市场的过渡阶段仍有一定的合理性。此外,即便是被明令禁止保底的金融机构如信托公司,"刚性兑付"也是行业的"潜规则",这种惯例的形成恰恰说明了受托人是为了受益人的最大利益行事。

在各个法域、国家,信托会呈现出不同的样貌,以契合迥异的法律传统与社会经济现实,而信托制度的本质精髓就是界分出范围明确的特殊目的财产并在此基础上规范委托人、受托人、受益人及其与第三人的关系。纵使某些国家立法

---

① 参见赵廉慧:《信托法解释论》,中国法制出版社2015年版,第46页。
② 如日本《信托业法》(1923年)第9条规定:"信托公司按命令所定,只对运用方法无特定的金钱信托,发生本金的损失或未达到预先规定的红利时,可订立填补损失或补充红利的合同。"韩国《信托业法》第11条的规定与日本法相同。
③ 参见周小明:《信托制度比较法研究》,法律出版社1996年版,第231—232页。

中的信托定义与信托的原型存在部分差异,但只要实践中的法律构造体现了信托的核心功能,仍不宜狭隘、刻板地否定其信托属性。特别是随着金融混业经营的深化,银行、证券、保险、基金、信托等不同行业之间的业务交叉日趋普遍,围绕财富管理的业务重组与整合此起彼伏,理财主体多元化的市场格局呈现出相互融合的趋势。尽管一些理财产品不乏刻意回避"信托"字眼的情况,但究其实质并未跳出信托的范畴,不同金融机构的理财产品差异主要表现为市场主体而不是产品的法律结构和功能。①

三、金融理财产品法律规范适用的现状与问题

在名目繁多的金融理财产品中,尽管合同形式不尽相同,但就其法律结构而言均属于信托,这种信托关系不会因为受托人的不同而变化。因此,就法理而言,各类金融理财产品均应当适用《信托法》及相关的法律,且这些法律的适用顺序应当优先于各监管部门针对各自行业的理财产品而制定的规范性文件。可是,分业经营在思维上根深蒂固的影响,使得大部分金融机构不愿承认自身销售的理财产品即为信托,否则可能构成越界经营。监管部门为了继续无争议地保有对相关市场活动的监管权,也缺乏将理财产品界定为信托的动力。事实上,金融理财市场不是不存在可以统一适用的高效力层次的法律规范,而是银行、证券公司、保险公司等销售理财产品的机构包括相应的监管部门刻意地规避《信托法》,以凸显其经营或监管行为的正当性。于是,对法律性质高度同质化的产品,银监会、保监会、证监会基于各自部门的工作考量分别颁行适用范围有限的规范性文件,引发了金融理财市场法律规范分散不一的局面。表1是对各种理财产品适用规范及其内容的比较。适用法律规范的差异,引发了一系列值得重视的问题。

表1 各种理财产品适用规范及其内容之比较

	信托公司	证券公司	基金公司	保险公司	商业银行
理财产品名称	集合资金信托计划	私募资产管理计划: 1. 集合资产管理计划 2. 单一资产管理计划	公开募集证券投资基金 私募资产管理计划	投资连结保险	公募理财产品 私募理财产品

---

① 参见席月民:《我国信托业监管改革的重要问题》,载《上海财经大学学报(哲学社会科学版)》2011年第1期。

(续表)

	信托公司	证券公司	基金公司	保险公司	商业银行
监管机构	银保监会	证监会	证监会	银保监会	银保监会
适用规范	《信托法》《信托公司集合资金信托计划管理办法》《关于加强信托公司结构化信托业务监管有关问题的通知》	《证券法》《证券公司监督管理条例》《证券期货经营机构私募资产管理计划运作管理规定》	《证券投资基金法》《证券投资基金管理公司管理办法》《公开募集证券投资基金运作管理办法》《公开募集证券投资基金信息披露管理办法》《证券期货经营机构私募资产管理业务管理办法》《证券期货经营机构私募资产管理计划运作管理规定》	《保险法》《关于规范投资连结保险投资账户有关事项的通知》《关于进一步加强财产保险公司投资型保险业务管理的通知》《人身保险新型产品信息披露管理办法》《保险资金运用管理办法》	《商业银行理财业务监督管理办法》
投资者要求	不低于100万元,人数不超过50个,机构投资者数量不限	集合资产管理计划:不得超过200人。资产管理计划合格投资者均要求: 1.具有2年以上投资经历,且满足下列三项条件之一的自然人:家庭金融净资产不低于300万元,家庭金融资产不低于500万元,或者近3年本人年均收入不低于40万元 2.法人最近1年末净资产不低于1000万元	公开募集证券投资基金:无限制 私募资产管理计划: 1.具有2年以上投资经历,且满足下列三项条件之一的自然人:家庭金融净资产不低于300万元,家庭金融资产不低于500万元,或者近3年本人年均收入不低于40万元 2.法人最近1年末净资产不低于1000万元	无限制	公募理财产品:无要求 私募理财产品要求合格投资者: 1.个人要有2年以上投资经历,且满足家庭金融净资产不低于300万元,或者家庭金融资产不低于500万元,或者近3年本人年均收入不低于40万元 2.法人大于1000万元净资产

(续表)

	信托公司	证券公司	基金公司	保险公司	商业银行
集合资产规模	无限制	资产管理计划的初始募集规模不得低于1000万元。合格投资者投资于单只固定收益类资产管理计划的金额不低于30万元,投资于单只混合类资产管理计划的金额不低于40万元,投资于单只权益类、商品及金融衍生品类资产管理计划的金额不低于100万元。资产管理计划投资于非标准化资产的,接受单个合格投资者委托资金的金额不低于100万元	私募基金资产管理计划:初始募集规模不得低于1000万元		收益类理财产品的金额不得低于30万元,投资于单只混合类理财产品的金额不得低于40万元,投资于单只权益类理财产品、单只商品及金融衍生品类理财产品的金额不得低于100万元
营销方式	不得公开宣传	不得公开宣传	公开募集证券投资基金:可公开宣传 私募基金资产管理计划:不可公开宣传	可公开宣传	公募理财产品:可公开宣传 私募理财产品:不可公开宣传
资金托管要求	合格银行托管	依法取得基金托管资格的托管机构实施独立托管,单一资产管理计划可以附条件不托管	公开募集证券投资基金:合格银行托管 私募基金资产管理计划:合格银行托管,但单一资产管理计划可附条件不托管	合格托管机构托管	合格托管机构托管
收益承诺	不得承诺保底	不得承诺保底	不得承诺保底	预定型:可承诺收益 非预定型:不可承诺收益	均不可承诺收益

(续表)

	信托公司	证券公司	基金公司	保险公司	商业银行
投资者重要权利	1. 受益人大会 2. 可转让收益份额	1. 无明确规定 2. 集合资产管理计划份额可以转让；单一资产管理计划未明确	1. 基金份额持有人大会 2. 公开募集证券投资基金份额可以转让；集合资产管理计划份额可以转让；单一资产管理计划未明确	1. 无规定 2. 不可转让	1. 无规定 2. 无规定
受托机构重要职责	1. 信息披露义务 2. 可向他人提供贷款，但有限制	1. 信息披露义务 2. 不可提供贷款	1. 信息披露义务 2. 不可提供贷款	1. 信息披露义务 2. 不可向他人贷款，个人保单质押贷款除外	1. 信息披露义务 2. 不可投资信贷
托管人重要职责	1. 监督及报告义务 2. 无规定 3. 出具报告	1. 监督及报告义务 2. 可拒绝执行 3. 出具报告	1. 监督及报告义务 2. 可拒绝执行 3. 出具报告	1. 监督义务 2. 无规定	1. 监督义务 2. 可拒绝执行 3. 出具报告

首先，不同机构销售的相同性质的理财产品适用不同的规范，会形成行业竞争的不公平。例如，信托公司在发行集合资金信托计划时，除了合格投资者以外的投资门槛被定为 100 万元，而保险公司销售理财产品投资者却无限制外，信托公司还被禁止对其发行的信托计划进行公开的营销宣传，保险公司则无此限制。这两类金融机构经营理财产品业务的规范性文件均由银保监会制定，尚且存在如此差异，产品的预期受众、投资者的易接受程度、产品运营的成本与限制显然不可同日而语。不同部门所制定的规范性文件之间的差异更是无法避免，比如证券公司的集合资产管理业务与基金公司的公募证券投资基金均存在集合资产规模的最低要求，而集合资金信托计划、投资连结保险都未对此作出明确限定，不会发生募集失败的风险。"政出多门"的现状在客观上给某些行业的理财产品带来了不公平的竞争优势，其法律性质都是信托，而信托公司经营理财产品的限制反而较多，阻碍了本行业理财业务的发展。

其次，对投资者的保护不力。部门规范性文件的重心往往不在于投资者的利益保护，而是维系金融机构的风险可控性以及金融市场的系统安全性。在规范性文件的制定过程中,投资者权益保护不处于优先顺位,尽管制定规范性文件的监管部门从不否认投资者保护的重要意义,但其首要宗旨显然是在金融机构推出理财产品新业务时确保风险管理的有效性。① 投资者的权利、受托机构的义务,如投资者是否有权组成受益人大会之类的机关实施监督、主张权利;受托金融机构可否利用集合资金向第三人提供贷款,有何条件;资金托管人能否拒绝执行受托机构违法、违规的指令,有无必要出具正式的托管报告等,并没有在各行业的规范性文件里得到清晰、完备的法律确认。这些对投资者利益产生重大影响的问题,或在一些行业的规范性文件中根本未予明确,或在不同部门颁布的文件中作出不相协调的表述。金融机构与投资者尤其是金融消费者之间存在严重的信息不对称,如果不能通过法律规范对金融机构作出严格约束,纵容其不遵守诚信说明、信息披露等义务和适合性原则甚至实施欺诈等行为,投资者便会陷入与其承受能力不相匹配的风险之中,进而影响到整个市场的信心,损害市场的功能。

最后,限于部门规范性文件的视角以及效力范围,难免留下明显的规范"死角"。其中,至少有两个问题是非常突出的。第一,虽然新出台的资管新规②对私募的金融理财产品进行了相应规制,但规范仍不完善,仍然存在私募理财的资金操纵市场或发放高利贷的现象,从而造成投资者的巨大损失,部分投资机构甚至从银行获取大量贷款投入私募产品,追求超额回报,加剧了银行资产的风险和资本市场的泡沫,隐藏着严重的系统性风险。③ 第二,金融行业之间的"通道业务"大行其事,利用某一行业的理财业务作为工具规避另一行业的限制性规定。比如,为了区分合格投资者,降低盲目投资的风险,相关的规范性文件要求信托公司、证券公司对理财产品单个投资者设定 100 万元的最低金额要求,投资信托计划的自然人(单笔委托金额在 300 万元以上的除外)还不得超过 50 个,明显是想将这类理财产品排除在公开募集的范围之外。但是,只要投资者先行购买保险公司的理财产品,保险公司再将集聚的理财资金投向信托公司、证券公司的产品,就可以间接帮助投资者规避信托业、证券业的限制,从门槛较高、管制较严的行业中获利。各行业分散的规范性文件很难有权限完全禁止"通道业务",进而可能使各行业内部的规范目标落空。

---

① 参见黄韬:《我国金融市场从"机构监管"到"功能监管"的法律路径——以金融理财产品监管规则的改进为中心》,载《法学》2011 年第 7 期。

② 是指中国人民银行、中国银行保险监督管理委员会、中国证券监督管理委员会、国家外汇管理局联合印发的《关于规范金融机构资产管理业务的指导意见》。

③ 参见杨东:《市场型间接金融:集合投资计划统合规制论》,载《中国法学》2013 年第 2 期。

另外,未将金融理财产品明确认定为信托的后果之一就是大量的事实信托游离于相应法律的规范之外,效力层次不高、稳定性不强的部门规范性文件被作为解决纠纷的主要依据,据此作出司法判决经常会与上位法形成冲突。比如,对于理财产品保底条款的效力问题,大部分行业的规范性文件都不允许理财产品的经营机构作出保底承诺,但事实上保底条款是在合同中约定的,《最高人民法院关于适用〈中华人民共和国合同法〉若干问题的解释(一)》第 4 条规定得十分明白:"合同法实施以后,人民法院确认合同无效,应当以全国人大及其常委会制定的法律和国务院制定的行政法规为依据,不得以地方性法规、行政规章为依据。"严格来讲,保底约定因违反行政规章的禁止性规定可能要受到行政处罚,但不能依据行政规章直接判定其无效。对一个日益发展、样态多元的市场,仅用规范性文件(而且是分散、割裂的)加以规范,效果是难以想象的。

四、统一适用于金融理财产品的法律及其完善

出现金融理财市场乱象的根本原因是对同一法律性质的金融产品缺乏统一的法律规范,经营机构因此有套利的倾向,投资者面对复杂、多样的名目显得无所适从。对金融理财产品应当做到"同质同规",而且规范的效力层级要高,不局限于行业,能够为司法裁判提供权威的依据。

(一)统一法律规范的适用是超越监管模式之争的现实选择

监管模式的改革虽然在一定程度上有助于金融理财市场"同质同规"的实现,但既不是解决问题的必要条件,也不是充分条件。理财产品处于一个混业特征明显的创新市场,传统的"机构监管"确实呈现出比较大的弊端,因而出现了将我国金融监管模式转为"功能监管"的呼声,即依据金融体系的基本功能和金融产品的性质来配置监管权。可是,"功能监管"不等同于设立金融市场的单一监管机构,各国的做法中既有英国、日本的单一模式,也有澳大利亚、荷兰的双峰模式,以及美国的伞型模式。被认为奠定了"功能监管"发展趋势的"GLB 法案"(即 The Gramm-Leach-Bliley Act,又称"金融服务现代化法案")也未能改变美国长期以来形成的监管割据局面,只是既有的机构监管者相互争斗和妥协的结

果。① 这与中国目前的权力格局十分相似,虽然金融理财市场的发展冲击了传统的理念,但尚未能颠覆固有的金融体系,分业而治的路径依赖很难因此被打破。金融监管模式的转变不是一夕之功,也无法完全实现规范理财产品市场的使命,即便相同功能、一样性质的金融产品归由一个行政机关监管,同样不能克服监管自身的缺陷。要规范一个新兴市场,不只有监管的途径,不能仅依靠监管的方式,更不必陷入监管模式之争。

诺贝尔经济学奖得主罗伯特·C. 默顿(Robert C. Merton)教授在其代表性论文中指出,金融体系的功能相对于金融机构来说更具稳定性,随着现代融资技术的进步,金融机构的业务种类界限将会变得越来越模糊,应该放弃以"机构类别"的概念区别金融市场,而改从"功能层面"来划分各种金融活动的类型,并以此作为相关规范的基础。② 这一思想的内核是相同功能的金融活动应当在相同法律规范的观照之下开展,核心意义在于将规范金融市场的支点从机构转向行为,与监管机构的设置、分权并无必然联系,且规范的途径不局限于行政监管,效力更具强制性的司法裁判③以及更贴近市场主体的行业自律都是规范金融行为的重要手段。确保金融理财市场适用统一的权威的法律规范,是消解目前各类弊端的更可行的路径。

(二) 完善《信托法》使其成为统一规范理财产品当事人的基本法

金融理财产品的法律本质是信托,《信托法》自然应当是规范理财产品的基本法。值得注意的是,信托在英美起源时的主要形态是用于家族财产传承、管理的无偿的私人信托(private trust),其后才有在商事乃至金融领域的发展。而中国至今没有多少私人信托,财产上的"信以为托"缺乏社会文化基础,所以信托制度一开始就被当成了"金融百货公司"。在《信托法》实施后,国务院明令禁止未经监管部门批准的法人机构和任何自然人从事营业信托④,在缺少私人信托的背景下,持有信托牌照的金融机构才被界定为信托业,适用《信托法》。然而,现

---

① GLB法案撤销了银行业豁免于证券交易法中经纪人及自营商定义的规定,授权SEC分辨何种混合型产品应受其监管,这体现了该法案所提出的"功能监管"理念。但是,GLB法案仍然按"机构类别"限制银行控股子公司的营业项目,并授权联邦储备银行统括监管银行的控股公司,其他功能性监管机关的管辖权因此受限,这类机构监管的规范又大量存在。

② See Robert C. Merton, A Functional Perspective of Financial Intermediation, *Financial Management*, Vol. 24, No. 2, 1995.

③ 关于司法与监管在金融市场规范过程中的关系,可参见席月民:《我国信托业监管改革的重要问题》,载《上海财经大学学报(哲学社会科学版)》2011年第1期。

④ 参见《国务院办公厅关于〈中华人民共和国信托法〉公布执行后有关问题的通知》(国办发〔2001〕101号),2001年12月29日。

今的理财产品市场早已突破这样的限制，保险业、证券业的监管部门批准非信托机构经营实质上的信托业务，信托业的边界不能再依靠金融牌照的种类来识别，《信托法》的适用标准也应当从形式主义转变为实质主义。

依信托关系构建的各行业理财产品，如能统一地适用《信托法》，废止割裂的部门规范性文件，行业竞争的不公平现象自然会逐步消失，通道业务将大幅减少，私募理财管理人的行为也将受到信义义务的约束，还能克服规范性文件效力层级低带来的司法困扰。但是，这种理想结果发生的前提是《信托法》对包括理财产品在内的相关市场具有很强的适用性，法律规范较为全面，规则内容具体明确。实践中，现行《信托法》却是一部在适用上被"束之高阁"的法律[1]，个中缘由除了法官对信托的理念与规范不甚熟悉之外，还有《信托法》的内容未能充分应对金融现实中的重点问题。可喜的是，在全国人大财经委的推动下，我国的信托业协会已开展数年的《信托法》修订调研，进而释放出适时完善《信托法》的信号。[2]

就内容而言，《信托法》规范的核心是信托当事人围绕信托财产而发生的法律关系，从维持市场秩序、保护投资者利益的目标出发，该法的修订就必须突出几项重点。第一，清晰地概括信托的要件，修改信托的定义条款，便于包括理财在内的金融创新业务的当事人了解自身参与的法律关系类型并明确其权利义务，便于行政机关识别监管对象，便于法院适用相应的裁判规范。现行《信托法》对信托的定义没有明确设定信托财产的法律行为属何种性质，为了区分信托与委托又刻板地要求受托人必须以自己的名义实施财产管理，与两大法系的典型信托概念均难以吻合。建议在修法时将信托界定为"委托人将信托财产的所有权转移给受托人或对信托财产实施其他处分，受托人根据信托的目的管理、处分信托财产，受益人有权根据信托文件的约定请求获得信托收益的法律关系"。第二，强化信托财产相对于各方当事人的独立性，尤其是确保信托财产不得与受托人的其他财产发生混同。现行《信托法》已经较为全面地从积极行为的角度要求当事人保证信托财产的独立性[3]，但是善尽独立管理义务的行为标准如何确定，

---

[1] 参见张淳：《中国信托法特色论》，法律出版社2013年版，第293—304页。
[2] 参见冀欣：《〈信托法〉修订实地摸底低调启动，调研报告有望七月底出炉》，载《21世纪经济报道》2013年7月11日第11版。
[3] 《信托法》第16条规定："信托财产与属于受托人所有的财产（以下简称固有财产）相区别，不得归入受托人的固有财产或者成为固有财产的一部分。受托人死亡或者依法解散、被依法撤销、被宣告破产而终止，信托财产不属于其遗产或者清算财产。"第17条规定："除因下列情形之一外，对信托财产不得强制执行……"第18条规定："受托人管理运用、处分信托财产所产生的债权，不得与其固有财产产生的债务相抵销。受托人管理运用、处分不同委托人的信托财产所产生的债权债务，不得相互抵销。"

是否需要专设账户、独立核算甚至聘请托管人,在各类理财业务的实践中并无一致说法,需要《信托法》给出一个最低的要求。在受托人违反独立管理义务时,如果信托财产与其他财产混同且不足以偿付信托债务,应当采用优先原则还是比例原则来析分出信托财产,这类救济损害结果的规则也有待《信托法》补充。第三,彰显信托受托人与委托代理人权责的不同。根据《信托法》,信托受托人应当履行诚实、信用、谨慎、有效管理的义务;遵守信托文件的规定,为受益人的最大利益处理信托事务。由于受托人管理、处分信托财产的行为是凭借其专业能力自主决定的,而委托行为中的代理人必须接受委托人的指示,因此学理上一般将受托人的义务称为"信义义务"。因受托人的独立权力更大,"信义义务"所要求的注意程度显然也高于《民法典》对代理人的要求。更重要的是,"信义义务"是法律的强行性规范,不能通过当事人之间的约定免除。[1] 但是,信托之外的其他行业都在有意地回避理财产品的信托属性,使得纠纷产生时对受托金融机构履职标准的判定游走在受托人与代理人之间。为更好地保护投资者权益,避免受托人怠于履行"信义义务"甚至故意侵权,《信托法》有必要对受托人"信义义务"的内涵作出更细致、全面的解释,并在内容上显著地区别于《民法典》中关于委托合同的相关规定。为监督受托人践行"信义义务",《信托法》中也可以增加受益人大会、共同受托人的相互监督等制度。

(三) 将理财产品纳入《证券法》的调整范围以统一规范其公开发行与流通

《信托法》作为基本法对于理财产品市场最重要的意义是约束信托当事人尤其是受托金融机构的行为,而理财产品的销售劝诱、募集条件、信息披露、转让规则等对于市场的安全与稳定同样举足轻重,却超出了《信托法》所能调整的范围。理财产品的交易实质上是信托受益权证的发行、流通,各部门制定的规范性文件对此规定差异较大,为信托受益权证的交易确定统一的法律规范实属必要。根据现行《证券法》第 2 条之规定,"证券"主要包括股票、公司债券、存托凭证、政府债券、证券投资基金份额和国务院依法认定的其他衍生产品(实际上从未认定过)。据此,各种金融机构发行的理财产品不属于"证券"的范畴,因而理财产品也就无法适用《证券法》中的发行和交易规则。事实上,我国目前主流的片面观点是只把由证券公司提供中介服务的融资载体当作证券,许多在境外被广泛认定为证券发行的金融活动竟然通过非法集资、非法经营等公法手段来规范。[2]

---

[1] 参见卞耀武主编:《中华人民共和国信托法释义》,法律出版社 2002 年版,第 96 页。
[2] 参见彭冰:《中国证券法学》(第二版),高等教育出版社 2007 年版,第 15 页。

金融创新工具的发行、交易无疑被搁置在一个十分尴尬的位置上:不管不足以保护投资者,一管又很容易"上纲上线"成刑事犯罪,缺乏市场化的法律规范手段。

近年来,国际资本市场的"统合法运动"方兴未艾,对金融商品实施横向规范的趋势明显。① 英、澳、德、日、韩等国都在一定程度上整合了与证券相关的法律体系,实现了概念的统一与适用范围的扩张。② 不少学者建议我国借鉴日本《金融商品交易法》的经验,创立"集合投资计划"的概念统摄各种金融交易的客体,最终制定中国式的统一的金融商品交易法律。③ 但是,在我国分业格局不变、金融创新不足的背景下,创造一个新的总括概念要解决复杂的技术性问题,需经历循序渐进的曲折过程。当前最可行的立法策略是对"证券"的概念作扩张性解释,将理财产品为代表的金融创新工具纳入其中。这种做法最早被美国 1933 年的《证券法》所采用,该法在列举了各种既有的重要证券种类的基础上,创造了一个"投资合同"(Investment Contract)的兜底性概念,然后美国联邦最高法院又通过 SEC v. W. J. Howey Co. 案确立了"投资合同"的四个构成要件:(1) 金钱投资(An Investment of Money);(2) 存在共同事业(In a Common Enterprise);(3) 投资人依赖他人的履职行为(Solely from the Efforts of Others);(4) 有收益的期待(Led to Expect Profits)。④ 对"投资合同"的界定实际上也就是美国法对"证券"特征的抽象概括,通过"投资合同"的承载,将证券法规范的对象由"形式证券"扩大到"实质证券"。如果将金融理财产品纳入"证券"的范畴,就可以利用《证券法》的规定统一划定理财产品公开募集、交易的条件与规则。我国在修改《证券法》时即展现了相近的立场,规定资产管理产品发行、交易的管理办法,由国务院依照《证券法》的原则规定,只是授权规定不如直接将理财产品纳入"证券"概念来得更为有效。

事实上,只有公募的理财产品才有适用《证券法》之必要。面向不具备足够风险辨识能力和承担能力的普通投资者进行理财产品的公开销售劝诱,极易导致投资者利益受损,甚至引发系统性风险。产生纠纷时,金融机构往往以"买者自负"为由开脱,而投资者以"卖方有责"反驳。其实,在"公募"与"私募"的不同

---

① 参见许凌艳:《金融监管模式的变革及资本市场统合法的诞生——以金融衍生产品监管为视角》,载《社会科学》2008 年第 1 期。
② 参见陈洁:《证券法的变革与走向》,法律出版社 2011 年版,第 33—36 页。
③ 参见杨东:《市场型间接金融:集合投资计划统合规制论》,载《中国法学》2013 年第 2 期;杨志春:《集合投资计划的统合规制与分类监管》,载《上海金融》2014 年第 9 期。
④ SEC v. W. J. Howey Co., 328 U. S. 293(1946).

情况下,投资者与受托金融机构的责任分担是有所差异的。依据一般法理,"公募"接受《证券法》较为充分的规范[①],金融机构需要履行严格的信息披露义务,违之则"卖方有责";"私募"被禁止向不特定的社会公众募集资金,不允许进行公开的销售劝诱,既不是《证券法》也不是相关监管规章的主要调整对象,主要通过合同等私法途径予以规范,故而原则上"买者有责"。[②]

鉴于上述逻辑,区分"公募"与"私募"对构建理财产品差异化的交易规则与责任机制具有重大的意义。但是,现行《证券法》上"公开募集"的单一性标准纵容了一些名不符实的"私募"。所谓单一性标准,即不论"证券"的具体类型如何,只有向不特定对象发行或者向特定对象发行人数累计超过二百人才属于"公开募集",否则即归入"私募"。这样的标准是不尽合理的,不同"证券"对市场秩序及投资者权益的影响是差别很大的:有些私募"证券"的投资者可以获得商事组织法上的保障,享有参与、知情、分配等权利,如封闭式公司股票的私募;另外一些私募"证券"的投资者的主要权利则只能依靠基本的信义义务来保障,大部分的理财产品即是如此。对后者应该根据市场的实际情况降低"公开募集"的人数要求,将那些以"私募"之名行"公募"之实的发行、交易也置于《证券法》的严格规范之下。[③] 可以借鉴英美判例所确立的"需要标准"(Need Test),在《证券法》中重新订立一个划分"公募"与"私募"的原则性条款:如果"证券"发行的对象是不需要借助证券备案、公示等制度来实施自我保护的投资者,该次发行可被认定为"私募",反之则为"公募"。[④] 授权国务院或通过监管机构之间的协调机制,根据受要约人的数量、劝诱方式、资产状况、投资经验等因素对《证券法》中的"需要标准"作出灵活的解释,动态地确立包括金融理财产品在内的"证券衍生品种"的"公开募集"标准,更切实地维护投资者权益。

五、结　　语

理财产品拥有广阔的市场空间,是各行业金融机构必争的业务领域,事实上也构成了金融混业经营的"试验田"。从法律特征与基本构造来看,绝大部分的

---

① 虽然我国《证券法》从调整范围上并不排斥"私募",但现行立法的实际内容都是围绕"公募"的。一些名副其实的"私募"投资者通过合同法机制即可寻求到较为充分的保护。
② 参见黄韬:《我国金融市场从"机构监管"到"功能监管"的法律路径——以金融理财产品监管规则的改进为中心》,载《法学》2011年第7期。
③ 参见陈甦、陈洁:《证券法的功效分析与重构思路》,载《环球法律评论》2012年第5期。
④ SEC v. Ralston Purina Co., 346 U. S. 119 (1953).

理财产品都有明显的信托属性,却由于金融分业的要求刻意回避"信托"的称谓,在一种心照不宣的氛围中开展同质化的竞争。然而,不同行业在理财业务制度供给上的差异直接导致了竞争的不公,过分依赖行政监管的规范模式也没能提高对于投资者的保护水平。这种现象早已引起理论与实务界的关注,开出的"药方"是从"机构监管"转为"功能监管"。然而,监管模式之争无力打破我国多年分业格局下形成的路径依赖,一味强调监管也容易让人忽略在行政监管之外存在的司法裁判、行业自律对市场规范的重要作用。要克服分散的金融理财市场的种种弊端,应当做到相同法律属性的产品统一适用《信托法》《证券法》这样的基本法律规范,而不论其由哪种金融机构发行。

金融衍生产品净额结算的法律规范

季奎明

【内容摘要】 金融衍生产品具有虚拟性、格式化、转移风险、未来履行等特点,由此产生了净额结算的特殊履行方式,而在我国只能用合同法中的抵销来空泛地解释净额结算这个重要制度。本文在论述净额结算的意义、基本法律规则的基础上,从破产程序内外两个维度来阐释净额结算在中国法上的适用。

【关键词】 金融衍生产品 净额结算 破产

金融衍生产品(financial derivative products)又名金融衍生工具(financial derivative instruments),泛指以一般金融产品为基础而衍生出的投资工具,其准确的概念仍没有完全统一的界定。我国目前对衍生产品的理解主要源自银监会《金融机构衍生产品交易业务管理暂行办法》第3条的规定,监管部门参照巴塞尔委员会的做法,对衍生产品只做原则性的界定:"本办法所称衍生产品是一种金融合约,其价值取决于一种或多种基础资产或指数,合约的基本种类包括远期、期货、掉期(互换)和期权。衍生产品还包括具有远期、期货、掉期(互换)和期权中一种或多种特征的结构化金融工具。"2022年颁布的《期货和衍生品法》第3条第2款也对衍生品做了类似的界定:"本法所称衍生品交易,是指期货交易以外的,以互换合约、远期合约和非标准化期权合约及其组合为交易标的的交易活动。"20世纪90年代以来,全球几乎每一场金融风暴都与金融衍生产品联系在一起,诺贝尔经济学奖获得者阿莱(Allais)甚至将金融衍生产品的急剧膨胀称为"发疯"。关注金融衍生产品合同特殊的履行方式对规避和控制金融风险具有现实的意义。

一、采用净额结算的原因:法律特性的影响

金融衍生产品的本质法律属性是合同,一般合同的履行表现为双方按照约定为对待给付,而金融衍生产品因为合同本身的特殊法律属性,通常采用独特的履行方式。[①] 衍生产品的特性主要体现在以下几方面:

(一) 金融衍生产品是标的虚拟的合同

衍生产品是以金融虚拟资产为标的的契约,较之土地等有形资产,合同的权利人仅取得一种经济上的请求权,比如认股的权利、指数的涨跌等,而不是实体物。这种虚拟资产的价值主要决定于投资人所预期的未来现金流量,且通常可以在金融市场内进行交易,具有很高的变现流通性。

(二) 金融衍生产品以格式合同为主要形式

出于安全性的考虑,场内交易的衍生产品大多要求采用格式合同,甚至有时格式合同本身就是交易的标的。在场外交易中,衍生产品的内容由当事人自行商定,但是与衍生产品的发行者相比,一般投资者很难理解及掌握金融衍生产品的各种风险,交易双方的资讯实际上处于不对称的地位。为降低风险、提高效率,场外交易的当事人常常也将具有公信力和典型性的格式合同作为参考,国际互换及衍生交易协会(International Swaps and Derivatives Association, ISDA)所建议的主协议(Master Agreement)是被最广泛采用的代表。

(三) 金融衍生产品以转移风险为目的

普通合同的目的一般在于交换取得标的物,而市场参与者进行金融衍生交易的目的则主要是通过与现货交易的反向操作来转移或者控制市场上的各类风险。这里的风险是指市场价格变动为主的风险(如利率、汇率变动),而不同于标的物毁损、灭失等造成的风险。衍生交易也有价格发现、投机获利等其他目的,但都可以看作是转移风险之下所派生出的目标。

(四) 金融衍生产品具有未来履行的特征

金融衍生产品的交易与现货市场的交易有所不同,衍生产品合同的履行通

[①] 参见顾功耘主编:《金融衍生工具的法律规制》,北京大学出版社 2007 年版,第 9—10 页。

常具有未来性(futurity);交易当事人间之价金给付或商品交付义务并不在合同签订后马上发生,双方的履行义务在缔约后的一段期间内才发生,因此双方都面临着更高的信用风险。[1]

从金融衍生产品区别于一般合同的法律特性可以看出,衍生产品合同的签订目的本就不在于取得标的物的所有权,而是为了规避未来的风险。因此,金融衍生产品合同在履行时多采用对冲的手段将债权债务抵销,差额部分用现金结算,以此避免实际交付。例如,在期货交易中标的物所有权实际上并未随同移转,买方或卖方所获得的仅是一项将来可以依履约价格履行交付的权利,除非合同届满时一方进行了实物交付,否则当事人并不会当然取得标的物的所有权,而只能取得现金结算的请求权。国外期货市场上超过95%的期货合同都应用对冲来结算,实际交付的不足3%。对冲抵销在成本和效率上的优势显而易见,现金结算的方式同时也有利于转投资和转移特定的风险。这样,金融衍生产品的买方通常获得的是合同上的金钱请求权,而不是实物交付时对标的物的请求权。在多数的金融衍生产品格式合同中,对冲抵销的履行行为被定型为一种典型的结算方式——净额结算(netting),在实践中广泛采用。[2]

二、净额结算的实践与意义

净额结算是金融衍生产品合同的特殊履行方式,实际上也是整个国际金融市场上最重要而基本的问题之一:早在1989年十国集团中央银行组成的支付体系专家组就撰写了《关于净额结算安排的报告》(Angell Report),1990年又公布了《10国集团中央银行关于银行间净额结算制度委员会报告》(Lamfalussy Report),1998年国际清算银行发布《关于表内净额结算的咨询报告》。法、德、日、英、意、澳、加等几十个国家已经通过关于净额结算的各种专门立法,美国甚至从20世纪末以来就多次审议了《金融合同净额结算推进法》等相关的动议。巴塞尔委员会在《衍生产品风险管理准则》中更是明确指出净额结算对降低交易信用风险具有重要的作用。[3] 我国沪、深证券市场上交易所与券商之间的"净额交收制度"也是净额结算的实例。虽然"净额结算"早已不是新鲜的金融制度,但我国

---

[1] 参见王文宇:《民商法理论与经济分析》,中国政法大学出版社2002年版,第353—358、365—366页。

[2] See Philip R. Wood, *Title Finance, Derivatives, Securitisations, Set-off and Netting*, Sweet & Maxwell, 1995, p.165.

[3] 参见国际清算银行:《巴塞尔银行监管委员会文件汇编》,中国金融出版社1998年版,第152页。

仅有一个笼统的"抵销"可以解释,对净额结算的丰富内涵和法律问题研究显然不够深入。

金融衍生产品交易中的净额结算是指交易各方对他们之间的头寸或义务进行的合意冲抵(an agreed offsetting)。采用净额结算对信用风险减低的效果超过了90%;同时降低了交易成本,要涵盖原有总风险所需的信贷额度或者保证金所带来的成本就远远大于涵盖净额结算后的净风险所需的成本。通过净额结算,在税务方面节省的支出也是相当可观的。

同时,值得关注的是,现代金融市场交易的集中性体现得越来越突出;即便是场外交易,交易额大和影响力强的主体依然主要是金融机构(商业银行、投资银行、证券公司等),全球范围内主要的衍生品交易商不超过150家,前十位的交易商更是垄断了60%以上的业务;加之经历20世纪90年代以来的兼并风潮,金融交易的集中与垄断更为明显,多个交易主体之间进行重复交易几乎成为必然,净额结算也就成了他们优选的给付方式。2007年,中国银行间市场交易商协会发布了《中国银行间市场金融衍生产品交易主协议》(NAFMII主协议),其中也直接涉及了净额结算的适用;2009年又在此基础上推出了新的"主协议",力求弥补前者的不足。净额结算在我国的金融衍生产品交易中也逐步进入了新的发展阶段,需要厘清其法律规范问题。

三、净额结算的基本法律规则

净额结算在金融实务中也被称作净额交收、轧差,从法律角度讲,是指当事人约定以其相互间之交易所生的债权债务为定期计算,相互抵销,而仅支付其差额之契约。我国台湾地区、澳门特别行政区将净额结算叫作"交互计算",在欧洲的法典(如意大利《民法典》)中则称为"结算账户合同"。很多国家针对净额结算都有专门的立法:民商分立的德国、日本等国规定在商法典中,并要求净额结算的当事人至少有一方必须是商人;民商合一的意大利等国则规定在民法典中,且并无主体要求。英美法系暂时还没有对应的成文法,但是在判例和学说中有类似的"账目核定"(account stated)。

关于净额结算有以下几点基本的法律规则,而这些规则本身也在金融实践中被不断拓展:

第一,净额结算原则上只适用于金钱之债,但现代商业中同种类、同性质之债也逐渐成为净额结算合同适用的对象,如股票市场上证券交易所与券商之间股票(非金钱之债)及相应价款的交收就采用净额结算。

第二,一般而言,当事人之间应当互负债权债务,只有少数国家(如德国)的判例有承认单方净额结算的趋势。

第三,冲抵的对象通常是当事人之间特定交易关系所产生之债,基于侵权行为或无因管理发生的债权或者从第三人处受让的债权不列入净额结算范围。

第四,记入净额结算范围的债权债务在约定的结算期届满之前,双方均不得对之分别请求清偿,也不得对之分别行使处分权。日本《商法典》第531条和我国台湾地区"民法典"第402条规定,如果依据合同及习惯无法确定清算期,则自合同生效日起每六个月结算一次。

第五,将有关债务划入净额结算的范围并不妨碍当事人针对该债行使相应的抗辩权。[1]

四、不涉及破产的净额结算在中国法上的适用

在金融衍生产品合同正常履行时,当事人一般采用支付净额结算(payment netting):当事人之间就多项同时到期的同币种款项进行一个单向的、净额的付款,有时也被叫作 settlement netting 或 delivery netting。在不同的法律体系中,支付净额结算可以用抵销、交互计算、往来账户制度或债的更新等理论作为解释的基础,实践中主要适用合同法,由于各国普遍尊重意思自治原则,因此受到承认的程度较高。

在合同未得到正常履行时,当事人采用终止净额结算(netting by close-out):在合同提前终止的情况下,所有将来到期的款项被重新计算成现值,与对方当事人相关交易下的其他款项进行轧差,把将来的相互支付义务转化为一个现前的单向支付。终止净额结算可能牵涉到破产程序,作为强行法的破产法在各国体现出不小的差异,因此其效力也呈现出很大的不确定性。

在净额结算的适用上,是否涉及破产程序是一个分界点。支付净额结算和不涉及破产的终止净额结算是一类,进入破产的终止净额结算则是不同的情况。与支付净额结算和不破产的终止净额结算密切相关的法律是《民法典》,其第568条第1款、第569条规定:"当事人互负债务,该债务的标的物种类、品质相同的,任何一方可以将自己的债务与对方的到期债务抵销;但是,根据债务性质、按照当事人约定或者依照法律规定不得抵销的除外。""当事人互负债务,标的物

---

[1] 参见宁敏:《国际金融衍生交易法律问题研究》,中国政法大学出版社2002年版,第136—138、146—147、214—216、226—228页。

种类、品质不相同的,经协商一致,也可以抵销。"中国人民银行和银监会发布的新《贷款通则》第 45 条规定:贷款人可以与借款人书面约定,若借款人未按期还本付息,贷款人可以从借款人在贷款人的营业机构开立的账户中扣划贷款本息,并及时通知借款人。这里的"扣划"就是一种净额结算。在实践中,中国人民银行通过《中国人民银行关于金融机构从贷款保证人存款账户直接扣收贷款问题的复函》及《中国人民银行关于"对银行、信用社扣划预收货款收贷应否退还问题"的函》准许银行"扣款收贷",间接肯定了银行的抵销权。

从立法上看,我国没有专门提出"交互计算"的有名合同,但在《民法典》中规定了合意抵销,而且当事人的合意安排可以不受法律"同种同类"的要件限制。也就是说,对于支付净额结算和不涉及破产的终止净额结算,只要当事人就结算的程序、方式达成一致,且不违背公共利益,那么这种约定就不会和我国现行的法律规定抵触,应当赋予法律效力。

五、涉及破产的净额结算在中国法上的适用

涉及破产的净额结算情况比较复杂,其法律依据可以归结为破产抵销权。在学理上,破产债权人在破产宣告时对破产人负有债务,不论其债权与所负债务是否同种类,也不论该债是否已届清偿期,均可以其债权抵销所负债务,这种权利被称为破产抵销权。世界各国立法对破产抵销权有三种态度:第一种完全不认可破产抵销;第二种完全承认破产抵销,并且其行使时间、方式完全脱离破产程序约束;第三种则承认破产抵销,但是破产抵销权的行使要受到破产程序的制约。

(一) 我国立法对破产抵销权的基本态度

以 2006 年《企业破产法》第 40 条为中心,我国法律的规定也有关于破产抵销的问题:"债权人在破产申请受理前对债务人负有债务的,可以向管理人主张抵销。但是,有下列情形之一的,不得抵销:(一)债务人的债务人在破产申请受理后取得他人对债务人的债权的;(二)债权人已知债务人有不能清偿到期债务或者破产申请的事实,对债务人负担债务的;但是,债权人因为法律规定或者有破产申请一年前所发生的原因而负担债务的除外;(三)债务人的债务人已知债务人有不能清偿到期债务或者破产申请的事实,对债务人取得债权的;但是,债务人的债务人因为法律规定或者有破产申请一年前所发生的原因而取得债权的除外。"从我国立法明确的表述来看,对于破产抵销原则上是认可的,因此净额结

算在涉及破产时的效力总体上可以得到肯定。但是,这种破产抵销权的行使是否受到破产程序的限制,在实践中关系到净额结算的法律目标能否实现。以德国、日本为代表的大部分国家或地区的破产法允许破产抵销不受破产程序的限制,我国却在这个问题上存在争议。

(二) 破产抵销权与破产程序的关系

为明确破产抵销权的行使在我国是否受到破产程序的约束,下文从申报债权的必要性与财产自动冻结的效力两方面进行讨论。对于待行使抵销权的债权是否需要申报,我国立法没有明文规定,学说上有各种争论:积极说认为,债权申报是破产债权行使的前提,未经申报后的调查确认程序不得取得破产债权人的地位,当然也不能够通过抵销取得受偿机会,所以申报债权才是破产管理人承认抵销权的基础;消极说针锋相对地认为,破产债权人是否参加破产程序是债权人的权利而非义务,法律上没有强制破产债权人申报债权的理由,债权人无须申报债权就可径自行使抵销权;也有折中说提出,破产债权人行使抵销权原则上无须申报债权,但是破产管理人对可以抵销的债权额多少或者主张抵销的债权是否存在有争议时,破产债权人应当申报债权。结合我国《企业破产法》第48、49条对申报债权的规定,债权人应当在人民法院确定的债权申报期限内向管理人申报债权;债权人申报债权时,应当书面说明债权的数额和有无财产担保,并提交有关证据。从债权的效力分析看,有财产担保的债权无疑比可抵销的债权具有优先性,结合了担保物权属性的债权尚被要求强制申报,依其立法倾向,可以抵销的债权也应当被推定为申报才能行使。《企业破产法》第56条也进一步佐证了这个结论:"在人民法院确定的债权申报期限内,债权人未申报债权的,可以在破产财产最后分配前补充申报;但是,此前已进行的分配,不再对其补充分配。为审查和确认补充申报债权的费用,由补充申报人承担。债权人未依照本法规定申报债权的,不得依照本法规定的程序行使权利。"一方面,依《企业破产法》第16条的规定,在进入破产程序后,债务人对个别债权人的债务清偿无效,即债权人的债权必须在破产程序中行使;另一方面,债权人未及时申报的,在破产财产最后分配前可以补申报,但不申报债权的仍然会丧失该债权下的利益。基于以上的法律规定,在我国要行使破产抵销权必须要申报债权。①

破产抵销权与财产自动冻结的效力在《企业破产法》中没有规定,只有在尚未失效的司法解释中可以找到实务部门对此的态度,虽然《企业破产法(试行)》

---

① 参见邹海林:《破产程序和破产法实体制度比较研究》,法律出版社1995年版,第32、332页。

已经失效,但针对其作出的司法解释在未经废止前依然是有效的法律渊源。《最高人民法院关于贯彻执行〈中华人民共和国企业破产法(试行)〉若干问题的意见》第21条规定,债务人的开户银行收到人民法院的通知后,不得扣划债务人的既存款和汇入款抵还贷款;扣划的无效,应当退回扣划的款项;经人民法院许可除外。这样就直接否决了银行对客户存款自主行使破产抵销权的可能性。此外,该意见第39条规定,享有担保物权的债权人在破产案件受理后至破产宣告前,非经人民法院同意不得行使优先权。依据对担保物权的这条限制,可以作出一个推论,我国破产程序中财产自动冻结的效力可以排除担保权的自助行使,更加能够阻却破产抵销权的自助行使。

所以,我国虽然在立法上承认破产抵销权,但抵销权的行使要受到破产程序的制约。学界则认为,破产抵销权的行使涉及其他破产债权人的利益,况且其基础权利为普通债权,允许其抵销已经取得了优于其他债权人的受偿机会,因而不应再脱离破产程序而享受过于优厚的受偿地位。

(三) 通行格式合同中的净额结算方式适用在我国的争议辨析

国际互换及衍生交易协会(ISDA)为世界各国的金融机构和投资者提供的主协议(Master Agreement)在降低风险、提高效率方面具有很高的示范效应,被广泛采用,堪称是衍生品交易的通行格式合同。按照 ISDA 主协议设计的终止净额结算,债权人可以在债务人出现资不抵债而未进入真正的破产程序之时,就用自己对债务人的债权去冲抵偿还他对债务人在 ISDA 主协议下其他交易中所负的债务,自助性地通过轧差实现最大程度的清偿。双方在各交易中多次、双向的支付被转化为一个概括性的单向付款。这种终止净额结算在 ISDA 合同的设计下具有很强的自助性,完全不受到破产程序的限制,甚至可以在进入破产程序前行使。而在我国要行使破产债权必须进行债权申报,进而在破产程序中主张抵销权利,只是在结果上不必与一般债权一样按比例受偿,表现出一定的优先性,而且可以行使抵销权的债权同样要被"自动冻结"。据此,终止净额结算的优先性或者说自助性是受到我国破产程序严格约束的,在破产程序开始前按照ISDA 协议进行终止净额结算必然会受到其他债权人的异议。

在这种情况下,ISDA 的"主协议"模式或者说"唯一协议"(Single Agreement)为解决矛盾提供了一种视角:从合同文本相互关系的角度看,ISDA 主协议下的每个交易并不分别单独构成债权债务关系,当事人之间所有交易的达成都是基于主协议,主协议与所有交易证实书合起来才构成一个完整的交易合同,亦即每个交易证实书代表一个具体交易,但只是主协议下的一部分,不成立单独的合同,当事人之间只有一个合同。那么,因为这唯一的合同终止而进行的给付当然应当是一个单向的支付,这个过程中的"净额结算"只是轧差冲抵的内部技术运用,而不牵涉到破产抵销与破产程序的关系等复杂问题。另外,根据《企业破产法》第18条,在破产程序中,管理人对破产申请受理前成立而债务人和对方当事人均未履行完毕的合同有权决定解除或者继续履行,学理上称为"挑拣履行"(cheery-picking)。"唯一协议"使得管理人无法选择履行对破产人有利的合同而拒绝履行不利的合同,避免了挑拣履行对债务人带来的不公平,用一个合同内部的约定保障了净额结算的实现。

还有一个潜在的矛盾源自《企业破产法》第31、34条的规定:法院受理破产申请前一年内,债务人对未到期的债务提前清偿的,管理人有权追回。按终止净额结算的设计,债务人出现资不抵债而债权人要求对具体交易进行轧差计算、支付余额的时间段恰恰很可能出现在法院受理破产申请前的一年内。那么,终止净额结算是否应当被视为"对未到期债务的提前清偿"而被认定无效呢? 有两种观点可以在这里用以论证终止净额结算的有效性:第一,ISDA"唯一协议"中的债权只有一个,每个"交易"都不独立构成债法意义上的"债务",因此一个合同内部的"净额结算"并不是对一个未到期"债务"的提前清偿;第二,破产抵销是一种只能由债权人行使的单向形成权,债务人不能行使抵销权,否则即违背了不得个别清偿的原则,所以终止净额结算实质上是债权人行使权利,而不是债务人主动进行提前清偿,不能用《企业破产法》第31条无效处分行为的规定来对抗终止净额结算条款。

(四) 我国净额结算制度的完善方向

我国对于支付净额结算和终止净额结算的效力都给予原则性的肯定,一些可能出现的法律争议,也可经由法律解释的途径得到支持。但是,法律解释本身具有很强的灵活性和弹性空间,在不同语境下其结论并非唯一确定,比如 ISDA 主协议的伞形合同架构本身的效力并非无可置疑,ISDA 的合同安排是否能够排除破产法中的强行性规则,都尚未在我国的司法实践中得到正面肯定。

我国行业协会于 2007 年、2009 年制定的 NAFMII 主协议在借鉴 ISDA 文本的基础上,结合实际情况作出了类似的制度安排,但是作为一种不具强制执行力的合同文本,其弊端也与 ISDA 示范协议十分相似。作为金融衍生产品合同主要履行方式的净额结算对金融交易市场的安全与效率具有重要的意义,因此对我国破产抵销的法律规则依然有完善的必要:

(1) 破产抵销权的行使不受破产程序开始后财产冻结效力的约束,可以在破产程序以外自助地行使；

(2) 破产管理人对未结交易可以选择继续履行,也可以选择拒绝履行而将所生债权列入破产债权。但是,管理人不得对破产人与同一当事人之间的两个或两个以上交易采取不同的挑拣履行。

据 IDSA 的统计,已有 20 多个西方主要发达国家通过了关于净额结算的专门立法,尤其是终止净额结算所体现的"债权人利益倾向",也是对现代立法趋势的一种反映。

中国证券法 40 年*

吴 弘 桂 祥 库娅芳

【内容摘要】 中国证券市场起步于 20 世纪 80 年代,在 90 年代后得到高速发展,至 21 世纪 20 年代初,市场规模已居全球新兴市场前列。中国证券法亦经历了 1993 年以前的起步,1998 年《证券法》正式出台、2005 年修订以及 2019 年再次修订的发展,建立起服务资本市场和改革创新、协调市场与政府的关系的重要法律体系。我国证券法发展变迁过程中存在着一系列重要理论和实践问题,如证券法调整的证券范围,证券发行审核制度从审批、核准到注册制的演变,强化信息披露制度,加强证券市场投资者保护,完善上市公司退市制度,以及健全证券欺诈民事责任等,一直都是市场关注的热点法律问题。我国《证券法》也在继续探索强监管与深化行政审批制度改革、惩治违法与加强上市公司治理、建设多层次资本市场与证券市场国际化等实践中不断发展。

【关键词】 证券法变迁 证券发行注册制 证券民事责任 投资者保护

所谓证券,是指长期资金的需求者公开发行的由投资者购买且对一定收入享有请求权的投资凭证,是资金需求者与投资者双方达到各自目的的媒介。我国证券市场起步于 20 世纪 80 年代,在 90 年代得到高速发展,至 20 世纪末,上市公司数和市价总值均已居新兴市场第三位,对我国改革开放、市场经济建设和优化资源配置、调整经济结构、促进企业发展,都起到了非常重要的作用。我国证券法伴随证券市场而产生发展,证券法 40 年的发展变迁始终追随市场经济发展,始终服务改革、开放与创新。

---

* 本书写于特定时间——2018 年改革开放 40 年,记录证券法治史。

一、证券法 40 年的发展变迁

(一) 中国证券法的起步阶段(1993 年以前)

党的十一届三中全会后,我国进行了全面的经济体制改革,从有计划的商品经济向社会主义市场经济转变,证券交易随之悄然兴起,规范证券市场、维护市场秩序成为当务之急。

(1) 发行国库券和债券。为了调整和稳定国民经济,集中财力进行现代化建设,改革单一地向银行透支借贷的传统体制,1981 年决定在国内发行国库券。由于国库券发行采取派购方式且不流通转让,致使国库券信誉不高,在"黑市"转让的国库券价格大大低于面值。为了提高国库券声誉,1988 年 4 月 1 日,中国人民银行总行会同财政部请示国务院同意后,在上海等 7 个城市进行了国库券转让试点,迅速提高了国库券的交易额和市场价格,取得显著成效。这不仅提高了国库券信誉,也激活了我国证券市场。1984 年,在国家有关部门的鼓励下,一些国有大型企业开始发行企业债券。中国人民银行于 1985 年批准中国工商银行等专业银行发行金融债券。国务院 1987 年 3 月发布《企业债券管理暂行条例》,1993 年 8 月发布《企业债券管理条例》。

(2) 试点股票发行和转让。国家经济体制改革委员会和中国人民银行于 1985 年 12 月联合在广州召开了 5 城市金融体制改革试点会议,提出开发证券市场并布置试点工作。在首批股票发行的基础上,1986 年 8 月 15 日,经中国人民银行上海分行批准,上海工商银行信托投资公司开办了股票的柜台转让业务。一些地方性法规相继出台,如《广东省股票债券管理暂行办法》《陕西省企业发行股票债券暂行管理办法》《武汉市股票、债券发行管理暂行规定》等。国务院及有关部门自 1986 年起颁布了一系列有关证券管理、证券发行与交易的政策、规范,如中国人民银行及其分行相继颁布了《证券公司管理暂行办法》《证券柜台交易暂行规定》(上海)、《关于深圳目前股票柜台交易的若干暂行规定》等。

(3) 证券交易所设立。上海证券交易所于 1990 年 12 月 19 日正式营业。1990 年 12 月深圳证券交易所开始试运行,1991 年 7 月正式营业。一些公司的股票开始在证券交易所挂牌上市。1990 年 12 月 5 日全国证券自动报价系统在北京开通运行,1992 年中国证券交易系统有限公司及其全国电子交易系统经批准成立。证券品种从较早的国库券、建设债券、金融债券、重点企业债券发展到公司股票以及各种权证如认股权证和配股权证等,反映现代投资组合理念的投资基金也成为证券市场上的重要证券品种,并出现了期货交易。证券交易规则也从试行和实验,逐渐发展成为比较规范和成熟的交易规则。1992年,国家先后出台了《股份有限公司规范意见》和《有限责任公司规范意见》。

(二) 中国证券法的创立阶段(1993—1998)

1992年,邓小平南巡后,我国经济体制改革步伐全面提速。

(1) 国债发行交易规模扩大。1993年国家推出了国债一级自营商制度,1994年1月借助上海证券交易所的电脑网络系统,成功地发行了半年和一年期非实物国库券,并于同年8月完成了对半年期非实物券的兑付。1995年9月,我国首次以缴款期为标的竞争招标方式发行国债,1996年1月又采取国际通行的价格竞争招标方式发行了贴现国债。1993年几个主要市场的回购业务初具规模,1995年全国各集中性国债交易所(交易所和证券交易中心)的回购交易量已超过4000亿元。上海证交所于1993年10月25日率先推出了国债期货交易试点。

(2) 股票发行交易推向全国。1993年,新成立的国务院证券委和中国证监会共受理了全国各地133家股份公司A股的发行及上市申请,其中115家获准发行,面值达37.43亿元人民币,筹资160亿元人民币左右。同时,另有35家企业发行了"B股"和"H股"。1996年6月7日,上交所拟选择市场最具代表性的30家上市公司作为样本,编制"上证30指数",并在7月1日正式推出。

(3) 《公司法》出台。1993年12月全国人大常委会通过《公司法》,不但确立了作为证券市场存在基础的公司法律制度,确认了证券活动公开、公平、公正的原则,还专门规定了公司股份发行、转让、上市以及公司债券等一系列基本制度。"公司法具有私法公法融合的特点,是国家公法限制和干预较多的一个私法领域。"[①]国务院和国务院证券委先后出台了《股票发行与交易管理暂行条例》(1993)、《证券交易所管理暂行办法》(1993)、《禁止证券欺诈行为暂行办法》(1993)等法规规章。国务院发布《关于股份有限公司境外募集股份及上市的特别规定》(1994)和《关于股份有限公司境内上市外资股的规定》(1995),开启了证券市场国际化和与境外证券监管机构合作监管的途径。

(4) 证券监管体制逐步形成。1992年7月,国务院建立国务院证券管理办公会议制度,代表国务院行使对证券业的日常管理职能。百万人拥至深圳争购新股认购表的"8.10风波"后,为加强证券业监管,国务院决定成立专门的证券

---

① 江平主编:《新编公司法教程》,法律出版社1994年版,第3页。

市场监管机构。1992年10月27日,国务院证券委员会成立,同时成立中国证监会,作为国务院证券委的执行部门,负责对证券市场进行监督管理。1997年11月,中央召开首次全国金融工作会议,决定对金融业实行分业监管,国务院证券委与中国证监会合并成为新的中国证监会。1998年下半年,国务院正式明确中国证监会对全国证券期货市场实行集中统一管理。

(5) "327"国债期货风波发生。1995年2月23日,上海国债市场出现异常的剧烈震荡,爆发了著名的"327"国债期货事件。同年5月17日,中国证监会发出《关于暂停国债期货交易试点的紧急通知》。1997年8月15日,国务院作出决定,沪深证交所划归中国证监会直接管理。

(三) 中国证券法的形成阶段(1998—2005)

(1) 亚洲金融危机爆发。1997年5月起,亚洲新兴国家和地区在国际货币投资者的狙击下纷纷出现金融危机,经济遭受重创。香港特区政府在国家的支持下采取有效措施保卫香港金融,但香港股票、外汇和房地产市场仍受到重大影响。危机也使国人对证券市场风险有了更深切的认识,对证券法制的要求也更自觉和迫切。

(2) 《证券法》出台。《证券法》起草工作始于1992年8月,历时六年多,经过全国人大五次审议,终于在1998年12月29日九届全国人大常委会第六次会议表决通过,自1999年7月1日起施行。《证券法》的颁布实施成为我国证券市场健康发展的有力保障,标志着我国证券法制进入一个新阶段。《证券法》的出台,对于规范证券发行和交易行为、保护投资者合法权益、防范和化解金融风险、保障证券市场健康发展、维护社会经济秩序和社会公益以及促进社会主义市场经济发展发挥着重要的作用。

(3) 推行证券发行上市保荐人制度。我国《证券法》实施前采取证券发行审批制,实施后股票发行为核准制、公司债券发行为审批制。2003年12月18日,证监会发布《证券发行上市保荐制度暂行办法》,自2004年2月1日起正式实施上市保荐人制度。保荐机构及其保荐代表人须承担因自己推荐发行上市的公司出现质量问题而引发的连带责任,实际担当证券发行环节"第一看门人"的角色。

(4) 加快证券市场开放。首先是引入合格境外机构投资者机制。2002年11月5日,证监会和中国人民银行联合发布《合格境外机构投资者境内证券投资管理暂行办法》。合格境外机构投资者简称QFII,是指符合规定的条件,经证监会批准投资于我国证券市场,并取得国家外汇管理局额度批准的中国境外基金管理公司、保险公司、证券公司以及其他资产管理机构。其次是逐步开放B股市场。1995年起允许国内上市的股份有限公司发行人民币特种股股票,B股是境外投资者在国内证券交易所以外汇买卖的、以人民币标明面额的股票。H股也称境外上市外资股股票,是国内上市公司在境外发行并上市的股票。经国务院批准,证监会于2001年2月19日决定允许境内居民以合法持有的外汇开立B股账户,交易B股股票。

(5) 加快建立多层次证券市场。2004年1月31日,国务院发布《关于推进资本市场改革开放和稳定发展的若干意见》,提出建立多层次证券市场问题。经国务院批准,中国证监会于2004年5月正式同意深圳证券交易所在主板市场内设立中小企业板块。中国证券业协会于2001年6月12日发布《证券公司代办股份转让服务业务试点办法》,成为我国建立"三板市场"的重要标志。

(6) 启动上市公司股权分置改革。2005年4月29日,证监会宣布启动股权分置改革试点,在同年5月第一个股市开盘日,证监会推出了股权分置改革试点的四家上市公司。在完成股权分置改革的上市公司中,全部股份都具有流通权并在承诺期限届满后可以全部流通,这就必然会对证券市场的走势产生深远影响。

(7) 推动基金市场快速发展。中国证监会于2000年10月8日发布实施《开放式证券投资基金试点办法》,2001年9月,我国第一只开放式基金——华安创新诞生。2003年10月28日,十届全国人大常委会第五次会议审议通过《证券投资基金法》,自2004年6月1日起施行,基金法律规范得到重大完善,为我国基金市场发展奠定了坚实的法律基础。

(8) 启动证券侵权民事诉讼。2002年1月15日,最高人民法院正式下发《关于受理证券市场因虚假陈述引发的民事侵权纠纷案件有关问题的通知》,法院将开始受理相关的证券民事案件。此举回应了市场的殷切期望,证券民事责任制度迈出了关键的一步,具有重大意义。2003年1月9日,最高人民法院又出台了《关于审理证券市场因虚假陈述引发的民事赔偿案件的若干规定》,进一步明确受理与管辖、诉讼方式、虚假陈述的认定、归责与免责事由、共同侵权责任、损失认定等规则,有力地保护证券投资者权益,严肃追究虚假陈述行为人的民事责任。

(四) 中国证券法的发展阶段(2005—2018)

(1) 2005年《证券法》修订。随着国内外经济、金融环境的变化,我国证券市场和监管实践中也暴露出一些问题,而金融创新发展形势下的风险防范也需做新的安排,《证券法》的修改日益紧迫。经过近两年的工作,第十届全国人大常委会于 2005 年 4 月、8 月和 10 月经过三次审议,通过《证券法》的修订,自 2006 年 1 月 1 日起实施。《证券法》的修订,进一步面向未来、面向发展,确定了我国证券市场发展与规范的基本框架。修订为混业经营预留政策空间,为国有企业买卖股票预留法律空间,开放证券公司融资融券业务,改革证券交易和结算制度,加强对投资者利益的保护等。

(2) 证券发行酝酿注册制改革。2013 年 11 月,十八届三中全会召开,提出金融领域的改革,为证券市场带来新的发展机遇,新一轮发行制度改革启动,推动新股发行向注册制迈进。2015 年 12 月,全国人大常委会审议通过《关于授权国务院在实施股票发行注册制改革中调整适用〈中华人民共和国证券法〉有关规定的决定》,授权国务院决定对沪深交易所股票公开发行实施注册制,授权期为二年。2018 年年初,全国人大再次作出授权。

(3) 严监管成为市场主旋律。按照国家决策,中国证监会启动了为期 3 年的证券公司综合治理,以有效化解行业多年积累的风险。在上市公司监管方面,强化大股东减持约束,对"借壳上市"、重组监管趋严,整治上市公司停复牌乱象,推出股权激励制度;在市场监管方面,出台私募新规和互联网金融监管规则,建立以净资本为核心的风险监控,开展新一轮退市制度改革,对内幕交易和市场操纵行为及时查处,打击力度明显加大;在投资者保护方面,实施投资者适当性管理、客户资金第三方存管,推行投资回偿制,建立证券纠纷多元化解决机制,开展行政和解试点。

(4)《证券法》全面修订。自 2014 年年初修改工作启动以来,修订草案已经通过全国人大常委会二审。此次《证券法》修改思路主要有 3 点:一是简政放权,推进市场化,促进市场在证券市场资源配置中发挥决定性作用;二是放松管制,简政放权,鼓励创业创新,推动证券行业的发展;三是加强监管执法,强化对投资者特别是中小投资者合法权益的保护。主要是解决 5 大问题:一是推进股票发行注册制改革,二是健全多层次的资本市场,三是完善投资者保护制度,四是推动证券行业的创新发展,五是加强事中事后监管。《证券法》修订草案二次审议重点聚焦市场热点,包括执法权限和处罚力度升级、收购增持资金应说明来源、信息披露升级为专章规定、增加操纵市场情形、设投资者保护专章等。

(五) 中国证券法 40 年发展变迁的轨迹和规律

第一,不忘保障市场发展的初心,牢记营造法治环境的使命,促进资本市场做大做强。

第二,中国证券法将改革创新发展作为永恒主题,以制度创新促进证券交易品种、交易方式的创新,打造市场公平交易的基础保障改革创新,及时根据创新成果做出制度调整。

第三,主体法、交易法和监管法的融合是中国证券法的基本构成,证券法明确了资本市场各参与者的法律地位,赋予其平等的市场主体资格,平衡各种利益冲突;规定了证券发行交易过程中的基本规则,还就有效防范和化解风险、切实维护投资者权益做出制度安排。

第四,国际化是中国证券法发展的重要路径,证券法促进资本市场扩大开放、与国际资本合作,提高中国证券市场国际竞争力,推动人民币国际化。

二、证券法发展中理论和实践的重要问题

(一) 证券范围的扩展

证券范围是指适用证券法的证券种类,即证券法中的证券。国外典型的证券立法中,均采取审慎下证券定义的态度,而直接以证券范围予以阐释。一般而言,证券法中的证券是公众的投资对象,具有流动性、收益性、风险性和均等性等特征,实际上可称其为投资证券。

美国证券法中证券的范围界定具有以下特征:一是着眼于对投资者利益的保护,凡与投资者利益相关的金融工具尽揽其中,不留漏洞,使证券范围极其广泛。一旦有其他联邦法律对投资人的保护程度大于证券法的规定,那么法院总是倾向于适用前者。二是证券的外延具有开放性,随着经济与市场发展而由判例解释和立法补充使证券范围不断扩展。三是重视证券本身的互易性和市场性,而对证券形式、归类等并不计较[①]。

综合理论分析,确定证券法中证券的范围,应依照以下原则:

第一,以促进资本市场发展为前提。资本市场是资金供求体系与交易网络的总称,狭义上讲就是证券买卖的场所。资本市场在积聚资本、分散风险、合理配置资源、促进经济发展等方面具有重要作用,也有利于国家加强宏观调控和市场监管。证券法应顺应发展的要求,准确确定并及时修改证券的范围。

第二,以保护投资者为目的。当市场中的创新证券缺少法律规范,对投资人

---

① 参见杨志华:《证券法律制度研究》,中国政法大学出版社1995年版,第16页;高如星、王敏祥:《美国证券法》,法律出版社2000年版,第56页。

缺乏保护时,证券法就应将其列为证券范围中。

第三,以市场开放、与国际接轨为准则。在规则的协调一致之下,积极参与国际证券市场的竞争。

2005年10月《证券法》修订,其中对证券范围作了较大的改动:"在中华人民共和国境内,股票、公司债券和国务院依法认定的其他证券的发行和交易,适用本法;本法未规定的,适用《中华人民共和国公司法》和其他法律、行政法规的规定。政府债券、证券投资基金份额的上市交易,适用本法;其他法律、行政法规另有规定的,适用其规定。证券衍生品种发行、交易的管理办法,由国务院依照本法的原则规定。"由此可见,现行证券法适用的证券范围可分为三个层次:一是适用于股票和公司债券的发行上市,二是适用于政府债券、基金证券的上市交易,三是原则适用于证券衍生品。

(二) 证券发行审核制度的演变

证券发行审核制度是一国证券监管机构对于证券发行活动进行监管的法律法规的总称。由于各国经济、法律、文化等方面存在较大的差异,加之证券发行及上市所在的证券市场乃至金融市场的特殊性,各国在证券发行审核制度方面存在较大的差别。一般认为,发行审核制度分为三种,即审批制、核准制和注册制。[1]

我国证券市场产生之初实行严格的审批制。例如,1990年11月27日由上海市人民政府颁布的《上海市证券交易管理办法》就明确规定:"凡在本市发行证券,必须取得证券主管机关批准。未经批准,禁止发行证券。"1993年国务院《股票发行与交易管理暂行条例》也采用审批制。国务院证券管理部门确定每年发行的总额度,再分配给各省以及行业主管部门,并由它们选择和初审发行股票的企业(主要是国有企业),再由国务院证券管理部门复核。1996年开始,"额度制"转为"指标管理",采取"总量控制、限报家数"的办法。

核准制是证券发行审核制度改革的结果。1998年《证券法》第10条规定:"公开发行证券,必须符合法律、行政法规规定的条件,并依法报经国务院证券监督管理机构或者国务院授权的部门核准或者审批;未经依法核准或者审批,任何单位和个人不得向社会公开发行证券。"由此,证券发行审批制转向股票核准制与债券审批制双轨制。2004年2月1日,《证券发行上市保荐制度暂行办法》正

---

[1] 参见黎红刚:《发行的大趋势:核准制向注册制转变》,载《上市公司》2001年第5期;程合红:《从证券市场出现的问题透视证券发行监管制度》,载《法制日报》2001年10月28日。

式施行,我国的发行审核制度转变为较为市场化的核准机制。一般而言,核准制贯彻准则主义,法律明确规定证券发行的条件,条件既包括形式性要件也包括实质性要件,只要证券发行人具备了法定的实质要件和形式要件,均可发行证券。核准制的立法思想是实质管理,在一定程度上排除发行人的行为自由,同时也排除公众投资者的合理选择权;以制度上的硬约束,寻求法律价值上的公共利益和社会安全[1]。由于核准制可对经济活动提供可预见性或支持性的保障措施,以精微的形式保证合理的预算[2],以法律的形式将质量差的公司排除在股票公开发行之外,因此其往往成为新兴市场的首选。

核准制也并非尽善尽美,存在显而易见的缺陷:一是程序繁复、增加成本。核准制对证券发行实行实质性审查,查验发行条件势必需要较多的人力、物力和财力。二是影响证券市场效率,实质性审查费时耗力不能适应现代经济运行及时之需,少数人选择也不符优胜劣汰的市场机制。三是增加监管责任和风险。监管者存在失误的可能,使获得发行的证券并非一定是优良证券;而投资者不够成熟,往往将投资失败归咎于监管者,使后者增加了额外的风险和责任。[3] 理论与实务界都认为,现行的核准制虽经不断完善,但仍只能是一种过渡性制度安排,未来应逐步过渡到完全市场化的注册制。

证券发行注册制改革引发争议。2015年5月的股票异常波动等一系列情况,使大家认识到目前证券市场存在诸多薄弱环节和监管漏洞,社会各界对于是否适合推行注册制改革产生了较大分歧。中国证监会负责人表示,注册制不可单兵突进,研究论证需要相当长的一个过程。理论界和实务界争议集中在注册制改革时机是否成熟的问题上。不少专家认为,相对于核准制而言,股票发行的注册制改革是一种市场的进步,在提高市场运行效率、保护中小投资者权利等方面都更有优势。但有人比较了注册制和核准制,认为二者的区别更多在于制度所奉行的理念以及与之相配套的法律基础制度。注册制奉行市场自治,认可证券发行权归属于公司自治的范畴,而非国家授予,强调市场效力和自由;而核准制推崇政府介入,强调市场公平和秩序,充分体现了行政权力对证券发行的参与。[4] 所以,注册制和核准制其实并没有太明显的优劣之分。也有学者认为注册制本身也存在一定不现实的理论缺陷,认为我国实行注册制的经济、法制等条

---

[1] 参见杨志华:《证券法律制度研究》,中国政法大学出版社1995年版,第70页。
[2] 参见〔英〕罗杰·科特威尔:《法律社会学导论》,潘大松等译,华夏出版社1989年版,第178页。
[3] 参见吴弘主编:《证券法教程》(第二版),北京大学出版社2017年版,第37页。
[4] 参见付彦、邓子欣:《浅论深化我国新股发行体制改革的法制路径——以注册制与核准制之辨析为视角》,载《证券市场导报》2012年第5期。

件并不完善,如果没有缓冲过渡期,贸然实施,将会对我国金融市场造成严重不利影响。①

(三) 信息披露制度的完善

证券市场对信息有高度依赖性,信息披露有利于公众投资者了解投资对象、做出合理判断与投资决定,有利于证券发行和交易合理价格的形成,有利于有效抑制过度投机和内幕交易等欺诈行为,有利于证券监管机构对市场的监控,有利于发行上市公司改善自身经营管理、促进市场健康发展。信息披露是上市公司及相关主体向投资者承担的法定义务,并对义务的履行后果承担民事责任。

我国理论界对证券市场信息披露的基本要求有多种表述,如信息的全面性、资料的真实性、时间的时效性、空间的易得性、内容的易解性与形式的适法性等。我国《证券法》规定:"发行人、上市公司依法披露的信息,必须真实、准确、完整,不得有虚假记载、误导性陈述或者重大遗漏。"综合而言,信息披露制度的最基本要求主要有四个方面,即真实性、完整性、准确性和及时性。

一些独特角度的信息披露问题在理论层面展开了讨论。有人对网络信息时代证券信息披露进行研究,认为信息披露监管要充分关注网络对于信息公开的迅捷性特征,使得信息披露可以通过网络实时地向证券投资者公开,能够在重大事件的发生和信息的公开之间做最迅捷的连接,防止因不能及时公开相关信息而导致内幕交易等问题的出现。② 关于信息披露的有效性方面,研究者得出了不同的结论。有学者认为,上市公司的重大资产重组信息披露制度虽经修正,但依然存在披露义务主体范围过小、信息披露数量过多、法律责任设置不当以及配套机制不完善等缺陷,建议将重大资产重组定期公告改为分阶段公告,引入简明性规则,重点提示投资风险。③ 有学者指出,以投资者为中心、致力于满足投资者的信息需求有可能成为未来证券信息披露制度改革的新方向,以投资者为中心构建证券信息披露制度可以利用核心披露义务人进行汇总式信息披露,对所需披露的信息予以分层和归类,采取差异化的信息披露方式,使投资者深度参与

---

① 参见谢百三、刘芬:《我国近期股票发行实行注册制的风险与对策》,载《价格理论与实践》2014年第4期。
② 参见冯果、武俊桥:《由"类推监管"到"网络导向监管"——论网络信息时代证券信息披露监管制度的建构》,载《现代法学》2010年第2期。
③ 参见李有星、冯泽良:《论重大资产重组信息披露制度的完善》,载《浙江大学学报(人文社会科学版)》2015年第3期。

信息披露制度。[①] 还有学者认为,监管机构实践中"原则上要求股票交易价格有异常波动就披露,而不论股价异动的原因是否为公司所知,相关信息是否成熟、确定"的做法,不符合对应当披露的信息重大性判定标准的一般法理认识,也加大了上市公司的披露负担,可能增加市场波动。

(四)证券市场投资者保护

投资者保护特别是社会公众投资者合法权益的保护,是保证证券市场长期发展的基本原则之一。2013年12月,国务院办公厅颁布了《关于进一步加强资本市场中小投资者合法权益保护工作的意见》("新国九条"),明确将"投资者保护"对象限定为"中小投资者"。

信息不对称往往是投资者保护的理论依据,证券法上的投资者保护规范主要是围绕资本市场上的信息不对称问题进行制度设计,以信息披露及法律责任作为规制的主要内容。"委托代理"也是投资者保护的理论基础,股份公司的出现及所有权与经营权的分离,产生了"代理成本"问题,相关规则是旨在解决公司内部人(管理层和控股股东)对外部投资者(股东和债权人)利益的"掠夺"。投资者在交易中的劣势地位更是保护投资者的常见理由,证券公司因专营资格和专业能力而具有经济优势地位,个人投资者必须依靠有经纪资格的证券公司才能从事证券买卖,法律旨在营造实质公平的环境。

证券投资者保护基本法律制度包括:(1)投资者教育制度。开展和加强投资者教育,对于提高投资者的素质,提高投资者的信心,减少和化解市场风险,具有重要意义。中国证监会于2007年2月2日发布《关于证券投资基金行业开展投资者教育活动的通知》,投资者教育的主要内容是帮助投资者了解证券,了解自己、了解市场、了解证券发展历史,了解证券公司。(2)投资者关系工作。投资者关系工作目的是促进公司与投资者之间的良性互动,增进投资者对公司的进一步了解和熟悉,建立稳定和优质的投资者基础,获得长期的市场支持;形成服务投资者、尊重投资者的企业文化;促进公司整体利益最大化和股东财富增长并举的投资理念;增加公司信息披露透明度,改善公司治理。中国证监会于2005年7月11日发布了《上市公司与投资者关系工作指引》。(3)投资者保护基金。国家设立证券投资者保护基金,由证券公司缴纳的资金及其他依法筹集的资金组成,在上市公司、证券经纪机构出现支付危机、面临破产或倒闭清算时,

---

[①] 参见窦鹏娟:《证券信息披露的投资者中心原则及其构想——以证券衍生交易为例》,载《金融经济学研究》2015年第6期。

由基金直接向危机或破产机构的相关投资者赔偿部分或全部损失,其作用类似于存款保险制度。投资者保护基金一方面可以通过补偿客户资产,化解证券公司破产的风险;另一方面可以通过对成员公司财务信息进行持续的监控,及早防范和控制证券公司的破产风险,从而具有增强投资者信心、保障长期投资资金供给的积极作用。我国证监会、财政部、中央银行于 2005 年 6 月 30 日联合发布了《证券投资者保护基金管理办法》。随后,注册资本为 63 亿元的中国证券投资者保护基金有限责任公司登记成立,负责基金的筹集、管理和使用。(4) 投资者适当性制度。根据不同风险产品配置给不同承受能力的投资者的原则,允许适当的投资者进入适当的市场。首先,要科学性地对投资者进行分类管理,根据投资者的专业水平、风险承受能力,由监管机构将投资者分为普通投资者和专业投资者,自律组织制定风险承受能力最低的投资者类别,供经营机构参考。不同投资者之间经过严格的程序,可以向经营机构申请相互转化。其次,对金融产品或服务也进行系统化的分级管理,经营机构应当对其向投资者提供的产品及服务有所认知,评估产品的风险,并在此基础上进行风险等级划分。最后,经营机构应向投资者提供有针对性的产品及差别化服务,一般不应向普通投资者销售高风险产品,或者负特别注意义务。2016 年 12 月 12 日,《证券期货投资者适当性管理办法》公布,自 2017 年 7 月 1 日起施行。

(五) 上市公司退市制度的完善

退市制度对于提高我国上市公司整体质量,形成优胜劣汰的市场机制具有积极意义。1993 年《公司法》对上市公司股票暂停上市和终止上市的情形进行规定,上市公司强制退市制度由此建立,但这一时期出台的 ST、PT(特别处理)等制度一度背离了退市制度的初衷和正轨。自 2005 年《公司法》《证券法》修订后,退市制度改为《证券法》规定,且将暂停、终止上市的权力下放给交易所。2001 年证监会发布《亏损上市公司暂停上市和终止上市实施办法》,首次从操作层面对上市公司退市的标准、程序进行规定,当年 11 月 30 日在原有办法基础上加以修订,明确连续三年亏损的上市公司将暂停上市,上市公司退市制度正式开始推行。2001 年 4 月 23 日,PT 水仙因申请宽限期未获上海证券交易所批准,成为我国第一家被终止上市的上市公司,中国证券市场上市公司退市正式开启,此后累计有 80 多家公司退市,主要集中于净利润连续亏损退市,也有的被吸收合并而退市。2012 年 3 月 18 日,国务院批转发改委《关于 2012 年深化经济体制改革重点工作的意见》的通知,提出深化金融体制改革,健全新股发行制度和退市制度,强化投资者回报和权益保护。2012 年 6 月 28 日,上交所、深交所公布新退市制度方案,连续三年净资产为负,或者连续三年营业收入低于1000万元,或连续20个交易日收盘价低于股票面值的公司应终止上市。

市场各方纷纷要求对一些重大违法的公司作处罚的同时驱逐出市场,净化市场环境。2014年,中国证监会发布了《关于改革完善并严格实施上市公司退市制度的若干意见》,建立健全上市公司自主退市制度;针对欺诈上市等重大违法行为,落实重大违法公司强制退市制度;强调严格执行强制退市标准,进一步抑制绩差股炒作;完善与退市相关的配套制度安排,保护退市中的投资者权益。① 2016年,博元投资因重大信息披露违法被依法终止上市;2017年,欣泰电气因欺诈发行被强制退市。2018年7月27日,中国证监会发布《关于修改〈关于改革完善并严格实施上市公司退市制度的若干意见〉的决定》,对退市制度作出修改,包括完善重大违法强制退市的主要情形。

构建退市规则良性运作的必要环境。一是构建多层次的资本市场体系,容纳不同情况下公司的融资需求,各个层次相对独立并能有机衔接,为上市公司退市提供必要的通道和出口。二是改变股市偏重的筹资功能,重视改制功能。公司则可多考虑其他方式而不必单一地依赖于证券市场实现其融资目的。三是上市标准市场化。只有通过市场化的准入标准,减少发行人进入市场的成本,才能减少按市场化退市标准决定公司终止上市可能遇到的阻力。四是规范退市股票代办转让系统,有效流通退市股票。②

强化退市中的投资者保护。上市公司退市可能会使广大投资者遭受损失,要消除上市公司不良行为带来的上市公司和投资者之间的利益失衡,需要完备的责任追究制度。③ 要确定责任主体,退市规则要明确股东可以向谁、以什么程序追究责任。加大对退市公司控股股东、董监高的责任追究力度,落实并强化立案稽查公司的股份转让限制;要求对负有责任的控股股东、实际控制人及其董事、高管等责任人员承诺股份购回。建立欺诈发行、借壳违法违规案件中相关证券服务机构的先行赔付制度。④ 要明确责任形式,并加重民事赔偿责任,提高违法成本。有学者认为,对于因公司不按规定公开其财务状况,或者信息披露存在瑕疵记载,或者存在其他重大违法违规行为而退市的上市公司,应推动引入无限和连带的民事赔偿责任。⑤ 要进一步完善违法违规行为与投资者权益

---

① 参见方重、康杰、简思达:《上市公司退市制度思考》,载《中国金融》2016年第12期。
② 参见井涛主编:《退市法律研究》,上海交通大学出版社2004年版,第61—94页。
③ 参见郑远民、熊静波:《关于我国上市公司退市机制的法律思考》,载《法学》2001年第8期。
④ 参见方重、康杰、简思达:《上市公司退市制度思考》,载《中国金融》2016年第12期。
⑤ 参见丁丁、侯凤坤:《上市公司退市制度改革:问题、政策及展望》,载《社会科学》2014年第1期。

司法救济之间的衔接,建立股东派生诉讼、共同诉讼、董事责任保险等机制,落实因违法行为退市而对投资者的赔偿问题。① 完善投资者保护基金制度,构建投资者保护基金代为诉讼机制,建立证券集团诉讼制度和上市公司退市保险制度。

(六) 证券欺诈民事责任

虚假陈述是证券市场最为常见的欺诈侵权行为,对投资者的损害较明显,危害较大。即使在市场机制较为成熟的美国,也曾暴出"安然""世通"等隐瞒巨额亏损和虚报利润数亿到数十亿美元的重大丑闻,也因此颁行了更严厉的法规。我国证券市场在迅速发展的过程中,陆续出现了一些虚假陈述的欺诈行为,如初期的琼民源、红光、亿安科技、银广夏等,造成恶劣的社会影响。投资者的利益也因此受到损害,从 2001 年下半年起,有许多投资者向法院提起民事诉讼,要求造假者承担侵权赔偿责任。但考虑到当时证券民事责任制度十分薄弱的状况和法院在人员等方面进行必要的准备,最高人民法院于 2001 年 9 月 21 日发布《关于涉证券民事赔偿案件暂不予受理的通知》,同时指出暂不受理并非永不受理,而是积极调研进行准备。理论界也为司法操作提供了多种方案,尤其是社会各界对依法追究证券民事责任的必要性取得了高度的共识。

最高人民法院于 2002 年 1 月 15 日正式下发《关于受理证券市场因虚假陈述引发的民事侵权纠纷案件有关问题的通知》,证券民事责任制度迈出了关键的一步,短期内,各地法院受理近 900 件虚假陈述案件。最高人民法院于 2003 年 1 月 9 日又发布《关于审理证券市场因虚假陈述引发的民事赔偿案件的若干规定》,具体细化审理规则。通过多年严格追究民事责任,证券市场虚假陈述多发的势头得到了遏制。

但法院对证券民事赔偿责任的案件还只是有条件受理,即在收案范围、前置程序、诉讼方式等方面有所限制,这表明法院意图通过审理证券民事案件的实践,循序渐进,为最终健全证券民事责任制度,受理和审理各类证券民事纠纷案件奠定基础。目前,内幕交易、操纵市场、欺诈客户等行为导致的赔偿纠纷尚未正常受理。

完善证券民事诉讼是证券欺诈民事责任研究的当然内容。有学者从法律经济学的角度认为,我国的证券欺诈赔偿民事诉讼,在诉讼成本控制、社会收益获取、诉讼效率提升以及法律供需均衡方面都有待提高。可以借鉴美国的证券欺

---

① 参见郑彧:《IPO 常态化背景下退市制度完善之探析》,载《证券法苑》2017 年第 4 期。

诈赔偿检诉制度,探索我国检察机关提起证券欺诈公益诉讼。检察官提起证券欺诈赔偿诉讼可以最大限度节省管理诉讼和弥补错误疏漏的成本,并且在社会收益和诉讼效率方面都有所提升,能够最大限度恢复交易秩序、促进社会财富的再分配。① 也有学者倾向于代表人诉讼制度,因为"我国代表人诉讼制度在借鉴外国经验的同时又结合了本国的实际,形成了具有我国特色的群体性纠纷诉讼制度。在目前的阶段,我们不应当盲目的移植集团诉讼制度或者团体诉讼制度,而是应当完善我国已有的代表人诉讼制度,为证券欺诈纠纷的解决提供良好的法律保障"②。还有学者从司法实践角度,研究了证券欺诈中构建集团诉讼制度解决民事责任纠纷的可行性,分别从集团诉讼模式在其中适用的制度优越性、集团诉讼模式适用所需要实现的目标、集团诉讼规则体系在实践中具体的可操作性③等方面进行了分析。

三、中国证券法的未来展望

改革开放以来,我国资本市场取得了重大进步和转折性变化,市场规模和影响力迅速扩大,市场功能得到明显改善,服务经济社会的能力和作用大幅提升;以市场自律规则为基础,以法律、行政法规和规章为主干,以司法解释和司法政策为补充,全面、完整、系统的证券规范体系已基本形成。证券法治建设始终保持与市场发展同步,为我国资本市场发展做出了十分重要的贡献。但改革开放还在深化,证券法治任重道远。证券监管与司法实践也正在不断推进,许多理论与实践问题更是在深入探讨。

(一)深化行政审批制度改革、完善证券监管

《证券法》的完善要在市场与政府关系的基础性命题上有所进展和进步,进一步减少政府对市场行为的过度干预,坚持市场优先和社会自治的原则,主动改变监管理念和方式,大幅减少事前准入和审批。

如前所述,股票发行审核制正在从核准制走向注册制,近年来相应的配套改革也在逐步推进,以创设良好的环境。例如,完善预先披露和发行审核信息公开制度。在发行监管上要以信息披露为核心,不断提高透明度。又如,完善新股价

---

① 参见焦津洪、高旭:《美国证券欺诈赔偿检诉制度对我国的启示》,载《法学论坛》2015年第3期。
② 肖建华、陈迎宾、宋芳:《论我国证券欺诈代表人诉讼制度的完善》,载《天津法学》2012年第3期。
③ 参见胡永庆:《证券欺诈民事赔偿案件中集团诉讼模式之构建》,载《比较法研究》2004年第4期。

格形成机制,改革股票承销办法,使新股定价与发行人基本面密切关联。还有推动更多的机构投资者进入新股市场,引导长期资金在平衡风险和收益的基础上积极参与,包括合格境外机构投资者资格审批限制放开、额度申请放宽以及部分投资限制取消,养老金、社保金等长期资本的入市等。深化发行体制改革,注册制将逐步推出,将进一步增强市场约束机制,以充分、完整、准确的信息披露为中心,强化资本约束、市场中介约束和诚信约束。

发行制度将设置非公开发行和豁免注册发行的情形,如众筹、小额发行、股权激励等都给予变通,不搞一刀切。发行门槛降低,如可以不设定盈利性要求,但对信息披露要求更严,发行人、保荐人应对发行文件的真实性负责,中介机构应当对真实性负责,特别是注册会计师承担较严格的法律责任。另外有专家建议债券发行也可实行注册制。

关于证券业务经营准入,也将逐步取消行政许可,实行证券经营业务资质的牌照管理。在分业经营分业监管制未变化之前,证券核心业务如承销、经纪、自营等,仍实行分业牌照管理。对会计、律师、评估等证券服务业实行登记准入,而运营监管则实施资信管理。对证券经营、服务机构的监管重在行为监管。

(二) 加快多层次资本市场建设、促进证券创新

未来多层次资本市场主要为证券交易所市场、国务院批准的其他全国性证券交易场所(如新三板)和按照国务院规定设立的区域性股权市场三个层次。对于国务院批准的其他全国性证券交易场所、按照国务院规定设立的区域性股权交易市场目前的发展情况,证券法中也将作原则性规定,授权国务院制定具体管理办法。

近年来,国家积极稳妥地推进了债券市场、衍生品市场和统一监管的全国性场外交易市场(如"新三板")建设,这对于提升金融行业服务实体经济的能力,加大金融对中小企业的支持力度,促进科技创新和民营经济发展都具有重要意义。对于交易所市场、银行间债券市场等金融市场之间需要互联互通、统一规则;交易所市场的主板、中小板、创业板板块需完善信息披露制度,对不同板块进行差异化信息披露。对证券在场内场外市场转换、在不同板块间升降,要有明细规则。

规范的场外市场建设对于减轻交易所市场的压力,便利上市公司退市安排,也有积极作用。同时,根据国务院发布的《关于清理整顿各类交易场所切实防范金融风险的决定》,全国开展了各类场外交易所清理整顿工作,除依法设立或者

国务院批准外,各地不得擅自设立从事金融产品交易的交易场所,场外交易场所均不得将任何权益拆分为均等份额公开发行、持续挂牌交易,不得采取集中竞价、做市商等集中交易方式进行交易。各地方股权市场等监管体制问题也将得到解决。

(三) 加强对违法行为的惩治力度、保护投资者利益

近年来,监管机构和司法机关都陆续出台了一系列司法解释和规范性文件,加大了对证券违法犯罪行为的打击力度。如最高人民法院、最高人民检察院出台了关于内幕交易犯罪的司法解释,从时间吻合程度、交易背离程度和利益关联程度等典型特征入手,明确内幕交易各项认定要件;明确界定"内幕信息敏感期"和非法获取内幕信息人员范围,还规定"相关交易行为明显异常,且无正当理由或正当信息来源",则有可能被认定为内幕交易。这给有效惩治相应犯罪行为提供了可靠依据。但证券市场内幕交易、操纵市场等欺诈行为仍时隐时现,危害市场秩序与投资者利益。对此,我国证券立法和司法执法还要在具体操作层面做出细化规定,且在实际操作中完善规范。

重点完善法律责任体系,在刑事责任方面,要细化证券违法犯罪的量刑,加强处罚的威慑力度,有人大代表建议设立证券犯罪重刑惩罚体系。在民事方面,要支持投资公众对欺诈发行、内幕交易、操纵市场的集体诉讼和公益诉讼制度,不仅可以加大违法者的成本,也可最大限度地保护众多中小投资者的利益,还可从根本上治理证券违法犯罪;要加强民事赔偿机制,将已有实践的先行赔付制度固定下来,发行人因欺诈或者其他重大违法行为给投资者造成损失的,其控股股东、实际控制人、相关的证券公司、证券服务机构可以委托国家设立的投资者保护机构,就赔偿事宜与投资者达成协议,予以先行赔付。在行政责任方面,要进一步提升信用制度的适用、提高行政处罚的法定数额,扩大失信主体市场禁入的适用范围,对具有专业技术资格的直接责任人员(如保荐代表人、律师、会计师、资产评估师等)也实施相应的长期市场禁入制度。

第二章

市场法治专题

刍议我国债券市场创新发展的法治建设问题[*]

窦鹏娟

【内容摘要】 经过40余年的发展,我国债券市场在市场体系、市场规模、债券品种与交易方式、投资者结构以及国际化程度等方面均取得了重大变化,但债市频繁"爆雷"、债券评级"黑幕"以及债券代持引发的风险和利益输送等问题也制约着债券市场的进一步发展。从深层次考察,这些问题的根源其实在于尚未真正形成市场化、法治化的债券市场。我国债券市场发展的最终方向是走向法治,为此除了需要在宏观层面进行债券法制的完善以外,还需要继续加强债券市场做市商制度、债券投资者适当性制度以及债券市场信息披露制度等重要制度建设,以适应债券市场创新发展的制度需求。

【关键词】 债券市场 违约风险 债券评级 债券代持 债市新规

债券市场是一国资本市场的重要组成部分,尤其在亚洲金融危机之后,债券融资在稳健金融体系方面的作用受到了越来越多的关注。[①] 从1981年我国开始恢复发行国债算起,新中国的债券市场已经走过40余年的发展历程。进入21世纪以来,我国债券市场开始驶入发展的快车道,改革与创新成为这一时期债券市场的重要特征。然而,创新即意味着新能量与新变量的引入,市场的扰动性将会因此增强[②],如何在创新的同时又保持市场的稳健发展,这对债券市场无疑是一个重大考验。

---

[*] 本文为冯果教授主持的2014年教育部哲学社会科学研究重大课题攻关项目"我国债券市场建立市场化法制化风险防范体系研究"(项目编号:14JZD008)的阶段性成果之一。原文收录于吴弘主编:《法治经济与经济法治——华东政法大学经济法学院30周年院庆文集》(法律出版社2015年版),本文对部分内容进行了更新和删节。

[①] 亚洲金融危机的教训之一就是当经济体处于需要大量长期融资的发展阶段之时,依赖于银行融资容易在资产负债表的两端产生严重的期限错配问题。参见鲁政委:《打通中国债券市场发展的"半截通途"》,载《金融市场研究》2014年第1期。

[②] 参见戴文华:《证券市场创新与系统风险的若干问题》,载《证券市场导报》2013年第3期。

一、发展中的中国债券市场：新变化与新问题

如果将我国的债券市场比作一棵大树,那么国债就是生发这棵大树的那粒种子。早在建国初期,当时的中央政府为了应对严峻的经济形势,就曾经发行过"人民胜利折实公债"和"国家经济建设公债"。这些国债对缓解当时的经济困境,恢复国民经济和促进"一五计划"的顺利完成发挥了重要作用。[①] 但我国债券市场并没有以此为契机发展起来,随着其后不久国家"不向国内外举债"的财政政策的实行,国债在刚刚崭露头角之后便戛然而止,这种沉寂持续了将近20年。改革开放之后,国家因治理通货膨胀之需重新恢复国债,以解决政府财政赤字和支持国家经济建设。随着国债的恢复发行,沉寂多年的债券市场渐趋活跃,开始出现企业债券和金融债券,打破了以往国债一统天下的债券市场格局。

（一）我国债券市场发展的革命性变化

经过20世纪80年代的初创和形成、90年代的改革之后,债券市场获得了前所未有的发展契机。随着21世纪的到来,驶入快车道的债券市场发生了一系列革命性的变化,这些变化突出地表现在以下五个方面：

1. 形成了以银行间市场、交易所市场和商业银行柜台市场组成的统一分层的市场体系,银行间市场债券存量和交易量占整个债券市场的比重高达90%以上,逐渐取代柜台市场和交易所市场成为债券流通市场主板,这与国际上债券市场一般由场外市场主导的特征相吻合。[②]

2. 市场规模不断扩大,发行量、托管量和交易量在进入21世纪以来的20余年间增长迅速[③],在国际债券市场中的地位与影响力日渐增强。目前,我国债券市场规模已超出120万亿元,跃居全球第二大债券市场。尤其在国债方面,继被纳入全球三大债券指数供应机构彭博巴克莱全球综合指数和摩根大通全球新

[①] 参见沈炳熙、曹媛媛：《中国债券市场：30年改革与发展》（第二版）,北京大学出版社2014年版,第3—4页。

[②] 从国外成熟债券市场发展的历程来看,绝大部分的债券交易是在场外市场上进行的,场外交易量在整个债券市场交易总量中一般占据90%以上。

[③] 2003年中国债券市场的发行量仅为1.5万亿元左右人民币,而2014年则为12.28万亿元人民币；2003年中国债券市场的托管量约3.76亿元人民币,而2014年的托管量则约为35.64亿元人民币；2003年中国债券银行间市场和交易所市场交易量总和尚不足5万亿元人民币,而2014年仅银行间债券市场的交易量就达302.4万亿元人民币。以上数据来自《中国金融市场发展报告（2012）》以及中央国债登记结算有限责任公司。

兴市场政府债券指数之后,2021年10月富时罗素又将中国国债纳入富时世界国债指数,至此中国国债成功跻身全球三大主流债券指数。可以预见,未来我国债券市场可能成为全球金融市场的"避风港",为充满不确定性的全球资本市场提供确定性和安全公共品。

3. 债券类别不断丰富、品种推陈出新,交易模式渐趋多元。1997年以前的债券市场仅有国债和企业债,而现在已经形成国债、地方政府债、政策性银行债券、央行票据、企业债、资产支持证券、商业银行债券、政府支持机构债等组成的多样化的债券类别体系,各个类别的债券品种更加繁多。在交易方式上,也从现券买卖和质押式回购两种基本工具发展为买断式回购、债券衍生工具以及债券借贷工具等多元化交易模式并存,既丰富了投资者的选择,也促进了债券市场功能的进一步发挥。

4. 投资者日益多元,债券市场投资者结构趋向科学和合理。20世纪90年代以前,中国债券市场以国债为主,主要销售给个人,机构投资者几乎不存在。随着银行间债券市场主导地位的确立,机构投资者逐渐成为我国债券市场的主体,这些机构投资者的类型包括商业银行、特殊结算会员、信用社、非银行金融机构、证券公司、保险机构、投资基金、非金融机构以及境外机构等。

5. 市场逐渐走向开放,国际化程度明显增强。随着2000年以后我国外汇储备逐渐跃居世界首位,我国开始由资本输入国转为资本输出国。与此同时,我国债券市场的国际化进程也在加快,表现为中国政府和机构以融资者和投资者的身份广泛参与国际资本市场,国际银行也大量涌入中国市场。[1] 近年来,我国稳步推进金融业开放,各项扩大开放举措陆续落地,带动债券市场进入新一轮高水平、制度型开放新阶段。尤其是在2017年债券通试点开通后,一系列便利境外机构入市的配套举措和制度完善陆续落地,推动我国债市开放水平持续提高、国际吸引力不断增强,境外机构进入中国债券市场的热情持续攀升。

(二) 我国债券市场发展中的新问题

然而,随着债券市场发展进程的加快,一些新问题也逐渐暴露出来。在肯定债券市场所取得的成就的同时,也必须清醒地看到并客观认识这些新问题。

1. 债市"爆雷"与偿债危机的问题。近年来债券市场发展与创新步伐的加快使得债市频繁发生"爆雷"事件,偿债危机随之而来并逐渐向常态化发展。据

---

[1] 参见高坚:《中国债券资本市场》,经济科学出版社2009年版,第388页。

不完全统计,2011年至2014年间,中国债券市场发生了10起债券偿债危机事件①,只是其他的偿债危机事件最终都通过各种途径得以化解,唯有"11超日债"成为"中国首例债券违约事件"。②似乎魔咒一般,继"11超日债"之后,债券市场连续爆发数起偿债危机,尤其在刚性兑付被打破之后,债市违约的速度加快,开始进入一个"爆雷"不断、常态化违约的新时期。近年来,甚至一些高评级信用债也出现违约问题,一再冲击投资者对债券市场的投资信心。2020年11月10日,永城煤电控股集团有限公司旗下债券"20永煤SCP003"毫无征兆地宣告违约,并进一步殃及多只煤企、城投和地方国企债券,使市场信心大受打击。

2. 债券评级中的权力寻租和评级乱象。近年来,在债券违约及其处置的过程中,中介机构存在着利益关联现象。③债券市场频繁"爆雷",甚至一些评级为AAA的债券也难逃"厄运",一时之间让市场充满对所谓"优质债券"的质疑之声。然而,实际上,这些"爆雷"的债券有的原本就是不应被评为高信用等级的债券。债市爆雷的发生,在一定程度上与信用评级机构所牵涉的利益不无相关。2019年5月,山东某地方法院的一纸判决书牵扯出债券评级中一种所谓"增信"业务的操作逻辑:通过"捐客",用300万元可以将公司评级由AA提高到AA+。而案涉评级机构此前即有高价售卖公司评级的"不良记录",并因此受到银行间市场交易商协会和证监会的双重严重警告处分,以及暂停债务融资工具市场业务一年和暂停证券评级业务一年的处罚。④无独有偶,2020年12月,有关国家纪检部门的网站披露了某知名评级机构两位高管利用所掌握的金融资源和职务便利,在债券评级中进行权力寻租,为企业信用评级提供帮助,存在"量钱"

---

① 发生偿债危机的10只债券分别是山东海龙"11海龙CP01"、地杰通信"10中关村债"、江西赛维"11江西赛维CP001"、新中基"11新中基CP001"、康特荣宝"10京经开SMECN1"、惠佳贝"10黑龙江SMECN1"、高丽彩钢"11常州SMECN II 001"、上海同捷科技"11杨浦SMECN1"、永泰丰化工"11常州中小债"、上海超日太阳能"11超日债"。详见周大胜:《"11超日债"违约事件》,载《债券》2014年第3期。

② 2014年3月4日,深圳证券交易所对外披露了《上海超日太阳能科技股份有限公司2011年公司债券第二期利息无法按期全额支付的公告》,公告称由于各种不可控的因素,上海超日太阳能科技股份有限公司(以下简称超日太阳)于2011年3月7日发行的上海超日太阳能科技股份有限公司2011年公司债券(简称"11超日债")将无法于原定付息日按期全额支付共计8,980万元人民币利息,仅能够按期支付400万元人民币的利息。2014年3月7日,这一公告所披露的事实最终兑现,"11超日债"正式违约,成为中国资本市场上首例债券违约事件。然而这一违约事件的后续发展却出现了转折:*ST超日的重组方案获得高票通过,根据重组方案,"11超日债"的普通债权人最终都获得了偿付;*ST超日以2014年12月22日作为还本付息日,对每手面值1000元人民币的"11超日债"派发本息共计1116.4元人民币,其中甚至包含欠息所引起的复利和罚息,在扣除个人所得税之后,债券个人持有人的实际每手面值1000元人民币获得派发本息共计1093.12元人民币。

③ 参见刘凡:《债券市场发展回顾与展望》,载《中国金融》2022年第4期。

④ 参见《一纸判决爆出债券评级黑幕!给钱就可"增信"?》,https://finance.sina.com.cn/money/bond/market/2019-05-05/doc-ihvhiewr9936991.shtml,2022年6月2日访问。

评级、损公肥私和利益输送行为。这些案件暴露出债券评级乱象的一角，对此，中国证券业协会在一份通报中表示，个别评级机构对发行人主体级别调升的比例明显高于行业平均水平，存在评级虚高等风险隐患。①

3. 债券市场上的利益输送问题。2010年张锐案的爆发暴露出债券市场上耸人听闻的利益输送现象。2013年，以丙类户为核心而存在的复杂利益链成为"债市打黑"风暴中的重灾区，其波及面之广、资金之巨甚至超乎人们的想象，多家银行、券商、基金、信托等机构固定收益部的业务骨干乃至部分机构的总裁级别人物遭到查处，这场债市扫黑行动最后升级为一场针对债券市场的全面刑事调查。这种利益输送的方式，一是机构投资者将其持有的债券直接或间接低价出售给自己所控制的丙类账户，后者以市价抛出赚取差价，通过此类方式实现机构投资者与其所控制的丙类账户之间的利益输送；二是为规避禁止甲类账户替丙类账户垫资、禁止当日回款等规定，部分券商通过精心设计的"伪结构化"理财产品向特定关系人输送巨额利益。②"代持""养券""倒券"等现象盛行于债券二级市场，甚至成为行业潜规则。③ 2016年，债市风暴再次来袭，三家金融机构高管被公安部门带走调查，揭开了存在于银行间债券市场的中票、短融一级半市场中的利益输送现象。2019年2月，又有一家银行三名高管被爆出可能涉嫌早前利用丙类户利益输送和债市腐败。2020年1月，前述2016年"债市大佬"被带走调查一案再次引起关注，公开的判决显示，十余年前这些涉案的相关人员通过相互协作，利用丙类户低买高卖获利上亿元。④ 近年来，随着债券一、二级市场的价差不断收窄、套利空间的缩小，一级半市场中的利益输送有所好转，但并未完全消失。⑤

"代持"是债券市场上进行利益输送的一种常见方式。2016年的国海证券"代持风波"让这一现象受到了高度关注。在该事件之后，监管部门曾经对债券代持情况进行过多次摸底检查，摸底掌握的数据显示，券商自营、券商资管等为其他机构代持的债券规模相当庞大。债券交易多为场外交易，存在一些价格"输

---

① 参见陈圣洁：《债市腐败黑幕曝光："200万"一单提高评级，给券商"做掮客"介绍生意》，https://caifuhao.eastmoney.com/news/20201214205356904767880，2022年6月3日访问。

② 参见董峻、刘铮、姜琳：《债券市场利益输送三大黑洞透视》，载《人民日报海外版》2015年1月27日。

③ 参见《债市监管升级 场内债基连续下挫》，http://finance.jrj.com.cn/2013/04/19073615241166-4.shtml，2015年4月12日访问。

④ 参见凌云：《非法获利上亿元！6名交易员栽了，作案手法大曝光》，http://news.stcn.com/2020/0115/15600343.shtml，2022年6月5日访问。

⑤ 参见陈浩、王笑：《债市反腐会否打响新一轮金融反腐重大行动的第一枪？》，https://www.thepaper.cn/newsDetail_forward_3034619，2022年6月5日访问。

送"的空间,表外代持的损益难以真实反映在财务报表中。因此,个别券商还存在着在代持过程中未按要求签订书面合同和纳入会计核算的情形,一些券商通过现券交易进行利润输送,通过会计处理来填补损失并将委托方的表内亏损调整到表外滚动式地续作交易。表外代持的横行也导致部分机构债券投资的高杠杆现象,从而加剧了债券市场的波动和违约风险。

二、中国债券市场:"这个世界会好吗"[①]

尽管存在着种种问题,但是我国债券市场在 40 多年间所取得的成就不容置疑。我国债券市场从零起步到发展为在国际资本市场上具有重要地位和影响力的市场,这种变化不仅是基于量的积累,更是源于质的改变,而促成这些变化的重要推动力是债券市场的创新能力。比之一般的金融市场创新,我国债券市场创新是一种典型的超常规创新,这种创新的动力并非来源于市场自身力量的驱动,也不是一种渐进式的演变,而是以政府作为创新推动力的、自上而下的,市场呈现跳跃式演变的制度创新。[②] 综观中国之改革,大多属于政府推动型的制度变迁。中国债券市场的建立和发展就是政府主导的制度变迁取得成功的一个范例,尤其是 20 世纪 90 年代由政府机构发起的债券市场改革最终使债券市场实现了超常规创新。作为新兴市场,我国债券市场对于市场发展有着迫切需求,而后发优势又使得我国可以借鉴国外发达债券市场发展的经验与教训,正是这种超常规创新才使得我国债券市场得以在较短时间内取得显著成就。从发达国家债券市场的发展历程来看,其债券市场出现的新的创新趋势一般表现在新的债券市场工具的开发、新的债券市场投资者的培育、债券市场交易方式的完善、债券市场监管制度的重构、债券市场技术创新的推动等方面[③],而我国债券市场的新变化正好与这种创新的趋势相吻合。然而,创新即意味着新能量与新变量的引入,我们在享受创新带来的巨大收益的同时,也要承认创新附随的消极影响,即市场的扰动性将会由于创新的加剧而增强。[④] 因此,从这个角度来看,发生在

---

① 中国著名哲学家梁漱溟先生(1893—1988)的父亲有一次和他谈起关于欧战的一则新闻,梁父问道:"世界会好吗?"梁漱溟回答说:"我相信世界是一天一天往好里去的。"此处借用此典故以及经梁漱溟先生晚年口述整理的著作《这个世界会好吗》一书的书名来表达笔者对于中国债券市场未来发展前景的坚定信心。
② 参见王开国:《中国证券市场超常规创新的理性思考》,载《中国社会科学》2001 年第 1 期。
③ 参见何德旭、高伟凯等:《中国债券市场:创新路径与发展策略》,中国财政经济出版社 2007 年版,第 9—14 页。
④ 参见戴文华:《证券市场创新与系统风险的若干问题》,载《证券市场导报》2013 年第 3 期。

债券市场上的种种问题,也是创新发展中的市场难以避免的一个阶段性写照。当然,这样说并不是为我们存在的这些问题进行开脱,相反,是为了更好地解决问题而挖掘埋藏在更深层次的矛盾。

长久以来,我国债券市场的发展也深受市场规模偏小、品种结构单一、流动性缺乏等问题的困扰,但是从性质上来讲这些是属于经济范畴的问题。源于政府主导下的推动,我国债券市场虽然在较短时间内实现了制度变迁,然而真正能够带动市场发展的内在的自发力量还未得到充分蓄积,因此市场规模小、品种单调以及流动性不足等问题是由市场本身所处的发展周期所决定,这些问题的解决可能更多地依赖于市场自身发展的驱动力量。新近暴露出来的我国债券市场上的这些问题,从更深的层次来审视,其实是市场化和法治化问题的缩影。令人欣喜的是,我国债券市场上的这些问题已经受到重视,一些具有重要意义的改革举措正在不同的层面以不同的方式进行。

最根本的改革来自执政党关于经济体制改革的核心在于处理好政府与市场关系的重大认识的提出。在社会资源配置系统中,市场配置与政府配置是两种最重要的子系统,对于两种配置定位、范围、冲突与协调的讨论形成了关于"政府与市场关系"问题的历久弥新的话题。① 我国经济体制改革的过程,就是一个不断调整政府与市场的关系并将其调整结果予以体制化和机制化的过程,"使市场在资源配置中起决定性作用和更好发挥政府作用"的提出,清晰地展示了对于政府作用与市场作用在认识上的不断深化。② 厘清政府与市场的关系对于解决我国债券市场上政府过度介入和干预问题无疑意义重大,这为政府得以从债市兜底中解脱出来提供了良好契机,也为投资者走向成熟和债券市场真正实现市场化、法治化创造了条件。2014年5月,国务院发布的《关于进一步促进资本市场健康发展的若干意见》中提出"规范发展债券市场",这既是对债券市场改革发展的顶层设计,也为其后续发展指明了方向。发生在债券市场上的权力寻租是权力异化导致权力腐败的一种表现,遏制腐败的途径一是道德,二是法律。实践证明,单纯依靠道德的教化难以起到遏制腐败的目的,唯有法律对权力的约束才具有持久的效果。③ 随着债券市场法治力度的不断强化,权力寻租和利益输送现象最终必将得到有效遏制。

除了这些来自顶层的改变之外,债券市场也发生了一些实质性的制度变革。

---

① 参见张守文:《政府与市场关系的法律调整》,载《中国法学》2014年第5期。
② 参见陈甦:《商法机制中政府与市场的功能定位》,载《中国法学》2014年第5期。
③ 参见刘金国:《权力腐败的法律制约》,载《中国法学》2000年第1期。

2014年,《预算法》的修订赋予了部分地方政府发行地方政府债券举借债务的权力[1],这促成了真正意义上的地方政府债券的诞生,也使得原来地方政府依靠城投债融资,为其违规担保、提供隐性担保或将融资资金挪作他用的现象明显好转。此外,曾经饱受诟病的企业债券发行审批制继改为核准制之后,又于2020年3月1日与新《证券法》同步改为注册制。另外,曾经"三分天下"、市场分割严重的公司债券市场也获得了重大突破。2015年1月,证监会发布《公司债券发行与交易管理办法》,将公司债券的发行范围扩大至所有的公司制法人,还取消了公司债券公开发行的保荐制度和发审委制度,同时建立了投资者适当性制度,将债券投资者作出了公众投资者与合格投资者的区分。2021年,证监会对《公司债券发行与交易管理办法》从落实注册制、与《证券法》的适应性、加强事中事后监管以及公司债券交易场所、公开与非公开发行公司债券的监管机制等方面进行了修订。2020年,中国人民银行和中国证监会联手,开始在银行间债券市场和交易所债券市场开展互联互通合作。近几年来,在顶层设计的推动下,债券市场统一监管稳步前进,债券市场统一执法、公司信用类债券信息披露规则分类统一、统一监管的信用评级行业、规则统一的债券违约处置框架等相关制度逐步建立并完善。在信用债市场,近年来多部门联合陆续推出致力于统一监管和形成大一统市场格局的多项改革举措。针对多头监管造成的信用债市场乱象丛生问题,2020年12月,中国人民银行、发改委、证监会联合发布了《公司信用类债券信息披露管理办法》,首次统一了公司信用类债券各环节的信息披露要求。2021年8月,中国人民银行等六部委联合发布了《关于推动公司信用类债券市场改革开放高质量发展的指导意见》,这一关乎未来信用债发展的纲领性文件将全面推动信用债市场改革落到实处。之后,2022年1月,多部门又联合发布《银行间债券市场与交易所债券市场互联互通业务暂行办法》,正式明确了两个债券市场之间的跨市场交易机制安排。[2]

这些改革举措无不向我们传递出债券市场向好发展的信号。因此,尽管改革之路道阻且长,但是我们有充分的理由去乐观看待中国债券市场,相信中国债券市场"这个世界"一定是"一天一天往好里去的"。

---

[1] 2014年修订的《预算法》第35条第2款中规定:"经国务院批准的省、自治区、直辖市的预算中必需的建设投资的部分资金,可以在国务院确定的限额内,通过发行地方政府债券举借债务的方式筹措。"

[2] 参见《债市"大一统"改革仍需久久为功》,http://www.zqrb.cn/finance/hongguanjingji/2022-01-22/A1642783009866.html,2022年6月10日访问。

三、走向法治：关于我国债券市场创新发展的几点建议

社会主义市场经济是法治经济，即调整各种市场行为的法律体系必须完备且符合市场经济规律的要求；法在市场经济中具有崇高权威，市场经济活动须遵循合法性原则。① 我国债券市场发展的最终方向是走向法治。

（一）债券市场法律法规体系的完善空间

尽管从体系上来看我国债券市场法制是相对健全的，但是仔细研判却能发现许多问题。

（1）国家法律层面。《民法典》作为我国民商事领域的基本法，对于债券募集说明书的法律性质、债券法律关系的基本结构，以及债券发行人和持有人的基本权利义务等作出了规定，但这些基础性规定远远不能满足债券市场发展的现实需要。本应作为资本市场基本法的《证券法》，即便在新修订之后也未对债券市场作出全面安排，尤其忽略了银行间债券市场，形成了重大立法空白，给债券市场的发展留下了法律漏洞。② 《公司法》对于债券也仅作了原则性规定。《中国人民银行法》虽规定了人民银行对于银行间债券市场的监管职责，但也没有深入规定相关具体问题。由此造成银行间债券市场法制基础薄弱③，这是导致这一市场监管疏漏、问题丛生的制度性原因。

（2）行政法规层面。目前的《国库券条例》和《企业债券管理条例》皆是体现监管性质的规则，尤其《国库券条例》仅有 14 条规定的篇幅使得这一立法显得过于原则和粗糙，难以统领有着 20 万亿元规模的国债市场。另外，这两个条例的出台时间较早，目前部分条款已经难以适应市场变化。

（3）部门规章和业务规则层面。由于法律的滞后性和供给的不足，监管部门等只能依靠部门规章、规范性文件等进行补位。尽管来自不同部门的规章涵盖了债券市场的方方面面，业务规则方面也具有较强的操作性和实用性，但总体上这些行政规范性文件数量多、类型杂、内容分散繁杂，缺乏内在的一致性和体系性，不利于进行市场参与者的合规管理，容易造成执法者与市场参与者的适用

---

① 参见李荣山：《社会主义市场经济从法制经济向法治经济的过渡》，载《政法论丛》2000 年第 4 期。
② 参见洪艳蓉：《新〈证券法〉债券规则评析》，载《银行家》2020 年第 3 期。
③ 参见刘铁峰：《中国债券市场法规建设情况浅析》，载《证券市场导报》2009 年第 4 期。

困扰[1],尤其当出现债券违约、欺诈发行、虚假陈述、企业盲目扩张过度举债、非法资金拆借等问题,需要调整市场主体实体权利义务关系时,这些行政规范性文件法律效力不足的缺陷会更明显地显现出来。[2]

构建法治化债券市场的第一步,是建立完备且符合规律的债券法制。上述问题的存在,影响了债券市场法制的完备性和合规律性。首先应对现行债券法制进行梳理与整合,改善目前庞杂、散乱和缺少体系性的债券法制现状,建立系统化的债券市场法律法规体系。其次应实现不同层次的法律就债券问题相关规定的有机联系,例如《证券法》《公司法》与《企业债券管理条例》《公司债券发行与交易管理办法》之间的对接和协调问题。再次应根据债券市场创新发展实践并适当借鉴成熟市场经验,修改现行立法中不符合市场规律和现实情况的相应条款。最后应针对债券市场发展中的新变化与新问题,例如银行间债券市场的游离等,填补现有立法漏洞,减轻债券法制相对于市场发展的滞后性。

(二) 债券市场创新发展的若干重要制度建设

债券市场的创新发展是一种自上而下、政府主导的超常规创新,这种创新模式尽管使我国得以在较短时间内获得债券市场的跨越式发展,但却产生了内在制度与市场外观之间的裂隙。制度经济学家将制度分为正式制度与非正式制度,前者指通过某种组织而形成的正式规章、规则、法则等,后者则指风俗习惯、伦理道德、信念信仰等社会行为规范。[3] 法律作为一种社会调控的手段,属于正式制度的范畴,然而法律内在的稳定性要求决定了法律制度相对于社会发展具有一定的滞后性。在债券市场上就表现为:现有的债券市场制度落后于市场本身的发展,导致市场的创新发展难以获得确切、及时的制度规范和引导,从而出现种种问题。而债券市场的改革与金融创新从技术层面来讲其实并不困难,真正复杂的问题在于其中所涉及的制度因素。[4] 在进行债券法制宏观改善的同时,我们还应就若干重要的具体制度进行建设与完善。

(1) 继续完善债券市场做市商制度。通常认为,做市商适合于进行高度标准化商品与资产的大宗交易,其能够增强市场的活跃程度。做市商制度是国际通行的债券市场基础交易机制。由于场外债券市场一般采取报价驱动(quote-

---

[1] 参见习晓兰:《债券市场发展的若干重大问题与对策研究——以交易效率与结算风险控制为视角》,载《证券法苑》2013年第2期。
[2] 参见李曙光、扈芳琼:《中国债券市场法律体系改革研究》,载《金融市场研究》2022年第1期。
[3] 参见高兆明:《制度公正论:变革时期道德失范研究》,上海文艺出版社2001年版,第27页。
[4] 参见高坚:《中国债券资本市场》,经济科学出版社2009年版,第10页。

driven)的交易方式①,市场透明度有所欠缺,做市商具有债券市场价格发现和增强市场流动性的功能,其存在对于提高市场交易的效率十分重要。在境外成熟的债券场外市场上,做市商是居于核心地位且发挥重要作用的市场主体。我国债券市场的做市商制度包括银行间债券市场和交易所债券市场做市商制度、商业银行柜台市场的做市商制度两个类别,目前以银行间债券市场做市商制度的运作最为成熟,但这种成熟只是基于自身的比较。1999年我国银行间债券市场开始引入做市商制度,2007年中国人民银行发布了《全国银行间债券市场做市商管理规定》,经过十多年的发展,做市商已成为推动债券市场发展的重要力量,贡献了超过60%的交易量,促使活跃券报价价差持续缩窄,推动形成反映供求关系的收益率曲线。2020年12月,中国人民银行发布公告就银行间债券市场做市商管理有关事宜进行了完善,全国银行间同业拆借中心也发布文件进一步明确了现券做市商业务操作流程,这意味着我国银行间债券市场做市商制度迈入了一个新时代。② 然而,与境外成熟做市商制度相比,我国债券市场做市商制度目前还存在较大的完善空间③。例如,债券市场曾存在做市商相互点击成交的现象,给做市商带来报价风险。对此,建议借鉴成熟市场做法,明确做市商之间不能点击成交的规则。另外,推动中央银行成为"做市商的做市商",构建起立体化的市场体系,激发做市商积极性。④ 总之,要建立起真正成熟的债券做市商制度还需要不断努力。

(2)推动债券投资者适当性制度改革。关于我国债券市场的目标投资者究竟是个人投资者还是机构投资者,曾经引发过一场旷日持久的争论。⑤ 个人投资者之所以在很长时间成为我国债券市场的主体,既有历史和现实的原因,例如20世纪90年代以前国债的认购主要依靠自然人群体、80年代时公众热衷于企业债券的投资,也有认识上的原因,主要是人们对债券没有科学的区分,误以为所有债券皆是高信用等级债券,投资风险小,从而吸引了大量的自然人进行债券

---

① 报价驱动交易方式是指由交易商向市场提供报价,其他交易商与投资者根据其报价决定是否成交的交易方式,包括询价交易和报价交易两种机制;与之相对应的另一种交易方式是指令驱动交易方式(order-driven),即由投资者下达交易指令并等待其在交易过程中被执行,交易系统会根据一定的交易匹配规则对买卖双方的交易指令进行撮合以决定成交价格。在中国证券市场上,银行间债券市场交易采取的是报价驱动的交易方式,而股票市场采取的是指令驱动的交易方式。
② 参见赵洋:《央行完善做市商制度 推动债券市场高质量发展》,https://www.financialnews.com.cn/sc/zq/202012/t20201230_208714.html,2022年6月10日访问。
③ 参见闵晓平、朱强:《银行间企业债券市场做市商市场功能研究》,载《金融与经济》2013年第4期。
④ 参见刘凡:《债券市场发展回顾与展望》,载《中国金融》2022年第4期。
⑤ 参见高坚:《中国债券资本市场》,经济科学出版社2009年版,第6页。

投资。① 尽管如今债券市场已经发展为以机构投资者为主体的市场，但这一市场仍有不少自然人投资者的参与。当年的"11 超日债"违约事件之所以最终仍得到救助、对投资者实现了刚性兑付，其中一个重要原因就在于"11 超日债"的投资者多是属于散户的中小投资者，刚性兑付的延续是迫于"保护中小投资者权益"的压力。但是，从专业的角度分析，企业债券、公司债券由于信用等级总体低于政府债券和金融债券，其本身就具有较高的违约风险，那些风险识别与承受能力较低的个人投资者对于此类债券投资并不十分适合。因此，公司信用债券本来就不适宜面向交易所的公众投资者发行②，但是现行债券投资者适当性制度并没有完全禁止个人投资者从事公司债券的投资。③ 2014 年 6 月，上海证券交易所修改了其《债券市场投资者适当性管理暂行办法》第 6 条，对普通投资者可参与的债券产品交易进行了调整，对其可参与交易的公司债券的发行人主体评级作出了特别规定④，且同时规定对于普通投资者不能参与交易的公司债券已经持有的可以卖出，但不能买入。这可以看作是对"11 超日债"事件进行市场反思后的一种制度回应。2015 年证监会发布的《公司债券发行与交易管理办法》，将原本由交易所业务规则规定的债券市场投资者适当性升格为由监管部门的规章所确立的公司债券投资者适当性制度，而且将投资者区分为面向公众投资者和合格投资者，相对于专业投资者与普通投资者的区分，更为强调公司债券面向个人投资者时的保守性和谨慎性。2022 年，上海证券交易所对《上海证券交易所债券市场投资者适当性管理办法》，从规则适用范围、投资者分类、投资者投资交易范围以及投资风险揭示书的签署等方面进行了修订，使债券市场投资者适当性制度更区域完善。尽管近年来债券市场投资者适当性制度取得了一些进展，但未来可待完善之处依然不少，尤其交易所债券市场作为主要面向个人和中小投资者的场内市场，对于高风险公司信用债券参与主体的资格限制应慎之又慎。

（3）进一步优化债券市场信息披露制度。信息经济学的创始人、1982 年诺

---

① 参见沈炳熙、曹媛媛：《中国债券市场：30 年改革与发展》（第二版），北京大学出版社 2014 年版，第 55—57 页。
② 参见徐忠：《中国债券市场发展中热点问题及其认识》，载《金融研究》2015 年第 2 期。
③ 2011 年，上海证券交易所发布了《上海证券交易所债券市场投资者适当性管理暂行办法》，以此为根据，次年又制定了《上海证券交易所债券市场投资者适当性管理工作指引》，债券市场投资者适当性制度得以建立。根据该制度，债券市场投资者分为专业投资者和普通投资者两类，其中个人投资者如符合条件也可以申请成为专业投资者。
④ 即要求发行人主体评级不低于 AA 级且不存在以下情形：发行人主体评级为 AA 而展望为负面的；由中国证券登记结算有限责任公司根据《标准券折算率（值）管理办法（2013 年修订版）》第 6 条第 7 项规定下调公司债券的标准券折扣系数取值的；由上海证券交易所认定的其他情形。

贝尔经济学奖获得者斯蒂格勒(George J. Stigler,1911—1991)在其著名的代表作《信息经济学》(The Economics of Information)一文的开首即提出:"信息是一种有价值的资源。"市场上无论是买者还是卖者,为了获得一个最优价格信息,必须进行"搜寻"(search)。① 信息披露是实现公司治理优化和维护公司股东或债权人合法权益的重要制度,同时也是证券市场发行和交易制度的重要组成部分。可以说,信息披露制度的完善与否关乎每一个投资者的合法权益。我国债券市场信息披露曾存在较多问题,有学者采取实证研究的方式对此总结如下:不同债券市场信息披露制度的发展不均衡,交易所市场债券信息披露滞后于银行间市场;缺乏统一的债券市场信息披露规范,不同市场间规则各异;债券信息披露监管不足,自愿性信息披露缺乏规范与激励机制;债券发行主体信息披露动力不足,实质性信息披露不充分。② 此外,我国债券市场上还存在着"应批未批""应批迟批"甚至部分债券信息完全不披露等现象。经过多年的发展,以上问题部分得到了解决,尤其是2020年颁布的《公司信用类债券信息披露管理办法》的施行,推动了公司信用类债券信息披露规则的统一,完善了公司信用类债券信息披露制度。2021年中国人民银行等六部委联合发布的《关于推动公司信用类债券市场改革开放高质量发展的指导意见》特别提出要提升债券市场信息披露的有效性,统一公司信用类债券发行和存续期间的信息披露要求,落实发行人和各中介机构的披露主体责任,并特别强调了信息披露在市场和监管等多个层面的重要意义。这意味着债券市场信息披露正在逐步走向统一和规范。但从长远来看,债券市场信息披露制度的完善压力依然不小,例如,公司债以外的其他类型的信用债发行主体的信息透明程度仍有待提高;由于缺乏有效的激励和引导机制,债券发行人主动披露重大事件的动力,尤其是自愿性信息披露动力不足;债券市场总体还缺乏统一的信息披露规范体系,不同债券市场间的信息披露制度还存在显著的差异。③ 另外,还需要特别强调培育独立的债券市场中介机构,发展债券信息收集与处理机构。在美国债券市场上,中介机构对信息披露的监督在其债券信息披露制度体系中的地位仅次于发行人依公司治理所进行的信息披露。④ 培育独立的债券市场中介机构、发展债券信息收集与处理机构是为了更

---

① See George J. Stigler, The Economics of Information, *The Journal of Political Economy*, Vol. 69, No. 3,1961.
② 以上关于中国债券市场信息披露问题的总结来自王芳:《我国债券市场信息披露的现状、问题与对策》,载《证券市场导报》2013年第2期。
③ 参见明明、李晗:《债券市场信息披露制度改革方向》,载《中国金融》2021年第22期。
④ 参见戴赜:《美国债券市场信息披露制度研究》,载《债券》2012年第1期。

好地建立市场信用机制①,使债券评级真正成为指导投资者作出交易决定的重要参考,这也是改善债券市场频繁"爆雷"和违约现象、矫正债券评级乱象必须倚赖的制度保障。

四、结　　语

经过 40 余年的积淀,我国债券市场迎来了创新发展的黄金时期,但压力依然不小。面对市场出现的新变化与新问题,一场来自监管层面的改革不可避免。债券市场的高速发展使得监管问题越来越遭到诟病,在一定程度上,债券市场上的权力寻租和利益输送现象正是监管疏漏的反映。就当下而言最重要的,应该是如何适应债券市场创新发展的局面进行监管革新。这种革新不仅是为了打破"谁来监管监管者"的权力运行悖论,更是为了给债券市场创造良好的环境,在巩固已有的发展成果和保证市场有序运行的前提下,使市场创新力量推动债券市场再一次实现跨越式发展。

---

① 参见高坚、杨念:《中国债券市场发展的制度问题和方法研究》,载《财经科学》2007 年第 12 期。

金融市场基础设施自律管理规范的效力形成机制

季奎明

【内容摘要】 金融市场基础设施通过自律管理规范对市场及相关主体实施自我约束,是对行政监管的重要补充。无论会员制还是公司制基础设施制定的自律管理规范都存在两方面困惑:其一,无法形成明确的对世效力;其二,不能取得相对于一般民商事法律的优先适用力。在比较法上,大都通过高位阶法律,将基础设施的属性定位在市场化与行政化之间。我国应将其明确界定为"非政府公共组织",先行制定《金融市场基础设施条例》,通过行政法规的路径赋予自律管理规范对世的普遍拘束力。同时,将自律管理规范认定为《民法典》第10条中的"习惯",运用商法漏洞填补的司法技术实现其优先适用力。

【关键词】 基础设施 非政府公共组织 自律管理规范 普遍拘束力 优先适用力

广义的金融市场基础设施(Financial Market Infrastructure,以下简称"基础设施")泛指一切为金融交易提供服务的机构、组织,但制度意义上更受关注的则是那些为大规模金融交易提供集中、统一、有序服务的基础设施。[①] 次贷危机之后,"基础设施"逐步开始作为一种法律概念出现,美国的《多德–弗兰克法案》、国际支付结算体系委员会(CPSS)和国际证监会组织(IOSCO)联合发布的《金融市场基础设施原则》,对"基础设施"的定义均围绕其交换、清算、结算、记录等功能

---

① 参见郑彧、季奎明、曾大鹏:《金融市场基础设施的法律保护:现状、冲突与改进》,上海人民出版社2018年版,第1页。

展开。① 而我国的金融当局则基本认可并援引上述《金融市场基础设施原则》中关于"基础设施"的界定。② 在此基础上,结合我国金融市场的发展现状,本文所谓"金融市场基础设施",是指为有组织、成规模的合法金融交易提供登记、存管、支付、清算、结算等服务的机构、组织。

金融市场的自律管理是指基础设施作为独立的主体,对市场自身的参与者及其相应的市场行为,实行自我规范、自我约束、自我控制,是相对于行政监管而言的,并且对行政监管形成重要补充。③ "自律"并非只对基础设施进行内部管理,而是要通过基础设施及其制定的规范性文件来管理市场主体和市场行为。但是,在我国实现这样的自律管理至少需要解决两大困境:第一,实施自律管理、制定自律管理规范的权限如何形成?目前真正获得法律授权进行自律管理的只有证券交易所④,其他基础设施(尤其是公司制的基础设施)为何有权制定自律管理规范并使该等规范形成对世的强效力,仍存争议;第二,相当一部分的自律管理规范来自金融习惯、行业惯例或是国际标准,却与我国现行的民商事法律有所扞格,自律管理规范能否获得优先适用的效力,尚须澄清。本文试图以基础设施法律地位的厘定为中心,探求自律管理规范形成双重效力的适当路径。

一、自律管理规范的效力困境

我国现阶段已经出现并发展相对成熟的基础设施包括(沪、深)证券交易所、中国证券登记结算有限责任公司、中央国债登记结算有限责任公司、中国金融期货交易所股份有限公司、上海票据交易所股份有限公司、银行间市场清算所股份有限公司等。近几年新设立的基础设施还有上海保险交易所股份有限公司、中国信托登记有限责任公司、跨境银行间支付清算有限责任公司等。这些基础设

---

① See Dodd-Frank Wall Street Reform and Consumer Protection Act, Section 803(6); CPSS-IOSCO, Principles for Financial Market Infrastructure, 1.8, 1.9.

② 我国国务院或金融协调监管的层面都没有对"金融市场基础设施"进行界定,只有中国人民银行办公厅的"银办发〔2013〕187号"文件和中国证券监督管理委员会办公厅的"证监办发〔2013〕42号"文件直接援引《金融市场基础设施原则》,对基础设施的定义和分类进行规定。

③ 参见卢文道:《证券交易所自律管理论》,北京大学出版社2008年版,第27页。

④ 《证券法》第96条第1款规定:"证券交易所、国务院批准的其他全国性证券交易场所为证券集中交易提供场所和设施,组织和监督证券交易,实行自律管理,依法登记,取得法人资格。"第115条第1款规定:"证券交易所依照法律、行政法规和国务院证券监督管理机构的规定,制定上市规则、交易规则、会员管理规则和其他有关业务规则,并报国务院证券监督管理机构批准。"

施的组织方式、权力来源不尽相同(见表2)①,却都肩负着稳定市场、防范金融系统风险的重要使命。

表 2 我国主要基础设施概况

基础设施名称	类型	批准/主管机关	权力机构	有无法律授权设立
上海、深圳证券交易所	会员制	国务院	会员大会	《证券法》
上海期货交易所	会员制	证监会	会员大会	《期货交易管理条例》
中国证券登记结算有限责任公司	公司制	证监会	股东会	《证券法》
中央国债登记结算有限责任公司	公司制	中国人民银行	股东会	无
中国信托登记有限责任公司	公司制	银监会(现银保监会)	股东会	无
中国金融期货交易所股份有限公司	公司制	证监会	股东大会	《期货交易管理条例》
银行间市场清算所股份有限公司	公司制	中国人民银行	股东大会	无
上海保险交易所股份有限公司	公司制	保监会(现银保监会)	股东大会	无
上海票据交易所股份有限公司	公司制	中国人民银行	股东大会	《票据交易管理办法》

为实现预期功能,基础设施所制定的自律管理规范应当在两个层次上彰显效力:第一,形成普遍意义上的拘束力,对市场主体、市场行为乃至第三人具有规范作用;第二,在与基础设施相关的场合中,如与一般民商事法律冲突,应当优先适用,否则自律管理的功能将被消解。

(一) 自律管理规范无法形成普遍拘束力

我国现有的基础设施分为会员制与公司制两类,试图赋予自律管理规范拘束力的路径不同,但效果都不尽理想。

1. 会员制基础设施:法律授权或协议的路径无法对抗第三人

在我国,会员制的基础设施主要是指证券交易所和上海期货交易所,其特征是会员大会是最高权力机构,自律管理同时具备"权力"和"权利"的双重属性。②

---

① 参见郑彧、季奎明、曾大鹏:《金融市场基础设施的法律保护:现状、冲突与改进》,上海人民出版社2018年版,第38页。
② 参见徐明、卢文道:《从市场竞争到法制基础:证券交易所自律监管研究》,载《华东政法学院学报》2005年第5期。

具体而言,自律管理规范的效力一部分来源于《证券法》《证券交易所管理办法》或者《期货交易管理条例》的授权①,另一部分则是基于会员制基础设施本身的性质、目的和独立人格。首先,会员制基础设施作为典型的社团法人,由享有自由意志的市场参与人创立或加入,章程是会员意志的集中体现,依据章程制定的自律管理规范自然可以对全体会员形成约束力。其次,会员制基础设施之所以制定自律管理规范,目的在于承担个体通过自治无法实现的功能,比如降低交易成本和抵御政府干预,制定自律管理规范是对个体诉求的整合和升华。最后,会员制基础设施具有独立的人格,一旦成立就有自己的意思、行为和财产,具备制定规范协调团体利益并因此而承担责任的可能。

值得特别说明的是,会员制基础设施的自律管理规范对非会员也可能形成约束力。例如,上市公司并非证券交易所的会员,同样要遵守证券交易所制定的规范。这不仅是因为《证券法》和《证券交易所管理办法》在交易所对于上市公司的监管职能方面有授权,也是因为证券交易所与上市公司之间最基础的法律关系来自契约——上市协议,以私人却又不失正式的方式将上市公司遵守交易所规则、接受交易所监管的义务确立下来。

但是,自律管理规范对于契约当事人以外的非会员一般无法形成约束力,而这种先天缺陷带来的负面影响不容小觑。例如,公开市场的金融产品交易过程大致包括交易时段的撮合及成交确认、交易时段后的清算、产品交收与资金交付,在大多数情况下,交易撮合成功后至金融产品交收完成前有一段时间窗口,称为清算交收期。已被确认"交易"而尚未交收"过户"的金融产品,根据"T+N"规则,只是被冻结而未发生所有权转移,那么,出卖人的债权人能否对该产品采取强制措施?《证券法》第158条虽然对于证券此时所处的特殊"担保"状态有所确认,但仍不足以完全排除证券被冻结、划扣的可能,事实上确有大量的法院到证券登记结算机构要求司法协助。②"金融交易不可逆"在中央对手方机制下的自律管理规范中是最基本的规则,对于现行法律的含糊或者缺漏之处有很好的

---

① 参见《证券法》第115条、《证券交易所管理办法》第15条、《期货交易管理条例》第13条。
② 《证券法》第158条第2—3款规定:"证券登记结算机构为证券交易提供净额结算服务时,应当要求结算参与人按照货银对付的原则,足额交付证券和资金,并提供交收担保。在交收完成之前,任何人不得动用用于交收的证券、资金和担保物。"但是,该规定的缺陷明显:第一,这些规则在采"证券"狭义理解的立法背景下仅适用于股票、债券,无法推及更多的金融产品;第二,通说认为此条规定只限定二级结算机制中作为一级净额结算人的券商交付责任,并没有明确在二级结算过程中客户托管于券商的证券是否处于"担保状态";第三,"任何人"是否指代私人主体,司法机关能否基于特殊地位而享有处置权尚存争议。正因如此,大量法院(尤其是基础设施所在地以外的法院)在金融产品出卖人之债权人的申请下,要求基础设施冻结、划扣金融产品。这样的司法实践使得"金融交易不可逆"的基本市场规则难以单纯通过解释论来确立。

补充作用,如果不能得到遵循,市场的稳定势必受到巨大的冲击。

相比公司制的基础设施,会员制基础设施的自律管理规范在相关市场内通常是可以得到遵守的,但以市场参与者的债权人为代表的第三人往往并不认可该等规范,第三人的强制执行可能妨碍自律管理规范维持市场秩序的目标实现。

2. 公司制基础设施:准会员制或监管授权的路径缺乏普适性、正当性

公司制基础设施的数量众多且法律地位更加模糊。这些"公司"大多是依据监管部门的批复而设立的企业法人,在法理上面临着企业法人如何对外行使"管理"职责的问题。除了特别法另有规定外(比如《证券法》对中国证券登记结算有限责任公司的性质与职能有专门界定),公司本身作为一种营利组织,未经法律的授权只能与其他主体存在平等的民商事关系,即使其可能为了自身经营需要而发布一定的交易规则(如结算规则、清算规则、交收规则等),也难以形成普遍的拘束力。为获得法律效力,公司制基础设施采取以下两种路径。

其一,以形式上的公司制、实质上的会员制获得权利让渡。以上海保险交易所股份有限公司(以下简称"保交所")为例,由于无法通过公司章程形成对于全体保险商的约束,保交所推出了《上海保险交易所股份有限公司会员办法(试行)》。该办法是根据《保险法》等法律法规以及《上海保险交易所股份有限公司章程》而制定的,依据该办法,在境内外依法设立的企业、事业单位、社会团体和其他组织等都可以自愿申请成为保交所的会员,并在保交所审查许可后拥有会员身份。由此,保交所通过"自愿申请—审批同意"的契约方式确立了基础设施与会员之间的关系,并依照《上海保险交易所股份有限公司会员办法(试行)》第13条要求会员"遵守本所及附属机构的管理规范和相关业务规则","接受本所的自律管理"。"准会员制"在某种程度上可以促进自律管理规范在金融市场参与主体之间的执行,但缔结入会协议的自愿属性令该模式缺乏普适效果,而且也同样无法克服会员制对抗第三人时的效力缺陷。

其二,以行政主管机关的规章、规范性文件或者批复作为自律管理规范的效力来源。以上海票据交易所股份有限公司(以下简称"票交所")对票据的交收为例,中国人民银行《票据交易管理办法》第62条规定:"票据市场基础设施依照本办法及中国人民银行有关规定制定相关业务规则,报中国人民银行同意后施行。"据此,票交所先后发布了《上海票据交易所票据交易规则》和《上海票据交易所票据登记托管清算结算业务规则》,后者的第41条规定了"票据交易的资金结算完成后,结算指令不可撤销"等体现结算最终性的业务规则,对相关市场的交易安全有重要的意义。这种模式的主要特点是通过行政机关的规章授权公司制

定规则,又因不具备会员制的特殊属性,规则形成效力还需主管机关的批准或备案。值得质疑的是,上述做法是否在本质上构成一种行政授权,监管权能否转授,基础设施是否属于适格的被授权主体,恐怕都难以得到有依据的正面回答。

综上,少数基础设施得到了法律的授权进而享有自律管理的职权,部分基础设施通过会员契约的方式寻求市场参与者的私人授权,大多数基础设施只是得到监管部门不同形式的许可而制定自律管理规范,事实上缺乏法理基础,难以形成普遍意义上的规范拘束力。况且,即便是有法律授权的基础设施所制定的自律管理规范,也存在对抗第三人的效力诉求,这种更强的规范效果仍有待通过合理的路径予以确立。

(二) 自律管理规范难以获得优先适用力

随着金融创新的深化,金融交易经常缺乏有针对性的特别规范,行政监管也无法做到及时、周延,为了增强市场的稳定预期,自律管理规范的适用就显得很有必要。然而,在一般民商事法律规范与自律管理规范之间如何安排适用顺序也是一道棘手的选择题。基础设施自律管理规范往往来源于金融交易习惯、行业惯例或者是国际标准、示范性法律文件等,对金融市场有很好的适用性,但其特殊规则经常与《民法典》《企业破产法》等一般民商事法律发生冲突。

自律管理规范与民法一般规则的矛盾最为突出,例证众多。前文已论及金融商品交易的"T+N"规则,从传统所有权的观念来看,标的在交收期尚未转移权属,但处于自律管理规范设定的"过户担保"状态,民法意义上的所有权应当受到限制。特别是当基础设施作为中央对手方介入交易时,基础设施固定地作为唯一的买方或者卖方,由其对各市场参与人交付资金和交收金融产品,承担履约义务,且不受任何一方结算参与人是否正常履约的影响[①],以确保交易的顺利进行不受制于个别市场参与人的信用状况。如果不尊重以"金融交易不可逆"为核心思想的相关自律管理规范,一味以《民法典》物权编中的普通规则来判定财产状态,允许另行处置标的资产,会迫使中央对手方用自有资金来维系交易体系的稳定。一旦大量出现此类情形,基础设施的资金能力终有限度,很容易引致系统性的风险。

此外,金融交易一般均以担保作为履约安全的保障,基础设施在实现担保权时普遍通过自律管理规范采取快速处置。例如,中央国债登记结算有限责任公

[①] 参见范向阳:《〈关于查询、冻结、扣划证券和证券交易结算资金有关问题的通知〉的理解与适用》,载《人民司法》2008年第3期。

司对已人工终止扣款的已融资业务,可以对质押债券进行清偿处理并生成"债券清偿过户通知单"。① 快速处置的特点是通过事先的协议与出质人进行约定,要求出质人同意基础设施按照其颁布的业务规则来直接处置质押券,或者要求出质人承诺认可基础设施快速处置的后果。由于质押权的实现并未通过拍卖、变卖,上述快速处置在实践中会受到"禁止流质"的司法审查,《民法典》第 401 条和第 428 条都禁止直接流质,不允许质权人对于担保物事先约定所有权的归属转移。事实上,除了《证券法》第 158 条授权证券登记结算机构按照业务规则处理交收财产以外,再无法律直接、明确地对基础设施的快速处置进行赋权,用自律管理规范对抗一般的担保权制度显然力有不逮。

从性质上说,基础设施的自律管理规范也属于商法规范,但与传统的商法规则之间也存在不协调。以金融交易最常采用的"提前终止净额结算"为例,具有清算职能的基础设施一般都会借鉴 ISDA 主协议,在自律管理规范中对此加以规定。"提前终止净额结算"的操作流程主要包括:第一,合同提前终止,当出现违约事件或终止事件时,所有未完成合同均提前终止并加速到期;第二,债务计算,在合同终止日或其后合理的最短时间内,各方应按规定计算其账目;第三,轧差付款,根据约定的计算方法总括性地抵冲或轧差计算出一笔净额,由处于净支付方地位的交易者交付给处于净收入方地位的交易者。② 由于"提前终止净额结算"的触发事件往往是交易参与人的资不抵债,净额结算的实施会使得部分债权人获得优越的受偿地位,违背《企业破产法》的公平受偿原则,进而受到破产撤销权、否认权以及追回权的影响。"提前终止净额结算"作为基础设施的自律管理规范,目标在于降低系统风险、提高现金流运用效率,但是在遭遇同样具有群体利益保护属性的破产法规则时,并不具备优先适用力,反而受制于破产规则。

通过上述的例证不难发现,自律管理规范与作为一般法的民商事规范之间确实有不一致。那么,在同金融市场基础设施有关的特殊场合中,自律管理规范可以当然地作为特别法而被优先适用吗?根据《立法法》第 83 条的规定,只有在同一机关制定的规范性文件之间才有特别法优于一般法、新法优于旧法的适用顺序,据此来解释自律管理规范与一般民商事法律之间的关系是不可行的。为防止不当的规范效果,自律管理规范的优先性应当被承认,而承认的路径尚需创造性的探寻。

---

① 参见《中央国债登记结算有限责任公司自动质押融资业务实施细则》(2014 年)第 32 条。
② 参见 ISDA 2002 年主协议第 6 条。

二、自律管理规范效力形成的前提问题：
廓清基础设施法律地位的比较法经验

依托基础设施制定自律管理规范来实现对行政监管的补充，早已成为成熟金融市场的经验，在我国尚缺少完备立法与充分实践的背景下，比较法上的考查、借鉴便十分具有价值。次贷危机之后，国际支付结算体系委员会与国际证监会组织联合颁布的《金融市场基础设施原则》（FMI 原则）对各国都形成了不同程度的影响①，其中的原则 1 就有关于"法律基础"的要求：金融市场基础设施在其司法管辖区域内应具有稳健的、清晰的、透明的以及可执行的法律基础。这种"法律基础"事实上是要求设立、发展基础设施的法域赋予其明确的法律地位，解决好制定主体的法律地位问题，自律管理规范才有可能找到效力形成的合理机制。表 3 梳理了世界主要金融市场中基础设施法律规制的基本格局，关于基础设施的法律地位存在着一些共通的趋势。②

表 3　世界主要金融市场中的基础设施

国家/地区	基础设施类型	监管部门	法律依据
英国	CCP	英国金融行为局	1. Financial Services and Markets Act 2012 2. Financial Services Act 2012
	SSS/CSD	英国财政部	Uncertificated Securities Regulations 2001
美国	CCP/CSD/SSS	美国证券交易委员会	15 U. S. Code §78q-1
	CCP(Derivatives)	美国商品期货交易委员会	7 U.S.C. §7a-1
德国	CCP/CSD/SSS （信贷机构）	德国联邦金融监管局	Gesetz über das Kreditwesen

---

① FMI 原则中涉及的基础设施主要包括支付系统(SIPSs)、中央证券存管系统(CSDs)、证券结算系统(SSSs)、中央对手方(CCPs)和交易数据库(TRs)，各国或多或少都从中择取了对本国最重要的基础设施及其基本规则，在国内立法中予以吸收。

② 参见郑彧、季奎明、曾大鹏：《金融市场基础设施的法律保护：现状、冲突与改进》，上海人民出版社 2018 年版，第 19—21 页。

(续表)

国家/地区	基础设施类型	监管部门	法律依据
法国	CCP	法国金融市场管理局 法国审慎监管管理局	Code Monétaire et Financier
	CSD/SSS	法国金融市场管理局	1. Code Monétaire et Financier 2. Règlement général de l'Autorité des marchés financiers
新加坡	CCP/CSD/SSS	新加坡金融管理局	Securities and Futures Act
日本	CSD/SSS	内阁总理大臣 法务大臣	社債、株式等の振替に関する法律
	CCP	内阁总理大臣	金融商品取引法
韩国	CCP	韩国金融服务委员会	자본시장과 금융투자업에 관한 법률
	CSD/SSS	—	자본시장과 금융투자업에 관한 법률
我国香港特别行政区	CCP	香港证监会	《证券及期货条例》
	CSD/SSS	香港金管局 金融管理专员	《结算及交收系统条例》
我国台湾地区	CCP/CSD/SSS	"金融监督管理委员会" "证券期货局"	1. "证券交易法" 2. "期货交易法" 3. "票券金融管理法" 4. "证券集中保管事业管理规则" 5. "金融监督管理委员会组织法"

（一）对基础设施的设立采取区别于一般市场主体的严格特许制

正是由于意识到了基础设施对金融市场稳定所可能形成的重大影响，任何一个法域都不允许自由设立基础设施，而是对其准入施加管控。次贷危机发生后，欧盟委员会颁布了《欧洲议会和理事会第 648/2012 号关于场外衍生品、中央对手方及交易信息库的规则》（第 648/2012 号规则），其后又公布了一系列监管和实施的技术标准，这些规范性文件共同构成了完整的《欧洲市场基础设施规则》（European Market Infrastructure Regulation，即 EMIR 规则）。根据第 648/2012 号规则，欧盟每一成员国均应指定有权机构履行对于衍生品中央对手方授权与监管的职责；成立于欧盟范围内的法人组织应向其所在成员国的有权机构提交书面申请，并提供申请中央对手方资格所需的一切信息，由有权机构授予相应资格；有权机构决定授予某法人组织中央对手方资格后，应立即通知欧洲证券与市场管理局(European Securities and Markets Authority,ESMA),对该中央对手方所清算的衍生品履行"公开注册"(Public Register),包括对衍生品交易种类、清算时间、清算机构、清算责任等信息进行披露,由 ESMA 将该等信息公布于官方网站。① 而根据德国《信贷法》(Gesetz über das Kreditwesen),中央对手方的清算、证券托管等业务属于信贷业务之范畴,需向德国联邦金融监管局(Bundesanstalt für Finanzdienstleistungsaufsicht)提交书面申请并取得许可。② 法国《货币与金融法》(Code Monétaire et Financier)对此也有类似的规定。③

总体上,在《金融市场基础设施原则》发布后,各国家或地区基本都对于 CSD、CCP、SSS 等基础设施的设立、运营进行严格监管,不允许基础设施像一般企业一样自由地进入市场。在西方强调经营自由、结社自由的市场背景下,对一个经济组织的准入施加特许制的严格管控是十分罕见的。与之相对应的是被有权机构许可之后获得的明确授权。这显示了金融市场基础设施是不同于营利性企业的特殊市场主体,按照自由意愿设立、经营的规则完全不适用于基础设施,其因特许而获得的寡头地位也不受制于竞争法规范。

(二) 基础设施的法律属性介于市场化与公共化之间

如果从法律属性来看,基础设施的特殊地位就更加凸显。虽然会员制或公司制的基础设施各有之,但当前更主流的法律组织形式无疑是公司制,上述表 3 中大部分国家或地区的监管部门都是根据立法授权公司来承担基础设施的职责。例如,我国香港特别行政区的《支付系统及储值支付工具条例》允许任何公司依据该条例所规定的条件向香港金融管理局申请结算及交收系统的商业运营牌照(虽然获准取得牌照的并不多)。④ 在英国,则可以根据《金融服务与市场法》(Financial Services and Markets Act),由当事人书面申请成为提供中央对手方服务的清算所或者仅提供清算服务的清算所,该项申请须经英国金融服务局(Financial Service Authority)⑤审核后进行授权。⑥ 目前,英国经授权的主要清

---

① See Regulation(EU) No 648/2012 of the European Parliament and of the Council of 4 July 2012 on OTC Derivatives, Central Counterparties and Trade Repositories, Article 5, Article 14, Article 17, Article 22(1).
② 参见德国《信贷法》(Gesetz über das Kreditwesen)第 1 条、第 32 条。
③ 参见法国《货币与金融法》(Code Monétaire et Financier)第 L. 440-1 条、第 L. 440-2 条。
④ 参见香港地区《支付系统及储值支付工具条例》(第 584 章)第 8E 条、第 8F 条。
⑤ 2012 年《金融服务法》(Financial Services Act 2012)将金融服务局(Financial Service Authority)更名为金融行为局(Financial Conduct Authority)。参见英国 2012 年《金融服务法》第 1A 条。
⑥ 参见英国 2000 年《金融服务与市场法》(Financial Services and Markets Act 2000)第 285 条。

算机构有 LCH. Clearnet Ltd、ICE Clear Europe Ltd、EuroCCP、CME Clearing Europe 以及 Euroclear UK & Ireland。据此看来,英国的基础设施同我国香港地区一样,允许一定程度的竞争,似乎显露出一定的市场化特征。

从理论上讲,基础设施之所以采取公司制来组织,主要是为了发挥公司这种商业实体自身的决策理性与趋利性,以适应基础设施之间的竞争。换句话说,如果基础设施的设立是独占性的,至少是不开放的,公司制就未必是最佳选择。然而,不少国家的实践并未遵循这一论断,独占性的基础设施依然采取了公司制。根据新加坡《证券期货法》(Securities and Futures Act),在新加坡设立证券清算设施需向新加坡金融管理局(Monetary Authority of Singapore,MAS)提出申请,并由其书面同意。① 迄今为止,新加坡金融管理局仅授予 Central Depository Pte Ltd 从事证券清算业务的资格,且所有证券均托管于该公司,由其在事实上履行《证券期货法》所规定的中央证券托管机构职能。韩国《金融投资服务与资本市场法》更是直接限定,仅韩国证券集中托管公司(Korea Securities Depository)可以根据该法设立并从事证券集中托管、账户间证券移转、证券结算业务,禁止任何组织或者个人使用与"韩国证券集中托管公司"相类似的名称,从事证券集中托管业务。② 所以,不能因公司制的组织方式以及对于公司制的市场化预期来简单地理解基础设施的法律属性,大量存在的独占性公司制基础设施一样承担着特殊的职能,进而呈现出公共化的趋向。

基础设施的法律属性其实并不取决于会员制抑或公司制的组织方式。从各国家或地区现有的实践来看,会员制也有被行政化的例证,比如我国的证券交易所就被认为有沦为证监会监管代理机构的嫌疑;③取得独家资格进而更多承担起公共职能的公司制基础设施也不在少数。基础设施的法律组织方式不仅在不同法域会有选择差异,在同一国家或地区的不同经济时期,市场化与公共化之间的转换、混合也是完全有可能的。回到我国的语境下,不宜拘泥于会员制或公司制的外观来界定基础设施的法律属性,应当结合其介于市场化与公共化之间的本质特征,在我国的法律框架内寻找合理的定位。

(三) 对于基础设施的规范属于"法律保留"事项

在我国,设立、运营、监管基础设施的依据绝大多数是"管理办法(条例)"式

---

① 参见新加坡《证券期货法》(Securities and Futures Act)第 47—56 条。
② 参见韩国《金融投资服务与资本市场法》(자본시장과 금융투자업에 관한 법률)第 294—295 条。
③ 参见彭冰、曹里加:《证券交易所监管功能研究——从企业组织的视角》,载《中国法学》2005 年第 1 期。

的部门规章,甚至只是一个监管部门的"批复",显然有悖于"法治市场"的基本要求,也导致了基础设施的地位不清、权责不明。从域外经验来看,关于金融市场基础设施的规范基本都属于"法律保留"的事项,由位阶较高的法律来予以明确。

美国的清算组织根据自身结算证券的种类,分别向证券交易委员会(Securities and Exchange Commission,SEC)或者商品期货交易委员会(Commodity Futures Trading Commission,CFTC)提出书面申请,由相应的主管机构根据《美国法典》(United States Code)进行审核。① 2010 年通过的《多德–弗兰克华尔街改革与消费者保护法案》第八章对金融市场基础设施进行了定义,同时在 SEC 和 CFTC 分别对金融市场基础设施进行监管的基础之上,明确金融稳定监管事会(Financial Stability Oversight Council)可以对影响系统稳定性的重要基础设施进行认定,并联合相关监管机构实施更为有效的监管。在以判例法作为主要法律渊源的美国,《美国法典》和《多德–弗兰克法案》都是对市场具有绝对影响力的高层级的成文法,有很强的适用力。

在亚洲的日本,从事金融商品结算业务、获得 CCP 授权,申请人需根据《金融商品交易法》(金融商品取引法)向内阁总理大臣递交申请许可,内阁总理大臣根据许可标准进行审查。② 要成立 CSD 以经营证券集中托管业务,则需根据《债券、股份等簿记与转让法》,向内阁总理大臣与法务大臣提出申请,并由其进行审查后作出批准或者不予批准的书面决定。③ 根据韩国《金融投资服务与资本市场法》,经营单一中央对手方清算业务须在向韩国金融服务委员会提出预申请与正式书面申请后,由该委员会根据其注册资本、主要股东、建立中央对手方清算系统的条件是否充分、是否具备防止利益冲突的系统等各方面因素综合考量后决定是否授予中央对手方清算业务的经营资格。④ 可见,亚洲代表性国家对于基础设施的规范也是被规定在最重要、最基本的金融法律中,而不像我国只有一个部门规章层级的"监督管理办法",甚至完全无章可循。

但是,需要客观看待的是,在深具普通法传统的英美,金融市场的迅猛发展迫使国家不得不制定更多、更详尽的成文法规范,在从无到有的立法过程中对基

---

① SEC 受理申请并授予结算资格的法律依据为《美国法典》第 15 章第 78q-1 条(15 U. S. Code § 78q-1);CFTC 受理申请并授予结算资格的法律依据为《美国法典》第 7 章第 7a-1 条(7 U. S. Code § 7a-1)。
② 参见日本《金融商品交易法》(金融商品取引法)第 156 条。
③ 参见日本《债券、股份等簿记与转让法》(社債、株式等の振替に関する法律)第 3—4 条、第 285 条。
④ 参见韩国《金融投资服务与资本市场法》(자본시장과 금융투자업에 관한 법률)第 12 条、第 323 条、第 377—378 条、第 393 条。

础设施作出回应性的规定也是理所当然。而日、韩等大陆法系国家则在近年显著出现了金融混业的趋势,制定统合的金融市场基本法是其立法的形式取向,这也为基础设施的相关规则写入基本法提供了契机。反观我国,至少在名义上尚不允许混业经营,短期内对各行业既有的基本法律进行修订或者统合更是难以做到,因此在着力提升基础设施相关规范的效力层级时,要充分体察国情,做出符合现状的选择,而不宜盲目等待制定金融市场基本法的时机成熟。

综上所述,从比较法上可以得出的有益结论是:无论基础设施的组织方式属会员制抑或是公司制,基础设施都不是一个市场化的经营主体,对金融市场承担着一定的公共管理职能,同时自身的设立、运营又受到严格的行政监管,进而超脱于公司法、竞争法的规范,需要在高位阶的立法中专门确立其特殊的法律地位,为自律管理规范的效力形成扫清障碍。

三、自律管理规范效力形成的中国式双轨路径

随着我国金融市场的不断发展以及对于国际市场的融入,基础设施愈发多样,其自律管理的职能也更加受到重视。要保障自律管理规范的效力,当前行政批复式的路径显然存在着明显的缺陷,而英美、日韩的模式也依赖其特定的传统或背景,要确立自律管理规范的效力恐怕不是通过一两部立法可以一蹴而就的,还需要依靠司法的协同。但在此之前,需要先厘定基础设施在我国的法律属性,这样立法对其予以授权、司法对其规则执行予以保障才具有正当性。

(一) 自律管理规范效力形成的法理基础:确立基础设施的"非政府公共组织"属性

我国在发展金融市场、创立基础设施的过程中,更多关注的问题是采取会员制还是公司制来作为基础设施的法律形式,而忽略了会员制、公司制基础设施共同的本质。以证券交易所为例,有学者认为,以非互助化为特点的公司制证券交易所不是我国的最优选择,而当前"会员制"的交易所组织方式也不是真正意义上的会员制,应当尽快实现真正会员制性质的复归;[1]也有学者认为,我国具备对证券交易所实行公司制改造的基本条件,交易自动化使证券交易所失去采取

---

[1] 参见郑彧:《我国证券交易所法律性质之重塑——兼论证券交易所互助化与非互助化的取舍》,载《法商研究》2008年第6期。

会员制的必要，公司制更能保证交易公正和保护投资者利益；[1]还有学者主张，会员制并非交易所的必经阶段，我国的证券市场一开始就是在政府推动之下建立起来的，会员制交易所产生的历史背景在中国并不存在，而且完全由券商所有和控制的会员制交易所恐怕也无法为监管部门接受，因此应当改为政府控股的公司制交易所。[2]然而，作为我国最成熟的基础设施，证券交易所已经运行了二十余年，它在实践中表现出的特点与典型的会员制、公司制都不一样。

为了取得自律管理的权限，我国的法律文本多次使用"会员"的表述方式，并暗示当前的交易所是实行会员制的[3]，但是交易所的真实属性却有特殊之处。首先，交易所与每个券商分别形成一一对应的合同关系，一方是服务提供者，另一方是服务接受者；券商之间并未缔结合同，只有利益彼此对立的交易当事人群体，而不存在一个受共同利益驱动的互惠联合体。其次，交易所的治理结构是排斥会员制的，且带有强烈的行政色彩，比如交易所的理事分为成员理事和非成员理事，非成员理事可达到理事总人数的一半；成员理事由成员选举产生，非成员理事由中国证监会直接委派；成员理事既不能提名理事长、副理事长，也没有足够的信息、权威去判断证监会提名的人选是否称职，对理事长、副理事长的任免表决缺乏实效。再次，根据法经济学的理论，决定交易所最优组织方式的两个变量是竞争环境和成员规模，竞争激烈的条件下，或者因成员众多而集体决策成本高的条件下，公司制是理想的选择，我国的交易所不存在竞争（沪、深两交易所的分工明晰），似乎应当选择会员制，却又因为公权力的强力介入而不存在会员制的"一人一票"必然引发的集体决策成本，这也佐证了我国的证券交易所并非一个市场化的会员联合组织或公司法人。最后，就交易技术而言，我国早就实施了电子化的证券统一存管，运用电脑系统竞价撮合买卖，交易大厅、席位、会员的概念及其物理存在早已成了历史文物，交易所的组织方式并无必要刻意仿效一百多年前西方国家证券交易刚刚兴起时的会员制，完全可以发展出符合自己国情的特色。基于上述的分析，我国的证券交易所既不是民法意义上的公司法人，也

---

[1] 参见廖华：《顺潮流而动抑或逆之——也论我国证券交易所法律性质的选择》，载《法商研究》2009年第3期。

[2] 参见谢增毅：《我国证券交易所的组织结构与公司治理：现状与未来》，载《财贸经济》2006年第6期。

[3] 《证券法》第101条规定，实行会员制的证券交易所的财产积累归会员所有，其权益由会员共同享有，在其存续期间，不得将其财产积累分配给会员。而《证券法》中并没有提及公司制证券交易所，这似乎暗示了我国的交易所实行会员制。《证券交易所管理办法》第18条规定，会员大会为会员制证券交易所的最高权力机关。该条文表明了会员在交易所运营中享有决策的权力，这也符合会员制交易所由会员控制的基本特征。此外，在《证券法》和《证券交易所管理办法》中多次使用"会员"的提法，而会员的提法通常仅用于会员制交易所。

不是会员制社团,而是政府创设、政府管理之下的一个承担证券市场组织、营运职能的"非政府公共组织"。强行将交易所的属性归入西方式的会员制或公司制,反映了一种在思维和表达上试图"与国际惯例接轨"的路径依赖。①

推而广之,在我国,无论是所谓"会员制"还是公司制的基础设施,都具备如下的几个重要特征:(1)基础设施与市场参与人之间存在协议,各市场参与人相互之间不存在互助式的协议;(2)由行政机关发起或推动设立,甚至直接由国有投资主体控股;(3)管理层的选任受制于监管部门,经营行为接受监管部门的行政指令,不采用市场化的决策机制;(4)不存在竞争关系的其他基础设施;(5)运用现代信息技术摆脱了场所、容量、时空等物理束缚。法律组织形式只是提供给当事人某种可供选用的范本,而对某种形式的组织究竟从事营利活动或者非营利活动并不强求,非营利组织也不妨采取公司等组织形式。② 即便是公司制的基础设施也显然不以营利为主要目的,这在其章程或者相关的监督管理办法中都有明确体现,它们在客观上承担着与所谓"会员制"基础设施相仿的社会经济管理职能,均应被认定为"非政府公共组织"。

作为"非政府公共组织"的金融市场基础设施在中国法上具有民事主体、公共管理相对人和准公共管理主体的三重法律地位。③ 从私法意义上,当前的基础设施都是依据民事法律规范设立的法人,当然属于民事主体。《民法典》将法人分为营利法人与非营利法人,根据其第 87 条,"为公益目的或者其他非营利目的成立,不向出资人、设立人或者会员分配所取得利润的法人,为非营利法人。非营利法人包括事业单位、社会团体、基金会、社会服务机构等"。具体而言,基础设施虽有经营行为但不以利润分配为目标,属于非营利法人,但是否法条所指之"社会服务机构"抑或是未列举的其他类型并不明确。更重要的是,对于非营利法人,虽被规定在《民法典》中,事实上整个私法体系都对此缺乏具体、细致的规定。曾经有学者建议,在民法中确立一种三元化的非营利组织分类方式,其中一项标准即是依设立基础系人的结合抑或是财产的结合,将非营利组织分为社会团体、捐助团体与非营利公司。④ 虽然这种分类未被《民法典》采纳,但可以从中看出"非营利组织"的概念要比"非政府公共组织"更为宽泛,就基础设施而言,该"非政府公共组织"更趋近于"非营利性组织"中的"非营利公司"。恰恰是这种

---

① 参见方流芳:《证券交易所的法律地位——反思"与国际惯例接轨"》,载《政法论坛》2007 年第 1 期。
② 参见史际春、张扬:《非营利组织的法学概念与法治化规范》,载《学术月刊》2006 年第 9 期。
③ 参见任进:《中国非政府公共组织的若干法律问题》,载《国家行政学院学报》2001 年第 5 期。
④ 参见伍治良:《我国非营利组织内涵及分类之民法定位》,载《法学评论》2014 年第 6 期。

组织在《民法典》《公司法》等私法中缺乏充分的规范，也无法脱离其特殊属性仅通过私法实现规范。

从公法意义上，基础设施是金融主管机关监督管理行为的行政相对人，因其不属行政机关，又是根据民法设立的民事主体，实施或辅助实施市场行为，这种公共管理相对人的地位是毋庸置疑的，在此不予赘述，更值得分析的是其准公共管理主体的地位。作为"非政府公共组织"的基础设施，不同于行政法上的"授权组织"，后者取得权力的依据是法律、法规中的授权许可条款，行政机关据此授予该组织以国家权力，而"非政府公共组织"本质上行使的是一种通过章程、规约等方式达成的契约权力，属于社会自治权，是国家向社会分权（还权）的结果，一般由"非政府公共组织"固定行使，因此比被授权行使权力的稳定性更强。基于这样的特征，有学者甚至主张对"行政主体"理论作出调整，以解决实际问题为导向，直接把"非政府公共组织"作为一类新的行政主体看待，研究它们在行使公共权力的过程中产生的法律问题，而不再在它们是否具有行政主体资格、能否成为行政诉讼的被告等问题上展开争论。代表性的大陆法系国家不再以是否具有公法人身份作为界定行政主体的标准，而是要结合组织形式、活动规则、权力与行为的性质等来综合判断某一组织是否为行政主体。例如，法国的同业公会究竟是公法上的组织还是私法上的组织，没有一致看法，但同业公会的主要活动受公法支配，而它的组织规则受私法支配，这个原则毫无争议；德国判断行政主体的依据也并非在于组织方式，而是在于作用，凡得以自己名义行使权利、负担义务来执行公权力的都属行政主体，而不论其为公法或私法组织。[①] 基础设施作为一种私法组织形式的"非政府公共组织"，如果能够纳入扩张以后的"行政主体"范畴，将更加有利于其法律地位的厘清、自律管理权力的证成，同时也便于实现对其的法律约束。此外，我国的金融市场基础设施相对于其他"非政府公共组织"还有特别之处，其不属于互助式组织，设立、管理层选任、运营都具有强烈的行政色彩，而且独占性地履行职能，这些因素令基础设施愈发趋近于"行政主体"，赋予其准公共管理权渐成共识。

拨开会员制、公司制的外观，我国的基础设施本质上是履行准公共管理职能的"非政府公共组织"，虽然采取私法上的组织形式设立，却不同于普通的企业或社会团体。据此，通过立法的路径肯定基础设施的自律管理权并确认其制定的自律管理规范的普遍拘束力才是具有正当性的。同时，鉴于基础设施维护市场稳定的准公共管理职能的存在，自律管理规范必须要与金融惯例、金融标准等相

---

① 参见石佑启：《论公共行政之发展与行政主体多元化》，载《法学评论》2003年第4期。

协调,进而在司法活动中被认定为金融习惯法,取得民法中的法源地位,方有可能形成优先适用的效力。

(二) 自律管理规范形成普遍拘束力的行政立法路径

如前所述,基础设施的自律管理权属于社会自治权,在缺乏法律授权的情况下,最基本的实现方式是基础设施与相关市场主体之间通过契约让渡权力。然而,金融市场是联动、开放的,为适应市场安全、稳定、迅捷之需求,自律管理规范仅在契约当事人之间形成对抗力是远远不够的,特别是在我国的金融交易、托管、结算均非直接而呈层级式结构的背景下,契约式约束的范围更为有限,遑论对交易有影响的第三人形成对抗力。

为了使自律管理规范形成对世的普遍拘束力,比较法上的经验是通过立法来促成自律管理、确认自律管理规范的效力。例如,美国1934年《证券交易法》将证券交易所、证券业协会、支付结算机构等均界定为"自律性组织",并且赋予这种"自律性组织"制定的规则以法律效力和强制执行力,保障"自律性组织"在交易、交收服务过程中对于交易结果的确定性、不可逆性,实现对整个市场交易秩序和交易对手的保护。这种立法授权并非将监管机关的部分行政权力授予基础设施,而是承认并维护已经存在的社会自治权,基于立法的强制力而赋予原本具有契约属性的自律管理规范以对世的普遍效力。

美国1934年《证券交易法》所称之"自律性组织"的创设、运营方式更为市场化,与我国基础设施的行政化色彩有所差异,但在"非政府公共组织"的属性及其规范、确权模式上是共通的。然而,在借鉴该立法路径时应当充分考量我国的一些国情:其一,我国立法尚不接纳开放、宽泛的统一"证券"定义。美国对基础设施的集约式立法确权建立在证券法对所有具备"证券"特征的金融产品均有管辖权的基础之上,缺乏包容性概念令我国很难通过修改一部既有的法律来完成对证券、期货、保险、信托、票据等种类繁多且不断创新发展的金融产品的统合规范,包括对各种基础设施的规范,制定一部关于金融市场基础设施的统一法律成为必要。其二,英美法系不存在成文法意义上的效力严苛的所有权、担保权规则,通过证券法的确权,基础设施所制定的自律管理规范不易受到其他强效力法律规范的挑战,而《民法典》《企业破产法》等在我国均属全国人大及其常委会制定的基本民商事制度,即便自律管理规范的制定与实施被专门的法律所保障,这些规范亦不必然取得优先于基本民商事法律的效力。因此,在我国制定一部关于基础设施的法律只能回应自律管理规范如何形成对世效力的困惑,而无法解决自律管理规范怎样获取优先适用力的难题,立法确权的模式只能是我国基础设施自律管理规范效力形成机制的一翼,技术性的司法保障同样是不可或缺的。

几乎所有重要金融市场所在的国家或地区都将基础设施的相关规定列为必须由法律加以规定的"法律保留事项"。根据我国《立法法》第8条,"下列事项只能制定法律:……(八)基本经济制度以及财政、税收、海关、金融和外贸的基本制度",事关所有金融市场基础设施的一般规范也应当由全国人大及其常委会制定法律。但是,《立法法》第65条也规定:"应当由全国人民代表大会及其常务委员会制定法律的事项,国务院根据全国人民代表大会及其常务委员会的授权决定先制定的行政法规,经过实践检验,制定法律的条件成熟时,国务院应当及时提请全国人民代表大会及其常务委员会制定法律。"据此,在获得立法机关授权的前提下,国务院可以对基本金融制度制定行政法规,以此作为立法条件成熟前的过渡。基于下列几项原因,建议由国务院在FMI原则的基础上先行制定统一的《金融市场基础设施条例》:第一,基础设施的自律管理对金融市场的稳定发展影响深远,除了证券交易所之外,再无其他基础设施获得法律的授权以确立其法律地位、保障其自律管理规范的效力,这已成为构建金融市场多层次监管体系的重大障碍,确有立法之必要;第二,从长远来看,基础设施的规范应当由基本法律来完成,这也是目前的国际趋势,但基础设施在法律意义上对我国而言仍是新生事物,即行立法的准备确实不足,短期内难以实现,而行政法规的起草过程相对简单、高效,可行性更强;第三,就规范性文件的层级而言,只有法律、行政法规才能对与基础设施有关的合同之效力形成足够的影响,部门规章只能作为监管依据,不能作为司法裁判的依据[1],因此基础设施的规范性文件至少也应将效力层级维持在行政法规之上;第四,我国仍坚持金融分业,暂无制定统合的金融交易法的可能,在一部金融市场基本法中专列基础设施的规范或者逐一修改金融部门法加入基础设施的规范都几乎没有可行性,虽然各类基础设施服务的市场不同,但其自律管理规范的效力诉求是一致的,完全有可能被统合到一部《金融市场基础设施条例》之中。

《金融市场基础设施条例》无须也不宜求全,重点是概括性地回应各类基础设施实施自律管理所须解决的共通问题,其核心内容包括但不限于:(1)确立基础设施"非政府公共组织"的法律性质,为授权提供法理基础;(2)在基础设施的准入、出资、运营、监管方面反映"公共性"因素,同时限定行政干预的范围,保障

---

[1] 参见原《最高人民法院关于适用〈中华人民共和国合同法〉若干问题的解释(一)》第4条:"合同法实施以后,人民法院确认合同无效,应当以全国人大及其常委会制定的法律和国务院制定的行政法规为依据,不得以地方性法规、行政规章为依据。"《民法典》颁布后合同编相关司法解释目前尚未出台,原司法解释的精神仍具有参考价值。

基础设施基本的市场化自决；(3) 授予基础设施制定自律管理规范的权限，完善制定规范的程序，赋予自律管理规范对世的普遍约束力；(4) 建立基础设施自身的风险防范与困境拯救机制。

（三）自律管理规范形成优先适用力的司法技术路径

依靠《金融市场基础设施条例》抑或是《金融市场基础设施法》，可以令基础设施制定的自律管理规范形成对世的普遍约束力，但仍需要回应个别与基本民商事制度不一致的自律管理规范何以优先适用。根据《立法法》的规定，规范性文件的效力层级首先取决于制定机关，在同一级制定机关的前提下，才遵循新法优于旧法、特别法优于一般法的规则。自律管理规范是《金融市场基础设施条例》或《金融市场基础设施法》授权基础设施制定、实施的，属"非政府公共组织"制定的具有约束力的规范。而《民法典》《企业破产法》等属于全国人大及其常委会制定的基本民商事法律，效力显然高于自律管理规范，因此仅通过立法路径是无法赋予自律管理规范优先适用力的。从这个意义上来讲，制定《金融市场基础设施条例》不仅是基于立法成本的考量，就效果而言也是充分且必要的选择。

本文认为，赋予自律管理规范相对于一般民商事法律的优先适用力应当采用商法漏洞填补的司法技术。处理民法与商法的适用关系时，依特别法优先的原则，商法有规定的优先适用，商法未作规定的适用民法的一般规定。这不仅符合《立法法》规定的基本精神，在逻辑上似乎也能够自洽。然而，这项原则的成立隐含着一个至关重要的前提：特别法是完美的，不存在法律漏洞。否则，不经漏洞填补，而将民法一般规范适用于具有商事属性的争议，将难以符合事理和特别法所追求的价值。事实上，任何采取形式理性的法律都不可能做到没有漏洞。作为一般法的民法规范有漏洞，作为特别法的商事单行法同样也有漏洞。随着现代市场经济和技术革命的迅猛发展，商品市场和资本市场都日趋现代化、复杂化，商法的漏洞更是难以避免。法律依意旨应当规范而未予规范的，构成"明显的漏洞"，自律管理规范与民法冲突的场合多属此类；法律已有规范却未对特别情形加以考虑，并对一般规定予以限制的，构成"隐藏的漏洞"，自律管理规范与商法冲突的场合多属此类。由于我国商法的历史比较短，加上立法上采取民商合一的体制，当司法实践中出现商法规范缺失时往往意识不到是法律漏洞，直接、当然地援引民法规定予以补充适用。这种做法忽略了商法未作特别规定的，尚应区分为"无需作出特别规定"和"应当作出特别规定而未作特别规定"两种情形。正是因为商事特别法同样存在漏洞，所谓的商事特别法"有规定"或者"没有规定"，就不能仅仅从形式意义上的法律规范进行辨识，而应当从实质意义上的法律规范加以判断。①

实质意义上的商法在何处,是一个法源界定的问题。《民法典》第 10 条规定:"处理民事纠纷,应当依照法律;法律没有规定的,可以适用习惯,但是不得违背公序良俗。"鉴于我国民商合一的体例,上述条文规定的不仅是民法的法源,还包括商法的法源。也就是说,习惯也是商事特别法的形式之一。尤为重要的是,商法漏洞的存在需要"法律没有规定"形成一种更准确的限缩解释——特别法没有规定时,可以适用习惯。这种解释确立了"商法—习惯—民法"的适用顺序,改变了"商法—民法—习惯"的一般认知,却更符合比较法的通例。日本《商法典》第 1 条第 2 款即规定:"关于商事活动,本法中未规定的事项遵照商习惯;无商习惯的,适用民法规定。"②韩国《商法典》的规定大抵相同。据此,对于金融交易规则"明显的漏洞",习惯可以在民法之前进行填补,缓和特别法与一般法的矛盾;而对于"隐藏的漏洞",习惯的适用本身即能提升特别法体系内部的圆满性。

在金融市场中,基础设施制定的自律管理规范就是最重要的"习惯"。作为法源之一的习惯应为习惯法而非单纯的事实习惯。事实习惯需要形成法的确信,方能构成习惯法。③ 事实习惯仅为一种惯行,如果一般人尚未具有"此种惯行必须遵从,不遵从则共同生活势将不能维持"的确信,这种事实习惯便不具有法源性。④ 要取得法的确信进而构成一种习惯法,必须具备以下要件:须有习惯之存在;须为人人确认其有法之效力;须属于法规所未规定之事项;须不悖于公共秩序与善良风俗;须经国家(法院)明示或默示承认。⑤ 基础设施制定的自律管理规范完全可以符合上述要求:其一,基础设施存在的基本价值在于促进和保障标准化的金融交易,标准化的形成本身即为一个逐步趋同并寻求规模的过程,基础设施制定规则的意图正是固化该过程中确立的共同习惯;其二,基础设施与每位市场参与人都存在类似于服务(管理)协议的关系,而且公示这种关系,使其为第三人所知,除了市场参与人通过缔约方式当然地认可自律管理规范之外,已知悉交易风险却依然选择与受到基础设施约束的市场参与人交易的第三人也应当认定为默示接受了该等习惯;其三,在准确区分"特别法无需规定"与"特别法应规定却未规定"的基础上,自律管理规范规定之事项显然属于商法漏洞,而在一般法的涵射范围之外;其四,作为"非政府公共组织"的基础设施绝不以营利为

---

① 参见钱玉林:《商法漏洞的特别法属性及其填补规则》,载《中国社会科学》2018 年第 12 期。
② 《日本最新商法典译注》,刘成杰译注,中国政法大学出版社 2012 年版,第 7 页。
③ 参见姚辉、梁展欣:《民法总则中的法源及其类型》,载《法律适用》2016 年第 7 期。
④ 参见王泽鉴:《民法总则》,北京大学出版社 2009 年版,第 47 页。
⑤ 参见梁慧星:《民法总论》(第四版),法律出版社 2011 年版,第 28 页。

目标,相关自律管理规范是为了在维持金融系统稳定的基础上公平保护各方主体,与公序良俗的价值诉求完全契合,且法律或行政法规的授权、监管机构的介入在某种程度上也使自律管理规范代表着公序良俗;其五,对于基础设施的自律管理规范予以司法确认也是有先例可循的,最高人民法院先后颁布过多个同证券登记结算机构有关的规范性文件,以求对证券基础设施及其自律管理规范予以特殊保障[①],十三届全国人大一次会议之后,国家深化改革委员会审议同意设立上海金融法院,最高人民法院又进一步明确了上海金融法院对辖区内涉金融市场基础设施之案件的专属管辖权[②],专业化的审判将进一步提升法院对于自律管理规范的认可程度。鉴于此,法官可以将金融市场基础设施制定的自律管理规范认定为"习惯",以"习惯"填补商法漏洞,昭示着"习惯"自身的特别法属性,自律管理规范由是取得优先适用力。

四、结　　语

随着成规模、标准化的金融交易大量出现,市场对于基础设施的需求越来越明显,进而使基础设施的法律规范成为近年来的一个学术热点问题。抛开"基础设施"这一舶来术语,像证券交易所这样的特殊组织早已为理论与实务界所熟知,关于其法律地位、监管规则形成了不少的成果,而本文最重要的初衷有三:其一,证券交易所是我国少有的既有法律授权又通过会员制方式组织的基础设施,可以说是众多研究对象中的非典型,难以用它的经验来推及所有出现类似问题的基础设施,而自律管理规范在普遍拘束力和优先适用力上的困惑在大量公司制的新兴基础设施中不断出现,本文所试图解决的议题算是对实践需求的回应;其二,在不同的组织形式下,于各自服务的金融市场中,基础设施都存在很多共

---

① 参见《最高人民法院关于冻结、划拨证券或期货交易所证券登记结算机构、证券经营或期货经纪机构清算账户资金等问题的通知》《最高人民法院关于冻结、扣划证券交易结算资金有关问题的通知》《最高人民法院关于中国证券登记结算有限责任公司履行职能相关的诉讼案件指定管辖问题的通知》《最高人民法院、最高人民检察院、公安部、中国证券监督管理委员会关于查询、冻结、扣划证券和证券交易结算资金有关问题的通知》《最高人民法院执行局关于法院能否以公司证券登记结算地为财产所在地获得管辖权问题的复函》。

② 《最高人民法院关于上海金融法院案件管辖的规定》第 5 条规定:"以住所地在上海市并依法设立的金融基础设施机构为被告或者第三人的与其履行职责相关的第一审金融民商事案件,由上海金融法院管辖。"该司法解释已于 2021 年 4 月 22 日起施行,其中不仅规定了基础设施为被告的专属管辖,还将基础设施因履行职责而成为第三人的案件也纳入专属管辖的范围,为自律管理规范对金融交易关系以外的第三人形成拘束力提供了可能。考虑到绝大部分金融市场基础设施集聚上海,上海金融法院的集中化管辖、专业化审批无疑会大大促进国家对于自律管理规范的认可。

通的法理,割裂的论争难见其真实全貌,统合地对基础设施的一般理论进行研究,即便暂时未能达致深刻、准确的理想目标,该努力本身仍具有一定进步意义;其三,有学者提出,借助与基础设施相关的各基本法律的解释即可满足金融实践的大部分诉求,然而司法实践的立场分歧与各基础设施单位对规范稳定性、可预期性的迫切渴求让笔者无法赞同上述的解释论观点,走出自律管理规范在我国的效力困境,需要立法与司法的双重协同。

本文的基本结论是:我国金融市场中的会员制基础设施和公司制基础设施都是"非政府公共组织",应当拨开组织形式的外观来看待其准公共管理职能。制定、实施自律管理规范是发挥上述职能的核心途径,为确保有效性,自律管理规范应当具有对世的普遍拘束力和相对于民商事法律的优先适用力,而这两种效力在当下尚无法形成。解决困境应当采取一条中国式的双轨路径:通过制定《金融市场基础设施条例》的行政法规,固化基础设施制定自律管理规范的权力和自律管理规范自身的强效力;借助识别、填补商法漏洞的司法技术,将自律管理规范认定为商事"习惯",进而成为特殊法的一种形态,取得优先的适用力。

论公开主义

——关于我国证券法基本理念的省思

周 珺

【内容摘要】 在证券法中,公开主义与实质主义是两种截然不同的基本理念,前者将信息披露制度作为规制证券市场的基本方式和核心手段,后者强调对发行人、上市公司、投资者等市场主体的行为作直接的、实质性的干预。美国等国的证券法更多体现的是公开主义,实质主义的色彩相对较弱。关于我国证券法的基本理念,以"公开主义为主、实质主义为辅"似较为适宜。

【关键词】 公开主义 实质主义 证券法 基本理念

以美国为代表的一些国家将公开主义作为其证券法的基本理念,公开主义也成为这些国家证券法最具标志性的特征。然而,即便践行了公开主义仍然无法确保证券市场的公平、效率和透明,各种"事件""丑闻""危机"依旧在各国证券市场上不时出现。有鉴于此,一些学者对公开主义进行了反思和检讨,并提出了若干解决方案。本文所关注的问题主要是:公开主义为何受到不少国家的青睐?公开主义存在哪些弊端?我国证券法应确立什么样的基本理念?

一、公开主义与实质主义的区分

在证券法中,公开主义(Disclosure Philosophy)与实质主义(Substance Philosophy)是两种截然不同的基本理念。所谓公开主义,是指依赖信息披露制度规制证券市场,发行人、上市公司等有关当事人依法公开相关信息即可,法律或监管机构不再对市场主体的行为作直接的、实质性的干预。所谓实质主义,是指不仅有关当事人要依法公开相关信息,而且法律或监管机构会对市场主体的行为作直接的、实质性的干预。

公开主义与实质主义的本质区别并不在于是否认可信息披露制度,而在于如何定位该制度在证券市场中的功能。公开主义将信息披露制度作为规制证券市场的基本方式与核心手段,在公开主义看来,证券法的任务只是在于促进和保障信息披露的真实、准确、完整,至于投资者如何投资、融资者如何融资、上市公司如何治理,诸如此类的事项并非证券法的调整对象;实质主义虽然也承认信息披露制度,但认为仅仅依赖信息披露制度还无法有效完成对证券市场的规制,还难以充分实现证券法的立法宗旨,为此,证券法应当采取更为积极的姿态,对市场主体的行为作直接的、实质性的干预。

关于公开主义与实质主义的区分,可举两例说明:其一,证券发行审核机制。证券发行审核机制,有注册制与核准制之分,前者体现的便是公开主义,后者体现的则是实质主义。在注册制之下,证券法对发行证券并未规定实质要件,证券监管机构对发行人也不得进行实质审查,发行人依法公开相关信息即可公开发行证券,"即使该证券一点投资价值也没有,证券主管机关也无权干涉"[①]。在核准制之下,证券法不仅要求发行人披露相关信息,还在财务状况、盈利能力、治理结构等方面对发行人有实质性要求,其主旨在于通过事前的筛选机制,尽量将"质量差的公司"或者说"垃圾股"拒之于公开发行市场之外。其二,上市公司治理。如何处理上市公司治理问题,也能够在一定程度上反映出证券法采取的是何种基本理念。一种观点认为,上市公司在证券法中仅仅承担信息披露义务,其公司治理问题并非证券法的调整对象。倘若证券法采纳这种观点,便体现了公开主义的基本理念。另一种观点认为,上市公司治理状况对于保护投资者的合法权益,对于促进证券市场的健康发展具有根本性的意义,它理应属于证券法的一项重要内容。倘若证券法采纳这种观点,便体现了实质主义的基本理念。

二、各国采纳公开主义的主要理由

总的来说,以美国为代表的西方国家其证券法更多地体现的是公开主义,实

[①] 刘俊海:《现代证券法》,法律出版社2011年版,第54页。

质主义的色彩相对较弱。① 这些国家的证券法之所以更加偏好公开主义而不是实质主义,其理由可从三个方面阐述。

(一) 公开主义有利于证券法立法宗旨的实现

证券法的立法宗旨主要包括两个方面:一是保护投资者合法权益,二是促进证券市场的公平、效率和透明。一般认为,公开主义可以较好实现证券法的立法宗旨:(1) 公开主义为投资者理性决策提供了基础。无论是在证券发行市场还是在证券交易市场,信息不对称都是一个十分突出的问题。通过贯彻公开主义,推行信息披露制度,能够在很大程度上克服信息不对称的问题,能够尽力保障投资者获取真实、准确、完整的信息,投资者可基于依法披露的信息对拟投资的证券进行分析、评估,进而作出符合自身利益的投资决策。(2) 公开主义有利于提升上市公司治理水平。上市公司承担持续信息披露义务,其一举一动均被曝光于众,这有利于监管机构、投资者以及社会公众对其进行监督,有利于约束上市公司及其管理层的行为,进而有利于提升上市公司治理水平。(3) 公开主义有利于促进证券市场的健康发展。公开主义使得市场主体平等地获取真实、准确、完整的信息,这就为投资者和融资者营造了一个相对公平的市场环境;公开主义通过信息披露制度显著降低了发行人的融资成本和投资者的交易成本,有利于提升证券市场的效率;公开主义使得发行人、上市公司的财务状况、盈利能力、治理结构等事项公之于众,保障了证券市场的透明度。

不少欧美学者认为,既然公开主义本身就可能较好实现证券法的立法宗旨,也就没有必要更多地采纳实质主义了。例如,有学者认为:"美国证券法的逻辑基础是,信息披露能够提升投资者的决策水平、促进资本市场的健全、保障资本市场的效率。投资者只要拥有了相关的信息,就能够保护自己免受公司经营管理不善的影响,政府也就没有必要对证券市场进行过多的实质性干预。"② 又如,有学者指出:"信息披露是规制复杂的证券市场的一个极其简便的方法。它使得参与交易的各方当事人都获取了更为充分的信息,因此,也就没有必要对交易的

---

① See Mark K. Brewer, Orla Gough, Neeta S. Shah, Reconsidering Disclosure and Liability in the Transatlantic Capital Markets, *Depaul Business and Commercial Law Journal*, Vol. 9, No. 2, 2011; Janis Sarra, Disclosure as a Public Policy Instrument in Global Capital Markets, *Texas International Law Journal*, Vol. 42, No. 3, 2007.

② Mark K. Brewer, Orla Gough, Neeta S. Shah, Reconsidering Disclosure and Liability in the Transatlantic Capital Markets, *Depaul Business and Commercial Law Journal*, Vol. 9, No. 2, 2011.

实际价值进行监管了。"[1]

(二) 公开主义更为尊重市场规律和个人选择

许多西方国家笃信自由主义,其主流观点认为,每一个人都是自身利益的最佳决策者,政府不应代替个人为其作出决定。具体到证券市场而言,这些国家普遍强调应依靠市场自身的力量解决市场中出现的问题,普遍强调投资者应依靠自身的理性和能力为自己谋取利益,普遍对政府的直接干预持警惕、怀疑乃至否定的态度。基于这样的文化背景,这些国家对强调市场主体"自我决策、自担风险"的公开主义更为亲近,对强调政府直接地、实质性地干预市场主体行为的实质主义则难以接纳。对此,可以 20 世纪 30 年代美国制定联邦证券法的历程为例予以说明。在制定联邦证券法前,美国绝大多数州业已出台证券法(常常被称为"蓝天法"),各州的证券法在证券发行审核体制上大都采取的是核准制。当制定联邦证券法时,最初的草案沿袭了各州的核准制,草案规定,若发行人的业务或发行的证券缺乏健全的基础,联邦政府可基于公共利益禁止发行人公开发行证券。然而,最终出台的法律(即 1933 年《证券法》)舍弃了核准制,而改采注册制。对此,罗斯福总统指出,联邦政府审查证券公开发行的目的,不是保证所发行的证券具有一定的价值或获利能力,而是确保投资人获得完整正确的信息,以作为投资判断的基础。国会立法只能禁止欺骗他人的行为,而不能剥夺投资人甘心受愚弄的权利。换言之,发行人如果依规定公开有关资料,投资人明知证券一文不值仍然愿意出价购买,则纯粹是投资人的选择,联邦政府不应干涉。[2]

(三) 公开主义更容易为各方所接受

较之于实质主义,公开主义更容易被包括监管层、融资者、投资者在内的各方所接受,这主要有两个理由:

其一,公开主义所采取的管理手段更为柔和。公开主义以信息披露作为规制证券市场的基本手段,实质主义则强调对发行人、上市公司、投资者等市场主体的行为作直接的、实质性的干预。相比较而言,公开主义是一种更为柔和、更为中性的管理模式,它既能够保护投资者和社会公众的利益,又不至于对自由市场造成过分的干预,因此容易为各方所接受。正如有学者所说:"各国监管当局

---

[1] Michael D. Guttentag, An Argument for Imposing Disclosure Requirements on Public Companies, *Florida State University Law Review*, Vol. 32, No. 1, 2004.
[2] 参见赖英照:《股市游戏规则:最新证券交易法解析》,中国政法大学出版社 2006 年版,第 24—25 页。

之所以大都选择公开主义,主要是因为在政治上公开主义更容易为各方所接受。公开主义对个人选择和市场运行的干预力度很小,因此即使那些对管制市场十分反感的人也会接纳公开主义。"①

其二,公开主义的推行成本较小。公开主义依赖信息披露制度规制证券市场,相关当事人只须依法披露相关信息即可,相应地,监管机构只须审查披露的信息是否真实、准确、完整,至于发行人发行的证券是否具有投资价值、上市公司的运作是否合乎投资者利益、投资者的投资行为是否合理,诸如此类的问题均不在监管机构职责范围之内。与之相对,实质主义强调对市场主体的行为作直接的、实质性的干预,其推行成本显然要高出许多。以发行审核体制为例,若实行注册制,监管机构只须审查发行人是否依法披露了相关信息,若实行核准制,监管机构除了要审查披露的信息是否合乎要求,还须审查发行人在财务状况、盈利能力、治理结构等诸多方面是否满足了证券法的实质性要求。显而易见,与注册制相比,核准制的实施要求监管机构有更多的人员、更高的预算。

三、公开主义的主要缺陷

公开主义依赖信息披露制度规制证券市场,希望通过信息的公开防范以解决证券市场上的各种问题。但公开主义自身也存在一些缺陷,仅仅依赖公开主义还难以完全实现证券法的立法宗旨。

(一) 信息泡沫

一般而言,倘若不考虑其他因素的话,证券市场上的信息越充分,就越有利于投资者据以作出理性的决策。然而,考虑到投资者有限的知识、技能和精力,过多的信息往往会对投资者的决策带来困扰:一者投资者难以搜寻、吸收和消化所有的信息,二者投资者即便能够搜寻、吸收和消化所有的信息,也不容易从中选取出对自己的投资真正有价值的信息。研究表明,当向决策者提供更多的信息时,决策的质量会上升,但提供的信息的数量一旦到达某一个临界点后,再增加信息时,决策的质量便会下降。换言之,当信息过多时,决策者很有可能作出糟糕的判断。② 美国证监会前主席阿瑟·利维特(Arthur Levitt)也曾指出:"太

---

① Paula J. Dalley, The Use and Misuse of Disclosure as a Regulatory System, *Florida State University Law Review*, Vol. 34, No. 4, 2007.

② See Troy A. Paredes, Blinded by the Light: Information Overload and Its Consequences for Securities Regulation, *Washington University School of Law*, Vol. 81, No. 2, 2003.

多的信息和太少的信息一样,都是有问题的……信息披露并非越多越好。"①

遗憾的是,事实上证券市场上几乎每天都在增加海量的信息,以至于在某种程度上出现了信息过剩的问题。以招股说明书为例,许多公司的招股说明书动辄数百页,十几万字的篇幅已是司空见惯,不仅一般投资者望洋兴叹,就是机构投资者阅读起来也颇感吃力。我们分析,证券市场之所以会出现信息过剩的局面,主要是受到了如下因素的影响:

1. 证券法对信息披露的要求越来越高

不少国家信奉公开主义,将信息披露作为解决证券市场中各种问题的"灵丹妙药",一旦证券市场发生了"事件""丑闻"或"危机",立法部门或监管机构便会强化对信息披露的要求,规定发行人、上市公司等有关当事人更为全面、更为细节地披露信息。以美国为例,自20世纪30年代制定《证券法》以来,尽管立法机关也曾零星出台了一些措施以减轻当事人信息披露的负担,但总的来说,在这几十年里证券法对信息披露的要求越来越高,发行人、上市公司等有关当事人的信息披露义务越来越重。②

2. 网络手段的运用显著提升了信息传播的数量和速度

网络手段的运用是近些年证券市场上的信息越来越多的一个十分重要的因素:(1)与传统的纸质印刷方式相比,通过网络发布信息更为便利,这就使得发行人、上市公司等信息披露义务人愿意并且能够发布更多的信息;(2)传统上,投资者多是通过购买报纸、杂志等方式获取财经信息,而网络手段的运用使得投资者获取信息的成本更低、速度更快、内容更多。

3. 信息披露义务人倾向于披露更多的信息

各国证券法对信息披露的要求越来越严格,信息披露的违法成本也越来越高,为了避免因违反信息披露义务而遭受调查、承担责任,发行人、上市公司等有关当事人在不损害自身利益的前提下倾向于披露更多的信息,而不管这些信息对于投资者是否真的有价值。有学者形象地指出,以前发行人、上市公司总是会问"为什么要披露信息呢",而现如今他们的想法是"为什么不披露信息呢"。③

---

① Susanna Kim Ripken, The Dangers and Drawbacks of the Disclosure Antidote: Toward a More Substantive Approach to Securities Regulation, *Baylor Law Review*, Vol. 58, No. 1, 2006.

② See Paula J. Dalley, The Use and Misuse of Disclosure as a Regulatory System, *Florida State University Law Review*, Vol. 34, No. 4, 2007.

③ See Troy A. Paredes, Blinded by the Light: Information Overload and Its Consequences for Securities Regulation, *Washington University School of Law*, Vol. 81, No. 2, 2003.

(二) 内容晦涩难懂

证券市场上披露的信息应当通俗易懂,唯有如此,才能使投资者较为便利地吸收、消化和理解,进而据以作出理性的投资决策。然而,在实务中,招股说明书、债券募集办法、上市公司年报等资料中有不少内容晦涩难懂,令许多投资者敬而远之,这就使得信息披露制度的实效大打折扣。对此问题,我国台湾学者赖英照曾就公开说明书有一番精辟的分析。他指出:"为使公开说明书发挥应有的效用,其内容应让投资人易于理解。惟事实上,公开说明书不但内容十分繁杂,而且性质特殊。一方面,它是销售文宣,因此应尽量呈现发行人亮丽的特质,并淡化阴暗的一面,以吸引承销商的参与及投资人的认购;但另一方面,它是法律文件,不论有利、不利的重要事实均应揭露,相关的说明或承诺,如有虚伪不实,应负民事及刑事责任,因此遣词用字必须极为审慎。这两种相互冲突的性质,使许多公开说明书在关键的问题上,使用模棱两可的文字,或附加条件式的免责条款,并大量运用深奥的专业术语,以保持对投资人的吸引力,并努力避开法律责任。这种情形,常使投资人如雾里看花,以致认购股票或其他有价证券之前,先行阅读公开说明书的投资人并不多见,公开说明书的效用因而降低。"[①]

(三) 投资者的非理性

公开主义的一个基本论断是,投资者能够根据证券市场上披露的信息作出理性的决策。然而,不少学者指出,这一论断仅仅是一个理论上的假设,并不符合实际情况。行为金融学(Behavioral Finance)的研究表明,在许多情况下,投资者的决策是非理性的或者说其理性是有限的,即便证券市场上披露的信息真实、准确、完整、及时、公平、易解、易得,即便投资者能够接收、理解全部信息,投资者仍然可能作出对自己不利的决策。

关于投资者的非理性,可举两例说明:

其一,过于自信。大多数投资者都存在过于自信的问题,他们总是认为自己的水平在平均水平之上,自己要比一般人更为聪明,在证券交易中能够顺利做到"低买高卖"。如果投资成功,他们习惯于将其归功于自己高人一筹的投资能力;如果投资失败,他们往往会将其归咎于市场环境等外部原因。这种过于自信的心理对投资决策的影响是,投资者在决策时往往会低估自己的行为所面临的风险。

其二,证实偏见(Confirmation Bias)。这是指当我们在主观上支持某种观

[①] 参见赖英照:《股市游戏规则:最新证券交易法解析》,中国政法大学出版社2006年版,第37页。

点的时候，我们总是倾向于寻找、关注那些能够支持这一观点的信息，而对于那些可能推翻这一观点的信息往往视而不见。证实偏见对投资决策的影响是，投资者在决策时往往无法全面、客观地看待拟投资证券的优劣，当他们准备买入某一公司的证券时，他们会积极搜寻各种有利于该公司的信息以印证自己的判断，而忽略或低估那些不利于该公司的信息。①

四、我国证券法基本理念的选择

基本理念反映的是一部法律的核心立场和总体思路，正确、清晰的基本理念无疑是实现立法科学性与实效性的一项重要保障。关于我国证券法的基本理念，笔者认为，以"公开主义为主、实质主义为辅"较为适宜。

(一)"公开主义为主，实质主义为辅"的主要理由

在公开主义与实质主义之间，之所以选择以前者为主，理由主要有三：(1)公开主义更能较好实现证券法的立法宗旨；(2)公开主义更为尊重市场规律和个人选择；(3)公开主义更容易为各方所接受。关于这三项理由，本文在第二部分已经有所阐释，此处不再赘述。

尽管公开主义在证券法中具有至关重要的价值，但是仅仅依靠公开主义还无法完全、充分地实现证券法的立法宗旨，因此有必要辅之以实质主义。具体而言，以实质主义为辅主要有两个理由：(1)公开主义的缺陷。本文第三部分已经提及，公开主义主要存在三方面的缺陷，一是信息泡沫，二是内容晦涩难懂，三是投资者的非理性。这三个方面的问题有些可以通过改革和完善信息披露制度予以解决，有些则是信息披露制度自身所无法解决的，在这种情况下，就应考虑对市场主体的行为作直接的、实质性的干预。(2)证券市场的特点。证券的发行和交易从本质上说也是一种商品(也即证券)买卖行为，本应贯彻意思自治原则和合同自由精神，由买卖双方自行协商，法律不应作过多干预。然而，证券买卖与一般商品的买卖显有不同，这是因为在证券买卖中，交易品种更丰富、交易方式更多元、交易机制更灵活、交易内容更复杂、交易风险更大。为此，除了要在证券市场推行信息披露制度之外，有时还需要对市场主体的行为作直接的、实质性的干预，否则就很有可能产生不公平、无效率的结果。

---

① See Susanna Kim Ripken, The Dangers and Drawbacks of the Disclosure Antidote: Toward a More Substantive Approach to Securities Regulation, *Baylor Law Review*, Vol. 58, No. 1, 2006.

(二)"公开主义为主,实质主义为辅"的基本要求

首先,"公开主义为主,实质主义为辅"意味着我国证券法既不能是纯粹的公开主义,也不能是纯粹的实质主义,而只能是公开主义与实质主义的一个混合体。单凭公开主义或者单凭实质主义都难以充分实现证券法的立法宗旨,唯有将二者结合,方能更好地保护投资者的合法权益,更好地维护和促进证券市场的公平、效率和透明。

其次,"公开主义为主,实质主义为辅"意味着我国证券法应当将信息披露制度作为规制证券市场的基本方式和核心手段,应当充分发挥信息披露制度在实现证券法立法宗旨中的基础性作用,应当将信息披露制度的建立和完善作为解决证券市场上各种问题的首要选择。

最后,"公开主义为主,实质主义为辅"意味着实质主义在我国证券法中仅仅是一种辅助性作用,它或者是弥补公开主义的缺陷,或者是配合公开主义效能的发挥。尽管我们不可能完全摒弃实质主义,但对实质主义的运用还是应当十分慎重。当立法者试图对发行人、上市公司、投资者等市场主体的行为作直接的、实质性的干预时,应当有充足的理由和切实可行的方案,且这种干预必须适度且符合比例原则。

论我国地方政府债券评级优化的法治进路*

窦鹏娟

【内容摘要】 2014年以来，随着《预算法》的修订和地方债新政的施行，我国开启了发展地方政府债券市场的新篇章。在国际上，地方政府在独立发债前，通常应获得专业评级机构的信用评级，无评级则意味着将承担较高的融资成本。引入评级制度原本是为我国地方政府债券注入更多法治约束，但这一目的的实现在实践中却遭遇了业务竞争失序、评级过程形式化、评级结果不被信任、评级机构受地方政府干预无法独立评级等问题。优化地方政府债券评级的基本思路，就是克服舶来制度的水土不服问题，契合地方政府债券特质建立符合国情的评级法律制度，肃清评级干扰因素，以保护投资者为核心目的进行评级监管，最终将地方政府债券评级纳入法治轨道。

【关键词】 地方政府债券　信用评级　评级机构　信用风险　法治约束

自2014年《预算法》修订后，发行地方政府债券（简称地方债券）成为地方政府融资的唯一合法途径。截至2021年年底，我国地方债券存量规模突破30万亿元，成为当前债券市场上占比最大的债券品种。地方政府在独立发债之前，一般应获得专业评级机构的信用评级。在国外，没有信用评级的债券一般被视为高风险债券，通常意味着将会付出较高的融资成本。[①]信用评级的最终目的是对债券发行人的财务状况和偿付能力给出评价[②]，评级结果将影响发行债券的

---

* 本文系作者参与的冯果教授主持的2014年教育部哲学社会科学研究重大课题攻关项目"我国债券市场建立市场化法制化风险防范体系研究"（项目批准号：14JZD008）的阶段性成果之一。

① 参见马骏：《以市政债制度硬化地方政府预算约束》，载《新金融》2014年第7期。

② 参见〔英〕莫拉德·乔德里：《债券市场导论》（第3版），杨农、蒋敏杰等译，清华大学出版社2013年版，第171页。

初级市场和二级市场上的交易价格以及投资者的风险预期。可以说,信用评级是地方政府在债券市场融资的前提。①

一、地方政府债券评级:揭示地方政府信用风险的"晴雨表"

2014年修订的《预算法》在允许地方政府依法适度举债的同时,也严格规定地方政府只能采取发行地方政府债券的方式举借债务。地方债券是对地方政府信用的市场化运作,而政府信用是当政府作为借贷活动中债务人一方时承诺偿还债务的能力与意愿。作为仅次于国债的政府融资手段,地方债券是解决地方政府财政收支矛盾、弥补地方财政赤字和发展地方新型城镇化建设项目的重要工具,有"银边证券"之称。与其他缺乏透明度的地方政府融资方式相比,地方债券有着诸多不可比拟的优势,比较适合于进行大规模的地方政府融资活动。②更重要的是,对于地方政府而言,发行债券融资是典型的市场行为,其所形成的市场约束和监督机制有利于提高地方政府的治理能力,能够成为推动我国财政体制改革的新动力。

作为固定收益工具③,债券的主要风险来源于信用风险,这与发行人还本付息的能力密切相关。存在于发行人与认购方之间的信息不对称,以及地方政府偿债资产与收入来源的不确定性导致了信用风险的产生。不同于一般上市企业,地方政府的运行通常涉及财政、金融、债务和政府治理等不同的维度和视角,因此地方债券风险识别有其难度,而信用评级则可以发挥信息披露、风险揭示和价格发现等方面的功能和作用。地方政府信用评级是指对地方政府所负债务能否按约如期还本付息的能力以及可信任程度的综合评估和对其偿债风险的综合分析。④ 关于地方政府的信用评级通常包括两个方面,即地方政府主体的信用评级和地方政府所发行债券的评级。地方政府主体信用水平的考量因素很多,但主要指标包括主体的财政状况,即政府偿债能力、政府辖区内3—5年GDP水平、辖区人均可支配收入、社会消费品零售额、城镇化率、经济开放程度、资本市

---

① See Robert J. Rhee, On Duopoly and Compensation Games in the Credit Rating Industry, *Northwestern University Law Review*, Vol. 108, No. 1, 2013.
② 参见朱小川:《我国地方政府债券的制度选择》,载《证券市场导报》2014年第1期。
③ 债券是固定收益工具的说法起源于其每年支付固定息票的特征。如今,债券的息票支付已经有所变化,如资产支持证券就是同一发行人发行的一系列不同档次的相关证券,每一档次支付不同的固定或浮动利息。但是,通常意义上债券仍被纳入固定收益市场。
④ 参见李振宇、李信宏、邵立强等:《资信评级原理》,中国方正出版社2003年版,第4—7页。

场发展程度、地区经济构成与产业结构等。从三大国际评级机构对地方债券评级的方法来看①,地方政府的最终信用评级主要受三个重要因素的制约,即所在国家的体制、地方政府自身信用水平以及上级政府的支持方式。地方债券评级的本质是对地方政府及其所发行债券信用风险程度的综合分析,宏观经济、财政管理体制、地方经济的增长与发展以及地方政府的财政状况等都是影响地方债券评级的重要因素。

如今,信用评级已经成为金融监管的一种重要工具和内容,但在债券市场发展的初期信用评级其实带有很大的偶然性。从美国、日本等地方政府债券市场相对成熟的国家的经验来看,起初对地方债券并没有信用评级的强制性要求。20世纪30年代美国经济大萧条时期,大量市政债券违约,其中将近一半是被穆迪公司评定为AAA即最高信用等级的市政债券,评级在AA级以上的市政债券更是占到了违约的80%左右。一位创始人曾这样评价当时市政债券的信用评级:"表面化和无经验是那时市政债券信用评级的主要特征……"②日本的地方债券最早可追溯至明治初年。日本早在1879年便确立了"举借地方政府债必须通过议会决定"的原则,其地方债券包括地方公债和公共企业债两种类型,前者为日本地方债券制度的主体。作为单一制国家,日本对各地方政府举债实行严格的协议审批制度,同时对地方债的发行进行计划管理。严格来讲,日本的地方政府公债并不是市场化运作的债券类型,其发债的规模与利率也并未采取市场化渠道来实现,因此不存在真正意义上的地方债券评级。③

2008年金融危机之后,由于地方债券违约率的上升,为了提高地方债券的公众认可度,在美国和日本的地方债券市场上进行信用评级的债券比例大幅增加。例如,2011年美国当年发行的经三大评级机构评级的地方债券期数占当年发行总量的80%,而日本2012年52个发行市场公募债的地方政府中约48%进行了信用评级,有5个地方政府甚至采用了双评级。④ 美国在实行了债券信用等级制度后,许多影响州和地方政府负债的因素都被综合纳入了信用等级评价中,使得美国市政债券的利率与债券信用等级密切相关,各州和地方政府也因此十分重视信用等级。

---

① 穆迪(Moody's Investors Service)、标准普尔(Standard & Poor's)和惠誉(Fitch Ratings)并称为国际评级行业"三巨头",即三大国际评级机构。
② 杨萍:《国外地方政府债券市场的发展经验》,载《经济社会体制比较》2004年第1期。
③ 参见苏英:《地方政府债券信用评级研究综述》,载《改革与战略》2010年第5期。
④ 参见刘宝亮:《专家:以主权信用等级为基准,对地方债采取差别化评级》,载《中国经济导报》2014年12月2日。

从国外地方债券发展的经验来看,信用评级法律制度对于客观真实地反映地方政府的信用风险特征,提高地方政府的信息公开及其透明度,将地方政府举债融资的行为活动置于市场的广泛监督之下有着极大的促进作用。[①]

二、我国地方债券评级中的现实问题：舶来品的本土"不服"现象

2014年5月,我国地方债券自发自还试点正式启动。根据《2014年地方政府债券自发自还试点办法》,试点地区要开展地方政府债券信用评级[②],这是我国地方债券体系首次引入信用评级制度。然而,信用评级制度引入我国地方债券后似乎"水土不服",滋生了不少现实问题,引发了人们对地方债券评级的广泛质疑。

(一) 地方债券评级业务竞争失序

在国际评级业务中,评级费用通常相当高昂。例如,在欧洲地区,通常评级的基础价格为2万欧元起,如果再加上和发行量有关的报酬以及每年的费用,则可能更高。高昂的评级费用使信用评级几乎成为一项奢侈的业务。[③] 但这一情况在我国却发生了一些反差,我国的一些评级公司甚至愿意以远低于评级机构招标预算的价格中标地方债券评级选题。例如,2015年3月东方金诚国际信用评估有限公司(以下简称东方金城)就以5万元人民币的低价中标安徽省政府债券评级项目,而2015年安徽省政府债券信用评级机构招标项目在竞争性磋商中给出的预算为55万元,东方金城的最终中标价远远低于该预算。同年4月,东方金城又以8万元的低价中标山西省政府债券评级项目。据评级行业业内人士的说法,我国一般工商企业的评级收费通常不低于25万元,5万—8万元的评级费用"有可能连评级人员的差旅费用成本都无法覆盖"。[④]

---

① 杨勤宇、张天硕:《地方政府债券信用评级制度构想》,载《金融市场研究》2011年第11期。
② 关于信用评级的规定体现在《2014年地方政府债券自发自还试点办法》第6条和第7条。其中,第6条规定:"试点地区按照有关规定开展债券信用评级,择优选择信用评级机构。试点地区与信用评级机构签署信用评级协议,明确双方权利和义务。"第7条规定:"信用评级机构按照独立、客观、公正的原则开展信用评级工作,遵守信用评级规定与业务规范,及时发布信用评级报告。"除了这两条以外,该办法第22条还作出了试点地区应将本地政府债券信用评级等有关规定及时报财政备案的规定。
③ 参见〔德〕乌尔里克·霍斯特曼:《评级机构的秘密权力》,王熙逸译,上海财经大学出版社2015年版,第27页。
④ 参见张莫、赵婧:《地方债评级乱象丛生 政府甩卖中介公司成利益"捐客"》,http://news.xinhuanet.com/fortune/2015-04/23/c_127722352.htm,2017年3月17日访问。

我国评级市场是在 21 世纪初开始逐渐活跃起来的,但这一市场在活跃的同时也比较混乱,低价、恶性竞争的情形屡见不鲜。随着我国地方债券市场的迅速发展,评级机构之间对地方债券评级的竞争也愈发激烈,评级收费标准普遍较低,"价格战"成为从众多竞争者中胜出的制胜秘籍。长远来看,"价格战"对于整个地方债券和信用评级市场的健康持续发展都将产生不利影响。从经济学角度来看,任何通过不公平地减少竞争对手业务以达到抑制其发展目的的评级行为都是反竞争行为。[①] 低价竞争破坏了评级行业的内在平衡,导致地方债券评级秩序无从建立。

(二) 地方债券评级过程流于形式

评级机构为何不惜以低于评级成本的价格中标地方政府债券评级项目? 一种较为普遍的看法是,我国地方政府违约的概率极低,地方政府债券是一个违约风险非常小的金融产品。相对于其他信用债的发行人而言,地方政府往往拥有更多的资金及资源优势,其偿债能力一般是有保证的,我国地方政府债券发行至今从未有过违约案例。尽管对于地方政府举借的债务,国务院明确表示中央政府将实施不救助原则[②],但事实上作为单一制国家,我国不可能存在真正意义上的"地方自治",我国各级政府之间责任的独立性其实相当微弱。[③] 在地方债的问题上,实际上很难彻底改变或消除中央政府的隐性担保和兜底责任。在这样的央地关系下,地方债券违约的概率自然极低。信用评级原本的作用是为了揭示风险,但对于违约概率极小的产品,由于无须担心违约的后果,评级机构自然也无需对评级过程支付太多成本,只要能给出一个让各方满意的评级结果。无论是作为债券发行人的地方政府,还是承销地方债券的金融机构,对于评级结果的期待远远大于评级过程本身。

前文已提及,地方债券评级需要诸多因素的参与,其中最关键的当属地方政府的财政经济实力。在评级前,评级机构需要通过各种公开渠道搜集地方政府在财政、经济及金融等方面的信息,但这种信息搜集的结果往往并不理想。开始评级后,地方政府提供给评级机构的信息一般也不会超出公开的范畴,而对评级至关重要的政府资产负债表几乎处于"缺席"的状态。参与地方债券评级的分析

---

① 参见高汉:《金融创新背景下的信用评级及监管的法律经济学分析》,法律出版社 2012 年版,第 142 页。
② 见 2014 年发布的《国务院关于加强地方政府性债务管理的意见》,其中规定:"要硬化预算约束,防范道德风险,地方政府对其举借的债务负有偿还责任,中央政府实行不救助原则。"
③ 参见黄韬:《央地关系视角下我国地方债务的法治化变革》,载《法学》2015 年第 4 期。

师表示,偶尔能见到地方政府的资产负债表简直就是一种"惊喜"![1] 当前我国政府财政报告实行以收付实现制为基础的预决算报告制度,各单位负债只反映当期本金数,不存在以一级政府作为主体的资产、负债的合并数据。资产负债表的缺失使得评级机构在地方债券评级中不得不降低对资产因素的考虑,在所采取的评级方法体系中也往往不将资产负债表作为评级的必须材料。而全球评级权威机构标准普尔早在1980年就发布报告称,现金制基础的财务报告无法为债券评级提供所需信息,资产负债表的"缺席"会对债券评级产生负面影响。[2] 缺少评级所需的关键信息,又被要求必须给出一个评级结果,因此评级机构对地方债券评级的过程只能是"走个过场"和给各方一个满意的结果[3],导致各省的地方债券评级都是AAA,评级没有区分度,评级的象征意义更大于实质意义。如果编制了一级政府的资产负债表,清晰地体现政府持有的国有股权,其作为有价值的资产,可以作为偿债能力的一种考量因素。[4]

(三) 地方债券评级缺乏区分度

在市政债券的起源地美国,其信用评级的分布结果通常呈现标准的正态分布,级别中枢为AA－A,不同行业所表现出来的信用级别也呈现出一定差异。[5] 相比之下,我国地方债券评级的结果无疑过于"完美"! 2014年我国自发自还地方债券的最终评级显示,10个试点省市地区的评级结果全部为最高信用级别AAA级。这种丝毫不能体现发债主体所在地区以及财政经济差异性的评级结果自然引发了市场的一片哗然。2015年3月,财政部发布了《关于做好2015年地方政府一般债券发行工作的通知》,提出"规范开展一般债券债项信用评级工作"的要求,规定一般债券信用评级的等级划分为三等九级,以符合AAA、AA、A、BBB、BB、B、CCC、CC、C来表示,其中AAA级可用"－"符号进行微调,表示信用等级略低于本等级;AA级至B级可用"＋"或"－"符号进行微调,表示信用等级略高于或低于本等级。这可以视为财政部对地方债券信用评级遭遇市场质

---

[1] 参见杨志锦:《一位分析师眼中的评级"江湖":100份AAA级地方债评级如何出炉》,载《21世纪经济报道》2015年9月8日。
[2] 参见罗晶晶:《地方债评级,资产负债表不能缺席》,载《中国会计报》2014年8月29日。
[3] 参见曹力水:《地方债评级市场竞争日趋激烈 信用评级机制需优化》,http://www.ce.cn/xwzx/gnsz/gdxw/201505/20/t20150520_5410000.shtml,2017年3月17日访问。
[4] 参见《全国人大财经委:建议推动编制和公布地方政府资产负债表》,https://finance.sina.com.cn/tech/2021-03-10/doc-ikknscsi0406340.shtml,2022年6月1日访问。
[5] 参见宋伟健、霍志辉:《美国市政债为我国地方债发展提供借鉴》,载《中国经济导刊》2015年8月4日。

疑的一种回应,也是对评级机构开展地方债券差异化评级的一种引导。但是,自开展地方政府债券信用评级以来,从评级结果来看,地方债券评级区分度小,基本属于最高评级,各主体地方债发行时外部债券评级全部为 AAA,隐含评级基本为 AAA 或 AAA一。对于发行地方债的 37 个主体,除定向发行债券和 2014 年之前公募发行债券未进行债券评级外,其余地方债的债券外部信用评级均为 AAA,主体之间无差异。从隐含评级来看,绝大多数主体发行的地方债隐含评级均为 AAA,仅贵州、内蒙古、云南、辽宁发行的部分地方债隐含评级为 AAA一。①

我国地方债券评级难以走出无差异评级的一贯套路。除去宏观经济和财政管理体制等共同因素外,各地方政府所在区域的经济发展与财政状况往往大相径庭,但所获评级却皆为最高的 AAA 级,这种毫无差异的地方债券评级结果自然难以取信于人。

(四) 评级机构沦为地方政府"合作伙伴"

评级机构是地方债券的主要参与者,其主要责任是作为独立第三方对地方债券进行评级,保证评级结果的客观公正性。作为一种信息中介,评级机构还可以代替投资者充当被评级对象监督者的角色。通过对被评级对象的信息甄别,评级机构给出信用评级的结果,投资者将该评级结果作为了解被评级对象的重要信息渠道。正因如此,评级机构通常被视为外部的"守护人"而在金融市场占据重要地位。

引入评级制度本意是为我国地方债管理注入更多法治约束力量,使地方债券的运作机制更加公开透明,但尴尬的是目前我国地方债券评级距离这一预期目的似乎颇为遥远。丝毫不能体现地区差异性的地方债券评级不仅饱受市场质疑,还被贴上了"花瓶""走过场"等负面标签。事实上,信用评级结果的公正性与评级机构的独立性问题一直相伴而生,对评级结果的质疑不只发生在我国,也不只限于地方债券,这是全球信用评级行业面临的一个共同现象。只不过,这一问题在我国地方债券评级中表现更为突出。正如我国财政部一位官员所说的那样:"……地方政府花钱请评级公司评级,评级结果不如政府预期后,就直接干预评级公司,评级公司则上调了评级。"②目前我国信用评级机构数量虽然不少,但

---

① 参见《地方政府债信用评级及风险分析》,https://www.sohu.com/a/496317969_522914,2022 年 6 月 2 日访问。
② 陈益刊:《地方政府信用难评 评级机构如何拿钱不手软?》,http://www.yicai.com/news/3910627.html,2017 年 3 月 28 日访问。

除了在国内影响力较大的"五大"评级机构外①,其余评级机构多属于地方性小公司,在全国缺乏广泛的影响力,其多依赖于地方或部门保护主义的庇护而生存。② 为我国地方债券评级的皆为本土的评级公司,面对地方政府和出于对日后业务的顾虑,评级机构不敢不看政府眼色,本应作为独立第三方的评级机构实际上变成了地方政府的合作伙伴。③

三、优化我国地方债券评级的法治之路：舶来制度如何在本土"重生"

信用评级制度的优劣对于地方债券市场发展的影响究竟有多大？对此,印度或许可以作为我们的反面教材。印度市政债券市场创建于 20 世纪 90 年代末,然而经过十余年的发展,与企业债券市场相比,这一市场并没有呈现出快速增长的态势,至 2010 年其市场规模仅占企业债券市场的 0.1%。投资者视市政债券为投资陷阱而对其敬而远之,除了印度政府推动力不足的原因之外,一个至关重要的原因就在于印度市政债券市场缺乏能够令人信服的信用评级环境与标准。④ 由于缺乏专业性与公信力,印度市政债券的信用评级无法赢得投资者的信心,吸引不到投资者的市政债券市场自然无从发展。我们应吸取印度市政债券市场的教训,避免信用评级成为制约我国地方债券市场发展的制度短板,着力于从法治层面优化地方债券评级制度,从而使这一舶来制度得以在本土重新获得生机。

(一) 建立区别于企业债券且符合国情的地方债券评级法律制度

无论是发行主体还是债券所涉及的信息披露,地方债券与企业债券都存在着重大区别,二者的发行基础、发行主体对评级机构的影响能力以及评级体系对国家行政体制的考量都迥然不同。地方政府的运行涉及财政、金融、债务以及政府治理等不同维度和视角,这导致地方债券风险的识别较之企业债券更为复杂。地方债券评级的作用是为了减轻投资者与作为发行人的地方政府之间的信息不

---

① "五大"评级机构是指大公国际资信评估公司、上海新世纪资信评估投资公司、联合资信评估公司、中诚信国际信用评级公司以及东方金诚国际信用评估公司。
② 参见聂飞舟：《信用评级机构诚信规范外部监管制度研究——美国法的考察和中国借鉴》,载《证券法苑》2012 年第 2 期。
③ 参见梁发芾：《地方政府信用评级如何取信于人》,载《中国经营报》2014 年 6 月 16 日。
④ 参见林力：《地方政府市政债信用评级制度研究：印度的经验及启示》,载《地方财政研究》2015 年第 7 期。

对称问题,揭示存在于地方债券中的信用风险,对于债券利率的确定发挥着参考性功能而不是定价的作用。尽管评级机构对于地方债券通常采用打分的分析体系,但这只是指评级方法所采取的具体手段,打分只是标识地方债券的风险大小,地方债券评级的本质在于对地方政府及其债券信用风险进行综合分析。

我国关于信用评级的法律规则零散地分布在《证券法》《公司法》《企业债券管理条例》《可转换公司债券管理办法》《证券市场资信评级业务管理办法》等法律法规中。其中,那些由各自主管部门发布的部门规章和操作指引在标准和规则方面各不相同,通常仅适合于本部门所管辖的单一金融产品的信用评级业务,对于地方债券评级并不适用。源于制度的缺失,地方债券评级一方面是"摸着石头过河"①,另一方面只能将企业信用评级的相关规定简单嫁接于地方债券。2020年12月,财政部制定了《地方政府债券发行管理办法》,其中对信用评级制度作出了专门规定。2021年1月,财政部发布了《地方政府债券信用评级管理暂行办法》,进一步从地方财政部门和评级机构两个方面对地方政府债券信用评级工作进行规范。

地方债券反映的是地方政府与投资者之间的债权债务关系,承担还本付息责任主体的是地方政府。然而,我国没有政府破产法,也不允许地方政府破产,企业债券评级中采用的违约概率、损失率与级别对应关系不宜适用于地方政府。地方政府评级更多是相对评级的概念②,不能仅依据 GDP、财政收入、经济发达程度等进行简单排名,而应在考虑宏观经济形势、财政管理体制的基础上,综合分析地方经济、财政、债务、信息质量、支持力度等多种因素,最终评定地方政府及其所发行债券的信用质量。宏观经济对应的是系统性风险,地方经济对应结构性风险,在地方债券评级中分析宏观经济是为了清楚是否存在系统性风险以及这一风险对地方经济的影响。对地方经济增长实力与发展前景的分析是为了确定地方政府的财政实力与质量,而这则决定了地方政府的债务偿还能力和意愿。③

从国际三大评级机构对于地方政府的评级方法来看,所在国家的体制、地方政府自身的信用水平以及上级政府的支持方式是决定地方政府最终信用评级的核心要素。以标准普尔对美国以外的地方及地区政府进行信用评级所采用的

---

① 参见杨珊:《论地方政府信用评级法律制度建设》,载《西南交通大学学报(社会科学版)》2014年第5期。
② 参见贾雪:《地方政府信用评级:沪、粤、京信用最高 黑、甘、云最低》,http://news.xinhuanet.com/fortune/2013-10/29/c_125614616.htm,2017年3月19日访问。
③ 参见朱荣恩、郭继丰、郑宇:《地方政府债券信用评级的探索》,载《金融时报》2014年8月25日。

LRG评级办法为例,首先对适用于特定层级地方政府的财政体制进行评分,然后结合基于定性和定量要素得出的地方政府个体信用特征,根据信用等级矩阵表来获取地方政府的指示性级别。在此基础上再考虑一些调整因素的影响,从而获得地方政府的最终评级。目前我国信用评级机构对地方政府评级采用的也是类似方法。① 但是,由于我国的行政体制和财政管理体制有其自身的特殊性,在评级时涉及的评级要素可能更加复杂②,因此完全套用国外评级机构的评级方法显然不可取。例如,评级机构进行客观评级的重要依据是被评级主体的资产负债情况,然而在我国当前地方政府资产负债表未完全公开的情况下,评级机构作出科学合理的评级显然还缺乏足够的信息支持,在此情形下,就需要结合我国的具体情况摸索出更加符合我国地方债券的评级方法。目前,财政部正着力于督促地方政府建立起权责发生制的综合财务报告制度,未来评级机构应该将地方政府综合财务报告制度作为对地方政府及其所发行债券进行评级的重要基础。具体而言,对于地方政府一般债券,应将地方政府债务负担、债务结构、整体的社会经济环境、预算政策的稳健性和管理能力、地方政府的税收收入以及构成比例等作为评级的重要指标;而对于地方政府专项债券,则主要从项目未来收益的稳定性和可靠性等方面进行评级。③

(二)肃清地方债券评级中的干扰因素保障评级的客观公正性

在我国,地方债券评级的客观公正性除了受到评级机构的利益冲突影响外,地方政府利用强势地位干预评级结果是实践中不可忽视的干扰因素。如何清除这种干扰,使评级机构仅根据被评级对象的客观情况作出公正合理的评级?对此可从以下方面进行突围。

1. 路径之一:双评级制度及其可行性分析

双评级制度在国外的市政债券市场应用较为普遍。以美国为例,在市政债券发行前一般要经过一家甚至几家具有专业资质的评级公司对发行人的债务偿还能力和信用状况进行评级,且要定期发布跟踪评级报告。研究表明,在1986—2002年美国发行的66820只无担保市政债中,大约1/3都采用了双评

---

① 参见张涵:《难题在于地方债仍无明确的违约机制》,载《21世纪经济报道》2014年6月10日。
② 参见宋伟健、霍志辉:《美国市政债为我国地方债发展提供借鉴》,载《中国经济导报》2015年8月4日。
③ 参见李经纬、唐鑫:《中国地方政府债券发行制度设计思考——基于国际经验和新经济社会学视角》,载《社会科学家》2014年第6期。

级。① 双评级制度的优势在于能够促使不同评级机构尤其是不同收费模式的评级机构发出不同的声音,给投资者提供更为客观的投资参考。② 双评级制度所带来的评级结果的区分性对矫正我国地方债券评级"千篇一律"的状况似乎特别对症,但实际上笔者的态度并不乐观。因为双评级无法从根本上解决地方政府利用行政权威干预评级机构的可能性,也不会化解评级机构在地方债券评级中的利益冲突,除了徒增地方债的发行成本外,双评级并不会使评级结果得到根本改观。

2. 路径之二:建立评级机构与被评级对象的隔离机制及其可行性分析

评级机构的独立与公正是确保评级结果真实性的关键因素。针对我国地方债券评级结果无区分性的现象,有业界人士建议"委托第三方进行交易,由被评级单位将费用交给财政部,由财政部委托评级机构进行评级,避免利益上的牵扯"③。这种将评级机构与被评级对象隔离开来,避免双方直接接触的建议,在一定程度上能够减轻评级机构被地方政府"绑架"、产生严重利益冲突的问题,虽不失为一条好的建议,但能否达到预期效果还取决于财政部能否坚守中立身份、不插手评级结果,以及被委托的评级机构不被"公关"的可能性。评估机构的独立性是地方政府债券发行的制度要求。保证评估机构不被地方政府利益集团俘获,需要周全的法律制度与细致的规范。④

3. 路径之三:非营利性评级活动及其价值分析

在信用评级领域,除了专业的评级机构,一些学术机构也有类似的评价活动,如中国社科院地区金融生态环境评价体系、北京大学地方政府评级体系、清华大学市级政府财政透明度评价体系等。⑤ 这些学术机构所开展的地方政府评价在内容上多属于财政运行情况的分析研究,尚不能将其归为债券评级的范畴,但可以为了解地方政府风险提供一定的信息参考。况且,作为一项复杂的系统性工程,地方债券评级也需要学术机构在技术、人才、经验、数据等方面长期持续

---

① 参见杨勤宇、张天硕:《地方政府债券信用评级制度构想》,载《金融市场研究》2011年第11期。
② 参见宋伟健、霍志辉:《美国市政债为我国地方债发展提供借鉴》,载《中国经济导报》2015年8月4日。
③ 梁发芾:《地方政府信用评级如何取信于人》,载《中国经营报》2014年6月16日。
④ 参见李晓安:《地方政府债券发行的法律约束分析》,载《人民论坛》2013年第18期。
⑤ 早在2005年,中国社科院就成立了一个研究地方金融生态环境的课题组,在此基础上,社科院金融研究所与中债资信合作,开始展开地方政府债券评级研究工作。在此合作基础上,中债资信借鉴国际评级机构的经验,同时考虑中国地方政府的特殊性,初步构建了中国地方政府信用评级体系框架。2013年社科院金融研究所与中债资信推出了《中国地方政府信用评级模型研究》,对国内30个省份的可支撑债务规模进行了计算,并在综合考虑地方经济、财政收支、政府治理和债务状况等指标的基础上对国内30个省份的信用水平进行了排名,其中,上海、广东、北京排名前三,而黑龙江、甘肃、云南则排在了最后。参见贾雪:《地方政府信用评级:沪、粤、京信用最高 黑、甘、云最低》,http://news.xinhuanet.com/fortune/2013-10/29/c_125614616.htm,2017年3月20日访问。

的投入。国际上也存在着学术机构成长为评级机构而后被纳入评级监管范畴的先例,如国际非盈利信用评级机构(INCRA)、新加坡国立大学风险研究院(RMI)等。[①] 此外,相比于专业评级机构,学术机构的评级研究较少受利益冲突困扰,因此在评级的独立性上更胜一筹。

4. 其他可能途径

国内评级机构一来受地方政府干预和影响难以保持独立性,二来其评级经验相对不足,缺乏公信力,即便评级真实客观也难以被普遍认同。[②] 对我国地方债券而言,改善评级结果的另一种可能途径是在确保国家安全的前提下,考虑适当引入国际评级机构对地方债券进行评级。引入国际评级机构对地方债券进行评级并不一定导致"引狼入室"和造成主权丧失的结果,国际三大评级机构已经对美国之外的很多地方政府进行过评级,这并没有造成不可收拾的后果,这些评级的权威性也受到了市场的认可。对我国而言,引入国外评级机构不仅有利于克服国内评级机构容易被地方政府"俘虏"致使评级失真的现象,更重要的是可以给国内评级公司一定的危机感,使其形成竞争意识,通过不断学习和改革提高评级业务水平。

另外,改进评级机构的选择机制也有利于改善我国地方债券的评级状况。目前,财政部对地方债券评级虽规定了按照市场化原则,"从具备中国境内债券市场评级资质的信用评级机构中依法竞争择优选择一家信用评级机构",但关于如何"依法竞争择优选择"并没有具体的标准,现实中反而出现了评级机构恶性价格竞争的现象。我们可以借鉴国外经验,由地方债券监管部门成立基金会,建立起评级机构评价机制并以此作为选择评级机构的依据,地方债券的级别可向基金会征求意见,这样既可以避免地方政府对于评级结果的干预,也利于评级机构的优胜劣汰和评级质量的提高。监管部门亦可采取随机抽取的办法,在有资格的评级机构中确定最终的评级公司,这样也有助于减轻地方债券评级中的寻租现象。[③] 此外,也可以考虑采取地方债券评级轮换制度,使同一评级机构对于地方政府评级的最高年限不超过所发新债券的存续期,以避免出现评级捆绑的情形。[④]

---

① 参见杨勤宇、张天硕:《地方政府债券信用评级制度构想》,载《金融市场研究》2014年第11期。
② 参见梁发芾:《地方政府信用评级如何取信于人》,载《中国经营报》2014年6月16日。
③ 参见杨珊:《论地方政府信用评级法律制度建设》,载《西南交通大学学报(社会科学版)》2014年第5期。
④ 参见杨勤宇、张天硕:《地方政府债券信用评级制度构想》,载《金融市场研究》2014年第11期。

(三) 确立以投资者保护为核心目的的地方债券评级监管体制

作为评级产业发展的后起之国，我国应吸取其他国家因评级监管宽松造成的教训。当然，如何建立和完善我国的信用评级法律监管是另一个研究主题，本文对此无意深究，仅打算就如何改进我国地方债券评级监管问题进行探索。

在我国，由于金融监管整体采取分业监管的模式，对于评级机构的监管通常是由负责某一项金融业务监管的主管机构在各自主管的范围内确定监管的目标与内容，因此在不同行业以及不同的市场交易阶段，评级机构可能会面临不同部门甚至多个部门的监管。由于不同监管部门的监管标准不一，评级机构的合规成本因此增加，监管的效率也受到影响。我国地方债券评级由财政部主导，但是财政部对于评级机构的监管却缺乏权力。导致我国地方债券评级乱象的重要原因之一在于地方政府施加于评级机构的压力，财政部虽然没有直接监管评级机构的权力，但却可以通过对地方政府在评级活动中的行为动向的监管与约束，实现对地方债券评级的间接监管。另外，应该在评级机构的监管部门与财政部之间建立起有效的沟通机制，使各方能够对地方债券评级监管中的问题及时协商解决。

为了达到更好的监管效果，应该将我国地方债券评级监管的重心放在利益冲突、评级机构竞争、评级机构的独立性以及信息披露四个方面。在利益冲突监管方面，主要是对发行人付费模式下评级机构是否会出现为"取悦"发行人而导致评级失真的行为进行监管。关于评级机构的竞争，监管的重点是防止当多家评级机构竞争地方债券评级业务时发生恶性的价格竞争。对于评级机构独立性方面的监管，是指尽力消除影响评级机构独立开展评级业务的干扰因素，在我国，这种干扰因素主要来自被评级的地方政府施加给评级机构的压力。地方债券评级监管的重中之重是对评级机构应披露信息的监管，以及关于这种信息交流通道的建立。例如，欧美国家对于市政债券市场信用评级的监管理念表现为交流、互信、合作，评级机构可以通过构建有效的评级信息可访问性交流平台，为投资者提供客观真实的评级数据，从而实现保护投资者权益和维护市场稳定的目的。[1]

对地方债券评级进行监管是为了规范评级机构开展的地方债券评级业务，减轻其中的利益冲突问题，保持评级机构的独立性，评级监管的这些目的都是为

---

[1] 参见林力：《地方政府市政债信用评级制度研究：印度的经验及启示》，载《地方财政研究》2015年第7期。

了实现评级结果的公正、客观和准确性。评级结果的最终用户不是地方政府,在一定意义上地方政府只是因强制性的信用评级要求而被动接受评级,即便在主观上愿意被评级但参与评级也是为了债券融资的便利。评级结果的最终用户当然也不是监管部门,监管评级机构只是监管者的一项职责,其监管的目的是维护市场秩序、保护投资者。评级结果的最终用户是地方债券的购买者,尽管在现行付费模式下,债券持有人无须为取得评级信息付费,但是他们的确是这种关于债券违约风险"专家意见"的忠实"用户";尽管一再被强调评级机构的评级"意见"不是关于债券的买卖建议,却对投资者的投资决策起着决定性作用。所以,地方债券评级监管的核心目的应该是通过监管肃清地方债券评级中的乱象,敦促评级机构提高评级质量,使投资者成为评级监管的真正受益者,保护投资者的合法权益。

第三章

股东权利专题

表决权虚化与优先股制度

王东光

【内容摘要】 表决权是具有财产价值的权利,但上市公司小股东表决权因制度性、组织性、结构性和目的性等原因被虚化,小股东实际上并不享有股东权中的表决权利益,加上没有与之相对的其他权益补偿,导致小股东权益结构失衡。与其对表决权的虚化进行艰难的防阻,不如果断放弃本就休眠的表决权,换取其他权利的优先,无表决权优先股恰好符合这一目的。在优先股股东权益保护方面,未支付的可累积性优先股股息在有利不分的情形中应当界定为对公司的一种债权;表决权恢复对优先股股东的保护是间接的,其功能具有局限性,应以计息和强制分红作为辅助保护措施;对于可转换优先股,转换权只能由股东享有。

【关键词】 上市公司 小股东 表决权 优先股

大股东和小股东都是公司投资者,具有相同的法律地位,具有相同的股东权利。但这些并没有给他们带来相同的境遇,如果说股市是大股东的"提款机"、小股东的"绞肉机",可能有些偏激,但在市场大起大落并持续低迷的情况下,小股东付出的是"血淋淋"的代价,而对大股东而言也许只是账面上数字的变化。在与公司的关系上,大股东是公司的缔造者、操盘者,为了融通资金的需要才招揽了众多小股东,小股东名为主、实为客。除了角色的差异、持股的多寡,相同的权利构成而迥异的权利效果是小股东悲惨遭遇的又一原因。同股确实应该同权,但问题是是否应当向他们发行同类股份,因为在上市公司中,大股东和小股东具有天然的不同,尤其在表决权的配置上,大股东和小股东的平等对待真的公平吗?表决权无疑是重要的股东权利,但小股东在乎这样的权利吗?这样的权利究竟给小股东带来了什么?这些问题值得我们深思。

一、小股东表决权虚化

在股份公司中,股份平等、同股同权。大股东和小股东持有的单一股份具有相同的权益构成,而相同的权益构成却使大股东和小股东的实际权益形成巨大反差。"大股东拥有多数的投票权,同时拥有用手投票和用脚投票的激励,小股东拥有少数投票权,只拥有用脚投票的激励。这种投票激励上的差异意味着如果公司存在大股东,表决权及依附于其上的控制权将从小股东流向大股东;如果公司不存在大股东,表决权及依附于其上的控制权则将从小股东流向经理人员。"[①]小股东表决权虚化,而大股东的控制权超出表决权的一般价值,表决权的实际功效发生移动。

权利的虚化意味着权利仅具有形式意义或象征意义,权利主体一般不实际享有权利、不行使权利或行使权利无效果。根据"同股同权"原则,股东之间无论持股多寡,其所持单一股份上的权利是相同的。就此而言,大股东与小股东之间因持股多寡的差异而仅有权利量化上的不同,不存在质的区别。但实际情况并非如此。就表决权而言,其对大股东的意义甚至超过分红权等直接财产性权利,大股东不仅积极行使表决权,并努力通过表决权获取对公司的控制权。而小股东虽然享有表决权,但其通常并不实际行使表决权,权利处于常态虚化状态。根据导致表决权虚化的原因不同,可以分为制度性虚化、组织性虚化、结构性虚化和目的性虚化。

(一) 制度性虚化

我国《公司法》第 103 条规定,股份公司股东大会作出决议,必须经出席会议的股东所持表决权过半数通过。但是,股东大会作出修改公司章程、增加或者减少注册资本的决议,以及公司合并、分立、解散或者变更公司形式的决议,必须经出席会议的股东所持表决权的三分之二以上通过。由此可以看出:(1) 股份公司的表决方式由《公司法》规定,公司章程无权修改;(2) 股份公司股东大会采取资本多数决;(3)《公司法》对于股份公司股东大会决议没有定足数的要求,只要出席会议的股东以一定的多数即可做出决议。不设定足数要求的优点在于股东大会可以顺利做出决议,不会因为出席会议的股东不符法定要求而无法做出决

[①] 吴磊磊、陈伟忠、刘敏慧:《公司章程和小股东保护——来自累积投票条款的实证检验》,载《金融研究》2011 年第 2 期。

议,降低了股东大会做出决议的难度,提高了决议效率。但其缺点也是显而易见的。股东大会的议案通常都是由与大股东关系密切的董事会提出的,其当然希望议案获得通过。而小股东的投票率与股东大会议案的通过率及赞成票比例成反比,即小股东投票率越高,通过率及赞成票比例越低。在这种情况下,大股东并不欢迎小股东参与投票。小股东不投票不仅不影响作出决议,反而对作出决议有帮助。只要股东大会的召集、决议等程序符合法定要求,哪怕只有一个股东出席会议,也可以做出有效的决议。这种制度规则下,大股东、董事会没有任何动力去提升小股东的投票率。

针对这种情况,有学者提出我国公司法应当改变自己的理论,明确要求公司股东会会议的召开以出席会议的有表决权的股东达到一定的法定人数作为条件,在不具备该种最低人数的情况下所召开的股东会会议无效。① 虽然我们可以借鉴国外立法,设定定足数要求,但不能根本解决制度本身所造成的小股东表决权虚化局面。首先,股东大会表决的定足数要求本身具有弹性,如果第一次召集没达到定足数要求,第二次召集又没达到,则通常会推定达到了定足数要求。其次,无法消除表决制度本身所附带的虚化原因,例如资本多数决。资本多数决是股东大会制度发展的必然产物,它容纳了股东实现自身利益的需求与公司存续、发展的需求②,"资本多数决是公司作为资本企业的必然选择"。"但是,基于资本多数决原则的运作,小股东行使表决权所体现的意志根据资本多数决原则往往为大股东的意志所征服。"③股东大会的决议机制实质上仅剥夺了少数股东表决的效果意思,使其表决权仅具有意思通知的性质,而控制股东的表决则具有决定法律效果的单方法律行为的意味。原本同一的股东表决因资本民主的决议方式而演变为两种不同的性质:一类是意思通知;另一类却具有单方法律行为的性质。④ "资本多数决"作为公司法上的一项基本制度,其地位无可撼动,这一事实直接决定了小股东表决权因制度本身所造成的一定程度的虚化无可避免。

(二) 组织性虚化

股东通过参加股东大会并行使表决权来参与公司决策,这也就意味着,只有属于股东大会职权范围内的事项,股东的表决权才有意义。法律对股东会、董事

---

① 参见张民安:《公司股东的表决权》,载《法学研究》2004年第2期。
② 参见梁上上:《论股东表决权——以公司控制权争夺为中心展开》,法律出版社2005年版,第56—57页。
③ 朱慈蕴:《资本多数决原则与控制股东的诚信义务》,载《法学研究》2004年第4期。
④ 参见张辉:《法律行为框架中的股东表决权制度探析》,载《河南社会科学》2006年第4期。

会的职权进行了划分,似乎股东参与公司管理的范围也就此确定,股东对于公司的重要事项都能通过行使表决权进行参与。但问题是,公司可能通过设立子公司的方式,将对财产、事业的管理从直接管理变成间接管理,通过增加层级,使原本应由股东会决议之事项推移到董事会,弱化小股东的参与权,小股东在公司管理上被边缘化。董事会虽然是股东大会选举产生,应代表公司及全体股东利益,但实际上董事会与大股东关系密切。在 2001 年年底,国家机关和国有企业以 39.21% 的股权比率占有 57.73% 的董事席位,而流通 A 股股东以 35.95% 的股权比率却只占有 1.97% 的董事席位。[1]

在近现代公司法所构建的公司权力结构中,"股东本位"思想尤为浓厚,公司立法则普遍注意规定公司中股东的权限,特别是体现股东意志的股东会的权力,而董事会成了股东大会决议的消极的、机械的执行者。在这种理念支配下,一直到 20 世纪初,英美的公司法和普通法均不承认董事会拥有独立于股东会的法定权力,董事会执行公司业务决策须完全依照章程授权和股东会的决议。[2] 到了 19 世纪末直至进入 20 世纪,由于公司规模的扩大以及股东的高度分散,公司治理在现实中偏离了股东大会中心主义控权结构这一公司法的最初设计。美国学者伯利(Berle)和米恩斯(Means)将此现象称为"公司所有与经营分离"。[3] 出现这种现象的主要原因在于,"股东大会在组成上具有非同质和偶然性,平时远离业务经营事项,股东大会并非持续运作的机构,而只有花费大量时间和财力才能定期召开,从整体结构上看股东大会不适合参与对股份公司的领导,典型地不能恰当完成业务执行任务"[4]。1937 年德国《股份法》率先废除了股东本位的法律结构,对股东大会和董事会的权限作了重新分配,大大削减了股东会的权限,同时加强了董事会相对于股东会的独立性和经营权限。[5] 现行德国《股份法》进一步确认,股东大会只"对在法律和章程中所规定的特别事项做出决议",而"关于业务经营中的问题,只有在董事会提出要求时,股东大会才能做出决定"。[6]

上述的权限重新分配被称为"股东大会中心主义"到"董事会中心主义"的转变。但必须澄清的是,这种理解有偷换概念的嫌疑。在公司权限的重新分配中,股东大会并没有失去其作为最高权力机关的地位,而只是应现实需要将公司经

---

[1] 参见陈敏:《论投票制度与我国上市公司治理的改进》,载《证券市场导报》2007 年第 2 期。
[2] 参见张开平:《英美公司董事法律制度研究》,法律出版社 1998 年版,第 36 页。
[3] 梁上上:《论股东表决权——以公司控制权争夺为中心展开》,法律出版社 2005 年版,第 18 页。
[4] BGH Urteil vom 26.4.2004—II ZR 155/02.
[5] 参见钱玉林:《股东大会中心主义与董事会中心主义——公司权力结构的变迁及其评价》,载《学术交流》2002 年第 1 期。
[6] BGH Urteil vom 26.4.2004—II ZR 155/02.

营权(业务执行权)让渡给了董事会。董事会虽然获得了法律确认的独立的经营权,但在整体框架内依然受股东大会的控制,董事会并没有成为"无缰的野马",而只是"带线的风筝"。所以,股东大会依旧是权力的中心,董事会成为经营的中心,也就是说,对于公司中的根本性事项,股东大会具有"宪法性"的基本权限,对于业务执行事项,董事会具有不受干涉的自主权。

法律的超前性和预见性是有限的,公司经营模式和经营手段的创新却是无限的。在股东大会和董事会既有的分权框架内,股东的利益可能因董事会采取新的经营模式而遭遇损害。在德国,"法律颁布以后不久,人们就发现列举的股东大会决议事项并没有涵盖所有可能引起公司基本结构改变的事项。另外还有很多事项同样会引起公司结构的变化,例如获得其他企业的相当数量的股份并且又出让这些股份、将企业中的重要组成部分转移给企业的子公司、签订不属于《股份公司法》第291条和第292条管辖的但是与兼并具有同样效果的合同、子公司接受新的股东等情况"[①]。股份公司内部的结构变更措施可能导致股东权利被掏空或弱化的危险,这种危险产生的基础就是所谓的"间接化效应",即通过管辖权的移动稀释股东权。例如企业的经营活动从母公司转移到子公司,母公司股东的权利就遭到弱化,因为子公司的所有股东权都由母公司的董事会来行使。德国《股份公司法》规定了"二重结构"的公司治理模式,即公司股东大会选举产生监事会,监事会再选举产生董事会。股东大会与董事会之间不存在直接的决定关系,但董事会的构成依然反映大股东的意志,董事会更多地也是代表大股东的利益。大股东与小股东的利益期待并不完全相同,小股东基本上是通过其所持有的股票的升值来获取利益,而大股东除了升值利益外,出于其他动机还希望对公司的经营施加更大的影响。在这种背景下,股东权的弱化实际上是剥夺了小股东通过公司股东大会监督公司业务执行情况的途径,而大股东非但不会受股东权弱化影响,反而更多地从中受益。

(三)结构性虚化

我国上市公司的持股分散度较低,大股东持股比例较高,对其行使表决权没有比例限制,除了大股东回避等特殊情形,小股东的表决权在具体表决中发挥不了实际功能,即使小股东积极参与投票,通常也不会对结果产生实质性影响。如果大股东持股比例达到了通过决议的法定要求,实际上表决之前,结果已定。小股东是否参与表决以及如何行使表决权对表决结果已无影响,其表决权仅具有

[①] 〔德〕托马斯·莱塞尔、吕迪格·法伊尔:《德国资合公司法》(第3版),高旭军等译,法律出版社2005年版,第224页。

形式意义，无表决效果。

　　国际上一些立法例对大股东表决权进行了限制，股东所持有的一定比例以上的股份的表决力弱于一般股份。表决权限制主要有两种方式：(1) 以法律或章程直接规定一定比例的持股数，超过该比例的股份实行一股以上一个表决权。例如我国台湾地区的"公司法"第 179 条第 1 项规定，一名股东拥有已发行股份总数的 3％以上者，应以章程限制其表决权。(2) 直接规定表决权行使的上限，超过限额部分的股份不再享有表决权。例如，美国宾夕法尼亚州在 1989 年修改《公司法》时规定，"任何股东不论其持股多少，最后只能享有 20％的表决权"。受其影响，目前美国已有近 30 个州采用类似条款。[①]

　　大股东表决权限制并非防止小股东表决权虚化的良方。首先，大股东在乎的恰恰是对公司的控制权，而控制权的实现又恰恰依赖于表决权。大股东不会因为表决权的限制而放弃追求对公司的控制。为了继续实现对公司的控制，有实力的大股东会通过增持股份来降低其他股东的持股比例，从而以自己受限的表决权依然能够控制公司。所以，限制表决权不一定会弱化大股东对公司的控制，反而会扩大大小股东之间的持股差距。其次，我国上市公司股权结构的特点是国有股一股独大，并且这种局面在短期内不会有质的变化，在这种情况下，如果限制大股东的表决权，有可能危及国有资本的安全。最后，限制大股东表决权本身存在正当性质疑。尽管支持者从善良风俗理论、信义义务理论和股东平等原则等多重视角阐释了限制大股东表决权的法理基础，但限制表决权的正当性还是遭受了强烈的质疑："如果前引所谓美国宾州'任何股东不论其持有多少股份，最多只能享有 20％的投票权'确为事实，则显见的一个结果是，拥有 80％股份的股东与拥有 20％股份的股东享有同等的表决权，即两者各拥有 50％的表决权。于是，由于后者只拥有 20％的剩余索取权，这种投票权与剩余索取权的严重不匹配，无法使股东形成正确的投票激励，从而必然产生懈怠或以别人承担成本为代价的滥权。"[②]

（四）目的性虚化

　　小股东表决权虚化的原因除了前面几种客观因素，亦有小股东主观方面的原因。小股东投资的目的在于短期获利，其对参与企业的经营、管理没有兴趣，本身参与表决的愿望并不高。统计显示，2000 年出席股东大会的股东或代理人

---

　　① 参见徐燕：《公司法原理》，法律出版社 1997 年版，第 234 页。
　　② 罗培新：《公司法学研究的法律经济学含义——以公司表决权规则为中心》，载《法学研究》2006 年第 5 期。

平均为25人,代表股份占公司总股本比例平均值为59.86%,2001年分别为17人、57.72%,2002年分别是12人、55.96%。扣除大股东所持股份,中小股东参加股东大会的比例仅占上市公司股份总数的8.77%至10.79%,换句话说,大部分社会公众股股东放弃了参加股东大会行使表决权的权利。[①] 这种趋势目前仍未改变。本文对深圳证券交易所公布的2012年上市公司股东大会决议的表决情况进行了统计、分析,相应的数据表明小股东股东大会出席率极低。在以现场投票方式进行的4208次股东大会中,出席会议的股东在10人以内的约占70%,而出席股东人数达到50人以上的仅占0.95%,也就是说在大多数情况下,股东大会是极少数大股东的游戏。股东大会决议赞成票比例非常高,将近95%的股东大会决议是以95%以上的高赞成票通过的,其中将近90%的决议是以百分之百赞成票通过的。出席股东大会人数的极低与赞成票比例的极高形成了鲜明的对比,也证明了股东大会是少数人的一致行动,小股东的参与度非常低,对股东大会决议的影响极为有限。

在提高小股东投票率方面,网络投票被寄予厚望,这种便捷的参与方式可以消除现场投票的困难和降低参与的成本。但实际的情况是,网络投票也未能明显改变这种局面。在以现场投票和网络投票并用的1407份决议中,通过网络参加投票的股东在十人以内的占33.48%,网络投票人数在50人和100人之间的占10.31%,100人以上的占13.08%。在赞成票比例方面,赞成票比例在95%以上的占87.85%,其中10.73%的决议是以百分之百赞成票通过的。单从数据上看,似乎网络投票发挥了作用,但这种变化仅是形式上的,对整体投票情况并没有带来质的变化。网络投票并未吸引大量的小股东参与表决,足以说明小股东不行使表决权并非客观上存在困难或因为成本因素,而是他们根本没有投票的主观意愿,参与投票、行使管理权并非其投资的目的,其也不认为这是维护投资利益的有效手段。

表4 现场投票

股东出席情况							
出席股东人数	1—3	4—6	7—10	11—20	21—50	51—100	100以上
会议次数	1006	1165	813	716	288	32	8
占总会议次数(4208)的百分比	23.91%	27.69%	19.32%	17.02%	6.84%	0.76%	0.19%

---

① 参见姜小勇、汝婷婷:《以制度创新激活股东大会》,载《证券市场导报》2003年第11期。

（续表）

表决情况							
赞成票比例	100%	95%≤X<100%	90%≤X<95%	80%≤X<90%	70%≤X<80%	50%<X<70%	X≤50%
会议次数	3751	225	15	9	8	6	14
占总会议次数（4208）的百分比	89.14%	5.35%	0.36%	0.21%	0.19%	0.14%	0.33%

表5　现场和网络并用

股东现场出席情况							
出席股东人数	1—3	4—6	7—10	11—20	21—50	51—100	100以上
会议次数	365	425	301	217	77	16	6
占总会议次数（1407）的百分比	25.94%	30.21%	21.39%	15.42%	5.47%	1.14%	0.43%
股东网络参加情况							
出席股东人数	1—3	4—6	7—10	11—20	21—50	51—100	100以上
会议次数	132	169	170	279	328	145	184
占总会议次数（1407）的百分比	9.38%	12.01%	12.08%	19.83%	23.31%	10.31%	13.08%
表决情况							
赞成票比例	100%	95%≤X<100%	90%≤X<95%	80%≤X<90%	70%≤X<80%	50%<X<70%	X≤50%
会议次数	151	1085	60	55	26	26	4
占总会议次数（1407）的百分比	10.73%	77.11%	4.26%	3.91%	1.85%	1.85%	0.28%

二、表决权的财产价值

小股东表决权严重虚化,这一虚化的权利是否具有财产价值呢？如果表决权属于纯粹的管理参与权,没有财产价值,即使其虚化也不会损害小股东的财产利益。但如果相反,表决权具有财产价值,其虚化将损及小股东的财产利益。

有学者认为,表决权是一种财产权。理由在于,股份公司是盈利性团体,其目的在于满足股东所追求的经济利益,以实现经济利益为中心的自益权为股东权的核心所在,所谓共益权不过是为补助或者确保自益权发挥作用而已,共益权只有在这样的意义下才有存在的价值,因为自益权的财产属性决定了共益权的财产属性。由于表决权是以保障股东之财产利益为内容,其本身具有财产权的性格,因此不能适用与权利人之个性、人格有密切相关之人格权或其行使的有关规定。① 这种观点是在财产权与人格权的比较范畴上认为表决权属于财产权。但反对意见认为,表决权是基于股东地位而享有的权利,与股东身份密切相关,以财产权来概括表决权的性质并不科学;自益权是财产权,并不能推导出作为共益权的表决权也是财产权;虽然表决权是为自益权的实现而设置的,但是表决权也是股东权下一项独立的权利种类,具有独立的自身价值,也具有其独特的性格。② 表决权没有直接的财产内容,不是财产权,从权利行使的目的上,也可以确定表决权的非财产权属性。以权利行使的目的为标准,股东权可以分为财产权、支配与经营权、救济与附属权。其中,支配与经营权指有关公司经营管理方面的权利,如表决权。③

财产权与具有财产价值的权利是两个不同的范畴。以肖像权为例,一种观点认为,"肖像权作为一种具体人格权,本身没有财产内容,但毫无疑问,肖像的利用可以派生出财产利益"④,这种财产利益并非为人的外貌形象本身所产生的,而是其精神利益在商品经济社会中转化的派生的利益;⑤另一种观点认为,"肖像权所维护的利益包括精神利益和财产利益两方面。因此,肖像权的内容不仅应包括精神利益,还应包括由精神利益所派生的财产利益,这是肖像商业利用所带来的应然结果"⑥。虽然两种观点在财产利益是否属于肖像权内容上存在差异,但却都肯定了肖像权具有财产利益。这就意味着,非财产权性质的权利可能蕴含财产性利益。表决权本身不是财产权,但表决权是具有财产价值的权利,是可以影响股份价格的权利。

(一)股份价值中包含表决权的价值

股东基于持有的股份而享有的股东权是一个整体,股份的价值也在于整个

---

① 参见柯芳枝:《公司法专题研究》,台湾大学法律学系法学丛书编辑委员会1976年版,第101页。
② 参见梁上上:《论股东表决权——以公司控制权争夺为中心展开》,法律出版社2005年版,第14页。
③ 参见赵旭东主编:《公司法学》(第二版),高等教育出版社2006年版,第316页。
④ 隋彭生:《论肖像权的客体》,载《中国法学》2005年第1期。
⑤ 参见杨立新、尹艳:《侵害肖像权及其民事责任》,载《法学研究》1994年第1期。
⑥ 张红:《"以营利为目的"与肖像权侵权责任认定——以案例为基础的实证研究》,载《比较法研究》2012年第3期。

股东权,而非股东权中的财产权。股东权利束中的很多权利都具财产价值,只不过这种价值的体现方式不同,有的是直接的,有的是间接的,有的是具体的,有的是抽象的。其中任何一项权利的虚化,都会使作为整体的股东权受损,都会影响股份的价值。在我国的上市公司股权分置改革中,非流通股股东为获得股份流通的权利而向流通股股东支付补偿。股份流通的权利即股东转让股份的权利,这种权利本身并非财产权,但其有无却对股份的价格产生影响,是具有财产价值的权利。

(二) 控制权交易溢价是表决权聚合的价值

学者运用 Hanouna、Sarin 和 Shapiro 提出的方法,以沪深股票市场在 1997—2001 年期间发生的 702 宗股权转让为样本,以控制权交易和小额股权交易的价格差额来估算我国上市公司控制权价值。研究结果显示,我国上市公司的控制权价值平均为 24% 左右,即具有控制权的股份的价值比不具有控制权的股份的价值高出 24%。[①] 另有学者分析了中国公司在 1999—2004 年的股权转让案例,遵循 Barelayand、Holderness 提出的方法来检验中国控制权溢价的存在和收益大小。研究发现,有控制权的股票交易转让价格在中国平均意义上要比非控制权股票的转让价格高 14%。[②] 尽管学者们运用的方法不同、样本不同,得出的控制权溢价率也不同,但却都肯定了我国证券市场控制权交易存在溢价。

在股权集中的情况下,大股东对公司的控制使投票权产生了经济价值,即控制权价值。[③] 从形成的过程来看,表决权聚合为控制权,控制权产生控制价值。控制权的形成虽然受表决机制、股权结构等因素的影响,但这些都是外在的影响因素,而表决权才是控制权的内在基础。控制权是表决权符合一定条件的聚合,控制权交易是一定量的有表决权股份的交易,控制权溢价正是表决权聚合的价值。

(三) 消除复数表决权要对复数表决权股东进行补偿

德国《股份公司法实施法》第 5 条规定,如果股东大会在 2003 年 6 月 1 日之前未能以四分之三的资本多数做出继续保留的决议,复数表决权将消灭;股东大

[①] 参见施东晖:《上市公司控制权价值的实证研究》,载《经济科学》2003 年第 6 期。
[②] 参见蔡志杰、杜巨澜、芮萌:《公司控制权价值:来自中国企业控制权交易案例的证据》,载《世界经济文汇》2008 年第 6 期。
[③] 参见施东晖:《上市公司控制权价值的实证研究》,载《经济科学》2003 年第 6 期。

会也可以主动做出消除复数表决权的决议。复数表决权消灭或消除时,公司要向复数表决权股东支付补偿,确定补偿时要考虑复数表决权的特殊价值。复数表决权消灭时,股东可以通过诉讼请求支付补偿,消除复数表决权时股东大会要一并就补偿做出决议。反对决议的股东不能以消除复数表决权的决议或补偿不适当为由申请撤销决议,而只能请求法院确定适当的补偿。

为了确定补偿额,就要计算复数表决权的价值,这无疑是一个全新的问题,因为以前从未单独地考虑表决权的价值。尽管理论上关于复数表决权是否具有财产价值存在争论,但《股份公司法实施法》的规定以复数表决权拥有可得补偿的价值为基础,立法者也因此在特定情况下原则上认可了复数表决权具有财产价值。通过复数表决权所表现出来的额外的表决力原则上拥有财产价值。[1]

(四) 无表决权优先股转换为普通股时通常要支付差价

无表决权优先股的交易价格通常低于普通股的交易价格。在1958年到1998年的四十余年间,德国股份公司普通股的价格比无表决权优先股的价格平均高出17.2%。这也不是德国特有的现象,很多国家都存在表决权较小的股份交易价格相对较低的情况。[2] 学者通过对美国上市公司不同投票权股票的价差进行研究,发现美国上市公司的投票权股票相对于无投票权股票,可以取得约3.02%的控制权溢价收益;通过研究米兰证券交易所上市公司的投票权股票相对于无投票权股票的转让溢价,发现意大利公司控制权的隐性收益约为公司股票市价的16%到37%。[3] 在德国的实践当中,无表决权优先股转换为普通股时要求优先股股东支付"转换金",金额为两种股份在证券市场上的价格差。这种实践并没有法律上依据,在德国1965年《股份公司法》的立法者看来,优先股无须支付"转换金"即可转换为普通股。但科隆高等法院在Metro判决中已经认可优先股转换为普通股时优先股股东必须支付"转换金"。[4] 无表决权优先股与普通股之间存在价格差现象被认为是证明表决权具有财产价值的有力证据。[5]

---

[1] Schultz, Der Ausgleichsanspruch für erloschene und beseitigte Mehrstimmrechte gem. §5 III EGAktG, NGZ 2002.

[2] Arnold, Entschaedigung von Mehrstimmrechten nach §5 EGAktG, DStR 2003.

[3] 参见叶康涛:《公司控制权的隐性收益——来自中国非流通股转市场的研究》,载《经济科学》2003年第5期。

[4] Altmeppen, Umwangdlung von Vorzugsaktien in Stammaktien gegen Zuzahlung, NGZ 2005.

[5] Arnold, Entschaedigung von Mehrstimmrechten nach §5 EGAktG, DStR 2003.

（五）表决权可以有偿征集

一般认为，购买委托书违反了公共政策（Public Policy），引诱股东为蝇头小利而出卖投票权，不利于股东权利意识的培养，反而为恶意股东干扰公司运营提供了便利。[①] 基于此，多数立法例都认为表决权的有偿征集行为本身是违法的，断然禁止。但美国特拉华州大法官法庭没有"一刀切"，在 Schreiber 案件中，法庭认为早先的司法判例基于委托书有偿征集与公共政策相冲突，总体上否定了委托书有偿征集的合法性。然而，以往的案例仅仅强调了委托书有偿征集与公共政策相冲突，但是除了明显的欺诈以外，并未说明其他原因。在 Schreiber 案中，法院归纳了司法案例中认定委托书有偿征集无效的两项理由：其一，如果委托书的有偿征集是为了欺诈或者是为了剥夺其他股东的投票权，则该委托书的有偿征集是无效的；其二，基于公共政策应当认定委托书的有偿征集无效。法院在阐述判断委托书有偿征集是否合法的适当标准时，认可了前述第一项理由，即如果委托书的有偿征集是为了欺诈或者是为了在一定程度上剥夺其他股东的投票权，则该委托书有偿征集是无效的。如果委托书的有偿征集不存在欺诈或者剥夺其他股东的投票权的情形，待决事项也不存在丧失公平性的情形，而仅仅是因为委托书的有偿征集极易被滥用，就认定其无效，这似乎与特拉华州《普通公司法》第 218 条（c）款有关股东投票权协议有效的规定相冲突。就上述第二项理由而言，Schreiber 案法院认为，基于公共政策的原因认定委托书有偿征集无效，随着股份公司的演变，已不切合现代上市公司股权分散化的实际情况。[②] 由此可见，表决权有偿征集行为本身并非被禁止的对象，排除被滥用的情形，表决权是可以有偿征集的。

表决权具有财产价值，其理论基础在于：首先，单个表决权是管理参与权，但表决权一定量的聚合就成为能够产生额外利益的控制权或否决权；其次，表决权是公司控制权争夺的工具，在控制权争夺中，股份价值的上升是表决权价值的外化；最后，公司决议采取多数决形式，表决权存在比例性稀缺，这种稀缺性使其产生财产价值。

[①] 参见罗培新：《股东会委托书征求制度比较研究》，载《法律科学》1999 年第 3 期。
[②] 参见范黎红：《论上市公司委托书征集的法律规制》，厦门大学 2003 年博士学位论文。

三、优先股：应对虚化的权益设计

表决权中蕴含了财产价值,这也就意味着,表决权并非无偿附赠的,而是在股份的交易价格中占有一定的份额。表决权对于小股东而言是一项其并不行使的、虚化的权利,但却必须"捆绑购买",小股东支付了超出实际权益的多余成本。同时,小股东虽然拥有表决权,但这种表决权并没有维护其所期待的投资收益,小股东不得不承受被表决权正当化的"有收益不分配"。在这种情况下,优先股的权益设计恰恰符合小股东的利益诉求和权利状态。

(一) 优先股之合目的性

在法律上,小股东所持之股份与大股东所持之股份具有相同的权益构成,但事实上,小股东因表决权的虚化而在整体权益上受损。为了避免小股东权益受损,有防阻与弥补两种路径可以选择。第一种路径是强化小股东的表决权,以网络投票、定足数要求、大股东表决权限制等制度安排提高小股东行使表决权的积极性、便利性和重要性。我们不排除这些制度措施在一定程度上使小股东表决权虚化现象得以改善,但这种努力并不一定符合小股东的核心利益,小股东往往并不在意自己的表决权是否行使以及行使的效果,而是更多地关心自己的投资能够获得多少直接的利益回报。第二种路径是接受小股东表决权虚化的事实,不再纠结于如何强化小股东的表决权,而是寻求以其他更符合小股东目的的方式补偿其因表决权虚化而遭受之损害。小股东与其形式享有已经虚化的权利,不如果断舍弃,换取其他优先权利。但不能简单地通过降低交易价格来消除表决权,而必须有相应的权利补充进权益体系。行使表决权是保护股东权益的重要途径,如果丧失表决权,必须有其他方式可以消除或缓解因此对股东权益造成的影响。

优先股的典型特征在于除特殊情况无表决权以及收益分配和剩余财产分配的优先。这种权益构成恰恰符合小股东的利益诉求:(1) 通常情况下,小股东对于表决权没有兴趣,某种程度上可以说是多余的权利,从不行使表决权到不享有表决权,只是权益构成趋同事实状态,对小股东权益没有实质影响。除非在特殊情况下,公司的决议事项可能直接影响到优先股股东权益时,小股东才对此类事项享有表决权。由于此类事项于己直接相关,行使表决权具有内在动力,此时的表决权不仅是维护权益所必要,也将被小股东实际享有和行使。(2) 收益分红是小股东获得投资收益的重要方式,但我国上市公司却显得特别"抠",被形象地称为"铁公鸡"。收益分配方案是股东大会决议决定的,小股东作为享有表决权的普通股股东,既无力促进分配,也没有其他救济途径。但在优先股中,"强制分红"成为可能,只要公司有利润就必须向无表决权的优先股股东分红。至于优先股分红之后普通股是否分红,由普通股股东以股东大会决议确定。(3) 广大的散户股东以自己的工薪收入、积蓄进行证券投资,承受风险的能力非常有限。与普通股股东相比,优先股股东拥有剩余财产分配优先权,这种优先权使得优先股股东在公司破产等极端情况下,仍有可能收回投资,符合小股东低风险投资的偏好。

(二) 累积性股息的法律性质

优先分红权是在有利可分并决定分红的情况下,相对于普通股的优先权。优先分红权包含分红权和优先权两部分内容,即优先股股东首先有从公司获得分红的权利,并且该权利优先于普通股股东的同类权利。但有利可分并不意味着有利必分,"优先红利仍旧是红利,从而董事会可以不进行任何分红,包括普通股和优先股,并且这样的决定根本不取决于公司是否盈利。董事会可以无限期推迟优先股红利,如果董事会也愿意放弃对普通股分配红利的话"[①]。

在无利可分或有利不分的情况下,可累积优先股的股息累积到下一年。关于累积性股息的性质,美国学者认为:"未支付累积性红利并不是公司的债务,而是对公司将来的分配所享有的持续优先权。"[②]德国法院却将其视为最后一级的债权。在联邦最高法院审理的一则案例中,原告是被告股份公司的优先股股东,在针对被告的破产程序启动后,债权人会议决定对被告进行重整,重整的核心是免除部分债务并发行新股融资。重整方案获得破产法院通过后,被告通告称优先股股东要求支付剩余未支付的优先股股息的权利和已经恢复的表决权消灭。杜塞尔多夫高等法院认为,原告享有的支付请求权没有消灭,因为该项权利不属于《破产法》第 227 条第 1 款所规定的剩余债务免除,该款规定仅针对破产债权人,但优先股股东不是破产债权人。优先股股东要求支付累积性股息的权利在股东大会就利润使用作出决议之前仅为优先股的非独立组成部分。德国联邦最高法院认为,在股份公司的破产重整程序中,优先股股东要求支付未给付的累积性股息的非独立请求权将被视为最后一级的破产债权人的债权。如果在破产方

---

① 〔美〕罗伯特·W. 汉密尔顿:《美国公司法》(第 5 版),齐东祥组织翻译,法律出版社 2008 年版,第 156 页。
② 同上。

案中没有特殊规定，随着破产方案的具有法律效力的确认，该请求权消灭。[1]

英国法院则认为，若细则没有明确规定，则在公司清算时不得支付所拖欠的优先股股息，已宣布分配该股息的除外。即使细则所规定的股息在清算日到期，也是如此，因为只有经过宣告，股息才算到期。若细则确实规定要支付所拖欠的股息，即使清偿公司债务之后的剩余资产并未包含任何未分配利润，亦可从这些资产中支付。因此，在这种情况下，股息不得以公司资本支付的一般规定不应适用。但是，除非有具体条款作这种规定，被拖欠的股息的权利自清算之日停止。[2]

我国《国务院关于开展优先股试点的指导意见》规定，公司因解散、破产等原因进行清算时，公司财产在按照公司法和破产法有关规定进行清偿后的剩余财产，应当优先向优先股股东支付未派发的股息和公司章程约定的清算金额，不足以支付的按照优先股股东持股比例分配。这里并没有说明剩余财产是否包含未分派利润，如果包含未分派利润，当然应当向优先股股东进行分配。但如果剩余财产并未包含未分派利润，此时向优先股股东支付股息，就是将优先股股息视为对公司的一种债权。

优先分红权是优先股股东享有的股东权利，但其在一定条件下又表现出债权的特点。其一，在固定股息率的情况下，可分得的股息数额具有确定性；其二，对于累积优先股，公司未能支付的股息累积到以后年度，具有明显的"欠债"的特点；其三，在法律或公司章程规定有利必分的情况下，公司必须向优先股股东分配股息、形成独立的分配之债具有确定性。

关于未支付的累积性股息的性质不能一概而论。对于公司无利可分而形成的未支付股息，虽然可以累积到以后的年度，却不宜确定为债权。但对于公司有利不分而形成的未支付股息，应当认定为债权。首先，在有盈利的情况下，本应向优先股股东分配股息，如果公司决定不分配，实际上就形成了对股东的借款。如果在有盈利的情况下也不认定为债权，就可能在优先股股东与普通股股东之间产生财富转移效果。因为在资产的减计上利润先于资本，在未分配利润范围内由消耗资本变成了消耗利润，公司清算时可能已经消耗了以前的利润，无法再支付优先股股息。未分配给优先股股东的股息从利润变成了资本，在清算时作为剩余财产转移到普通股股东。其次，从企业重整中未支付股息的地位和处置

---

[1] BGH, Urteil vom 15. April 2010-IX ZR 188/09.
[2] 参见〔英〕丹尼斯·吉南：《公司法》（原著第十二版），朱羿锟等译，法律出版社2005年版，第112页。

来看,其也应界定为债权。鉴于公司股东和普通债权人在公司法律关系中的角色差异,无论如何股息都要劣后于普通债权,在重整程序中,普通债权会有一定比例的免除,股东的股息自然要作为免除的对象,未支付的股息也就成为一种债权。

(三) 表决权恢复的功能局限与克服

优先股股东通常情况下无表决权,但在法定或公司章程规定的特殊情形下,其表决权恢复。在表决权恢复的情形中[①],未能全额支付优先股股息是最为典型的表决权恢复原因。德国《股份公司法》规定,如果某一年度未能或未能全额向优先股股东支付股息,并且在下一年度全额支付当年股息后未能支付上年之欠额,则优先股股东恢复表决权,直至付清余欠股息。《法国商法》亦有类似规定,即如三个会计年度所欠的优先股股息未得到全额支付,相应股票的持有人可以按照这些股份所代表的资本份额比例,获得与其他股东权益相等的表决权。恢复的表决权直至优先股股息得到全额支付的会计年度结束均告存在,包括以前会计年度拖欠的优先股股息。[②]

表决权恢复的目的在于维护未能获得股息支付的优先股股东权益,但其作用机制是间接的。首先,优先股股东之所以购买无表决权优先股,而非普通股,原因就在于其并不在乎表决权,再期望通过恢复表决权来维护优先股股东权益,显然存在矛盾;其次,如果期望通过恢复优先股股东的表决权来影响股东大会关于利润分配的决议,也存在客观困难。一般而言,优先股发行存在比例限制,优先股股东表决力无法超过普通股股东;最后,表决权恢复所维护的利益面向未来,而对于已经产生的损害无能为力。但如果公司存在潜在的控制权争夺,表决权恢复可能带来为改变现有的表决权分布格局而进行的表决权竞逐,公司控制权可能发生变动,即使没有发生变动,控制股东也要为控制地位的维持付出额外的成本。控制股东为了防止形成这种不利局面,必不希望优先股表决权恢复,不得不促使公司按约支付优先股股息。由此看来,表决权恢复对优先股股东的保

---

① (1) 章程所确定的剥夺表决权期限届满。"有关表决权的安排可以有确定的期限或者无确定的期限。表决权可以在确定的期限内或者不确定的期限内暂时中止行使或者取消。"(《法国公司法典》,罗结珍译,中国法制出版社 2007 年版,第 261 页)(2) 无表决权优先股之优先权被剥夺。德国《股份公司法》规定,如果优先股被排除,则该股份恢复表决权。(3) 未能全额支付优先股股息。(4) 公司作出不予优先分配股息之决议。《韩国商法》第 370 条规定,无表决权股东自决议不予以章程中规定的优先分派的大会的下次大会至决议予以优先分派之大会结束止,有表决权(《韩国商法》,吴日焕译,中国政法大学出版社 1999 年版,第 80 页)。

② 参见《法国公司法典》,罗结珍译,中国法制出版社 2007 年版,第 278 页。

护是一种间接作用机制，与其说是对优先股股东的保护，不如说是对大股东的威胁。

在表决权恢复无法有效维护优先股股东权益的情况下，必须寻找其他的路径。在董事会中心主义的框架下，"如果在特定时间内不对优先股分红，很多公司都授权优先股股东选择一定数量董事的权利。此时，优先股股东的表决是独立于普通股股东的"[①]。在股东大会中心主义模式下，分红权掌握在普通股股东手里，优先股股东无可奈何。对于可累积优先股，公司也可能拖延支付股息，因为无论当年支付还是拖延支付，公司支付给优先股股东的股息是确定的，不会因拖延支付而增加，这样拖延支付股息就成为公司的无息借款。所以，为维护优先股股东利益，在公司决定"有收益不分配"的情形下，应当对拖延支付的股息计算利息，这与将未支付股息界定为债权相一致。

如果法律或公司章程规定有利必分，优先权已经变成强制分红权。《国务院关于开展优先股试点的指导意见》规定，公开发行优先股的，要在章程中规定优先股股息可以累积，并且有利必分。但对于非公开发行股份没有强制性要求，公司自行决定是否累积以及是否强制分红。这种情况下有可能出现恶意侵害优先股股东权益的情况。如果公司章程规定，优先股股息不可累积，并且不实行强制分红，普通股股东大会连续两年决定不分红，则优先股股东表决权恢复，但由于股息不可累积，对于前两年，其没有表决权，在公司盈利的情况下也未得到任何股息，这对于优先股股东极不公平。为了防止发生这种情况，如果优先股股息不可累积，则必须强制分红，即有利必分。

（四）可转换优先股之转换权

可转换优先股是在一定条件下可以转换为普通股或其他种类的优先股的股份。关于转换权的配置有"股东专有"和"单方享有"两种模式。在"股东专有"模式下，只有优先股股东享有股份转换权。"转换股份是根据股东的请求转换的。尽管根据章程之规定，可以发行因一定期限的到来或条件成熟而自动转换为其他种类股份的股份，但这并不是商法上的转换股份。一般认为，不得发行公司持有转换权的股份，即使认可也不是商法上的转换股份。"[②]在"单方享有"模式下，公司章程规定股份转换权由优先股股东享有或公司享有。我国目前采取的就是

[①]〔美〕罗伯特·W.汉密尔顿：《美国公司法》（第5版），齐东祥组织翻译，法律出版社2008年版，第156页。

[②]〔韩〕李哲松：《韩国公司法》，吴日焕译，中国政法大学出版社2000年版，第213页。

这种模式,即"公司可以在公司章程中规定优先股转换为普通股、发行人回购优先股的条件、价格和比例。转换选择权或回购选择权可规定由发行人或优先股股东行使"[1]。两种模式的区别就在于公司是否可以享有转换权。本文认为,公司不应当享有股份转换权:其一,优先股制度本身以优先股股东权益为本位,为公司设定转换权并不妥当。可转换性并非优先股固有的权益特征,本身独立于优先股的权利构成,优先股股东因盈余分配和剩余财产分配的优先性而遭受限制的权利仅为表决权,如果公司享有转换权,相当于为优先股股东设定了一项义务,但其没有因为该项义务获得其他权利。其二,公司享有股份转换权与类别权变动原则冲突。依附于类别股份上的类别权须经类别股东同意方可变更,这是类别权变动的基本原则,该原则具有充分的正当性基础并为各国立法所遵循。优先股转换为普通股或其他类型的优先股无疑是明显的类别权变更,只有征得优先股股东的同意方可为之。但如果允许公司享有股份转换权,就意味着公司可以不经优先股股东同意而决定将优先股转换为普通股或其他种类的优先股,这与类别权的变动原则冲突。其三,公司享有转换权不符合优先股的利益侧重。出于自利,权利人在对己有利的情况下才会行使权利,如果公司享有转换权,也一定在对其有利的情况下才会行使该权利。但对公司有利不一定对优先股股东有利,并且很可能有害。当可转换特别股的市价远高于转换价格,也就是选择溢酬(option premium)为正时,公司会提出强迫性的转换,财富移转效果会从特别股股东移转到普通股股东身上。[2] 其四,不符合优先股股东之目的。通常情况下,优先股股东之所以购买优先股就是因为其并不在意表决权,而是希望优先获得分红,在这种情况下,优先股股东并不希望转换为普通股。如果将转换权赋予公司,转换权的行使可能违背股东购买优先股的初衷。

四、结　　语

优先股制度是公司法中的一项具有重要意义的制度设计,我国目前正在探索、试点引进优先股制度,这就需要我们从多维的视角观察、解读、分析该项制度的应用价值与理论基础,建构出既符合公司法理论又满足现实需要的优先股制度。

---

[1]《国务院关于开展优先股试点的指导意见》第4条。
[2] 参见李铭章:《可转换特别股转换对系统风险影响之研究》,http://www.doc88.com/p-746686876442.html,2022年5月30日访问。

论股东本位

——阿里巴巴公司"合伙人"制度引发的思考

周 珺

【内容摘要】 阿里巴巴公司以"合伙人"架构在海外上市,这成为业界关注的一个焦点。"合伙人"制度其实涉及公司法中一个长久争论的话题,即公司法是否应当奉行股东本位的理念。无论是检视法律逻辑,还是考察实际功效,股东本位均优于其他可选项。为此,我国公司法应坚守股东本位,这主要包括两个方面的内容:一方面,公司应将股东利益最大化作为目标,而不是将利益相关者利益最大化作为目标;另一方面,公司控制权应由股东掌握,而不是归属于管理层或利益相关者。

【关键词】 股东本位 利益相关者 公司治理 合伙人制度

2014年,阿里巴巴公司以"合伙人"架构在海外上市引发了社会广泛的关注[1],也激起了业界热烈的讨论。就法律层面而言,"合伙人"制度其实涉及公司法中一个全局性的、根本性的问题,也即公司法是否应当奉行股东本位(shareholder primacy)的理念。换言之,公司的目标是否应是实现股东利益的最大化,公司的控制权是否应归属于股东。本文拟以阿里巴巴公司"合伙人"制度为切入点,对股东本位相关问题进行介绍、梳理和分析,并在此基础上就我国公司法律制度的完善提出一些建议。

---

[1] 本文所说的"合伙人"制度是指阿里巴巴公司创设的一种特有的公司治理机制,与一般意义上的合伙人制度(如《合伙企业法》中所确立的合伙人制度)截然不同。

一、阿里巴巴公司"合伙人"制度产生的争议

自2013年9月开始,阿里巴巴公司的"合伙人"制度就不时见诸报端,但直至2014年5月6日阿里巴巴公司向美国证券交易委员会(SEC)提交招股说明书[1],该项制度才正式露出"庐山真面目"。基于招股说明书的记载并结合相关新闻报道,我们可将阿里巴巴公司"合伙人"制度的核心内容作如下归纳:(1)"合伙人"从公司(包括关联公司、附属公司)的管理人员中选拔,由"合伙人"组成公司的核心管理团队。[2] (2)新的"合伙人"由现任"合伙人"一人一票选出,获得75%以上的同意票始得当选。(3)"合伙人"享有提名公司半数以上董事的专属权利。若"合伙人"对某一董事的提名未获股东大会通过,则"合伙人"有权任命一名临时董事暂行董事权利(无须经股东大会表决通过),待下一年股东大会召开时,"合伙人"再提名一名新的董事候选人。(4)若要取消或变更"合伙人"提名半数以上董事的权利,必须经出席股东大会的股东所持表决权的95%以上通过。

至于为何要推行"合伙人"制度,阿里巴巴方面做了许多解释,譬如"确保阿里创新不断,组织更加完善,在未来的市场中更加灵活,更有竞争力""弥补目前资本市场短期逐利趋势对企业长远发展的干扰,给所有股东更好的长期回报""使阿里巴巴从一个有组织的商业公司,变成一个有生态思想的社会企业"等等。[3] 然而,无论阿里巴巴公司如何阐释其动机、目的,都无法回避一个客观事实,"合伙人"享有的提名半数以上董事的权利将使得公司现有的管理团队能够获取上市后公司的控制权。这是因为,在上市公司中董事会是公司运行的中枢机构,若"合伙人"能够决定董事会的多数成员[4],也就意味着"合伙人"在某种程

---

[1] 有关该招股说明书的内容可查询如下网址:http://www.sec.gov/Archives/edgar/data/1577552/000119312514184994/0001193125-14-184994-index.htm,2014年5月10日访问。

[2] 根据2014年9月5日阿里巴巴公司向美国证券交易委员会提交的招股说明书更新文件,公司共有30位"合伙人",其中24位来自阿里巴巴公司,5位来自阿里小微金融服务集团,还有1位来自菜鸟网络科技公司。

[3] 参见阿里巴巴公司董事局主席马云于2013年9月10日发送的一封内部邮件,资料来源:http://tech.hexun.com/2013-09-10/157891767.html?from=rss,2014年12月1日访问。

[4] 按照阿里巴巴公司的解释,合伙人享有的只是董事提名权,合伙人对董事的提名仍然需要股东大会表决通过。但实际上,合伙人所享有的提名权在很大程度上可以直接决定董事的人选:其一,一般而言,上市公司的股权结构高度分散,很多股东根本不参加股东大会,即便是那些参加股东大会的股东,通常也不会对相关议案提出实质性反对意见,这就使得合伙人关于董事的提名很容易在股东大会获得通过;其二,根据阿里巴巴公司的方案,即便合伙人的提名未获股东大会通过,合伙人还有权提名新的董事,直至被股东大会通过。

度上取得了公司的控制权。从这个意义上说,阿里巴巴公司提出的"合伙人"架构与传统公司法所奉行的股东本位的理念是有所冲突的。按照股东本位的理念,董事会成员应由股东决定,股东通过提名、选举、更换董事会成员进而实现对董事会乃至对公司的控制。阿里巴巴公司推行"合伙人"制度实际上是将公司的控制权从股东手中转移到公司的合伙人(也即公司现有的管理团队)手中。该项制度之所以备受争议,为一些国家(地区)的证券市场所不容[1],其理由也正在于此。

当然,不能仅仅因为"合伙人"制度不符合股东本位的传统观念就将其否定。公司法律制度从来就不是一成不变的,而是应当与时俱进、不断创新,何况股东本位理念本身已经受到了越来越多的质疑和挑战。一般认为,股东本位主要包括两方面的内容:一是公司应当以实现股东利益最大化作为目标,二是公司的控制权最终应由股东掌握。[2] 前者主要着眼于公司治理的目的,后者主要着眼于公司治理的手段,二者相互配合,以构建良好的公司治理机制。然而,如今这两个方面都遭到了学界的批评。关于公司的目标,许多学者指出,公司并非仅仅为股东服务,而是应当为公司的全体利益相关者谋取利益。关于公司控制权的归属,有学者指出,公司控制权应属于管理层;还有学者指出,公司控制权应属于利益相关者。这些批评意见所带来的一个无法回避的问题是:公司法是否应当继续坚守股东本位的理念?对此,下文将从公司的目标和公司控制权的归属两个方面展开讨论。

二、公司的目标

(一) 两种观点的对立

自然人具有民事主体资格,"系本诸人的伦理性"[3],但公司获取民事主体资格,是一种法律技术的产物,公司本身并非法律制度的目的,而是实现某种目的的手段。如何定位公司的目标,是公司法中一个基础性问题,在相当程度上能够决定公司法的价值取向和制度构造。

---

[1] 阿里巴巴公司曾打算在香港上市,但由于香港的证券监管机构不接受合伙人架构,阿里巴巴公司只好放弃。参见刘夏:《阿里巴巴放弃在香港上市》,载《新京报》2013年10月11日。

[2] See Stephen M. Bainbridge, Director Primacy: The Means and Ends of Corporate Governance, *Northwestern University Law Review*, Vol. 97, No. 2, 2003.

[3] 王泽鉴:《民法总则》(增订版),中国政法大学出版社2001年版,第148页。

传统观点认为,公司法应贯彻股东本位的理念,应当以实现股东利益最大化作为目标。① 这种观点曾经在相当长一个历史时期内得到了绝大多数学者的认可,成为讨论公司法许多问题的逻辑基点。② 然而,随着利益相关者理论(stakeholder theory)的兴起,公司应以实现股东利益最大化为目标的传统见解受到了越来越多的质疑和挑战。利益相关者理论的基本结论是,公司不仅仅是为股东服务,公司的目标应当是为全体利益相关者(包括股东、职工、消费者、供应商、经销商、贷款人,甚至社区、政府、环境等)谋取利益。③

归纳而言,股东利益最大化理论和利益相关者理论主要存在如下区别:(1)前者通常认为公司是由股东组成的,只有股东才是公司的成员;后者认为凡是能够影响公司行为或被公司行为影响的人都属于利益相关者,所有的利益相关者对于公司的运作和成功都起着至关重要、不可或缺的作用。(2)前者认为公司的目标是实现股东利益最大化,公司决策时股东利益应当放在最优先、最重要的位置考虑和关照;后者认为公司的目标是实现利益相关者利益最大化,全体利益相关者应当受到平等对待,公司在决策时必须注意协调、平衡各方利益,不能将某一群体的利益凌驾于其他群体的利益之上。(3)前者认为公司董事对于股东负有信义义务,当董事违反对股东的信义义务时,股东可直接追究董事的责任,但董事对于其他利益相关者不承担信义义务,其他利益相关者原则上不能直接追究董事的责任;后者一般认为公司董事不仅对股东,而且对全体利益相关者负有信义义务,若董事违反了信义义务,相关利益相关者有权直接追究董事的责任。(4)前者认为公司是一种商业组织,追求的是利润最大化;后者认为公司不仅仅是一种商业组织,也要承担一定的公共职能,服务于一定的社会利益。④

(二) 我国公司法的选择

利益相关者理论引入我国后,受到了许多人的青睐⑤,甚至有后来居上,成为主流观点之势。与之形成鲜明对照的是,股东利益最大化理论在多数情况下

---

① 为方便起见,我们可将这种观点称为股东利益最大化理论。
② See Matthew T. Bodie, AOL Time Warner and the False God of Shareholder Primacy, *The Journal of Corporation Law*, Vol. 31, 2006.
③ See Andrew Keay, Stakeholder Theory in Corporate Law: Has It Got What It Takes?, *Richmond Journal of Global Law & Business*, Vol. 9, No. 3, 2010.
④ See Jill E. Fisch, Measuring Efficiency in Corporate Law: The Role of Shareholder Primacy, *The Journal of Corporation Law*, Vol. 31, 2006.
⑤ 马云在许多场合都讲到:"客户第一、职工第二、股东第三。"这种观念其实也是利益相关者理论的一种体现。

被看作已过时的传统学说,成为反思和批判的对象。[①] 从表象来看,股东利益最大化理论将公司目标锁定于股东利益,确有过于狭隘之嫌,而利益相关者理论主张兼顾、平衡各方利益,似乎更为周全。但仔细分析,却未必如此。在我们看来,公司法仍应坚持股东利益最大化理论,而非采纳利益相关者理论。对此,可从法学逻辑和经济效率两个方面予以展开。

1. 法学逻辑

无论是在大陆法系,还是在英美法系,基于公司法的基本法理,都可合乎逻辑地推导出股东利益最大化理论。在大陆法系,学界通常认为公司具有两大属性:其一,社团性。法人有社团法人与财团法人之分。社团法人是人的集合体,其成立基础在人。一般认为,公司属于社团法人,股东是其社员。其二,营利性。法人有营利法人与公益法人之分。所谓营利法人,是指"以取得营利并分配给其成员(社员)为活动目的的法人"[②],或者说"是以分配其经营获得的经济利益给社员为目的的法人"[③]。一般认为,公司属于营利法人,其目的就是取得利润并分配给其社员。结合公司的这两大属性,我们自然可以得出结论:公司以获取经济利益并将其分配给股东为目的,而这正是股东利益最大化理论的本质含义。在英美法系,学界习惯于以代理理论或信托理论来解释股东与公司管理层的关系。按照这种理论,股东是公司的所有人,但股东无精力或无能力管理公司,便聘任董事、经理来管理公司,双方之间存在一种代理关系或信托关系。如果说股东是被代理人,那么董事、经理就是其代理人;如果说股东是委托人、受益人,那么董事、经理就是其受托人。基于代理人或受托人的身份,董事、经理在管理公司时自然要以实现股东利益最大化为目标。[④]

反观利益相关者理论,其在法理上是缺乏说服力的。利益相关者理论的基本思路是:公司的存在、发展和成功并非仅仅依赖股东的力量,而是取决于利益相关者的共同努力,与此相适应,公司应将为全体利益相关者谋取利益作为目

---

① 参见陈雪萍:《公司社会责任:利益相关者治理》,载王保树主编:《中国商法年刊(2009):商法视野中的社会责任》,知识产权出版社 2010 年版,第 344 页;彭真明、江华:《论利益相关者理论与公司治理结构》,载《浙江师范大学学报(社会科学版)》2007 年第 2 期;刘黎明、张颂梅:《"利益相关者"公司治理模式探析》,载《西南政法大学学报》2005 年第 2 期;曲冬梅《从股东利益最大化到利益相关者利益最大化——我国公司法研究的一个不可忽视的问题》,载《山东师范大学学报(人文社会科学版)》2002 年第 2 期。

② 马俊驹、余延满:《民法原论》(第四版),法律出版社 2010 年版,第 115 页。

③ 王利明等:《民法学》(第三版),法律出版社 2011 年版,第 62 页。

④ See Andrew Keay, Tackling the Issue of the Corporate Objective: An Analysis of the United Kingdom's 'Enlightened Shareholder Value Approach', *Sydney Law Review*, Vol. 29, 2007.

标,以此来回馈利益相关者。① 实际上,这种推论在逻辑上是存在障碍的。公司的正常运行确实与职工、消费者、银行、政府等利益相关者密不可分,离开这些利益相关者,公司不可能取得成功,甚至根本无法生存。然而,作为公司运行的基本力量是一回事,作为公司运行的目标则是另外一回事。股东之外的利益相关者对公司作出了一定的贡献,与之相匹配,他们可以根据相关法律获得应有的回报。② 既然他们的付出已经取得相应对价,就不应再额外要求公司将这些利益相关者的利益作为追求的目标。根据我们的理解,股东、职工、银行、供应商、经销商、消费者、政府等皆为公司的利益相关者,但他们的地位并不相同;对于股东而言,公司应当积极地提升股东的利益,以股东利益最大化作为目标;对于其他利益相关者而言,公司仅有义务不损害其合法权益,无须将增进他们的利益作为追求的目标。

2. 经济效率

股东利益最大化理论不仅符合法学逻辑,而且在经济上是有效率的,这可从必要性和可行性两个方面进行分析。

(1) 必要性

股东向公司投入资本以获取股权,尽管股权包含的内容十分丰富,但其中的财产性收益是高度不确定的。股东的财产性收益主要包括两个方面,一是股利分配请求权,二是剩余财产分配请求权。就股利分配请求权而言,能否分红、分红多少,与公司经营状况息息相关,如果公司亏损,分红也就无从谈起,即便公司有盈利,股东也未必能够得到分红。就剩余财产分配请求权而言,公司清算后是否有剩余财产、有多少剩余财产,也是受制于公司的经营状况。可见,股东对公司的投资是否能够获得相应的财产性回报,完全取决于具有相当不确定性的公司的经营状况,所谓的股利分配请求权、剩余财产分配请求权在很大程度上仅为抽象的期待权。股东的这种投资风险是难以通过事先签订合同等手段予以化解的,唯有在公司法中践行股东利益最大化理论,确保公司以股东利益最大化作为行为指引,促使公司最大限度地提升股东利益,方能对股东的投资利益提供一定的保障。倘若摒弃股东利益最大化理论,而改采利益相关者理论,势必会在一定程度上抑制民众的投资创业热情,增加企业融资的难度。

就股东之外的其他利益相关者而言,他们的法律地位与股东明显不同,无须

---

① See Marshall M. Magaro, Two Birds, One Stone: Achieving Corporate Social Responsibility Through the Shareholder-Primacy Norm, *Indiana Law Journal*, Vol. 85, No. 3, 2010.

② 例如,根据劳动法,职工有权获取劳动报酬;根据消费者权益保护法,消费者有权要求公司提供合乎要求的商品或服务;根据合同法,银行有权要求公司还本付息;根据税法,政府有权要求公司纳税。

要求公司以利益相关者利益最大化为目标:其一,一般而言,其他利益相关者对公司的财产索取权是明确而固定的,并不取决于公司的经营状况。以职工为例,他们根据与公司签订的劳动合同获取报酬,至于公司是否盈利、盈利多少,原则上对职工报酬的数额没有直接影响。倘若公司亏损,职工仍然有权依据劳动合同要求公司支付相应的报酬,公司不得拒绝支付或迟延支付或不足额支付;倘若公司赚取了巨额利润,除非劳动合同另有约定,职工无权要求增加报酬。其二,通常来说,其他利益相关者对公司的财产索取权在法律效力上优先于股东对公司的财产索取权。就股东的股利分配请求权而言,在公司弥补亏损和提取法定公积金之前,公司不得向股东分配利润;[1]就股东的剩余财产分配请求权而言,公司财产要首先用以满足股东之外的其他利害关系人,最后才能分配给股东(英美法系将此规则称之为"股东最后")。[2] 其三,某些利益相关者能够通过事先的合同安排来规避、转嫁或减小与公司的交易风险。以银行为例,当银行向公司提供贷款时,一般会要求公司提供相应的担保,以确保银行在任何情况下都能够收回贷款本息。

(2) 可行性

其一,与利益相关者理论相比,股东利益最大化理论具有较强的可操作性。股东利益最大化理论要求公司以股东利益最大化为目标,由于这只牵涉股东利益,不涉及其他利害关系人,且股东利益在总体上具有同质性,因此为公司的决策提供了较为明确的指引,也为我们判断公司的行为是否符合股东利益最大化的要求提供了相对清晰的判断标准。与此相对,利益相关者理论要求公司以利益相关者利益最大化为目标,但利益相关者这一概念涵盖的范围非常广泛[3],不同的利益相关者其诉求差别很大,他们的利益通常具有异质性,相互之间甚至会发生较为尖锐的利益冲突。由此带来的问题是,究竟何为利益相关者利益最大化在公司实务中极难把握。例如,某公司经营不善、连年亏损,股东为减少损失,希望解散公司,但职工担心失去工作、政府担心影响当地税收和就业,因而均表示反对。在这种情况下,若采纳股东利益最大化理论,当然可以解散公司;但是,若采纳利益相关者理论,如何抉择,必定令决策者左右为难。

---

[1] 我国《公司法》第 166 条第 5 款规定:"股东会、股东大会或者董事会违反前款规定,在公司弥补亏损和提取法定公积金之前向股东分配利润的,股东必须将违反规定分配的利润退还公司。"

[2] 我国《公司法》第 186 条第 2 款规定:"公司财产在分别支付清算费用、职工的工资、社会保险费用和法定补偿金,缴纳所欠税款,清偿公司债务后的剩余财产,有限责任公司按照股东的出资比例分配,股份有限公司按照股东持有的股份比例分配。"

[3] 如果推而广之的话,甚至可以说全球所有人都直接或间接地与任何一个国家的任何一个公司利益相关。参见黄少安主编:《制度经济学》,高等教育出版社 2008 年版,第 159 页。

其二，公司法中贯彻股东利益最大化理论并不是以牺牲其他利害关系人的合法利益为代价，相反，股东利益最大化理论的推行通常有利于保障、强化其他利害关系人的利益。一方面，股东以外的其他利害关系人有权依据法律或合同取得相应的利益，公司法中贯彻股东利益最大化理论，并非以牺牲其他利害关系人的合法利益为代价来增加股东的利益，而是在保障其他利害关系人合法利益的前提和基础下提升股东的利益。例如，股东利益最大化绝不意味着公司可以拖欠职工工资、可以生产假冒伪劣产品、可以违法排污、可以偷逃税款……那种认为股东利益最大化势必以损害他人的合法利益为代价的观点，是对股东利益最大化理论的庸俗化和扭曲。另一方面，在正常的社会环境和成熟的市场机制下，股东利益最大化理论的推行会自发产生良好的社会效果。首先，股东利益最大化的手段是公司为社会提供更好的产品和服务。这是因为，公司要营利、要更多地营利、要在激烈的市场竞争中脱颖而出，最基本和最主要的方式便是向社会提供更好的产品和服务。其次，股东利益最大化的结果通常也有利于其他利益相关者。一般而言，只有公司经营状况良好，才可能实现股东利益最大化，而公司经营状况良好也就意味着公司可能增加用工规模、提高职工工资、及时向银行还本付息、向政府缴纳更多的税款、从事更多的公益事业等。

三、公司控制权的归属

（一）三种不同的模式

公司控制权的归属问题，或者说应由谁来决定公司运行的方向和轨迹，主要存在三种不同的处理模式：(1) 股东控制。在这种模式下，公司的控制权归属于股东，由股东来掌控公司的运行。具体来说，股东控制模式有两种表现形式：一种是股东亲自管理公司，即股东自行担任公司的董事、经理，直接负责企业的运营；另一种是股东并不直接管理公司，而是聘任董事、经理管理公司，但全体股东组成股东会掌握公司最高权力，公司管理层要对股东会负责，接受股东会的领导和监督。总体而言，我国公司法目前采纳的正是股东控制的模式。另外，通说认为，英国公司法也采纳了股东控制的模式。[①] (2) 利益相关者共同控制。在这种模式下，公司控制权归属于利益相关者，由利益相关者共同治理公司。一般认

---

① See Ataollah Rahmani, Shareholder Control and Its Nemesis, *International Company and Commercial Law Review*, Vol. 23, No. 1, 2012.

为,德国公司法采纳的是利益相关者共同控制的模式。根据德国相关法律(主要包括1951年的《煤炭和钢铁工业职工共同决定法》、1976年的《职工共同决定法》、2004年的《三分之一共同决定法》等)的规定,在特定类型的公司中,监事会由股东代表和职工代表共同组成,董事会中也应有职工代表。德国有学者甚至提出,应由股东代表、职工代表和公共利益代表按照2:2:1的比例组成公司新的代表大会,以取代原有的股东大会制度。[1](3) 管理层控制。在这种模式下,公司的控制权归属于董事、经理等管理层。具体而言,管理层控制模式有两种不同的表现形式:一是董事会中心主义,即由董事会掌握公司控制权;二是经理中心主义,即由经理掌握公司控制权。不少学者认为,美国公司法采纳的是管理层控制的模式。[2] 不过,这主要是针对公众公司尤其是上市公司来说的,如果是封闭公司,由于大都由股东自行担任董事或经理,因此仍然属于股东控制。

(二) 我国公司法的选择

前已述及,从总体上看,我国公司法在公司控制权归属问题上采纳的是股东控制的模式,但不少学者对此提出了批评。有学者认为,我国应改变股东治理公司的单边结构,引入多边治理机制,也即利益相关者共同治理公司。[3] 也有学者认为,在股东会与董事会职权划分问题上,我国公司法应摒弃"股东会中心主义",改采"董事会中心主义"。[4] 在我们看来,股东控制、利益相关者共同控制、管理层控制这三种模式各有利弊,但相比较而言,股东控制模式是更为妥当的选择。

1. 利益相关者共同控制模式的弊端

利益相关者共同控制模式最主要的弊端在于,该模式将导致公司难以科学、及时地作出相关决策。利益相关者的利益具有典型的异质性,不同的利益相关者其核心诉求截然不同:股东的诉求是公司利润的最大化;职工的诉求是改善劳

---

[1] 参见〔德〕托马斯·莱塞尔、吕迪格·法伊尔:《德国资合公司法》(第3版),高旭军等译,法律出版社2005年版,第135页。

[2] See Stephen M. Bainbridge, Director Primacy: The Means and Ends of Corporate Governance, *Northwestern University Law Review*, Vol. 97, No. 2, 2003.

[3] 参见彭真明、江华:《论利益相关者理论与公司治理结构》,载《浙江师范大学学报(社会科学版)》2007年第2期;刘黎明、张颂梅:《"利益相关者"公司治理模式探析》,载《西南政法大学学报》2005年第2期。

[4] 参见朱慈蕴、林凯:《公司制度趋同理论检视下的中国公司治理评析》,载《法学研究》2013年第5期。

动条件,提高劳动报酬;消费者的诉求是以更低的价格购买到更好的产品或服务;银行的诉求是确保公司按时还本付息;政府的诉求是公司能够遵纪守法,并创造更多的就业机会,贡献更多的税收……如果让股东、职工、消费者、银行、政府等利益相关者共同治理公司,很难想象公司如何有效作出决策。利益相关者共同控制模式的另一个主要弊端在于,该模式在操作上面临不少棘手的问题。例如,如果公司董事会由各种利益相关者代表共同组成,那么仅在董事会的组成上就至少面临如下难题:(1)哪些利益相关者可以推举代表担任董事。利益相关者的外延十分广泛,董事会中除了股东代表,是否还应有职工代表、银行代表、供应商代表、经销商代表、消费者代表、政府代表呢?(2)各种利益相关者如何推选董事。董事会中的股东代表可由股东会选举产生,职工代表可由职工大会选举产生,但银行代表、供应商代表、经销商代表、消费者代表、政府代表该如何产生呢?(3)董事名额如何分配。究竟是每一种利益相关者推举一名董事,还是按照各种利益相关者对公司贡献的大小来分配董事名额呢?

有学者可能会提出,德国公司法一直实行利益相关者共同控制模式且运行良好,这就证明这种模式具有可行性,可以为我国所借鉴。对此,我们有不同看法:(1)德国公司法的利益相关者共同控制模式源于德国独特的历史文化背景和社会经济环境。[①] 正如有学者所说:"通过让职工代表参与企业的管理,以此来平衡股东和职工的不同利益,这既是立法思想上的一个突破,也是德国法的特色之一。其产生的根源是20世纪时期德国的特殊历史发展。更重要的原因是与其他西方工业国家相比,由于两次世界大战的原因,德国有着很深的社会福利思想根源;另外职工、工会和其他政治组织也愿意以自己的力量承担战后企业和经济的重建工作。"[②] 这也就决定了德国的这种模式很难为其他国家所效仿。从比较法的角度来看,无论是英美法系国家,还是德国之外的其他大陆法系国家,极少会在公司法中采用利益相关者共同控制模式。(2)德国公司法的利益相关者共同控制模式仅仅是股东与职工共同控制,并未涵盖其他利益相关者。换言之,德国公司法并未采纳理想化的利益相关者共同控制模式,除了股东和职工,诸如银行、供应商、经销商、消费者、政府之类的利益相关者并未参与到公司治理中来。(3)即便是股东与职工的共同控制在德国也并非适用于全部公司。以监事会为例,根据德国公司法及相关法律的规定,不同类型的公司之监事会的构成

[①] See Katharine V. Jackson, Towards a Stakeholder-Shareholder Theory of Corporate Governance: A Comparative Analysis, *Hastings Business Law Journal*, Vol. 7, No. 2, 2011.

[②] 〔德〕托马斯·莱塞尔、吕迪格·法伊尔:《德国资合公司法》(第3版),高旭军等译,法律出版社2005年版,第134页。

是不同的,有些公司(职工人数超过2000人)的监事会中应有一半的监事属于职工代表,有些公司(职工人数在500至2000人之间)的监事会中应有三分之一的监事属于职工代表,还有些公司(职工人数少于500人)的监事会中根本无须职工代表。[①]

2. 管理层控制模式的弊端

有学者赞成管理层控制模式,其理由主要在于该模式"适应大型公众公司集权和决策效率的需要","顺应了专业化经营的趋势"。[②] 应当承认,在许多公司中,不是由股东,而是由董事、经理负责公司的日常经营管理。然而,董事、经理管理公司事务并不意味着要认可董事、经理对公司的控制权。倘若管理层掌握了公司控制权,将会诱发巨大的、难以克服的道德风险。管理层的利益与股东的利益并不一致,管理层追求的是获取更高的职位、更多的报酬和更好的福利,而股东追求的是公司利润的最大化。若管理层掌握了公司的控制权,能够不受约束地自行决定公司的运行,那么其在管理公司的过程中就有可能优先考虑自身的利益或者股东之外的第三人的利益,进而导致股东利益受损。以公司收购为例,在有些情况下(如收购方给出的收购价格十分优厚),公司收购对于目标公司的股东非常有利,但目标公司的管理层由于担心公司收购后自己会被调离管理岗位,因此会以维护公司利益的名义采取各种措施抵制收购。在这种情况下,倘若管理层而不是股东掌握公司控制权,那么管理层便可利用公司资源采取各种反收购措施,进而损害到公司股东的利益。

有学者可能会指出,各国公司法普遍规定了公司董事、经理的忠实义务、勤勉义务,这便可以约束其行为,防范道德风险的发生。实际上,这种想法只是一种良好的愿望而已,无论是忠实义务还是勤勉义务都不足以约束管理层的行为:一方面,在许多公司中股东并不负责公司的日常经营管理,管理层违反忠实义务、勤勉义务的行为很难被及时发现;另一方面,在现有的法律框架下,公司或股东要证明管理层违反了忠实义务、勤勉义务面临很大的法律障碍,管理层能够用"经营判断规则"(business judgment rule)之类的理由轻易逃避其责任,法院通常也不太愿意过多介入公司的内部争端。

还有学者可能会指出,美国公司法属于较为典型的管理层控制模式,而且取得了巨大的成就,值得各国学习借鉴。对此,我们有不同看法:(1) 美国公司法

---

① 参见〔德〕格茨·怀克、克里斯蒂娜·温德比西勒:《德国公司法》(第21版),殷盛译,法律出版社2010年版,第508页。

② 参见朱慈蕴、林凯:《公司制度趋同理论检视下的中国公司治理评析》,载《法学研究》2013年第5期。

实行管理层控制模式与该国公司的股权结构密切相关。20世纪上半叶,美国大多数的上市公司并不存在控股股东或大股东,而是由众多的、分散的小股东组成。这些小股东既无心无力管理公司,也难以通过集体行动有效制约公司董事、经理,其结果便是公司控制权落入管理层之手,从而出现了"所有权与控制权的分离"(the separation of ownership from control)。从这个意义上讲,与其说管理层控制模式是美国公司法规定的结果,不如说美国公司法只是承认了既存的事实。(2) 20世纪50年代后,一方面,机构投资者在美国兴起,逐渐成为资本市场中的主导力量;另一方面,管理层控制模式所引发的道德风险日益显现,各种公司丑闻层出不穷。这两个方面的因素结合起来,使得理论界和实务界开始检讨管理层控制模式的必要性和合理性,进而在公司法领域出现了"股东积极主义"(shareholder activism)的潮流,其核心内容便是增加股东在公司治理中的权利,强化对管理层行为的约束。① 就此而言,美国公司法如今是否还属于管理层控制模式是不无疑问的。

3. 股东控制模式的合理性

关于股东控制模式的合理性,可从如下角度进行说明:(1) 公司的性质。公司属于社团法人,而社团法人是以社员大会作为最高的权力机关。在公司中,股东是其社员,股东会作为公司的社员大会,理应在公司中享有最高的和最终的权限,掌握公司的控制权。(2) 公司的目标。公司的目标是实现股东利益的最大化,而实现这一目标的最好的方式便是由股东自己掌握公司控制权,而不是假手他人,因为经济学中的一个基本论断便是每个人都是自身利益的最佳判断者和决策者。反之,如果股东没有掌握公司控制权,那么股东利益最大化很可能就沦为一句空洞的口号。(3) 股东与公司的关系。根据公司法的基本规则,股东是公司第一个承担损失的人,也是公司最后一个分享盈余的人。② 这就意味着股东与公司的利益是高度一致的,将公司控制权交由股东掌握不会引发严重的、不可控的道德风险。(4) 股东与管理层的关系。在不少公司中,股东无心或无力管理公司,便将公司交由董事、经理来管理,董事、经理根据股东会的授权以及公司法和公司章程的规定享有十分广泛的权利。为防范管理层滥用其权利,损害股东利益,必须对管理层的行为进行监督和约束,而监督和约束管理层行为最直接、最有效的方式便是由股东掌握公司控制权。(5) 股东相互之间的关系。股

---

① See Lisa M. Fairfax, The Model Business Corporation Act at Sixty: Shareholders and Their Influence, *Law and Contemporary Problems*, Vol. 74, No. 1, 2011.

② 参见〔英〕保罗·戴维斯:《英国公司法精要》,樊云慧译,法律出版社2007年版,第273页。

东的目标是实现公司利润的最大化,从这个角度来说,股东的利益具有同质性。① 这种同质性就决定了当股东掌握公司控制权时比较容易形成一致意见,可以拥有较高的决策效率。②

四、个案中能否突破股东本位

基于上文的论述可以看出,无论是检视法律逻辑,还是考察实际功效,股东本位均优于其他可选项。为此,我们应在公司法中坚守股东本位的理念,将股东利益最大化作为公司的目标,将公司的控制权归属于股东。

然而,实务中某些公司改革公司治理机制,进而在某些方面突破了股东本位(如阿里巴巴公司的"合伙人"制度),这在法律上是否允许,值得学界认真思考。我们认为,就阿里巴巴公司的"合伙人"制度而言,应区分不同情况进行分析:(1) 封闭公司。若阿里巴巴公司并未公开发行股票,并未上市交易,此时该公司只是一家封闭公司,股东人数不多,股权结构相对集中。在这种情况下,阿里巴巴公司全体股东基于对"合伙人"的充分信任,授权"合伙人"决定公司董事的人选,这属于股东处分自身权利,不会损害第三人的利益或社会公众利益,法律无禁止的必要。(2) 公众公司。若阿里巴巴公司公开发行股票,并在证券交易所上市交易,此时该公司是一家公众公司,股东数量众多,股权结构颇为分散。在这种情况下,为了维护投资者的合法权益,为了保障公司的稳健运行,即便"合伙人"制度能够征得全体股东的同意,法律也应予以禁止,其理由如下:首先,在证券市场上,许多中小投资者并不会阅读公司的招股说明书,即便阅读招股说明书,他们关注的也往往是公司的财务信息,对公司治理机制方面的内容则不感兴趣,这就会导致部分投资者在购买阿里巴巴公司股票时根本未意识到"合伙人"制度的存在,所谓"合伙人"制度能够"征得全体股东的同意"实际上很难成立。其次,纵使投资者阅读了招股说明书,意识到阿里巴巴公司将实施"合伙人"制度,他们也难以科学评估该制度对其权利的真实影响。"合伙人"制度并非源于公司法的明文规定,而是来自特定公司的自主创新,这种新生事物究竟会对公司

---

① See Grant Hayden, Matthew Bodie, Arrow's Theorem and the Exclusive Shareholder Franchise, *Vanderbilt Law Review*, Vol. 62, No. 4, 2009.
② 当然,倘若认为股东相互之间的利益完全一致,不可能发生利益冲突,这是不客观的。当股东掌握公司控制权时,一个可能的弊端是大股东通过"资本多数决"原则独享公司控制权,排挤中小股东参与公司治理,损害中小股东的利益,这是推行股东控制模式时必须慎重对待的一个问题。

的运作、股东的利益造成怎样的影响,无论是中小投资者还是机构投资者都无法在短时间内作出准确的预判。再次,"合伙人"制度构造复杂,无论阿里巴巴公司如何设计,终究会留下若干规则漏洞。一旦该制度在实施过程中遭遇未曾预料的问题,就会为公司的运作带来难以克服的障碍,甚至于形成公司僵局。最后,在上市公司中,由于股东数量众多、股权结构分散,股东对公司的控制力本就比较微弱,倘若实施"合伙人"制度,由"合伙人"而不是股东选任董事,股东也就失去了约束管理层的最基本的法律手段,如此一来,管理层实施背信行为的风险就会显著增加。

美国法中股东提名董事制度研究

伍 坚

【内容摘要】 2003年以来,美国证券与交易委员会就股东提名董事问题陆续发布若干建议规则,并于2010年发布最终规则14a-11,允许股东使用公司委托书提名董事。虽然法院在商业圆桌会议诉证券与交易委员会一案中宣布规则14a-11无效,但该规则的一些具体规定仍可为我国所借鉴。我国公司法应增设股东提名董事制度。在现阶段,应由中国证监会或者沪深证券交易所发布相关规则,对提名股东的资格要件、提名人数的限制以及信息披露义务作出规定。

【关键词】 股东 提名 董事

在公司法中,股东有权选任董事。然而,若董事候选人名单被公司管理层垄断,则股东无论如何投票,最终选出的董事也未必令股东满意。因此,在理论上,股东也应当具有提名董事候选人的权利。自2003年以来,SEC就股东提名董事问题先后发布若干规则,美国法院也作出两个著名判例,引发极大的理论争论。在此,本文对美国的相关立法和司法判例作一细致梳理,以供我国借鉴。

一、股东提名董事制度在美国的发展历程

(一) 传统法制下股东提名权的行使

在美国传统的公众公司法制下,由于"董事会中心主义"的影响,董事提名权主要由董事会掌控,20世纪70年代提名委员会兴起后,董事提名权则主要由提名委员会掌控。股东若要参与董事的提名,可以通过以下两种方式:一是

与提名委员会沟通,提出建议人选;二是在股东大会会议现场提出董事候选人。不过,这两种方式的实际效果并不令人满意。就方式一而言,提名委员会系基于自己的判断提出董事人选,很少接受股东的建议。方式二的缺陷是,在美国公众公司实务中,股东行使表决权大多通过委托书投票或书面投票方式,绝大多数股东不会现场出席股东大会,因此股东现场提名的候选人几无当选的可能。

鉴于股东难以成功提名董事的实际,早在20世纪40年代,SEC就考虑过股东利用委托书参与董事提名,却遭到企业强烈反对而无下文。1977年,SEC表示将以监督提名委员会的发展代替董事候选人提名制度,由此新增一项要求:公司需声明其内部是否设有提名委员会,以及该提名委员会是否会考虑股东所推荐的候选人[①]。到1992年,股东提名权制度的发展出现重大突破,SEC对委托书规则进行了修正,首次允许股东以委托书提名部分董事候选人。例如,假设一次选举中董事席位共五席,股东可就其中两席提出自己的候选人,另外三席则选择管理层提名的候选人。这一规则允许股东进行委托书竞争(proxy contest),其不足之处在于,股东不得在公司委托书中附加自己的董事候选人,只能向其他股东自行发出委托书或由公司代寄,寄送费用也由股东承担。由于成本高昂,除非是公司控制权争夺中,股东很少采取这一方式。

(二) 2003年SEC建议规则及其争议

2000年以后,安然、世界通讯公司等财务丑闻相继爆发,一些股东积极主义者主张应扩大股东在董事提名和选举中的参与程度,以打造一个更负责任的董事会。在此背景下,SEC于2003年10月发布《建议规则:证券持有人提名董事》[②],拟于委托书规则中增订14a-11,允许长期持有公司一定比例股份的股东通过使用公司委托书,以实质性地参与董事提名和选举。在内容上,建议规则包括适用对象、提名权的触发事件、提名股东资格、被提名人资格、提名人数的限制、提名人披露义务六大部分内容。

建议规则发布后在美国引发了激烈的争论,赞成和反对者均大有人在。反对股东提名制度的理由主要有:(1) 股东提名制度的成本将超过收益。对公司一方,付出的成本可能包含委托书内容与披露要求的增加、求助外部专业服务和

---

① SEC Release No. 34-13482, 42 FR 23901(April 28, 1977).
② SEC Proposed Rule: Security Holder Director Nominations, Exchange Act Release. No. 48626 (Oct. 14, 2003).

选举竞争的花费等;对股东一方,为了准备与申报相关证明,将耗费巨大的财力、精力。(2) 主要或全部由独立董事组成的提名委员会具有足够的公正性和专业性,即使没有股东提名制度,也足以保护股东的利益①。(3) 破坏董事会内部的团结。董事会本应以公司最佳利益为决策考量,若允许股东提名董事,就像累积投票制度一样,董事会中会因特殊利益团体的形成产生分裂和对抗,影响决策效率②。

支持者则认为股东提名制度有存在的价值:(1) 在公司治理实践中,通过股东投票来撤换董事系属例外,仅在公司表现糟糕及股东高度不满时才会发生,此时,选举竞争虽然要花费一定的成本,但与促进公司治理所带来的益处相比仍可接受。(2) 提名委员会无法取代股东提名制度。提名委员会可能基于继续留任的私人利益、避免承认失败的倾向等原因,继续保留表现不佳的董事。(3) 股东提名制度不会导致董事会的分裂。股东提名制度不同于累积投票制,其通过提名程序所选出的每位董事均为股东多数支持的结果。退一步说,即使董事可能为支持其当选的股东实现某些特殊利益,公司法上也有"受托义务"可以加以约束③。

除对该制度价值存在上述歧见外,一些学者包括该制度的支持者对某些规则的具体内容也提出了不同意见。最终,因反对意见过于强烈,SEC 未通过该建议规则。

(三) AFSCME v. AIG 案④对股东提名董事制度发展的影响

由于 SEC 未能通过 2003 年建议规则,股东并不享有法定的提名权,一些公司的股东开始尝试通过行使提案权要求公司修改章程细则,在其中加入允许股东利用公司委托书提名董事候选人的条款,AFSCME v. AIG 案即为此例。

本案原告 AFSCME 为被告美国国际集团(AIG)之股东,2004 年 12 月 1 日,AFSCME 依据 SEC 规则 14a-8 有关股东提案权的规定向 AIG 提出修改公

---

① See Martin Lipton & Steven A. Rosenblum, Election Contests in the Company's Proxy: An Idea Whose Time Has Not Come, *The Business Lawer*, Vol. 59, No. 1, 2003.

② See Stephen M. Bainbridge, A Comment on the SEC Shareholder Access Proposal, UCLA Law & Economics Research Paper Series, Research Paper No. 03-22, 2003.

③ See Lucian A. Bebchuk, The Case for Shareholder Access to the Ballot, *The Business Lawer*, Vol. 59, No. 1, 2003.

④ American Federation of State, Country & Municipal Employees v. American International Group, Inc., 462 F. 3d 121 (2d Cir. 2006).

司章程细则的提案,要求公司将持股 3% 以上的股东提名的董事候选人与公司董事会提名的候选人一并纳入公司征求委托书的相关文件中。AIG 认为,规则 14a-8(i)(8) 规定,提案若涉及公司董事会或类似管理机关成员的选举[①],公司有权将其排除而不列入股东大会议题,遂以此为由排除了 AFSCME 的提案。SEC 对此以无异议函(no-action letter)予以认可,AFSCME 随后向法院起诉。

原告主张,在规则 14a-8(i)(8) 中,排除事由的用语为"an election"而非"election",应解释为"一次选举"而非"选举"。本案中,提案涉及的不是一次特定的选举,而是对董事选举进行制度性的修改,故不应被公司排除。被告则认为,只要提案涉及公司董事会或类似管理机关的选举,其就有权排除。联邦地方法院支持被告,认为对规则 14a-8(i)(8) 的排除事由可以进行较为宽泛的解释,原告的提案依此可被排除。

第二巡回上诉法院则认为,SEC 于 1976 年曾指出,14a-8(i)(8) 的目的不是要排除涉及董事选举的所有提案。例如,董事选举应采用累积投票制的提案,以及明确董事任职资格的提案,即不得被排除。而 SEC 于本案中的意见较其早前立场并不一致,因 1976 年的修正是 SEC 对该款中排除事由的最后一次实质性修正,故应采取该次修正的解释。进一步说,SEC 对发布的规则虽有权变更、修正其解释,但也有解释变更原先标准的义务,因 SEC 对此并无解释,故也应采用 1976 年的立场。综上所述,第二巡回法院认为,14a-8(i)(8) 的排除事由应解释为当股东提案系涉及"特定选举"时可被排除,本案中原告的提案只是要确立董事选举的一般程序,不应加以排除,因此判决原告胜诉。

AFSCME v. AIG 案的意义在于,其肯定了股东可以提出修改章程细则的提案以实现股东使用公司委托书提名董事的目的,也就是承认股东享有章定的董事提名权。

(四) 2007 年以后 SEC 规则的演变

AFSCME v. AIG 案判决后,SEC 开始重视股东借助提案实现董事提名权的问题,并于 2007 年 8 月发布了两个相互排斥的规则草案。

第一个草案称为《委托书使用草案》[②],目的系为修正规则 14a-8,只要符合

---

① 规则 14a-8(i)(8) 的原文是:"relates to election: if the proposal relates to an election for membership on the company's board of directors or analogous governing body"。

② SEC Proposed Rule: Shareholder Proposals, Exchange Act Release. No. 34-56160 (Aug. 3 2007).

提案权的行使条件,股东即可提出修改章程细则的提案以加入股东提名董事的条款。若符合下列规定,公司就应将该提案纳入公司委托书中而不得排除：股东持股 5% 以上且持续持股时间超过 1 年；股东须披露自己与被提名人的背景、关系；提案目的非为收购、影响、改变公司控制权；等等。SEC 认为,如此规范方能保障股东在董事选任中的知情权,并落实股东依州公司法享有的董事提名权。

第二个草案称为《委托书排除草案》[①],目的是要清晰界定 14a-8(i)(8) 中的提案排除事由,以防止再发生类似 AFSCME v. AIG 案的争议。SEC 建议将提案排除事由从"涉及公司董事会或类似管理机关成员的选举"修正为"涉及董事会或类似管理机关成员的提名或选举,或涉及该提名或选举程序"。该草案最终于 2007 年 12 月获得 SEC 通过,从而堵死了股东利用修改章程细则的提案来提名董事这一曲线救国的路径。

2008 年以后,随着金融危机的爆发,美国民众对公司治理的信心严重受挫,要求股东可以提名董事的呼声再次高涨。在此背景下,SEC 检讨了当时的委托书规则,认为其对包括股东提名权在内的董事选任权造成了一定障碍,因此在 2009 年 6 月,SEC 发布《促进股东提名董事》规则草案,增订新的规则 14a-11,规定在公司注册地的州法或公司章程不禁止的情况下,符合条件的股东可将其提名的董事候选人纳入公司委托书中[②]。同时,为配合规则 14a-11,SEC 也建议修正规则 14a-8(i)(8),规定在不违反规则 14a-11 和相关州法规范的前提下,如股东提案要求公司于委托书中加入股东提名董事的程序和信息披露规范,公司不得将其排除。

2009 年建议规则发布后不久,美国国会于 2010 年颁行《多德-弗兰克华尔街改革及消费者保护法案》。该法第 971 条规定,SEC 可以为了保护股东及投资者的权益发布规则,允许股东在一定条件下使用公司提供的委托书提名董事。在该法的授权下,SEC 于 2010 年 8 月 25 日首次通过增订规则 14a-11 的修正,正式允许股东使用公司委托书提名董事。

---

① SEC Proposed Rule: Shareholder Proposals Relating to the Election of Directors, Exchange Act Release. No. 34-56161(Aug. 3, 2007).
② SEC Proposed Rule: Facilitating Shareholder Director Nominations, Exchange Act Release. No. 60089(Jun. 10, 2009).

二、2010 年 SEC 修正规则的主要内容

(一) 规则 14a-11 的主要内容①

1. 适用对象

规则 14a-11 适用于所有受到 1934 年《证券交易法》委托书规则规范的公司,包括:根据 1940 年《投资公司法》登记注册的投资公司;控制公司;仅有债务而必须依《证券交易法》第 12 条注册的公司("debt-only"companies);自愿依《证券交易法》第 12(g)条注册的公司、较小型的公开发行公司(smaller reporting companies)。规则于发布后 60 日生效,但针对较小型的公开发行公司,规则设置有 3 年的缓冲期。

2. 取消提名权的触发要件

2003 年 SEC 建议规则曾设有触发要件,须具备以下两种事实之一,股东方可利用公司委托书提名董事:(1) 在股东大会选举时,至少有一名公司提名的董事候选人获得超过 35% 的保留票(withhold votes)。(2) 持续 1 年以上持有公司股份合计超过 1% 的股东,在股东大会上根据规则 14a-8 提出提案,请求公司采用规则 14a-11 中的股东提名董事制度,且该提案于股东大会上获得过半数股东的支持。设置触发要件的目的是防止股东轻易即可行使提名权,从而影响公司运行,而此两项触发要件发生时,表明股东对公司提名的董事不满或对公司委托书提名程序存有不满,因此介入董事提名自有其合理性。

但是,触发要件受到了很多人的批评,股东若欲向本次股东大会提出董事候选人,则触发要件应在上一次股东大会就具备,SEC 也承认这会导致股东耗时多年才能成功提名董事候选人,构成股东行使权利的实质性障碍。因此,在 2009 年建议规则中,SEC 就取消了股东提名权的触发要件,2010 年修正延续了这一立场。

3. 提名股东的资格

(1) 持股目的不是要改变公司控制权或获得超过规则 14a-11 下公司必须纳入的股东提名的最大董事席位数

如前述,SEC 构建的股东提名权制度允许股东使用公司委托书来提名董

---

① 本部分内容系笔者编译自 SEC Final Rule: Facilitating Shareholder Director Nominations, 17 CFR(Sep. 16, 2010)。

事,从而不用承担传统规则下应由股东自行承担的委托书征求成本。也正因如此,若股东意图取得公司控制权或获得更多的董事席位(此亦有取得公司控制权的效果),则不应允许其使用公司资源。

(2) 持股期间和持股比例

股东应持续3年以上,单独或共同持有公司有表决权股份总数3%以上方可提名。关于持股期间,2009年建议规则仅要求持续持股1年,改为3年是因SEC认为这更能证明股东是基于公司长期利益的考虑而提名,也更能排除为改变公司控制权而提名的股东,以防止股东提名权被滥用。

关于持股比例,2003年建议规则采取单一的5%标准,而2009年建议规则根据公司净资产值的大小设置了1%、3%和5%三个比例,2010年则又回到3%的单一标准。这一变革的主要考虑是,净资产值是随时变动的,以此作为持股比例的适用基准将产生不确定性和争议。

(3) 提名股东未就提名与公司达成任何协议

若股东满足上述要求,公司必须将其提名的董事候选人附入公司委托书中。

4. 被提名人资格

对被提名人的资格要求主要包括两方面:其一,被提名人不得违反公司注册地的州法、联邦法、全国性的证券监管规则或全国证券商协会的规则,否则,公司无须将其纳入公司的委托书。其二,被提名人须符合全国性的证券监管规则或全国证券商协会规则中的"客观独立性"标准。客观独立性是指一般董事(独立董事除外)需要具备的独立性,衡量标准包括提名股东、被提名人与公司及管理层间禁止存在全国性证券监管规则或全国证券商协会规则规定的特定关系或协议,但对提名股东与被提名人间的关系并无限制。

5. 股东提名人数的限制

规则14a-11(d)对股东提名董事的人数设置了上限,以避免股东借此途径获取公司的控制权。根据规定,股东提名董事候选人的人数上限为1名或不超过董事席位数的25%,取两者中较大者。如果公司已有由股东提名的董事,且该董事的任期将在公司征求委托书所召开的股东大会之后届至,则该董事将被计入在上述数字中。如果公司董事会的组成已经满足这一标准,公司就无须将股东提名的董事候选人附入公司的委托书中。

此外,如果两个以上股东分别向公司提出了符合资格要件的董事候选人,而候选人总数超过了上限,应如何处理?2009年建议规则规定先向公司提出候选人名单者优先,这一规定被质疑为会使股东急于争先而妨碍其与公司事前良好沟通,而且也可能因多名股东同一天提出名单而产生争议。2010年规则规定公司应优先纳入持有最多表决权的股东提名的董事候选人,若该股东所提董事候选人未达可由股东提名董事候选人的上限,则应纳入持有表决权排在第二位的股东提名的董事候选人,依此类推。

6. 提名股东的信息披露义务

自 2003 年以来,SEC 一直要求提名股东履行信息披露义务,以便利其他股东在充分评估相关信息后行使表决权,在董事选举中作出最适当的决定。规则 14a-11 坚持这一立场,要求股东依表格 14N 向公司提出请求并向 SEC 申报。披露事项包括:提名股东有表决权的股份数以及在公司有表决权股份总数中的百分比;提名股东将持续持股至股东大会会期之后的声明;被提名董事的履历;提名股东与公司、被提名人关系性质和程度的说明;对被提名人合乎资格要求以及所提供信息的正确性的证明,提名股东还可陈述支持被提名人的理由,以使其与公司提名的董事候选人有平等待遇。

如果提名股东在信息披露中有任何不实或误导性陈述,不论是否被列于公司委托书中,提名股东均要承担责任,公司对此无须负责。

7. 与州法、公司章程的协调适用

依据规则 14a-11,其与州法、公司章程在适用上的相互关系,需要区分以下三种情况确定:

第一,如果公司适用的州法或公司章程禁止股东提名董事,公司将不受规则 14a-11 的约束。当然,在公司章程禁止股东提名董事的情况下,股东可以依据规则 14a-8 有关股东提案权的规定提案修改公司章程,如能通过,自有规则 14a-11 的适用。

第二,如果州法或公司章程不禁止股东提名董事,只是禁止股东利用公司的委托书提名董事,此时规则 14a-11 可以适用。

第三,如果州法或公司章程对股东利用公司委托书提名董事设置了不同于 14a-11 的要求,则应进一步判断:(1) 如果要求高于 14a-11,14a-11 仍将适用。例如,州法或公司章程对提名股东持股比例的要求是 5%,A 股东持股只有 4%,其仍可依据规则 14a-11 将提名的董事候选人附入公司委托书中。(2) 如果要求低于 14a-11,此时将优先适用州法或公司章程。(3) 更有可能的情况是,州法或公司章程较之规则 14a-11 在某些方面更严,而在某些部分却更松。例如,要求提名股东的持股比例是 5%,但允许股东提出不超过董事会席位数 30% 的候选人。此时,股东可以选择整体适用规则 14a-11 还是州法或公司章程。

(二) 对规则 14a-8 的修正

为配合新增订的规则 14a-11，SEC 对规则 14a-8(i)(8)也进行了修正，规定在不违反规则 14a-11 和相关州法的前提下，股东如果提案要求在公司章程中设定股东以公司委托书提名董事的程序以及信息披露规则，公司不得将该提案排除。反之，如果股东的提案是为了限制规则 14a-11 的适用，公司必须将其排除。除此以外，下列提案也可被公司排除：被提名人不具备资格的提案；在任期届满前解任董事的提案；质疑一名或多名董事或被提名人的能力、商业判断、人格特质的提案；其他可能影响即将到来的董事选举结果的提案。

三、商业圆桌会议诉 SEC 案[①]及其影响

(一) 基本案情

规则 14a-11 本定于 2010 年 10 月 25 日生效实施，但在当年 9 月 29 日，美国商会和商业圆桌会议(The U.S. Chamber of Commerce and the Business Roundtable)将 SEC 诉至美国哥伦比亚特区巡回上诉法院，主张 SEC 未适当评估规则 14a-11 的实施对经济可能造成的影响，违反了美国《行政程序法》，请求法院判决该规则无效。法院成立了由三名法官组成的合议庭审理此案，他们的审查集中在两个方面：一是立法的成本收益分析；二是投资公司是否应豁免适用该规则。

关于成本收益的分析，法院认为，SEC 未充分量化美国公司在竞逐董事会选举时将要耗费的成本，或解释这些成本为何无法量化。同时，法院认为 SEC 回避了一个问题，即利益团体会利用这一规则谋取特殊利益，这将产生不必要的成本。例如，养老基金可能借此实现工会雇员等少数股东的利益，但其他股东的利益可能会因此受损。又如，因为持股期间和持股比例的要求，有特殊利益追求的机构投资者最有可能使用委托书提名董事。此外，SEC 也无法证明允许股东使用公司委托书提名董事将提升股份的价值和董事会的表现。换言之，SEC 无法证明规则 14a-11 对公司带来的利益将会大过其所耗费的成本。

关于投资公司应否适用该规则，原告持反对观点，认为投资公司还受到《1940 年投资公司法》等其他法律的监管，投资者已经受到很好的保护，在董事选任方面不需要大的变动。法院对此表示赞同，认为 SEC 未能充分论证在保护

[①] Business Roundtable v. SEC，647 F. 3d. 1144-1150 (D. C. Cir. 2011).

力度足够的情况下施行新制度的必要性。

最终,2011年7月22日,法院确认SEC规则14a-11的发布过于"武断而多变",判决该规则无效。

(二) 本案的影响

本案判决在美国引发了激烈争议,可想而知的是,那些对股东提名董事制度本就持不同态度的人,也很容易围绕该判决形成两个阵营。不过,即便是反对股东可以公司委托书提名董事的人,也不一定完全认同法院以"武断而多变"作为判决依据。相反,主流观点认为哥伦比亚特区巡回上诉法院似乎走得太远而未能保持对SEC足够的尊重,在此列举几种批评的声音:"法院如果将'武断而多变'规则适用于所有的立法规则,都会发现它们禁不起成本收益的衡量,因为相关数据在绝大多数规则制定中是无法精确计算的。在如此严格而又错误的司法审查规则下,几乎所有的SEC规则都将面临与14a-11同样的命运"[①];"成本效益分析并非一门科学,要求SEC对规则提出极其细节的成本和效益证明,无异于暗示SEC没有规则制定权"[②]。

当然,由于法院仅仅宣布规则14a-11无效,因此前述SEC对规则14a-8修正的部分仍然有效。此外,基于《多德-弗兰克法案》的授权,SEC仍可继续制定使股东可以公司委托书提名董事的新规则。事实上,SEC在本案败诉后即表示,其不会就本案结果寻求上诉,但将持续致力于促进股东提名董事,并会重新思考法院判决以及评论者的意见,对股东使用委托书提名董事的相关规则做出适当的设计[③]。但截至目前,SEC尚未发布新的规则,因此股东提名董事制度的未来走向仍要拭目以待。

四、对我国构建股东提名董事规则的启示

历经8年的起草和讨论,股东使用公司委托书提名董事在美国仍未成为一项正式的法律制度。商业圆桌诉SEC一案的判决清楚表明,"董事会中心主义"

---

① Authony W. Mongone, Business Roundtable: A New Level of Judicial Scrutiny and Its Implications in a Post-Dodd-Frank World, *Columbia Business Law Review*, No.2, 2012.

② Edward Wyatt, Appeals Court Rejects S.E.C. Rule on Access to Proxy Materials, *The New York Times*, July 22, 2011.

③ James Morphy, Sullivan & Cromwell LLP, SEC to Allow Shareholders to Submit Proxy Access Proposals for 2012 Season, The Harvard Law School Forum on Corporate Governance and Financial Regulation, http://blogs.law.harvard.edu/corpgov, accessed December 15, 2012.

在美国仍然根深蒂固,股东行动主义的影响近年来随着公司弊案的不断爆发虽有所增强,但还不足以改变这一传统。若从另一方面看,自2003年建议规则到2010年最终规则,SEC的规则一直在不断演变,对我国这一制度的建构有着极强的借鉴意义。

(一) 股东提名董事规则应具法定性、独立性

一般认为,我国公司法系采"股东会中心主义",股东具有较多的参与公司经营的权利,因此各界对股东享有董事提名权并无异议。但是,我国现行立法对股东如何提名董事未予重视,仅有中国证监会于2001年发布的《关于在上市公司建立独立董事制度的指导意见》对独立董事的提名有所规定,即上市公司董事会、监事会、单独或者合并持有上市公司已发行股份1%以上的股东可以提出独立董事候选人,并经股东大会选举决定。至于非独立董事的提名,我国《公司法》未置一词,《上市公司章程指引》第82条则将该问题交由公司章程确定。

理论上,也有人将《公司法》第102条关于股东提案权的规定作为股东提名董事的法律依据。依据该条,单独或者合计持有公司3%以上股份的股东,自可在股东大会召开10日前提出董事候选人名单并书面提交董事会。

应当说,股东提名权和提案权既有联系也有区别。就联系而言,由于董事须经股东大会选任,股东向公司提出董事候选人,也可视为一种特殊的提案。就区别而言,提案权涉及的事项范围非常广泛,只要是股东大会职权范围内的事项,股东均可以提案,而提名权仅仅针对董事提名这一特定事项。笔者以为,提名权与董事选任和公司控制权的归属息息相关,是公司治理中一项关键性权利,其重要性显然超出了一般性的股东提案,如果仅由基础性的提案权规则加以规范似乎并不合适。美国虽采"董事会中心主义",但也在提案权规则之外另行构建提名权规则,且这一立法模式并已逐渐产生影响①。因此,我国立法有必要在提案权规则之外,增设股东提名董事的具体规则。

(二) 提名股东应具备一定的资格要件

我国实务中,很多上市公司的董事提名规则对提名股东设置有持股比例和持股期限双重要求。在持股比例方面,具体要求从3%、5%甚至到10%;在持股期限方面,短的要求90日,长的要求2年。由于此类规则和《公司法》第102条相冲突,引发了对其法律效力的质疑,很多人倾向于认定此类规则侵害了股东的

---

① 如我国台湾地区近年来的公司立法也将股东的提名权和提案权分别加以规定。

提案权和对董事的选任权,属于无效条款[1]。笔者对此并不认同,基于对SEC规则制定理由的介绍,并立足于我国证券市场的现实,可以认为此类规则有着相当的合理性。由于上市公司股东人数以千万计,若无持股比例的要求,每位股东都可提名董事,无疑不具可行性。而对持续期限的要求,可以避免董事会成员因股东频繁进出而相应变动,有利于保持公司政策的持续性。实际上,我国公司法未对提案权的行使设置持股期限,早已招致猛烈批评,当为提名权规则建构的前车之鉴。

那么,持股比例和持股期限的具体要求应是多少呢?笔者以为,太长的持股期限(即1年以上)将成为股东提名权和选任权的实质阻碍,不应获得支持。至于持股比例,鉴于提名独立董事的持股比例是1%,而提案权的行使比例是3%,提名董事的持股比例要求至少不应低于3%。理由在于,非独立董事相比独立董事有更多的经营管理权,提名非独立董事的门槛应设计得更高;董事提名非属一般性的股东提案,在持股比例方面也不应低于提案权的要求。SEC委托书规则14a-8(b)(1)对提案股东的要求是持续1年以上持有公司1%或市值2000美元以上的有表决权证券,而对提名股东的要求是持续3年以上,单独或共同持有公司有表决权股份总数3%以上,亦体现出SEC有同样的考虑。

(三) 单一股东(团体)提名人数应受限制

SEC限制股东提名人数系为防止其获取公司的控制权,这是"董事会中心主义"下的合理顾虑。笔者在此之所以建议限制单一股东或者股东团体提名的人数,则是因为我国上市公司的股权结构较为集中,采取这一限制可以在一定程度上防止董事会多数席位被大股东掌控,从而有利于促进股东民主的实现。

实务中,很多上市公司确有此类限制,限制方式主要分为两种:方式一规定股东每持股一定比例(如3%、5%等)才可提出1名董事候选人;方式二则对持股达到一定比例的股东可提名人数作出封顶限制,如规定单独或合计持有5%股份以上的股东提名候选人不得超过3名[2]。方式一的问题在于仍然不能有效遏制大股东操控董事会。按照现行《公司法》,股份公司董事会成员为5人至19人,现实中多数上市公司董事会成员为7名或9名,剔除至少1/3独立董事(一般三名)后,一般上市公司董事为4名或6名。在方式一之下,大股东往往可以提出超过董事会半数席位的候选人数,加上我国上市公司较少采用累积投票制,

---

[1] 参见张舫:《上市公司章程中董事选任条款的有效性分析》,载《法学》2009年第1期。
[2] 同上。

最终当选的多数董事可能是由大股东提名。当然,这一问题可以通过提高每一候选人需要的持股比例基数(如从 5% 提高为 10%)来解决,但这同时提高了其他股东提名董事候选人的难度。显然,方式二更能保障董事会的多元化和独立性。

(四) 提名股东也应承担信息披露义务

在我国,股东提名董事候选人时,由于常被作为提案权对待,公司依据《公司法》第 102 条的规定以公告的方式通知其他股东,也就是由公司承担信息披露义务。在内容上,公告通常包括提名股东的身份;被提名人的个人基本情况、工作履历、社会兼职;被提名人与上市公司或其控股股东及实际控制人是否存在关联关系;被提名人是否受到中国证监会及其他有关部门的处罚和证券交易所惩戒;董事会对提案股东具备提案资格以及被提名人具备董事任职资格的确认,这与 SEC 规则较为接近。

然而,与其他提案存在很大不同的是,股东提名董事系为增强自己对公司的控制力,由公司作为信息披露主体并承担相关成本似不合理。更进一步而言,如果被提名人相关信息存有不实,依据《证券法》第 85 条,上市公司作为披露主体承担的是无过错责任,不能以提名股东与被提名人蓄意造假、自己已经尽到合理审核义务为由免责,将出现为他人"背黑锅"的情况。因此,提名股东应当承担信息披露义务及其法律责任,上市公司对非由自己造成的虚假陈述不应负责。

上述几点是我国股东提名董事规则应有的主要内容。本文认为,考虑到法律修订的滞后性,由中国证监会或者沪深证券交易所先行发布股东提名董事规则,似乎是更好的选择。如此一来,上市公司"各自为政"的局面将大为改观,股东的董事提名权将会有更大的保障。

第四章

投资者保护专题

金融机构适当性义务辨析

——新《证券法》及《纪要》视角

吴 弘 吕志强

【内容摘要】 新《证券法》及《纪要》的出台较大程度上完善了适当性义务的法律体系,但对于核心内涵和法律性质仍未明确。适当性义务的内涵包括了解客户、了解产品或服务、风险匹配、风险揭示与告知四个方面。适当性义务的核心内涵是风险匹配,而非告知说明义务,两种义务之间有一定交叉,但并不等同。适当性义务的核心内涵决定其先合同义务的法律性质,违反适当性义务的民事责任为缔约过失责任。本文围绕新规及适当性义务的内涵对于金融和司法实践中产品风险评级、客户风险评估、风险告知标准等突出问题一并作了剖析。

【关键词】 金融机构 适当性义务 风险匹配 先合同义务

一、适当性义务法律体系的完善

适当性义务是金融市场的一项基础性制度,已逐步成为投资者保护制度体系的逻辑起点,也是金融市场法制建设不可或缺的重要方面。但长期以来,法律层面未明确适当性义务的概念、内涵与性质,相关规定主要散见于各部委的部门规章和规范性文件层面,导致在金融实践中普遍适用性和效力层级不足,不同金融行业对于履行适当性义务标准的理解以及各地法院对同一案件的裁判结果出现不一致。目前,有关适当性义务的法律规章包括:一是《证券投资基金法》第98条关于基金销售机构义务的规定,内容较为原则,且仅适用于公募基金销售。二是《证券期货投资者适当性管理办法》(以下简称《适当性办法》)对适当性管理有较全面和细致的规定,其第3条明确销售机构须履行的适当性管理义务。三是《关于规范金融机构资产管理业务的指导意见》(以下简称《资管新规》),其中第6条规定金融机构须了解产品和客户,并进行适当销售。其他还有金融监管主体出台的有关基金、信托等产品销售的规范性文件。

此次,新《证券法》第88条、第89条详细规定了投资者适当性内容。而最高院出台《全国法院民商事审判工作会议纪要》(以下简称《纪要》)也设专节对适当性义务概念和适当性义务责任进行了规定,为金融活动司法实践提供了明确指引。适当性义务法律体系和司法裁判规则在很大程度上得到了完善,但仍存在不足。

二、适当性义务内涵的整体概括

根据适当性义务的概念,适当性义务的内涵包括了解客户、了解产品、风险匹配、风险揭示及告知四个方面。其中,了解客户、了解产品是风险匹配的基础,而风险揭示与告知是风险匹配的当然延续,风险匹配是核心内涵。

(一) 了解你的客户

1. 主要规定

"了解你的客户"包括实施主体、实施对象和内容三个方面,是金融机构从事销售产品等证券业务的基础和前提。"了解你的客户"的实施主体为金融机构及其业务人员,包括发行人和代销机构;实施对象即为金融机构的客户;内容即是了解客户的身份与资格,评估客户的能力和信用。

美国私募法Rule506要求,合格投资人或具有一定专业背景的非合格投资人可以认购私募产品。其中,合格自然人客户必须在净资产、个人或家庭年均收入方面达到一定条件,如净资产100万美元以上。美国场外市场监管组织FINRA制定的Rule2090规定的"了解你的客户"(KYC)规则,要求金融机构在客户首次开户和后续账户运行期间全力了解客户。[①] 日本《金融工具交易法》规定,从业人员不得向投资者推荐不符合其投资经历、经济实力和投资目的等自身情况的产品,从而导致投资者利益受损。日本《商品交易法》规定了不得劝说诱导的对象,包括非完全民事行为能力人、无独立经济来源以及借款投资商品期货的人员。

此次,新《证券法》和《适当性办法》均要求金融机构向客户了解具体信息,包

---

① 参见鲁公路:《如何健全我国资本市场投资者适当性制度》,载《证券时报》2013年12月31日。

括投资者的基本情况、财产状况、金融资产状况、投资知识和经验、专业能力等相关信息。投资者根据业务资格、交易经验和实力等情况的不同可以划分成普通投资者和专业投资者,新《证券法》对此也进行了明确。专业投资者是指具有较强风险承受能力的一类投资者,基本与金融机构处于对等交易地位,无须在监管上给予特殊保护,金融机构可以豁免履行适当性义务。相反,普通投资者的风险承受能力较弱,监管部门在金融机构适当性义务履行程序和内容方面给予制度特别安排和保护,如特别风险警示、细化分类要求、举证责任等方面。

2. 客户风险评估结果的依据问题评析

实践中,金融机构对客户风险承受能力的评估测试问卷涉及客户身份、职业、财产金额、主要收入来源、入市资产占比以及投资的年限、经历及目标等方面,并对各选项予以权重计分,最后以总得分归属于风险承受能力的区间段来评定相关等级。有观点认为,虽然某些客户在评估问卷中自己表明了其投资态度是保守型,但如果其在家庭资产、投资经验、投资占比、职业等方面得分较高,金融机构据此评定其为稳健型的风险承受能力结果,亦具有合理性和可能性。我们认为,适当性评估宜以客户各项主观标准的综合客观化结果来认定较妥,可结合投资目标、投资年限、投资经验等主观标准,在其与产品特征不一致的情况下设定特别警示,鼓励金融机构内部从严管控,可以直接认定为不匹配销售或者将风险承受能力降到最低类别。

3. 虚假客户风险测评问题评析

实践中确实存在个别金融机构及其从业人员代投资者填写风险测评问卷,未进行风险承受能力评估或流于形式,或前期风险评估已过期未再重新评估,以及对第三方协助伪造银行存款证明等虚假证据疏忽放任等。对此,本次新《证券法》及《纪要》并没有明确对虚假测评问题的处理,无疑存在缺憾。这是未来适当性义务司法实践需要弥补的。对虚假评测问题应引起金融机构高度重视,严控道德与操作风险,完善业绩考核机制,要求产品销售全流程双录,杜绝类似问题发生。

(二) 了解产品

1. 主要规定

金融机构应全面了解其发行、销售产品的类型、特性等状况或者所提供服务的信息,并根据综合流动性、产品期限、投资方向、投资范围、杠杆情况、结构复杂程度、信用情况、历史业绩等因素的风险特性和水平相应划分风险等级。《适当性办法》第17条规定了可能构成投资风险需要金融机构审慎评估产品或者服务风险等级的因素。美国 FINRA 强调金融机构应充分尽调、获取所销售产品的流动性、定价透明度、发行人或担保物的信用评级或价值、风险收益及影响因素等。[①] 新《证券法》未明确规定了解证券或服务以及风险评级的要求,但我们认为,相关义务已内嵌在充分揭示风险和如实告知说明义务的内涵中。

2. 产品或服务风险评级的客观性问题评析

一般认为,基金管理人、托管人以及代销机构均与销售的基金存在一定程度的利害关系,因此对该基金的风险评级缺乏客观性。基金产品的基础构造即管理人自行或委托销售机构销售产品募集资金,依照法律和合同约定进行投资运作,同时委托托管人保管基金资产,相关主体均须依法勤勉尽责。基金产品规模越大,管理费和托管费费率越高,管理人、托管人和服务机构盈利越多,因此与基金具有"利害关系"。金融机构提供投资咨询、资产管理等服务,收取一定佣金,系提供服务的合理对价,为情理之中;而对产品风险评估定级,也是金融机构提供相关服务前应当履行的一项义务。如果仅以这样的"利害关系"的存在就认为相关主体在履行适当性义务时不诚信、风险评级不客观,则失之偏颇,也是对基金的法律构造认识不足。

我们认为,以重大利害关系标准来判定客观性及是否缺乏公信力更为合适。重大利害关系是指中介机构及人员在提供中介服务的过程中,因与提供服务的对象有重大利益关系,从而可能会影响勤勉尽责履职的情形。例如,证券公司在提供上市保荐服务过程中,因公司或业务人员与拟上市企业存在投资关系或与企业的董监高等人员有近亲属关系,可能会影响其尽职调查的客观性甚至导致财务造假,故监管将其作为违规行为直接予以排斥。而一般意义上的利害关系较为普遍,也不会直接对履职客观性产生较大影响。

3. 金融产品或服务风险评级等级问题评析

实践中不同大类的金融产品投资范围、投资方向、投资比例等不同产品要素综合形成的风险收益特征差异较大,根据监管要求评级可能为中风险甚至低风险,且两家机构对同一产品风险等级的评估只要在合理范围内也可以不完全一致。但《纪要》第 72 条将不同金融机构的所有类别金融产品统一认为是高风险等级,容易引起金融活动在监管和司法适用上的混淆和冲突。

---

① See FINRA, Notice to Members 03-71; NASD Reminds Members of Obligations When Selling Non-Conventional Investments, https://www.finra.org/rules-guidance/notices/03-71, accessed November 11, 2003.

(三) 风险匹配

1. 主要规定

风险匹配原则是指客户的风险承受能力与购买产品或接受服务的风险等级相互匹配。此项原则必须建立在真正"了解你的客户"和"了解产品"的基础上。美国 FINRA 规定,产品销售机构需要遵守以下规定:一是进行产品"合理根据适当性"分析;二是进行"特定客户适当性"分析;三是均衡披露产品的风险收益信息;四是实施适当的内部控制;五是提供与该产品销售相关的针对性培训。

新《证券法》明确规定要销售、提供与投资者状况相匹配的证券、服务,首次从法律层面确立了严格的风险匹配原则。《资管新规》规定,不得诈欺或者误导投资者购买与其风险承受能力不相匹配的金融产品。《适当性办法》也较为细致地规定了风险匹配原则。

2. 逾级销售规定评析

《适当性办法》第 19 条保留了特定情形下的逾级销售情形,是风险匹配原则的例外和补充,具有一定合理性,不会导致投资者为获认购资格而不真实填写评估问卷的情况。但是,新《证券法》未规定风险匹配销售的例外情形,《适当性办法》规定的逾级销售情形也因违反上位法而无效。

(四) 风险揭示及告知

1. 主要规定

在客户与产品风险匹配的基础上,金融机构才被允许向客户销售产品或提供服务,由此进入到向客户充分揭示风险及告知的阶段。产品销售者和服务提供者对产品风险揭示和告知,是投资者能够真正了解产品和服务的风险和收益的关键。[①] 风险揭示和告知的内容应当包括产品本身的风险、经营机构的经营风险、限制投资者权利的事项等。新《证券法》规定,如实说明证券、服务的重要内容,充分揭示投资风险,但缺憾是规定得较为原则。我们认为,法律应该将金融机构告知说明规则具体化,包括说明内容、说明语言和说明形式。《适当性办法》进行了阐释和细化,增加了可操作性,但效力方面会有所减弱。

2. 风险揭示和告知的履行标准评析

金融机构向投资者风险揭示和告知的履行标准有主观与客观之分。前者是

---

① 参见中国建设银行股份有限公司北京恩济支行与王翔财产损害赔偿纠纷案,北京市第一中级人民法院(2018)京 01 民终 8761 号民事判决书。

依据投资人自身的具体情况来确定告知说明内容,而后者是依据一般理性人普遍适用的标准来确定。但是,无论一般人的理解力还是投资者在个案中的理解力,都是对交易主体主观状况的认定,而主观状态的认定始终是司法审判的难题,实践仍然得依赖客观因素加以确定化。[①]《纪要》第 76 条采主客观一致原则,即综合理性人能够理解的客观标准和金融消费者能够理解的主观标准。

三、适当性义务的核心内涵是风险匹配

(一) 适当性义务与告知说明义务的关系

1. 适当性义务不等同于告知说明义务

我们不赞同把告知说明义务与适当性义务等同的观点。销售产品或提供服务过程中的告知说明义务有广义和狭义之分。广义的告知说明义务是指金融机构应当向客户如实陈述产品的类型、投向、基准收益率等基本信息,以及各项或有投资风险信息、限制客户权利内容、首次购买及后续情况变化时适当性匹配双方风险评级及匹配结果调整等信息,涵盖对产品基本信息或销售机构利益冲突的信息披露、风险警示、适当性匹配信息等内容。而狭义的告知说明义务是指针对不特定公众的信息披露义务,使投资者在充分获取产品或服务信息后再进行自主投资决策。由于金融消费者难以理解金融活动的专业性以及充分获取金融产品设计、运作、风险收益特征等信息,这就需要金融机构承担对消费者的说明义务,从而尽可能地平衡交易的双方力量和地位,以减轻甚至消除金融机构与投资者之间的信息不对称,充分保护金融消费者的知情权。[②] 由此可见,狭义的告知说明义务可以理解为信息披露义务,其内涵并不包括适当性匹配信息。

但狭义的告知说明或者信息披露因金融市场的复杂性及其固有限制等原因,有效性逐渐式微,难以实现其预期的制度目标。[③] 大量披露的信息被搁置一旁或者容易让人产生误解,一方面导致资源的浪费,另一方面因披露的信息错误问题更多的是影响没有其他信息渠道来源的中小散户,大大减弱了信息披露立法的效果。而实际上,人们寻求的同时也是市场应当供给的,并非信息,而是建

---

① 参见何颖:《关于最高人民法院〈全国法院民商事审判工作会议纪要〉"金融消费者权益保护纠纷案件的审理"部分的修改建议》,https://mp.weixin.qq.com/s/h2--3HVA2oH35P_H2WVhkg,2019 年 8 月 22 日访问。

② 同上。

③ See Steven L. Schwarcz, Disclosure's Failure in the Subprime Mortgage Crisis, *Utah Law Review*, No. 3, 2008.

议,尤其是来自专业人士的建议。[①] 让金融机构承担建议提供的职责自然成为另一种监管制度安排。因此,建立适当性制度,即让专业人士将适当的产品推荐给适当的客户,是在时间上先于信息披露制度的监管工具选择。适当性管理作为第一道防线,与信息披露制度共同构筑投资者保护的双重防护机制。

因此,落实适当性义务是告知说明义务的前提,告知说明义务是落实适当性义务的延伸。宏观视角上可以认为告知说明义务与适当性义务有所交叉。

2. 基金销售文件提供问题评析

在王某诉某银行案中,法院认为,某银行未向王某出示和提供基金合同及招募说明书,而是仅向投资者提供查询途径,没有尽到提示说明义务,其推介行为存在明显不当,认定某银行具有过错。我们认为,因投资者限于购买时间、投资时机等因素,再去认真阅读、了解相关信息的概率较小,销售机构在销售金融产品时,不能仅向投资者提供招募说明书、基金合同等基金销售文件的查询渠道,而至少应当向投资者出示上述基金销售主要文件和风险提示,便于投资者充分、直接地了解产品的基本信息和风险特征情况后作出决策。至于提供、说明销售文件究竟属于适当性义务还是告知说明义务,则并不重要。

(二) 适当性义务的核心内涵是风险匹配

在产品销售过程中,如果销售机构认为客户不适合购买所推荐的产品,则不会主动向客户推荐,因而也就不存在向客户告知说明相关产品风险收益的可能。适当性义务的核心是筛选有资格接触、了解和购买合适产品的适当客户,在愿意承受一定风险水平情况下去获取对应的风险收益,即风险匹配过程,是告知说明义务的先期阶段。因此,风险匹配是适当性义务的核心内涵,而非告知说明。只有在实质上落实了风险匹配原则,才符合监管施加给金融机构适当性管理义务的本义,实现资金融通过程中的公平正义。

如果金融机构未实质落实风险匹配原则,对产品基本情况和风险予以再多揭示和告知说明也是无益;反之,如果是建立在充分了解客户和产品的基础上并进行适当性匹配,则不应当仅因金融机构未充分披露所有产品或投资信息,即认为其直接违反了适当性义务,认定其存在重大过错,而是需要综合个案中金融机构遗漏披露信息的重要程度和影响大小等各种情形综合判定。因此,较此前的征求意见稿,《纪要》第76条删除了告知说明义务是适当性义务的核心的表述,

---

[①] See Omri Ben-Shahar, Carl E. Schneider, *More Than You Wanted to Know: The Failure of Mandated Disclosure*, Princeton University Press, 2014, pp. 169-186.

值得称赞,但也需要贯彻到过错认定和责任分配的司法裁判实践中。

四、适当性义务的核心内涵决定其先合同义务法律性质

新《证券法》规定,违反适当性义务规定导致投资者损失的,应当承担相应的赔偿责任,但并未明确承担何种性质的民事赔偿责任,稍有遗憾。适当性义务的法律性质决定了违反适当性义务的民事赔偿责任性质,而性质的不同对赔偿责任的范围、大小和计算标准的影响较大,因此关于适当性义务的法律性质在学理及司法审判中仍有进一步明确探究的必要。当前,对于适当性义务的法律性质的不同观点较多,包括法定义务说、合同义务说、先合同义务说等。

一是法定义务说。法定义务是法律、行政法规对当事人施加的一项义务,从而约束规范当事人的民事行为。在新《证券法》实施前,有观点认为,尽管监管层对金融机构适当性管理的要求已经覆盖几乎所有金融业务,但由于法律层面缺乏关于受托人信义义务的一般性规则,因此金融机构违反适当性义务的行为,尚不构成对法定义务的违反。[①] 目前,新《证券法》已明确规定了适当性义务,但我们并不认为适当性义务仅是单纯的一项法定义务。

二是合同义务说。由于适当性是在合同正式成立前履行的义务,金融机构与客户一般并未在产品合同中约定适当性义务,因此难以将适当性义务当成一项合同义务。当然,实践中有时金融机构会与客户签订一份产品销售的框架协议,约定客户后续购买不同产品时需另签具体合同或直接签相关单据,在客户后续购买不同产品的过程中,金融机构仍应基于新产品或服务的投资范围、流动性、市场风险等特征评估产品风险等级,对客户进行适当性评估并提出匹配意见,有人把这时的风险匹配行为理解为框架协议约定义务的履行,因此是合同义务。其实不然,框架协议并不直接构成资金往来的交易关系,也没有形成实体的权利义务,只是一个预合同,只规定了主体后续签约资格与签订正合同过程中的权利义务,包括适当性义务。另外,在某些情形下,金融机构与客户签订了一份产品销售合同或者资产管理合同,客户在首次购买后,存在后续分期多次追加资金的情况,此时金融机构通常在监管允许下无须再重复履行对客户的适当性管理义务,但在客户风险偏好、资产、风险承受能力等发生明显变化时,需要适时调整客户的风险等级评估以及与产品适当性匹配意见,应视为因后续追加购买行

---

① 参见何颖:《关于最高人民法院〈全国法院民商事审判工作会议纪要〉"金融消费者权益保护纠纷案件的审理"部分的修改建议》,https://mp.weixin.qq.com/s/h2--3HVA2oH35P_H2WVhkg,2019 年 8 月 22 日访问。

为产生的新合同订立过程中的义务。

三是先合同义务说。先合同义务是在订立合同过程中、合同成立之前所发生的,应由合同双方当事人各自承担的义务。它建立在民法诚实信用、公平原则基础上,是其具体化,主要包括合同当事人之间的互相保护、通知、保密、协作及诈欺禁止等义务[1],通常也是法定义务。适当性义务的核心内涵是风险匹配,而非信息披露或告知说明义务。金融机构及其从业人员以自身资质、经验吸引客户并获得信赖,为客户提供与其宣传相符的适合购买与否的专业建议或推荐,也即包括核心的风险匹配过程,均发生于缔约谈判过程中、合同正式订立之前。因此,我们认为适当性义务是先合同义务。

有一种观点认为,作为预判,在金融机构对客户提供资产管理合同服务时,适当性义务与合同履行阶段相结合,产生了合同下的适当性义务。[2] 须指出的是,资产管理人在资产管理合同履行阶段,一方面应该严格遵守合同中明确约定的投资策略、标的范围、资产比例等条款,另一方面也须遵守法律法规确定的强制性的投资要求、诚实守信、最大程度维护客户利益等原则。上述要求可以视为构成一种默示的合同义务,但此项合同义务应为资产管理人在受托管理过程中的谨慎管理义务。另外,在产品存续管理过程中,管理人对投资者定期或不定期地披露产品投资业绩、风险情况以及半年报、年报等事项,应是一项信息披露的合同义务。上述两种情况并非本文讨论的在产品销售或服务提供过程中承担的适当性义务。对适当性义务不应作扩大理解,不能替代金融机构在产品销售后、运行中的其他各项义务。

适当性义务属于先合同义务,所以违反适当性义务的民事责任为缔约过失责任。缔约过失可以导致产品销售合同不成立或效力瑕疵,相对人因此而受到损害,可以依据《民法典》第500条请求过错方赔偿损失。适当性义务不属于合同义务,就不应追究当事人一方的违约责任。在举证责任方面,新《证券法》和《纪要》均认为可以适用举证责任倒置,由金融机构来举证证明其履行了适当性管理义务,区别在于新《证券法》在区分普通投资者和专业投资者的基础上,仅规定前者适用举证责任倒置原则,而《纪要》采用金融消费者的概念,未再予以区分。我们认为,基于专业投资者与金融机构基本对等的交易地位,司法裁判也应当将专业投资者予以排除适用。

---

[1] 参见〔德〕卡斯腾·海尔斯特尔:《情事变更原则研究》,许德风译,载《中外法学》2004年第4期。
[2] 参见王锐:《金融机构适当性义务司法适用的实证分析》,载《法律适用(司法案例)》2017年第20期。

上市公司退市时小股东利益之保护

王东光

【内容摘要】 公司退市将因为对股票的流通能力产生明显的损害而影响股票的财产价值。为了充分保护少数股东的利益，公司申请退市时须由股东大会做出是否退市的决议，股份公司或大股东有义务向少数股东发出全值收购股票的要约，并且少数股东可以要求在诉讼程序中审查要约价格的适当性。

【关键词】 公司退市　股东利益保护

随着PT水仙股票自2001年4月23日起被终止上市，PT水仙成为中国证券市场首家退市公司，结束了中国证券市场"有进无出"的历史。学界更是以此为契机，对上市公司退市问题展开了探讨。但几乎所有的讨论都集中于上市公司因违反了所承担的义务或不再符合上市条件而被迫退出证券市场框架内的制度研究，尤其是强制公司退市的标准的确定问题。然而，公司退市不单单是被动的退市，还存在公司主动退市的情形。*ST二重是中国证券市场上主动退出交易所交易的首家公司，之后又出现*ST上普和*ST航通的主动退市。随着我国证券市场规制和追责制度不断走向完善和健全，在可预见的将来，我国证券市场中上市公司申请退市的情形会越来越多。相对于大股东而言，公司退市会对小股东（股民）的权益产生严重影响，因而小股东权益保护应当成为上市公司退市制度设计中的重要考量因素。笔者希望通过本文对德国上市公司退市制度的探讨，能对我国上市公司退市制度建设，尤其是小股东利益保护有所裨益。

一、上市公司退市的法律界定及动因

(一) 上市公司退市的界定

上市公司退市(Rückzug von Börse)也被称为 Going Private 或者 Public to Private (P2P),最早出现在英国的资本市场上。① 在二十世纪七八十年代的美国,公司退市的规模有些年甚至超过了公司上市的规模。② 公司退市分为正常退市和所谓的"冷退市",冷退市又包括通过现金补偿"挤出"小股东、上市公司合并成非上市公司、上市公司变更为不具备上市能力的企业组织形式(如有限责任公司、两合公司、无限公司)、上市公司并入非上市股份公司和转移财产的撤销(转移上市公司的全部财产,并进行清算)等具体方式。③ 本文以上市公司正常退市为例展开讨论。

根据《交易所法》,德国的资本市场分为三个板块,即"官方市场板"(amtlicher Markt)(第 30 条)、"半官方市场板"(geregelter Markt)(第 49 条)和"自由交易市场板"(Freiverkehr)(第 57 条)。在官方市场上交易的多是德国传统大型股份公司(如奔驰、奥迪、西门子等)和一些国外大型企业的股票,以及国家债券和抵押银行的债券等证券,非经交易所许可任何证券不得在这一市场上交易。但在官方市场上市不但费用很高,而且对信息披露的义务要求非常严格,为了使众多的中小企业能够以相对于官方市场较低的费用和较宽松的信息披露义务上市融资,立法者许可设立了半官方市场。德国自由交易市场通常称为第三板市场,是为那些不被许可在官方和半官方市场上交易的证券提供的一个市场,这一市场的特点是:证券的上市交易只需私法机构的认可即可,不像官方或半官方市场需要官方机构的认可,这一市场的证券上市和交易所适用的法律不是特别法,而是德国《民法典》(BGB)和《商法典》(HGB)等一般法,并以各交易所的章程和条例为补偿。④ 根据德国联邦最高法院第二民事庭的观点,正常退市是指公司

---

① Vgl. Richart/Weinheimer,BB 1999 S. 1613ff.
② Vgl. Richart, Ursachen und Argumente für ein "Going Private" börsengehandelter US-Gesellschaften,1989,S. 3ff.
③ Vgl. Corporate Update Going Private(Rückzug von Börse),März 2004;Florian Eisele/Alexander Götz/Andreas Walter:Motive,Gestaltungsalternativen und Ablauf eines Going Private,Finanzmärkte,FINANZ BETRIEB 7-8/2003.
④ 参见主力军:《德国〈交易所法〉关于上市公司的上市申请材料不实陈述之民事责任介绍》,载《比较法研究》2005 年第 5 期。

申请退出在所有交易所的官方市场和半官方市场的交易。这种观点包括两个"完全退出",即横向的完全退出和纵向的完全退出。横向的完全退出是指上市公司必须申请撤销所有证券交易所的上市许可,如果在获得多家交易所上市许可的情况下只退出在部分交易所的交易,不能称为退市;纵向的完全退出是指退出官方市场和半官方市场交易,如果从官方市场降级到半官方市场,亦不能称为退市。

(二) 上市公司退市的动因

通常来讲,上市公司退出资本市场多是由于违反了必须承担的义务或者不再符合上市条件,而被管理机构或交易所强令退出。上市公司主动退市现象的出现也带来了退市原因的探求。上市公司申请退市的原因主要有以下几点:(1) 节约上市费用。上市公司要承担大量因上市而产生的费用,其中包括召开股东大会的费用、履行公开义务的费用、投资者联络工作的费用、向交易所缴纳的费用以及责任风险费用。如果上市公司为此所支付的费用几乎接近于甚至超过从上市融资中获得的直接和间接利益,从经济角度考虑公司就可能主动退市。(2) 防止敌意收购。在持股较为分散的情况下,对企业的较低评估可能导致敌意收购的危险,因为一些投资者能够认识到企业的真实价值,并有能力开发出企业的潜在增值价值,就会在利益的驱动下采取收购行动。此时公司面临随时被收购的风险,而一旦公司退出资本市场收购将突显艰难,甚至不可能实现。(3) 不可能或者已不必要通过资本市场进行再融资。上市公司的股票可能由于某种原因而丧失了对分析人士和投资者的吸引力,股票交易量萎缩,甚至股价已不能正确反映股票的真实价值。上市公司不能再通过交易所吸收自有资本的投入,股票的欠佳表现甚至影响公司通过发行债券进行融资的活动,公司只能选择退市。(4) 回避严格的信息披露义务。上市公司必须承担信息披露义务,即公开公司的相关营业信息。虽然这些信息主要是服务于投资者做出投资判断,但公司的竞争者同时也获得了这些信息。公司退市就可以避免因披露与公司发展和业绩有重要关系的信息而带来的不利,例如退市之后就省去了《有价证券交易法》上的通知义务和《交易所法》第 44b 条上的中期报告义务。此外,公司管理机构因为没有了短期业绩的压力,可以更多地致力于长期的营利项目。(5) 税收上的考虑。随着公司的退市,企业的负债提高,通过所谓的杠杆效应自有资本的利润率提高。借入资本利息的扣除使企业的税收负担从计税依据上得以降低。

同时,还可以在退市后选择人合公司的法律形式,通过分摊折旧降低税收负担。[1]

在德国联邦最高法院 2002 年审理的案件中,被告公司提出的退市理由就是,考虑到公司股票分散持股率较低,股票在交易所内的交易只在很小的范围内进行,所以被告认为与许可相关的费用支出不再具有合理性;被告还断言,由于股票交易量较小而导致价格的急骤变化,这种变化不能以被告业务的发展来证明其合理性,对企业来说是一种损害;此外,被告还担心价格被操纵。[2] 董事会对于退市不需要做出董事会报告,只要公司在股东大会中对实施退市的理由作了具有说服力的阐述,例如节省费用、具有威胁性的股价波动和对公司具有威胁性的损害以及价格操作的危险等明白易懂的原因,就足以构成股东大会决议的基础。向少数股东公布退市申请的具体细节和多数股东的一次性补偿要约,就满足了少数股东的信息需求。

二、上市公司退市的条件

根据《交易所法》第 38 条第 4 款的规定[3]以及相应的交易所规则,交易所可以根据股票发行人的申请撤销上市许可,但前提是不能损害对投资者的保护。德国联邦最高法院认为,虽然《交易所法》和交易所规则都对公司退市时的投资者保护做出了相应规定,但这些规定不能满足股份法中对投资者保护的要求。在这种情况下,为了给投资者提供充分的保护,上市公司提出退市时必须满足下述条件,即就退市问题必须由股东大会以简单多数做出决议、上市公司或公司大股东必须向少数股东发出全值收购股票的要约以及少数股东可以要求在诉讼程序中审查收购要约价格的适当性。[4]

---

[1] Vgl. Corporate Update Going Private(Rückzug von Börse),März 2004;Florian Eisele/Alexander Götz/Andreas Walter;Motive,Gestaltungsalternativen und Ablauf eines Going Private,Finanzmärkte,FINANZ BETRIEB 7-8/2003;Oliver Kemper,Going Privates in Deutschland,IMA Arbeitsbericht 02/01,Mai 2001.

[2] Vgl. BGH Urteil von 25.11.2002- II ZR 133/01.

[3] 经发行商申请,许可证发放处可以撤销正式挂牌的申请。撤销不得违背对投资人的保护。许可证发放处应立即将撤销一事至少公布在一家跨地区的交易所义务报上,费用由发行商承担。撤销的公布与生效之间的期间最长不得超过两年。有关撤销的细则由交易所规则做出规定。

[4] Vgl. H. Hirte/h. c. V. Röhricht/Martinschulte/Dominik Lenz,Delisting und Squeeze-out nach erfolgreicher Übernahme einer börsennotierten Aktiengesellschaft,Sommer Semester 2004,Seminar von Universität Harmburg.

（一）须由股东大会做出是否退市的决议

联邦最高法院认为公司退市需由股东大会做出退市决议，但其提出该条件的理由与慕尼黑州高等法院的观点①有所不同。后者是以"Holzmüller"原则②为依据的，即股东大会虽然对退市没有法定的管辖权，但退市行动深刻侵入股东的成员权，对公司及股东产生重大影响，董事会必须就此征得股东大会的同意。联邦最高法院认为，不能以其涉入股份公司的内部结构或者股份公司股东的参与管理权为由认定股东大会对于公司退市具有主管权限。公司的内部结构不会因公司从交易所退出而发生改变。③ 同样，很少会出现触及现有股东的成员权或者作为相对股权的股东权利（股利分配请求权、清算份额请求权），股份的财产价值被稀释④或减缩⑤，或者股份公司股东的股东地位由于参与权的间接化而被弱化等情况。⑥ 但不能忽视的是，随着公司从官方交易中或者半官方市场中退出，就夺去了股东能够随时通过转让而实现股票价值的市场。这对于大股东或者对于以其股份追求企业主式的利益而不单是出资利益的控制性股票持有人没有任何意义。而对于少数股东和小股东来说，其在股份公司的投入仅在于出资利益的实现，市场的舍弃会给他们在经济上带来严重的损害，这种损害也不能通过将股票纳入自由交易而弥补。联邦最高法院参考了联邦宪法法院的有关判决⑦，从《宪法》第14条第1款⑧中引申出股东大会的管辖权，其理由在于不但股票所有权本身享受宪法上的保护，而且所有权的保护也延伸到交易价值和通过交易所随时实现价值的可能性，股票价值的随时实现性是股东财产保护的组成部分。联邦宪法法院的判决认为，在交易所获得许可的股份公司的股票的交易能力对于确定股份价值具有特殊的意义；如果在签订《股份公司法》第291条所指的关系企业合同后或者在实施《股份公司法》第319条以下所指的公司并入后，股东获得一次性补偿请求权，补偿的数额必须这样确定，即少数股东获得的

---

① Vgl. OLG München, Urt. v. 14.2.2001-7 U 6019/99.
② Vgl. BGHZ 83,122(Holzmüller); BGH Urteil von 26.4.2004-II ZR 155/02(Gelatine). Aus BGH Urteil von 25.11.2002- II ZR 133/01.
③ Vgl. Wirth/Arnold, ZIP 2000,111,114ff;Streit,ZIP 2002,1279,1287. Aus BGH Urteil von 25.11.2002- II ZR 133/01.
④ Vgl. BGHZ 71,40-Kali und Salz. Aus BGH Urteil von 25.11.2002- II ZR 133/01.
⑤ Vgl. BGHZ 135,374,378f,Guano. Aus BGH Urteil von 25.11.2002- II ZR 133/01.
⑥ Vgl. BGHZ 83,129,136f,Holzmüller. Aus BGH Urteil von 25.11.2002- II ZR 133/01.
⑦ Vgl. BverfGE 100,S.289(305f);BverfGE ZIP 2000,S.1670(Moto Meter); BverfGE ZIP1999,S.1804(Hartmann&Braun).
⑧ 保障所有权和继承权，其内容和限制由法律规定。

（补偿）不能少于其在关键时刻自由做出退出投资决定所能获得的（数额）。[1] 交易价值及其可随时实现性是股票财产的特性[2]，这种特性像股票财产本身一样享受宪法上的保护。这必将直接地影响到股份公司股东权利所享受的财产法上的保护范围。基于股东资格的财产保护，根据法律规定，仅直接涉及盈利收入权、清算份额和股份的相对财产价值的保护。如果包括股票交易能力在内的交易价值属于《宪法》第14条第1款的财产保护范围，那么在公司与股东的关系中也要重视这种保护。在这种前提下，这种保护绝不会只涉及股东与第三人之间的股东地位之外的法律关系，其更是上市公司中公司与股东之间法律关系不可或缺的组成部分。[3] 因为基于股东资格的财产保护没有掌握在业务执行机构，而是掌握在股东大会手中，股东大会也有责任对此做出决定。股东大会不是管理机构，需要对此做出判断，从保护少数股东的角度考虑退市作为一项损害股票交易能力并进而损害股票价值的措施是否可以和应该实施。[4]

联邦最高法院的观点在结论上与学界的主流观点一致，但其论证的理由却遭到了质疑。批评的观点认为，上市交易能力并非股票的固有属性，其丧失也不会对股票所有权的保护造成损害。[5] 联邦最高法院在判决中所引述的联邦宪法法院的判决不能证明因公司退市带来的替代性的丧失给股票所有权造成了宪法上的重大损害。在 Moto Meter 案中，少数股东在转移财产的解散中被排挤出公司，根据在该案中确定的原则，这些股东也因此而获得与其拥有的公司股份相当的补偿。而公司的退市对股东的支配权和财产权并没有造成直接的或间接的侵害，也不存在股东被排挤出公司的情形，只是股东的股票在转让方面受到了影响。至于这种在转让上的影响在多大程度上与股票所有权的丧失具有质的相当性，宪法法院在该判决中并没有阐明。[6] 在 DAT/Altana 一案中所论及的签订控制合同和利润缴付合同对少数股东的成员资格造成的损害，也要强于退市造成的损害，因为签订合同后附属企业要服从于康采恩的利益，股东将丧失其作为公司自有资本提供者应有的地位。公司退市不会对股东造成这种损害。[7]

---

[1] Vgl. BverfGE 100,289-DAT/Altana; BverfG, Beschl. v. 23. August 2000-1 BvR 68/95 u. 147/97, ZIP 2000,1670-Moto Meter.

[2] Vgl. BverfGE 100,289,305f-DAT/Altana. Aus BGH Urteil von 25. 11. 2002- II ZR 133/01.

[3] Vgl. Hellwig/Bormann, ZGR 2002,465,473ff.

[4] Vgl. Hellwig, ZGR 1999,781,799; Lutter, FS Zöllner, 1998, Bd. 1, 363, 380; Lutter/Leinekugel, ZIP 1998,805,806; Schwark/Geiser, ZHR 161(1997), 739,763; Vollmer/Grupp, ZGR 1995,459, 474f. Aus BGH Urteil von 25. 11. 2002- II ZR 133/01.

[5] Vgl. Schnitt, ZIP 2004, S. 533-535; Lutter, JZ 2003, S. 684-686.

[6] Vgl. Adolff/Tieves, BB 2003, S. 797-799.

[7] Vgl. Schnitt, ZIP 2004, S. 533-535; Adolff/Tieves, BB 2003, S. 797-799.

批评的观点认为,联邦最高法院在该判决中错误解释了联邦宪法法院的相关判决。这种看法值得商榷。虽然退市在事实方面不能与转移财产的解散和签订企业合同相提并论,但宪法法院在 DAT/Altana 一案中强调,无法对公司决策产生影响的小股东主要是将股票看成一种投资,股票所有权营造了个人财务上的自由空间,这种自由特别依赖于股票的交易能力。尤其是上市公司的股票,股东可以在资本市场上随时根据自己的意愿进行投资和退出投资。在这种背景下确定所有权客体价值时就不能忽视作为股票所有权属性的交易能力。根据联邦宪法法院的观点,《宪法》第 14 条第 1 款所保护的股票的全额价值的下限是通过交易所自由买卖股票所能获得的价值。通过交易所进行自由买卖所能取得的价值对于确定《宪法》第 14 条第 1 款所保护的股票所有权的全额价值至关重要,那么股票通过交易所进行自由转让的可能性也就自然属于《宪法》第 14 条第 1 款的保护范围。联邦最高法院在本案中得出的结论,即包括交易能力在内的交易价值属于《宪法》第 14 条第 1 款的所有权保护范围,并不是对联邦宪法法院判决的错误解释。

(二) 公司或公司大股东必须向少数股东发出全值收购股票的要约

如果公司计划退市,股份公司或公司大股东必须向少数股东发出全值收购股票的要约。因为由股东大会就退市问题做出决议这一要求还不足以为少数股东提供充分的保护,尤其在分散持股率较低或股票流通量较低的情况下,小股东对股东大会的决议几乎不会产生任何影响。《交易所法》规定,许可的撤销不能违反对投资者的保护。法律将这种保护的具体操作赋予了交易所。[①]《交易所规则》作出规定,依据这些规定投资者的保护应该会得到保证。然而,这种保护不符合在股份法中对少数股东保护提出的要求。有的交易所规则仅规定,只要在撤销决定公开之后投资者具有充足的时间转让撤销申请所涉及的股票,撤销申请就可以得到批准。交易所委员会还可以随时更改《交易所规则》的相应规定,法兰克福交易所的情况就是典型的例子:根据有效期至 2002 年 3 月 26 日的法兰克福有价证券交易所《交易所规则》第 54a 条第 1 款第 2 句第 2 项的规定,只有在以一定的价格发出公开的购买要约,该价格与(退市)申请提出前六个月内的最高交易所价格具有适当的比例关系时才会批准对交易所许可提出的撤销申请。但根据新的规定,如果在撤销决定公开之后投资者具有充足的时间[②]转

---

① 《交易所法》第 38 条第 4 项第 5 句。
② 六个月的时间,参见法兰克福有价证券交易所《交易所规则》第 54a 条第 1 款第 1 句第 2 项。

让撤销申请所涉及的股票,撤销申请就可以得到批准。① 这种规则不能保证投资者得到充分的保护,因为在退市消息公布之后股票的价格通常都会出现跌落,价格的跌落使得投资者不可能收回其所投资的财产价值。资本市场法没有杜绝因退市而给少数股东带来财产法上的损害。因此,这种损害必须通过提供公司法上的少数股东保护来防范。

联邦最高法院却未能在判决中指明义务要约的普通法上(einfachgesetzlich,相对于特别法而言)的基础,而只是在谈及要约的诉讼审查时参照了公司合同法和组织变更法上的相应规定。部分学者将义务要约的要求归结于《组织变更法》第29条第1款第2句②、第207条③和《股份公司法》第305条的类比适用。④ 如果对于投资者来讲,正常退市产生的后果与股份公司变更为有限责任公司或者合并成发行转让受限制的记名股份的股份公司时产生的后果相当,类比适用上述规定的观点就能得到支持。

但另有部分学者反对上述类比适用的观点,认为一方面缺乏类比适用所必需的法律规定上的疏漏,因为立法者已经在资本市场法中对退市程序做出了最终规定;另一方面缺乏类比适用《组织变更法》第207条的客观事实上的可比性或相似性,因为上市的股份公司与远离资本市场的非上市股份公司之间的形式变更绝不会像股份公司变更为有限责任公司那样产生深刻的结构侵害。⑤ 此外,也不能类比适用《组织变更法》第29条第1款第2句的规定,因为该项规定仅仅涉及法律意义上的处分限制,单单是股票交易能力的降低与该项要求没有可比性。⑥

持类比适用观点的学者对反对者的意见进行了详细的驳斥,由此论证了类比适用观点的正确性。

首先,无论《交易所法》第38条第4款的产生历史还是其功能,都是对"该条文对退市程序作出了最终规定"这一观点的驳斥。一方面,《交易所法》第38条第4款确定了国际上普遍的退市可能性,其目的在于提升德国资本市场的吸引

---

① Vgl. StreitZIP 2002,1279,1281f.
② 如果吸收主体由于自身法律形式的原因不能回收自己的股份,则必须向宣布退出公司的股份持有人支付现金补偿。
③ 公司应向反对变更公司形式的股份持有人发出现金收购其股份的要约,如果公司因为新的组织形式的限制不能回购自己的股份,需向宣布退出公司的股份持有人提供现金补偿。
④ Vgl. Schnitt,ZIP 2004,S.533-536;Adolff/Tieves,BB 2003,S.797-802f.
⑤ Vgl. Henze,NZG 2003,S.649(650f).
⑥ Vgl. Krämer/Theiss,AG 2003,S.225(240).

力①，立法者无意以此设立一项涉及公司法的规定。②另一方面，从退市程序技术上讲，退市不是仅仅发布一个简单的公司声明就足矣，而是同获得上市许可一样需要一个管理行为，即许可处根据公司的申请撤销其上市许可。另外，除了正常退市（申请退市）之外，还存在其他的退市方式，例如上市公司变更为一个不具备上市能力的公司形式或者上市公司合并到一个非上市公司。在这些退市方式中，除了资本市场法还要适用公司法的规定。这就否定了《交易所法》对退市程序作了最终规定的论断。③

其次，股票的转让将因公司的退市而变得困难，只能通过私人交易来进行，不再能够通过交易所自动匹配价格，这样股票转让人只能通过费用高昂的企业评估确定交易价格。在《组织变更法》第 207 条的框架内，因公司退市而带来的股票转让的困难程度与上市公司变更为有限责任公司时产生的转让困难程度完全具有可比性，因为对于有限责任公司的股份来讲同样少有半官方交易市场，其转让价格也必须通过企业评估来确定。

最后，根据《组织变更法》第 29 条第 1 款第 2 句规定，在两个法律形式相同的权利承担主体吸收合并时，如果吸收主体的股份受到处分限制，则吸收主体有义务向被吸收异议股东发出股份收购要约。这里所说的处分限制是法律上的限制，只有当违反限制规定的物权性法律行为被视为无效时，该种限制才能视为《组织变更法》第 29 条第 1 款第 2 句所指的处分限制。被吸收公司股东变成吸收公司的股东，其在股东地位上的变化就在于股份处分的法律限制。也就是说，公司退市与《组织变更法》第 29 条第 1 款第 2 句意义上的公司结构变更的可比性取决于事实上的处分限制与法律上的处分限制在多大程度上具有可比性。在公司退市的情形中，股东转让其股票的自由在事实上遭到极大的损害，而《组织变更法》第 29 条第 1 款第 2 句的立法目的恰恰在于保护股东免受因违反其意愿的结构变更措施造成的转让股份的困难。所以，从有效保护少数股东的角度来讲，是事实上的处分限制还是法律上的处分限制造成了股份转让的困难并无区别。无论是存在法律上的还是事实上的处分限制，都应赋予股东退出权④，以退出权替代股份的转让。类比适用所必需的可比性也就由此确定。

---

① Vgl. BGB1. I 1994,1749ff.
② Vgl. Zetzsche,NGZ 2000,S. 1065(1066).
③ Vgl. Henze,NZG 2003,S. 649(650);Kruse,NGZ 2000,S. 1112.
④ Vgl. Henze,NZG 2003,S. 649(650).

(三) 少数股东有权就收购要约价格的适当性提起诉讼上的审查

股份公司或公司大股东不但要向少数股东发出全值收购股票的要约,而且少数股东还有权就收购要约价格的适当性提出诉讼上的审查。通过对股东大会决议提起撤销之诉的方式,股东只能间接地提高公司或多数股东的收购要约的价格。这种救济方式还会附随产生不利后果,例如重新召集股东大会给公司带来过多的费用支出,退市的迟延还可能进一步地给公司带来损害。正确的方法就是类比适用企业合同法和组织变更法的有关规定,在裁判程序中审查要约价格的适当性。

1. 补偿的额度,即收购要约的价格问题

《交易所规则》对股票价值的补偿不是作了有说服力的规定,而主要是要求(如以前法兰克福有价证券交易所)进行一定额度的补偿,该额度与撤销消息公布之前的六个月内的最高交易所价格保持适当的比例关系。因为该补偿额度也可能低于股票的价值,所以不能确保少数股东得到完全的补偿,而联邦宪法法院的判决认为完全补偿是必须的。据此,联邦最高法院认为收购要约的价格应当确保实现对股东的完全补偿。股东将获得交易所牌价作为底线的股票交易价值或者是体现在股票中的企业价值,二者取其高值。但这种笼统地参照联邦宪法法院的判决并由此提出确定补偿额度的准则的做法也遭到了质疑。联邦宪法法院在其判决中要求对少数股东进行完全补偿,其理由在于在这些案件中所涉及的结构变更措施严重地影响了少数股东的股票所有权。而在公司退市中,股东既不像"挤出"(squeeze out)情形那样被完全剥夺股票所有权,也不像签订利润缴付合同那样股票所有权遭到法律上的侵害。如果从联邦德国《宪法》第14条第1款引申出补偿所有权损失的义务,在公司退市中也只要根据股票的交易所牌价进行补偿或者替代性补偿就足够了。[①] 尤其是当股票交易量不足而使得股东在事实上已经没有了转让股票的机会时,而公司退市不过是对这种情况的正式确认,并不会因此而给股东带来额外的负担时,这种补偿要求的合理性就更值得怀疑。[②] 这种观点也过于绝对,虽然公司退市往往是因为市场的萎缩,但即使在这种情况下也要承认,如果公司继续保持上市,股东还是有在当前条件下转让股票的机会。

支持根据企业的收益价值进行全额补偿的观点认为,大多数的退市公司通

---

① Vgl. Schnitt, ZIP 2004, S. 533(536).
② Vgl. Krämer/Theiss, AG 2003, S. 225(230).

常都是被过低评估的企业,其企业收益价值明显高于交易所的牌价。如果仅以交易所的牌价确定补偿额度,股东就只能以通常远远低于企业实际收益价值的价格让出股份。① 这对不想继续投资非上市公司的股东来讲似乎有失公平。然而,在这种情况下即使公司不退出资本市场,股东也不大可能通过交易所出售其股票来获得企业收益价值与交易所牌价之间的差额利益,因为交易价格本来就低于企业收益价值。公司的退市只是剥夺了股东通过交易所的交易实现其股票的交易所牌价价值的可能。只有当股票继续保持上市时股票交易价值能够在可预见的期间内升高至与企业的收益价值相当的水平,按照企业的收益价值进行补偿才具有合理性。但是,股票的价格走势受很多因素的影响,很难做出这样的预测。

通常来讲,公司退市的决定公布之后股价就会即刻下挫。所以,根据退市决定公布之前一段时间内的平均股价来确定补偿的额度较为合理②,而且这样也省却了采用企业收益价值标准的诸多烦琐。采取这种方式也会大大降低多数股东操纵股价损害少数股东利益或者少数股东操纵股价损害多数股东利益的风险。

2. 要约价格适当性的诉讼审查

德国联邦最高法院认为应当借鉴企业合同法和组织变更法的相应规定,在裁判程序中审查收购要约价格的适当性。出于审查行为目的性的考虑,联邦最高法院否定了通过撤销之诉制度审查要约价格适当性的做法。联邦最高法院认为可以整体类比适用程序上的规定,因为程序上的规定仅是实施实体法的工具,程序规定与其辅助实施的实体法具有同样的类比适用能力。但类比适用的观点也具有一定的风险性,一方面如果实体法因为缺乏事实上的可比性或者类比适用所必需的法律疏漏,程序规定就失去了类比适用合理性;另一方面缺乏直接类比适用裁判程序的法律疏漏,因为撤销之诉虽然缺乏实用性,但其却是法律规定的、也能够发挥作用的法律保护制度。不过,联邦最高法院从目的性的角度论证了类比适用的合理性。所以,有学者认为,联邦最高法院是以一种更好的但法律未作规定的权益保护方式取代了撤销之诉的保护方式。③

我们可以看出,在法律和交易所规则对公司申请退市没有做出详细规定的情况下,德国联邦最高法院本着充分保护小股东利益的精神进行了司法上的努力,创造性地确定了上市公司申请退市必须满足的条件,实现了保护小股

---

① Vgl. Wilsing/Kruse,WM 2003,S. 1110(1112).
② Vgl. Schnitt,ZIP 2004,S. 533(536).
③ Vgl. K. Schmidt,NGZ 2003,S. 601(603f).

东的目的。我国《关于改革完善并严格实施上市公司退市制度的若干意见》（2018年修正）中明确规定主动退市的上市公司应当召开股东大会作出决议，也提到要加强退市公司投资者合法权益保护。但我国尚未形成系统完善的小股东利益保护制度，德国法的经验给我国在今后完善小股东利益保护制度提供了良好的参考。

新常态下我国公司债券违约问题
及其解决的法治逻辑*

窦鹏娟

【内容摘要】 债券违约是债券市场化运作的必然结果,但在我国却难以被容忍和接受,依赖政府之手确保刚性兑付曾经是我国处理债券违约问题的一贯路径。然而,随着我国经济社会进入新常态,公司债券违约问题愈发突出,以往这种债券违约解决思路无论在逻辑上还是在现实中都将难以为继。自主协商、诉讼求偿机制和破产偿债程序等法治机制是域外解决债券违约问题的主要途径。债券违约解决的法治机制是法治化债券市场建设的重要内容,这一机制并非只是简单的事后了结。解决公司债券违约问题不能只围绕违约本身进行规则变革,关键还在于肃清债券市场中的非市场化因素,剥离非常态的政府信用,彻底切断政府兜底债券违约的基础与可能,使法治思维深植于解决公司债券违约问题的逻辑之中。

【关键词】 公司债券 违约风险 隐性担保 债券规则 经济新常态

近年来,我国公司债券市场深受偿付危机与违约事件的困扰。债券违约本是债券市场化运作的必然结果之一[①],但在我国却成为难以被容忍和接受的现象。人们习惯并依赖于政府对债券违约伸出援助之手,政府斡旋与刚性兑付曾经被视为我国处理债券违约问题的"常规"做法。十八届三中全会提出"发展并规范债券市场,提高直接融资比重",这意味着债券市场必须打破刚性兑付的惯例以及违约处理的行政化思维。随着我国经济社会进入新常态,公司债券违约问题愈发突出,在此情形下思考如何以法治逻辑来应对和解决债券偿付危机与

---

* 原文发表于《法学评论》2016年第2期。本文在原文基础上对部分内容进行了更新、修改和删节。
① 参见吴伟央:《债券违约应对处理法律机制探析》,载《证券法苑》2014年第4期。

违约事件遂显得尤为必要。

一、违约频现：我国公司债券市场"新常态"

违约虽是一个法律上的概念，但其含义却十分广泛，概指"不履行法律责任或未能履行某项法定或合同义务，尤指不能履行到期债务"[①]。可以说，"任何与法律、合同规定的义务不相符合的行为，均可以被认为是违约"[②]。发行人须按照约定条件还本付息被认为是债券区别于股票等其他直接融资工具的根本特征，然而任何债券都存在着发行人违约的可能性。广义上的债券违约是指发行人对债券发行契约即发行人、债券持有人及托管人之间的正式合约中任何条款的违背，既包括发行人未能如约履行本息兑付义务，还可能包括发行人增加对外担保、转让重大资产以及整体负债规模超限等其他违反合同约定的情况。[③] 本文主要讨论狭义上的债券违约现象，即实践中最常见的债券发行人不能如约支付本息的情况。

尽管我国企业在海外发行债券发生违约的情况并不罕见，但在国内市场上债券发行人的违约现象却一直不能被容忍和接受。早在我国债券市场发展初期，就曾大规模地出现过债券不能到期兑付的现象。20 世纪 90 年代初，源于我国经济的快速发展，企业资金需求加剧，因 1987 年《企业债券管理暂行条例》的颁布而渐入正轨的企业债券市场为企业融资开辟了新渠道，由此启发了一轮企业发债高潮。然而，从 1993 年起，便陆续发生债券不能如期兑付的情况，至 1997 年年末，全国约有 30 亿元的企业债券逾期未能兑付。大面积的债券违约给投资者（大多为居民个人）带来了不小的损失，造成一系列社会事件，甚至出现投资者冲击政府和代销银行的行为。最终，为避免债券违约引发更激烈的社会冲击，由政府出面在银行、债券承销商以及财政部门之间进行协调，协调的结果是违约债券中的一部分由银行代为偿付，一部分由承销商垫付，另外的部分以财政拨款的方式进行偿还。[④] 通过这种政府兜底式的解决办法，终于平息了发生在我国债券市场发展早期的违约事件。

---

① Bryan A. Garner, *Black's Law Dictionary* (10th Edition), Thomson West, 2014, p. 507.
② 王利明：《论根本违约与合同关系的解除》，载《中国法学》1995 年第 3 期。
③ 参见中债资信政策研究团队：《债券违约！投资者应了解的四件事》，http://chuansong.me/n/1625584，2015 年 10 月 11 日访问。
④ 参见陶丽博：《我国债市违约事件透析》，http://finance.sina.com.cn/money/bond/20140404/135818715164.shtml，2015 年 10 月 12 日访问。

进入 21 世纪以来，我国债券市场开始驶入发展的快车道①，改革与创新成为这一时期我国债券市场的重要特征。② 然而，创新即意味着新能量与新变量的引入，由此带来市场的扰动③，表现之一就是债券兑付危机频繁发生。自 2006 年以来，我国公司债市场曾数度出现债券违约的端倪，最为典型的是 2012 年的一系列偿债危机事件。④ 在市场各方对于债市违约终于"狼来了"的恐慌与希冀等诸种情绪的复杂交错中，甚至已经技术破产的山东海龙等一系列濒临违约的企业债券，却最终在地方政府、银行以及监管部门的通力合作下成功解除了违约警报。但事实证明，企图以外力改变市场规律的做法终究不可持续，我国债券市场最终还是在 2014 年迎来了它的首单违约，这就是广为关注的"11 超日债"事件。⑤ 尽管构成实质违约的"11 超日债"被主张实现债券市场化、法治化的各界人士寄予厚望，然而从这一事件的后续发展与处理来看，债市零违约的记录虽被打破，但对于违约的处理并没有突破以往的模式，"11 超日债"最终还是延续了我国债券市场刚性兑付的一贯传统。⑥ "11 超日债"事件的处理，表面来看虽然采取的是发行公司申请破产重组还债的方式，但是层层剥开重组*ST 超日的这些公司的股权结构则不难发现，这些帮助*ST 超日脱困的公司都有着共同的"国有"背景。"11 超日债"所谓的完美兑付实际上还是源于政府所扮演的"救火

---

① 2003—2014 年，我国债券市场的发行量从 1.5 万亿元左右上升至 12.28 万亿元；托管量从约 3.76 亿元上升至 35.64 亿元；交易量从银行间市场和交易所市场交易量总和不足 5 万亿元提高到仅银行间债券市场的交易量就达 302.4 万亿元。目前我国已经形成了以银行间市场、交易所市场和商业银行柜台市场组成的统一分层的债券市场体系，市场规模不断扩大，债券类别不断丰富、品种推陈出新，交易模式渐趋多元，投资者日益多元且结构趋向科学和合理，市场逐渐走向开放，国际化程度明显增强。以上数据来自中央国债登记结算有限责任公司的相关统计。

② 参见沈炳熙、曹媛媛：《中国债券市场：30 年改革与发展》（第二版），北京大学出版社 2014 年版，第 8 页。

③ 参见戴文华：《证券市场创新与系统风险的若干问题》，载《证券市场导报》2013 年第 3 期。

④ 引发系列偿债危机的债券包括山东海龙"11 海龙 CP01"、地杰通信"10 中关村债"、江西赛维"11 江西赛维 CP001"、新中基"11 新中基 CP001"、康特荣宝"10 京经开 SMECN1"、惠佳贝"10 黑龙江 SMECN1"和高丽彩钢"11 常州 SMECN II 001"等。

⑤ 2014 年 3 月 4 日，深圳证券交易所对外披露了《上海超日太阳能科技股份有限公司 2011 年公司债券第二期利息无法按期全额支付的公告》，公告称由于各种不可控的因素，上海超日太阳能科技股份有限公司于 2011 年 3 月 7 日发行的上海超日太阳能科技股份有限公司 2011 年公司债券将无法于原定付息日按期全额支付共计 8,980 万元人民币利息，仅能够按期支付 400 万元人民币的利息。2014 年 3 月 7 日，这一公告所披露的事实最终兑现，"11 超日债"正式违约，成为中国资本市场上首只实质违约的债券。

⑥ 2014 年 10 月 23 日，由江苏协鑫能源有限公司等 9 家公司联合拟定的*ST 超日的重组方案获得高票通过。根据重组方案，"11 超日债"的普通债权人最终都获得了偿付。*ST 超日以 2014 年 12 月 22 日作为还本付息日，对每手面值 1000 元人民币的"11 超日债"派发本息共计 1116.4 元人民币，其中甚至包含欠息所引起的复利和罚息，在扣除个人所得税之后，债券个人持有人的实际每手面值 1000 元人民币获得派发本息共计 1093.12 元人民币。

队"角色。①

债券违约从无到有,是国际上债券市场发展的一般规律,被认为能够促使一国债券市场走向成熟。"11超日债"仿佛打开了我国债市违约的潘多拉魔盒,此后偿债危机一波未平一波又起。目前,我国信用债市场违约已扩展至所有债券类型,无论发行方式是公募还是私募,无论流通场所为交易所还是银行间,无论发行人属于国企、央企还是民企,均已发生多起违约案例。② 未来随着经济下行压力的增强以及债券市场化运作的不断深化,违约将不可避免成为我国公司债市场的"常态化"现象。③ 从经济学角度来看,债券违约风险(risk of default)是公司债券定价的关键因素,投资者可以通过违约分析从债券损失分布中获得风险补偿。④ 缺少违约的债券市场不仅无法进行有效的风险区分和确定合理的风险溢价,而且会使无风险收益率水平被错误地抬高,反而导致风险的累积。可见,债券违约实际是债券市场发展的一种必然反应,本不应该引起市场各方的恐惧和排斥。然而,在我国,人们不仅不能接受债券违约的发生,更习惯于看到每一起偿债危机或违约事件中政府的身影,通过政府斡旋实现刚性兑付曾经被认为是我国处理债券违约问题的常规做法,这种期待政府兜底的投资心理与行政化的债券违约处理模式实在令人担忧。随着经济新常态的到来以及债市违约的常态化,债券刚性兑付的压力越来越大,在此情形下,依靠政府干预来处理债券违约问题显然难以为继。

二、政府兜底债券违约:逻辑悖论与现实困境

有观点认为,我国债券持有人对债务人的干预能力低,致使进入破产程序的公司资产质量往往大幅恶化,若以市场化的方式解决债券违约问题,则投资者的投资回收率恐难以理想。⑤ 从保护中小投资者的角度看来,这一观点似乎有些道理,但仔细分析却是站不住脚的。的确,在美国,债权人对于发行人偿债能力

---

① 参见覃荪:《"11超日债"兑付 债民相约抢食垃圾债》,载《第一财经日报》2014年12月18日。
② 参见李宇飞、吴志武:《2015债券市场与评级发展现状与未来展望》;http://www.aiweibang.com/yuedu/70403689.html,2015年12月21日访问。
③ 关于我国债券违约常态化的分析与预测,参见匡荣彪、何可、朱仲华:《债券违约常态化或将成为一种趋势》,载《上海证券报》2014年8月29日;余璐:《债券违约"新常态"》,载《中国投资》2014年第10期。
④ 参见朱峰、张建伟:《债券违约风险的或有要求权分析》,载《福州大学学报(哲学社会科学版)》2004年第2期。
⑤ 参见刘子安:《11超日债危机变局启示》,载《新金融观察》2014年10月13日。

的变化十分敏感且会积极干预,因此违约债券的清偿率一般可以达到45%左右。而我国债券持有人对于评级机构关于发行人及其所发行债券信用等级的调整则不太敏感。基于"政府兜底债券违约"的心理预期,有些投资者为了赚取高收益,往往对评级连续下调的风险提示置若罔闻,甚至逆市而为进行投资。[①]

保护投资者固然是债券市场发展不可忽视的内容,但这种保护绝不是不讲原则,不能只看过度保护所带来的短期效应。一个合格的债券投资者,应该是具备风险意识和自我保护能力的投资者。违约风险是到期日(maturity)以外影响债券收益的另一重要风险因素[②],也是债券投资者必须接受的客观事实。根据费雪(Irving Fisher,1867—1947)的理论,违约风险的总量以及公司履约的可靠性等是构成公司债券预期收益率的重要因素。[③] 评估发行人的违约风险本就是债券投资者的一项基本义务,投资者正是基于其对违约风险的判断决定是否投资以及投资的额度。债券违约风险可以通过信用评级信息进行测量。在美国等成熟债券市场上,债券有投资型和投机型之分。前者一般为标准普尔BBB及以上信用等级债券,后者一般评级为BB$^+$或更低等级。[④] 相对而言,投资型债券的违约风险较低,例如评级为AAA的债券表示发行人几乎不可能违约。这一点在穆迪投资者服务公司(Moody's Investors Service)的相关统计数据中已得到验证。根据其关于公司债券违约与评级的分析数据,在1920年到2014年的95年间,被评级的全部公司债券的平均违约率为1.195%,其中投资型的公司债券平均违约率为0.149%,投机型的为2.833%。而评级为AAA的公司债券发行人在这95年间从未发生违约。[⑤] 2014年美国共发生公司债券违约53起,其中2起为投资型公司债,其余皆为投机型债券。按照信用等级进行债券分级实际上也是对投资者的一种引导,投资者可以根据自己的风险承担能力选择债券类

[①] 例如,"11超日债"事件中,部分投资者就是在该债券信用等级已降低至CCC、价格大幅下跌的情况下接手的。"11超日债"获得全部兑付,债券投资者受此"鼓舞",甚至相约投资那些高风险的垃圾债。关于投资者投资高收益债券的详细内容见覃荪:《"11超日债"兑付 债民相约抢食垃圾债》,载《第一财经日报》2014年12月18日。

[②] See Eugene F. Fama, Kenneth R. French, Common Risk Factors in the Returns on Stocks and Bonds, *Journal of Financial Economics*, Vol. 33, No. 1, 1993.

[③] See Raymond Chiang, Some Results on Bond Yield and Default Probability, *Southern Economic Journal*, Vol. 53, No. 4, 1987.

[④] See Michael Hartzmark, Cindy A. Schipani, H. Nejat Seyhun, Fraud on the Market: Analysis of the Efficiency of the Corporate Bond Market, *Columbia Business Law Review*, No. 3, 2011.

[⑤] 数据来自穆迪投资者服务公司2015年3月21日公布的《违约年度报告:公司违约及回报率1920—2014》(Annual Default Study: Corporate Default and Recovery Rates, 1920—2014, https://www.moodys.com/research/Annual-Default-Study-Corporate-Default-and-Recovery-Rates-1920-2014--PBC_180036, Accessed November 16, 2015)。

型,如果选择投机型债券,则意味着将承担较高的债券违约风险。

同为资本市场直接融资工具,债券与股票的根本区别在于,债券价格较少依赖于发行人未来盈余的增长。"偿还性"是债券的根本特征之一,按照约定条件偿还本金并支付利息是债券发行人的基本义务。因此,不同于股东,债券持有人在公司即使没有盈余的情况下也享有要求债务人偿还利息与本金的权利。[①] 法律对于债券持有人这一权利的保护自有设计,即当公司破产时债券持有人相比股东享有优先受偿权,在同等条件下,债券持有人预期的补偿将多于一般股东。债券违约与处理的逻辑链条可以表述为:法律设计债券交易规则与投资者保护条款→投资者认可并接受债券违约现象→根据债券评级信息进行风险判断并投资→自行承担债券违约的后果→依据法律规定解决债券违约问题。然而,在我国,政府过度干预债券市场和兜底债券违约的做法却在某种程度上扭曲了债券违约解决的本来逻辑。

在我国债券市场上,以往每当出现风险苗头、可能发生违约或无法达到预期收益时,总能看到债券发行方或渠道方背后所属地方政府的影子。地方政府为其辖区内的公司和企业所发行债券提供隐性担保,几乎成为我国公司信用债市场的一种潜规则。追根溯源,这与我国当初建立债券市场的初衷不无关系。在某种程度上,我国债券市场一开始就是为了国企融资而建立的一个市场[②],国企所拥有的政府背景使得其所发行债券的信用不容置疑。在我国债市发展的40余年间,这一传统理念并没有随着市场化的推进而发生转变,这一点在信用债市场表现最为突出。尽管近年来,我国信用债规模不断扩张,本应以商事信用为基础的信用债却依然在一定程度上延续着政府信用。必须承认,这种由政府提供隐性担保所形成的债券刚性兑付惯例违背了市场经济的要求,偏离了债券发行应遵守的商事信用基础,不仅助长了市场参与者的逆向选择和道德风险,久而久之使其形成"债市无风险""风险有兜底"的认识误区[③],而且也为整个金融体系埋下了系统性风险和财政风险。[④]

政府出于保护中小投资者的目的干预债券兑付危机,但其效应只是暂时保护了个别投资者的回报率,非但这些投资者不会因为这种"父爱"式的保护增加

---

① See James J. Park, Bondholders and Securities Class Actions, *Minnesota Law Review*, Vol. 99, 2014.
② 参见黄文涛:《中国债券市场新格局 新挑战》,中国金融出版社2014年版,第45页。
③ 参见周梅、刘传哲:《信用类债券的政府信用及违约承担机制研究》,载《经济问题》2013年第12期。
④ 参见洪艳蓉:《公司债券违约零容忍的法律救赎》,载《法学》2013年第12期。

应有的风险意识,债券市场上的其他投资者还可能因为这种非市场化的违约处理方式形成错误认识。一旦这种政府兜底的债券违约处理机制失去了得以维持的基础,那么那些认为债券总会刚性兑付的投资者就会处于极大的风险之中。2001年,日本零售业巨头Mycal的破产被公众认为损害了其对于公司债市场的信任。① 其时,日本的债券市场也相对年轻,投资者亦缺乏风险评估的能力。不少老年投资者将其退休金倾囊而尽用于投资Mycal债券,正是基于这一债券是安全无违约风险的错误认识。② Mycal事件与我们的"11超日债"多少有相似之处,但日本并没有基于保护弱势投资者的考虑而采用政府干预的方式平息纠纷,该事件最终仍然是以常规性的法律手段得到解决。

时至今日,政府兜底、刚性兑付的债券违约处理方式所隐藏的弊端已经越来越理性地为人们所认识。在业界看来,"打破刚兑"已逐渐成为债市参与各方的共识。③ 从我国当下所处的宏观形势来看,政府兜底违约债券的压力将逐渐加大,转变债券违约处理的思路已是大势所趋。当前,我国经济呈现出新常态,从高速增长转变为中高速增长已经成为经济发展新阶段的基本特征。④ 新常态既是对于中国经济增长阶段性特征的新判断,也是对新时期我国经济形势的准确描述,为我国经济发展定下了基调。⑤ 通常来看,企业违约的概率与经济增速具有较强的负相关关系。世界各国的经验表明,在经济下行阶段债券市场违约率上升是一种正常现象。⑥ 在我国经济增速不断下移的过程中,部分企业的盈利与现金流显著恶化甚至丧失偿债能力。经济增速回落所引起的债券违约风险上升现象已经在我国债券市场上得到应验。尤其是2014年以来,债券市场信用风

---

① Mycal曾是日本主要的连锁超市和第四大零售商。20世纪80年代末期正值日本经济泡沫时期,Mycal大肆扩张其业务并进行多元化经营,90年代初期经济泡沫破灭后,其庞大的设施和巨额债务使得Mycal不堪重负。随着2001年公司债券利率的下跌,Mycal无法通过银行或其他渠道获得足够融资,以致不能偿还其总额约为400亿日元(按照当时$1=¥120JPY的汇率,约折合33,300万美元)的债务,因而成为日本历史上最大的零售商破产案件之一。See Samuel L. Bulford, Kazuhiro Yanagida, Japan's Revised Laws on Business Reorganization: An Analysis, *Cornell International Law Journal*, Vol. 39, No. 1, 2006.
② See Eric Grouse, Banks, Bonds and Risk: The Mycal Bankruptcy and Its Repercussions for the Japanese Bond Market, *Duke Journal of Comparative & International Law*, Vol. 12, No. 2, 2002.
③ 参见《"打破刚兑"渐成债市共识》,https://bond.eastmoney.com/a2/20180614888061235.html,2022年6月2日访问。
④ 参见张占斌、周跃辉:《关于中国经济新常态若干问题的解析与思考》,载《经济体制改革》2015年第1期。
⑤ 参见任保平、宋文月:《新常态下中国经济增长潜力开发的制约因素》,载《学术月刊》2015年第2期。
⑥ 参见张骏超:《冷观债券零违约》,http://finance.sina.com.cn/stock/t/20120816/022912862062.shtml,2015年11月24日访问。

险事件频繁发生,信托、私募债、中小集合债、短融等几乎无一幸免,维持债券刚性兑付的压力将会越来越大。① 实际上,新常态下经济增速的下调只是一种表象,其实质是经济发展质量提升的一个必经阶段,同时也是市场参与者之间通过公平竞争实现优胜劣汰的过程。债券违约作为债券发行企业现金流和盈利能力恶化的一种直接反应,意味着企业可能将在未来面临市场淘汰的风险。这本是市场经济尤其是经济新常态下企业退出市场的一种方式,但由于政府的兜底作用使得企业所面临的债务困境暂时缓解,这在短期内改变了企业的市场命运,但毕竟不是长久之计。如果没有一种可持续的"造血"机制来彻底改善企业的盈利能力和现金流状况,那么债券违约问题就不能从根本上得到解决。

在政府的兜底下,公司债券违约处理的逻辑被扭曲为:法律设计债券交易规则与投资者保护条款→债券兑付危机或违约事件发生→投资者拒绝接受债券违约→政府介入并干预或兜底→投资者不承担违约损失→债券信用评级制度/风险预警机制/违约解决法治机制失效→债市维持无风险假象→投资者投资高风险债券→债券兑付危机或违约事件发生→投资者拒绝接受债券违约……如此循环往复,政府将永远走不出为债市托底的阴影。在新常态下,政府兜底债券违约的处理方式不仅已经难以为继,而且不能从根本上改变债券发行人的市场命运。建立市场化、法治化的债券市场,不仅要让违约事件按照市场力量自然发生②,更要按照法治机制得到解决和处理。

三、宜疏勿堵:债券违约解决的法治机制与域外经验

国外债券市场发展的普遍规律显示,违约是债券市场化运作的必然结果,境外成熟债券市场上发行人违约的现象其实并不鲜见。根据标准普尔的统计,在2007年至2011年的5年间,美国债券市场共发生400余起违约事件,日本发生8起。在美国,债券市场的违约率与贷款违约率是基本相当的,除了2008年全球金融危机期间以及之后的一两年内债券违约率上升至8%左右并呈现出一定

---

① 参见杨虹:《"11超日债"拟重整 各方力保其刚兑》,载《中国经济导报》2014年10月14日。
② 在"11超日债"违约事件发生后,中国人民银行副行长潘功胜曾在出席一次论坛时表示:"要强化金融市场纪律和金融市场的自我约束,在防范系统性风险的前提下,让一些违约事件顺应市场的力量而'自然发生',这有利于强化市场纪律的约束,端正产品发行者和投资者的行为,同时有利于财富管理市场的健康发展。"参见王媛:《央行副行长:让违约事件顺应市场力量"自然发生"》,载《上海证券报》2014年3月24日。

的系统性信用风险特征以外,每年的债券违约率基本都会控制在1%—3%之间。① 日本在1993年出现首例债券违约后又陆续发生数起违约事件,但并未引起大规模的风险爆发,更没有导致经济波动和社会不稳,相反却引起了投资者对于风险的重视和理性投资,开始注意利用评级机构弥补信息劣势,从而使其债券市场走向市场化的良性发展轨道。② 治理债券违约的思路不在于抑制违约的发生,而在于如何以恰当的方式处理好违约问题,简言之就是宜疏不宜堵。我国利用行政力量采取非常规方式处理债券违约问题其实与一味堵住债市违约闸门是一样的逻辑,疏通债市违约的理智思维应该是运用法治机制解决好债券违约事件。

债券违约是一个从违约风险暴露到违约事件实际发生的动态过程,在发展为最后的违约事件之前,债券发行人的财务经济状况往往已经出现严重问题其至恶化。从域外经验来看,为维护自身权益,债券持有人通常依托债权人会议或债券信托制度,采取行使抵押权、财产保全、要求发行人追加担保等措施积极干预事件的发展,最大限度地促使债务人兑付债券本息。如果这些措施未能奏效,则往往会导致启动债券违约处理机制③,即违约事件发生后的了解处置机制。例如,美国对于违约行为的处理一般采取两种方式:如对协议条款的违背不算严重,则双方可就合约问题重新协商;如发行人严重违背协议,则债权人可迫使发行人破产。破产又分为清算和重组两种解决办法。通过破产程序,由专门的破产法庭保护公司资产和保障债权人权利。④

事实上,债券违约解决的法治机制通常包括以下三种模式:

一是自主协商机制,即债券持有人与发行人及担保机构等相关方以自主协商的方式就违约债券的本息偿付问题达成令各方都能接受的解决方案的一种机制。⑤ 在这种机制下,债券持有人一般会通过给予债务人一定的宽限期来争取偿付目的的最终实现,债务人亦可就后续的偿债安排与债券持有人进行磋商谈判,以避免债权人提起求偿诉讼或启动破产处置程序。就债券持有人而言,在自

---

① 参见严弘:《违约将成中国债市新常态》,http://www.ftchinese.com/story/001061889,2015年11月25日访问。
② 参见《中债资信:违约事件不可惧 完善应对机制促债市发展》,http://finance.ifeng.com/a/20140409/12081420_0.shtml,2015年11月25日访问。
③ 参见吴伟央:《债券违约应对处理法律机制探析》,载《证券法苑》2014年第4期。
④ 参见《境外债券违约处理方式》,http://bond.cnfol.com/130117/106,1306,14209798,00.shtml,2015年11月26日访问。
⑤ 自主协商与我国破产程序下的和解目的上并无二致,区别在于前者没有法院的主持或参与。但之所以将自主协商作为一种债券违约处理的法治机制,原因在于各方仍然是按照相关法律规定以及债券合约等依法处理违约债券的本息偿付问题。

主协商机制下实现债券兑付目的的具体方式包括行使担保权、利用偿债保障条款和进行债务重组等。如违约的债券已经设定了担保包括抵押与质押，则债券持有人可通过行使抵押权或质押权实现债券的优先偿付。偿债保障条款是债券发行人在债券募集说明书中就发行债券日后可能出现的违约问题赋予债券持有人的相关权利以及提出的解决措施。通常，债券持有人可以要求发行人提前兑付债券或要求行使回售权。另外，债券持有人也可以以债权人的角色参与债券发行人的公司治理，通过干预公司运营治理的重大决策，间接实现债权保障的目的。在自主协商机制下，债务重组是促使违约债券得以兑付的一种最为核心的方式。自主协商机制下的债务重组不同于破产程序，它是一种庭外债务重组模式。在英国和我国香港特别行政区，这种模式被用来挽救陷入财政困难的企业得以重生。债务重组实质就是债权人与债务人建立起新的债权、债务关系的过程，这一过程主要涉及债务人如何筹措偿债资金以及双方就债务偿还的延展期、利率与本金的削减或采取其他多样化的偿债方式达成协议两个方面。

与债券求偿诉讼或破产偿债程序相比，债券违约处理自主协商机制的优势主要体现在节约时间成本以及形式灵活便利方面。一般是债权人预测债务人财务经济状况上的困难只是暂时性的、债券最终获得兑付的可能性较高的情况下所采取的一种途径。2015年4月，佳兆业集团（Kaisa Group Holdings）在香港交易所发布公告称，未能对公司发行的2.5亿美元境外债券支付预定利息，也未能在付息日之后的30日内作出有关利息付款，因此构成所发行海外债券的实际违约。违约事件发生后，佳兆业首先采取了自主协商的处理方式，致力于就未偿债务与债权人进行债务重组的谈判，债务人提出的具体方案包括在保护本金的前提下给予其5年的债务展期，同时削减28.9%—66.3%的利率。尽管这一方案并没有顺利使债权人接受，公司债券评级的下调曾导致债权人要求立即偿还债务，但无论如何，自主协商机制使债券持有人和债务人在诉讼求偿与破产偿债之外多了一种债券违约处理途径，如能以此解决违约债券的兑付问题，则双方均可能获得更为有利的处理结果。

二是诉讼求偿机制。作为债权人，债券持有人如预期发行债券的公司经营状况严重恶化并将长期持续，但在债务到期时债券发行人又具有一定的债务偿付能力，尚未达到资不抵债需要启动破产程序的地步，债券持有人也可以通过诉讼机制来处理债券违约问题。债券违约诉讼与一般的诉讼案件在程序上并无实质区别，只是提起诉讼的主体有所差异。面向公众投资者发行的债券由于持有人一般比较分散，正如美国1939年《信托契约法》（Trust Indenture Act of 1939）所言："债券投资者分散在很多州，当投资者想选出代表维护自己利益时，往往很难知道彼此的姓名和地址。"① 因此,分散的债券持有人通常会陷入集体行动(collective-action)困境,即单个的债券持有人由于投资额相对较小难以如有凝聚力的集体那样行动,故其采取行动或合作的经济动机遂被最小化。② 对分散的债券持有人统一意志进行集体行动以维护其权益故而成为必要,而这一般依托于债券受托管理人或类似制度。实践中,债券受托管理人一般由债券发行公司指定,拥有签订、修改和补充债券信托合同乃至提起诉讼等权利,其主要作用在于强制债务人履行债务以保护债券持有人利益。当发生债券违约事件时,债券持有人如欲通过诉讼机制解决违约问题,往往需通过债券受托管理人而不是自己直接对发行人提起诉讼。鉴于债券持有人的分散性,有这样一个能"积极参与诉讼标的之权利关系的发生以及管理"的主体可进行授权并代替其进行诉讼担当,无论对于债券持有人还是法院都具有提高诉讼效益的积极作用。③ 由于债券违约求偿诉讼一般适用于债务人还具有一定偿还能力的情况,因此债券持有人通过此种渠道获得偿付的概率还是比较高的,但是不足之处在于需要承担相应的诉讼成本,包括时间成本以及经济成本等。

三是破产程序。通常,当债券违约发生后,当事人一般会先采取自主协商的方式解决,若协商解决无效而债务人资不抵债的情况又比较严重,则往往会导致启动破产程序。破产是在债务人丧失清偿能力时的一种债务特别清偿程序,既包括破产清算模式下的市场退出程序,也包括重整、和解模式下的企业挽救程序。④ 债权人与债务人均可以提起破产申请,许多国家和地区皆是按照破产清算或重整来了结公司债务,在债券违约中破产程序的应用也十分广泛。

破产清算制度是按照法律程序对债务人财产进行清算,并将可分配财产在债权人之间进行公平清偿的一种法律制度。事实上,作为一项程序性极强的制度,在破产清算程序中并没有过多的措施可供采用。但是需要强调的是,在破产财产的分配顺序上,债券持有人相比于股东通常享有优先受偿权,这是破产制度对于债券持有人的一种特别保护。例如,美国《破产法》(Bankruptcy Act)对于公司破产的清算程序就规定了清算财产在债权人之间分配必须遵循的"绝对优先权原则"(Absolute Priority Rule,APR),即只有在债权人得到足额偿付后,

---

① 转引自刘迎霜:《论公司债券投资者的利益保护》,载《社会科学研究》2010年第4期。
② See Steven L. Schwarcz, Gregory M. Sergi, Bond Defaults and the Dilemma of the Indenture Trustee, *Alabama Law Review*, Vol. 59, No. 4, 2008.
③ 参见杨宏芹、王兆磊:《中小企业私募债券受托管理人诉讼地位研究》,载《证券法苑》2015年第1期。
④ 参见王欣新:《破产程序与诉讼时效问题研究》,载《政治与法律》2015年第2期。

股东才能得到偿付,高等级的债权人优先于低等级的债权人得到足额偿付。①作为一种强制程序,破产清算是通过逐一出售公司资产获得偿债能力,这种极端方式不仅意味着公司法人资格的终止,而且从债务了解的结果来看,债权人尤其是那些无担保债权的受偿率往往偏低。因此,在更多的时候,了结公司债务采取的是重整而不是清算的方式。破产重整是在法院主持以及相关利害关系人参与的情形下,对债务人公司进行业务重组与债务调整,以期帮助债务人走出债务困境、恢复营业能力的一种法律制度。② 由于破产重整公司在破产期间与之后都能保持持续经营,因此企业价值将大于资产清算的价值,债券持有人的利益将会因此得到更大保障。

在美国,处理破产案件的法律基础是《破产法》,属于美国联邦法律体系,由美国联邦法院执行。因此,通常情况下,美国各州的法院并不审理破产案件,破产案件是由联邦法院专门设立的破产法庭进行审理的。破产法庭将保护债务人的资产,指定专人来负责公司经营,以免公司资产的消失和债权人权益受到侵害。破产法庭的作用在于减轻因分散的债权人单个采取诉讼方式寻求法律救济而可能引起的"公共池塘问题"(common pool problem)③,由于能够协调处理债权人的偿付请求,破产法庭在一定程度上避免了债权人为各自利益而侵害对方利益的现象。关于公司破产的规定主要体现在美国《破产法》第 7 章"清算"(Liquidation)和第 11 章"重组"(Reorganization)两个部分中,在破产程序中有由律师、会计师、审计师等专业人士组成的转机管理组织(Turn-around Management Association,TMA)作为破产财产的管理机构。近年来,美国利用破产程序了解公司债务的经典案例包括在 2007 年次贷危机中陨落的贝尔斯登、美国国际集团、通用集团以及雷曼兄弟等。

破产程序在解决公司债务问题上的主要缺陷在于程序性较强,债权人在其中的地位比较被动、能动性较低,而且无论是清算还是重组,一般都会造成一定的价值损失。另外,美国的研究者还发现,在一些大型公众公司的重组过程中,大约 2/3 的案件都存在着对绝对优先权原则的违反:一般来说,无论债权人是否

---

① 参见徐光东:《破产法:美国的经验与启示》,载《西南政法大学学报》2008 年第 5 期。
② 参见吴伟央:《债券违约应对处理法律机制探析》,载《证券法苑》2014 年第 4 期。
③ 假设一家面临破产的公司须对 10 名债权人履行偿付义务,如无破产法庭则这些债权人偿付的优先权将以各自开始起诉的时间来决定,即第一个采取法律行动的债权人将享有第一求偿权,第二个采取法律行动的债权人将享有第二次偿权,以此类推。这就形成了一种竞争性的优先权体制,而这将促使债权人之间就获偿利益进行竞争,其结果是由于债权人的单一行动而降低了债权人整体获得的偿还总额。参见〔美〕迈尔斯·利文斯顿:《债券与债券衍生产品》(第二版),周琼琼、李成军译,上海财经大学出版社 2015 年版,第 143—144 页。

能够得到偿付,股东都能得到至少相当于债权数额5%的偿付。而债权人为避免重组延迟与价值损失,只能被动接受这种对APR的违背。此外,破产程序对于公司债务的了结也颇耗费时日,研究发现进入重组程序的案件平均耗时约为2—3年。① 当然,世界上没有完美的制度,尽管破产程序存在着这样那样的缺陷,但当债券违约事件发生时,它依然是域外处理债券持有人与发行人之间债务问题的主要途径。

在我国,2020年7月最高人民法院发布的《全国法院审理债券纠纷案件座谈会纪要》(以下简称《债券纪要》)对债券市场提出了坚持纠纷多元化解的原则,投资者可选择的救济途径实际上不限于诉诸诉讼,还可以采取协商、调解、委托调解、破产重整、和解、清算等多种司法救济。《债券纪要》还提出,要协调多种司法救济手段之间的关系形成纠纷化解合力,构建债券纠纷排查预警机制,防止矛盾纠纷积累激化。在债券违约所引发的民事赔偿纠纷中适用多元化化解机制,也有助于债券持有人选择纠纷化解程序,在提升维权效率的同时,也有助于降低其维权成本。②

四、我国解决债券违约问题的法治转向:政策与法律的转变及未来改进方向

经济周期的起落和企业经营的成败所带来的债券违约风险实属正常,令市场担心的并不是风险本身,而是政府与市场界限的模糊所造成的不确定性。在社会资源配置系统中,市场配置与政府配置是两种最重要的子系统,对于两种配置定位、范围、冲突与协调的讨论形成了关于"政府与市场关系"问题的历久弥新的话题。③ 我国经济体制改革的过程,就是一个不断调整政府与市场的关系并将调整结果予以体制化和机制化的过程,"使市场在资源配置中起决定性作用和更好发挥政府作用"的提出,清晰地展示了我们对于政府作用与市场作用在认识上的不断深化。④ 我国债券市场的刚性兑付并非源于发行人真实的债务偿还能力,而是政府在相关部门之间进行斡旋所达成的一种非常规且不可持续的结果。

---

① 参见徐光东:《破产法:美国的经验与启示》,载《西南政法大学学报》2008年第5期。
② 参见余能军、杨悦:《最高法〈全国法院审理债券纠纷案件座谈会纪要〉律师解读》,https://www.sohu.com/a/416901877_730818,2022年6月2日访问。
③ 参见张守文:《政府与市场关系的法律调整》,载《中国法学》2014年第5期。
④ 参见陈甦:《商法机制中政府与市场的功能定位》,载《中国法学》2014年第5期。

打破债券市场的刚性兑付,是划清政府与市场界限的需要。[①] 厘清政府与市场的关系对于解决我国政府过度介入和干预债券市场问题意义重大,为政府从债券偿付危机中解脱出来提供了政策契机,也为投资者走向成熟和实现债券市场化创造了条件。

随着政府与市场关系的逐步厘清,我国关于债券市场法治化发展的政策导向也越来越清晰。国家最早提出发展债券市场是在1997年的第一次全国金融工作会议上,2004年国务院发布的《关于推进资本市场改革开放和稳定发展的若干意见》中又进一步提出了"积极稳妥发展债券市场"的要求。2014年5月,国务院发布《关于进一步促进资本市场健康发展的若干意见》,特别提出了"规范发展债券市场"的要求。从发展债券市场到积极稳妥发展债券市场再到规范发展债券市场,显示了我国债券市场化法治化政策导向的不断明晰。"规范发展债券市场"既是对债券市场改革发展的顶层设计,也为其下一步的发展指明了方向。为贯彻落实十八届三中全会决定和国务院关于"规范发展债券市场"的总体目标,适应债券市场改革发展新形势,证监会修订了《公司债券发行试点办法》,修订后的规章更名为《公司债券发行与交易管理办法》,与之前的试点办法相比,新的管理办法使公司债券市场向着市场化、法治化的原则更加规范健康地发展。2021年,证监会对《公司债券发行与交易管理办法》从落实注册制、与《证券法》的适应性、加强事中事后监管以及公司债券交易场所、公开与非公开发行公司债券的监管机制等方面进行了修订。

随着债券市场政策的转变与法律的调整,政府与监管部门对待债券违约的态度也在悄然变化。例如,对于构成实质性本金违约的"12金泰债",证监会表示该债券面向合格投资者发行,其处理应遵循市场化、法治化原则,并建议投资者应根据债券发行契约,寻求仲裁、民事诉讼等法律途径维护权益。[②] 一旦政府兜底的债券违约处理模式被打破,投资者刚性兑付的心理预期也将逐渐幻灭,通过法律途径维护自身权益的主动性便会随之增强。2015年4月1日,"ST湘鄂债"发生实质违约,发行人在偿付了部分利息、回收本金和违约金之后再无兑付能力,而其时发行人尚未达到严重资不抵债可以申请破产的程度。"ST湘鄂债"的债券受托管理人广发证券遂提起诉讼,同时申请对债务人财产采取保全措施,以维护债券持有人利益。依托债券受托管理人采取诉讼方式实现债券兑付诉求的做法,表明债券投资者的违约求偿思路正在逐渐转变。

---

① 参见黄小鹏:《债券违约频发 政府当洁身自好》,载《证券时报》2014年7月24日。
② 参见朱宝琛等:《"12金泰债"违约属个案风险事件》,载《证券日报》2014年7月26日。

在我国全面深化改革的新时期，推动债券市场规范发展已经成为资本市场改革的重要内容之一。债券市场越发展，债券违约越不可避免。规范发展债券市场的要义并不是要消除债券违约，而是如何依照法治解决好违约问题。债券违约解决的法治机制是法治化债券市场建设的一部分，尽管当前政策与法律的调整表明我国债券市场正在逐步迈向法治，但这一过程的最终实现还有赖于我们在诸多方面的改进。首当其冲的便是作为债券违约处理法律依据的债券规则的完善问题。从 2004 年国务院提出"积极稳妥发展债券市场"以来，我国债券市场获得了前所未有的发展机遇，债券已经成为公司直接融资的重要方式。遗憾的是，与债券市场的大发展形成鲜明对比的是债券法制的简陋与滞后。尤其在企业债市场上，监管立法、信息披露、投资者利益保护以及市场约束等软性条件的培育还较为滞后，监管的透明度不够以及监管机构间的协调能力不足、监管效率不高等现象还比较突出。[1] 我们没有独立的债券规则，现行的债券制度主要依附于《证券法》，虽然各个类别的债券也有一些相应的行政法规、部门规章以及规范性文件等作为规制依据，但作为上位法的《证券法》对债券市场整体调节的作用却是不可替代的。然而，从 2019 年之前《证券法》中的债券规则来看，正如学者所评价的那样："债券规则寥寥无几且多年未改动，其依附股票规则的边缘化状态难以满足为债券市场发展保驾护航的迫切需求，更遑论肃正不端行为，统一债券市场竞争秩序。"[2]2019 年新修订后施行的《证券法》也"只是宣示了一个市场化公司债券法律制度构建的良好开始，其中的不足也明显可见"[3]。这样的债券规则显然无法满足法治化债券市场建设的要求，当然也难以为债券违约处理提供坚实的法制基础。完善债券规则，尤其是建设契合债券属性的信息披露、信用评级、投资者适当性等债券制度规则，是推动我国债券市场进一步创新发展的当务之急。

除了债券规则的完善，我们还需要解决《民法典》《企业破产法》《公司法》等其他法律与债券违约解决机制的衔接问题。例如，由于交叉保护涉及预期违约和不安抗辩权两个概念，而原先我国《合同法》关于预期违约和不安抗辩权的规定皆语焉不详，因其同时混合继受了大陆民法体系的不安抗辩权和英美法系的预期违约制度的相应规定，二者的区别与适用曾引起理论和实务界的争议。《民法典》虽然在相关条款中构建起了两项制度的有效衔接，但总体上还是延续了原

---

[1] 参见张自力：《欧洲高收益债券市场违约风险监管研究》，载《证券市场导报》2012 年第 4 期。
[2] 洪艳蓉：《〈证券法〉债券规则的批判与重构》，载《中国政法大学学报》2015 年第 3 期。
[3] 洪艳蓉：《新〈证券法〉债券规则评析》，载《银行家》2020 年第 3 期。

《合同法》的做法,导致我们对发行人债券尚未到期但其其他债务出现违约时债券持有人能否依法求偿的问题难以决断。《债券纪要》中明确提到了预期违约、交叉违约,只是对于认定还要求法院具体情况具体分析。

法治化债券违约解决机制决不只是简单的事后了结,解决债券违约问题不能只围绕违约本身进行规则变革。毕竟,我们的制度体系并非没有债券违约解决机制,导致这一机制聊胜于无的并不是其本身的原因,而是实践中刚性兑付、政府兜底等惯性路径排挤和稀释了以法治思维处理债券违约的可能性及其效果。制度规则的完善固然重要,但扭转这一状况的关键还在于肃清债券市场中的非市场化因素,剥离非常态的政府信用,彻底切断政府兜底债券违约的基础。为此,我们需要清楚定位政府在债券市场中的角色与职能。从理论上讲,除了政府债券因系政府发行且以政府信用为发行基础,政府负有不可推卸的偿付责任以外,以市场方式发行的公司债券因其发行基础为商事信用,理所当然存在违约风险,投资者应充分认识并接受这一事实。政府是债券市场的监管者而非"救火队",政府的作用不在于违约后的善后处理,而主要在于事前规则的制定、完善以及事中的监督和管理方面。在公司债券违约后政府一般应"袖手旁观",不插手干预更不应为其提供政府救助。当然,如果债券违约事件确实牵涉到相关政府部门,政府的协调也非绝对禁止,但在协调中须遵守三个原则,即不直接动用公共资金、不对第三方施加影响、不提供政府隐性担保。[①] 只有清楚界定政府在债券市场的角色与职能,厘清债券违约中的政府作用,彻底转变债券违约时的政府态度,才能切断人们"债市无风险""违约有兜底"的念想,结束我国债券市场一贯刚性兑付的传统,培育有风险意识和承担能力的债券投资者,促进债券市场规范健康发展。

此外,还应塑造以商事信用为核心的公司债券发行基础,控制好违约事件发生的源头。信用是公众对交易主体所具有的债务偿付能力和偿还意愿的评价与信赖。[②] 商事信用在本质上属于一种经营性资信,是商业伦理的一种制度化反映。[③] 公司信用债券是以公司的商事信用为基础通过发行债券进行直接融资的商业活动,商事信用是评估债券信用风险与发行人违约概率的核心要素。然而,长期以来,由于我国公司信用债券尤其是城投债的发行多由政府提供隐性担保,

---

[①] 参见黄小鹏:《债券违约频发 政府当洁身自好》,载《证券时报》2014年7月24日。
[②] 参见郭富青:《建立我国商事信用法律制度体系及营造社会信用环境的思考》,载《中国商法年刊》(第二卷),吉林大学出版社2002年版。
[③] 参见冯果:《由封闭走向公开——关于商事信用的若干理论思考》,载《吉林大学社会科学学报》2003年第1期。

导致公司信用债券的发行基础被扭曲,这违背了公司债券发行的根本逻辑。政府信用对商事信用的替代使得债券违约风险被人为消解,造成我国债券市场长期零违约的假象,引发市场参与者的逆向选择与道德风险,最终形成债券刚性兑付的怪圈。由政府信用背书的公司债券不能反映发行人真实的债务偿还能力,债券违约处理的法治逻辑就是要彻底剥离公司债券发行中的政府信用,使其发行基础回归到能够真正反映发行人偿债能力的商事信用上来,通过控制债券发行人的发行资质,保障债券市场发行主体的质量,从源头上降低发行人信用风险和发生违约的概率。《债券纪要》提到了债券市场"卖者有责、买者自负"的原则,这无疑有利于打破公司债券刚兑现象,培育和建立债券市场理性投资文化。

五、余　　论

受宏观经济形势影响,债券市场未来一段时间可能表现出较大的信用风险特征。弱化担保信用,放开管制,是债券市场化发展的前提。长期以来,我国债券尤其是企业债的发行都对担保提出了要求,而债券发行企业的信用则在某种程度上被忽视。债券担保的一大弊端就是弱化了投资者的风险意识,而作为担保的银行或非银行金融机构作为"最后偿付人"的实质也掩盖了债券市场的真实风险。此外,对于债券发行担保的硬约束也影响了债券的信用评级,以至于评级机构对债券的评级实际上变为对担保人的评级,定价也是担保人的信用定价,这显然扭曲了债券评级和定价机制的真正作用。

从2006年的三峡债券成为国内首只真正意义上的无担保企业债券以来,无担保债券逐渐为债券市场和投资者所接受,无担保债券将成为未来公司债券发展的主要趋势。然而无担保债券也就意味着未来如发生债券违约事件,则投资者不可能通过担保机构代偿获得偿付。债券违约风险不容回避,债券违约的解决不能只停留在"头痛医头、脚痛医脚"的被动适应环节,而应将处理这一问题的思维前移。事实上,风险对于某些人而言意味着可能的损失,但对于另一些人而言则可能是财富,如果能将人们不愿意承担的债券违约风险出卖给那些愿意承担此风险的人,岂不是从另一个角度解决了债券违约问题?随着未来无担保债券的普遍化,合理转移债券违约风险也理所当然成为债券投资者的一个现实诉求,这就涉及债券市场信用衍生工具的发展与运用。以信用违约互换(credit default swaps)为例,作为成熟债券市场最重要也是采用最为广泛的场外信用衍生产品之一,其主要作用在于实现信用风险的转移,信用违约互换的信用保护出售方将成为信用风险的主要承担者。当违约事件发生时,信用违约互换的买方就可以通过将债券以面值交给卖方的办法来规避债券违约事件给自己造成的经济损失。可以说,信用衍生工具的运用实现了违约风险在投资者之间的转移,在一定程度上能够使那些风险承受能力较低的债券投资者从违约风险中得到解脱,而将债券违约处理问题移转给那些更富理性、更具经验和实力的投资者。当然,作为一种风险转移工具,信用衍生产品只是从另一种角度化解了债券违约的一部分问题,债券违约解决法治化的真正实现还依赖于我国债券市场的进一步发展、债券法制的继续完善以及监管者与市场各方的共同努力和不断成熟。

证券信息披露的投资者中心原则及其构想*

窦鹏娟

【内容摘要】 作为金融监管工具的证券信息披露制度在实践中逐渐显露出局限与问题,集中表现为信息披露的形式主义倾向严重,即信息披露义务人消极履行披露义务。在投资者看来,充分的证券信息披露应满足真实性、及时性、相关性、完整性和适度性五个条件,此外还应考虑普通投资者的信息接受能力。后危机时代证券衍生交易信息披露制度改革的动向表明,以投资者为中心、致力于满足投资者的信息需求将是证券信息披露制度改革的新方向。以投资者为中心构建证券信息披露制度,可以利用核心披露义务人进行汇总式信息披露,对所需披露的信息予以分层和归类,采取差异化的信息披露方式,使投资者深度参与信息披露制度。

【关键词】 证券产品 证券衍生交易 信息披露 投资者中心原则 金融监管

一、引 言

自从20世纪90年代英国经济学家Taylor提出了著名的金融监管"双峰"(Twin Peaks)理论[①],认为审慎监管和保护消费者权利是金融监管的两个并行目标以来,保护金融市场弱势主体的合法权益就成为人们对金融监管目标的根本共识。信息是证券市场的命脉所在。Enriques和Gilotta认为信息披露作

---

* 原文发表于《金融经济学研究》2015年第6期,本文在原文基础上对部分内容进行了更新、修改和删节。

① See Michael Taylor, *"Twin Peaks": A Regulatory Structure for the New Century*, Center for the Study of Financial Innovation, 1995.

金融市场监管的一种核心手段①,自然应以保护投资者权益作为基本的制度功能。② 我国现行《证券法》分别就"信息披露"和"投资者保护"设立专章进行规定,使得此前关于信息披露的零散规定得以整合,也使投资者保护的立法宗旨真正实现。然而,即使在证券法有了长足进步,特别是趋向堵塞漏洞、严格缜密执法的今日,投资者可能仍然难免会对信息披露制度的投资者保护功能提出质疑:信息究竟为谁而披露?③

二、作为金融监管工具的证券信息披露制度:局限与问题

在证券市场上,投资者是否向公司投资、与公司达成交易由投资者自行决定,但投资者的这一决定并非凭空作出,而是基于所掌握的与决定有关的充分而有效的信息。信息是决策的基础,如果没有正确和充分的信息,就会出现决策错误或不当。④ 信息经济学的研究发现,交易双方的信息不对称是一种十分普遍的现象。证券市场上的信息不对称现象尤为突出,外部投资者通常很难真正了解公司的真实情况,投资者与交易对手的悬殊地位破坏了交易的公平性。

由于私法只能为投资者提供一种与交易对手平等的保护,而不能给予其作为弱势者的倾斜性照顾,因此在投资者与公司的私人交易之间,就有了公法介入的必要性。为了对抗公司的信息优势地位,金融监管者要求公司必须对影响投资者决策的重要信息予以公开和披露,这就是强制性信息披露。信息披露作为一种外部机制对公司与投资者之间的私人交易进行干涉,是对投资者信息不平衡的一种救济。⑤ 信息披露制度运作的机理可以表述为:制定监管制度→实施监管制度→检查监管制度执行情况→处罚违规行为→根据环境变化改进监管制度。⑥ 因此,披露义务人如违反强制性信息披露义务将承担不利法律后果,为

---

① See Enriques L., Gilotta S., Disclosure and Financial Market Regulation, *ECGI Law Working Paper*, No. 252, 2014.
② 例如,美国联邦证券监督委员会(SEC)就要求在证券市场交易的企业必须公开足够充分的信息,其执法主要集中在信息披露上。SEC曾这样评价联邦证券法与信息披露制度的关系:"联邦证券立法的全部构造中枢,在于企业内容的公开,利用其财务状况资料或其他资料,使投资者能作出明智判断,而且这是防止证券欺诈的最好方法。"信息披露制度在美国联邦证券法中的地位可见一斑。因此,尽管金融监管可以采取多种措施,但是信息披露监管却是其中最为重要的手段之一。
③ 参见高西庆:《证券市场强制性信息披露制度的理论根基》,载《证券市场导报》1996年第10期。
④ 参见应飞虎:《经营者信息披露制度研究》,载《经济法论坛》2003年第1期。
⑤ 参见周友苏、杨照鑫:《注册制改革背景下我国股票发行信息披露制度的反思与重构》,载《经济体制改革》2015年第1期。
⑥ 参见乔旭东:《上市公司会计信息披露与公司治理结构的互动:一种框架分析》,载《会计研究》2003年第5期。

了避免承担这一后果,披露义务人不得不按照要求披露信息。历史上,英国1884年的《合股公司法》(The Joint Stock Companies Act 1884)关于"招股说明书"(prospectus)的规定被认为是强制性信息披露原则的首次确立。而系统性的信息披露法律制度则是由美国《1933年证券法》(Securities Act of 1933)确立的。

虽然信息披露机制已经成为现代金融监管的基石,但它并非一个完美的选择。对于证券和结构金融产品的发行人以及金融公司来说,信息披露实际上是一种昂贵或侵扰性的监管方法。[①] 当信息披露被当作一种监管工具时,披露义务人往往很难对其持友好态度,于是就造成了这样一种状态:信息披露义务人只是应金融监管者的要求进行披露,只要达到了披露要求就完成了信息披露义务。在这种理念下,信息披露往往演变成"形式上的披露",披露者很少主动考虑其所披露信息是否为投资者所需,信息披露变成了一项迎合金融监管者而不是服务投资者的制度。

强制性信息披露的形式主义倾向在证券衍生交易中表现得更为突出。例如,在2008年的雷曼迷你债券风波中[②],"信息披露不充分"被认为是事件发生的主要原因。然而,金融机构给予投资者的产品说明书中所披露的信息不可谓不"详尽",迷你债券系列36的披露文件就包括了一份长达54页的英文发行说明书。这表明,证券衍生交易中的信息披露制度存在着"伪披露"的问题,即披露从表面来看虽然符合传统信息披露制度关于"充分"的要求,但事实上对于投资者而言却并非真正的充分。信息问题是证券衍生交易的核心与基础,也是整个交易过程的基本前提。[③] 形式主义的信息披露范式已经深刻影响了信息披露制度的投资者保护功能,在这个证券创新无孔不入的时代,面对次贷危机带给经济

---

① 参见沈伟:《复杂结构金融产品的规制及其改进路径——以香港雷曼兄弟迷你债券事件为切入点》,载《中外法学》2011年第6期。

② 随着雷曼兄弟控股公司(Lehman Brothers Holdings Inc.)的破产,购买了雷曼迷你债(Lehman Minibonds)的大量亚洲投资者遭受了重大损失。从2008年9月份开始,由香港雷曼迷你债券投资者组成的苦主联盟连续9个月举行每日街头抗议活动,声讨参与分销债券的分销银行,以期通过这种方式使自己的投资损失得到弥补。据统计,我国香港地区近43,700名个人投资者购买了总价值约20亿美元的迷你债券。根据香港金管局(Hong Kong Monetary Authority,HKMA)的统计数据,截至2012年1月12日,香港金管局共收到雷曼迷你债券投诉案件13837件。这种情况并非我国香港地区独有。在新加坡,上千名购买了雷曼迷你债券的投资者也签署请愿书,进行集体抗议活动。新加坡约有1万名个人投资者购买了迷你债券等与雷曼兄弟相关的结构性投资产品,总投资额为6.6亿元新币(约合人民币30亿元)左右。据新加坡金融管理局(Monetary Authority of Singapore,MAS)公告,截至2009年1月17日,10家销售了雷曼迷你债券的金融机构共收到了4141件投诉。

③ 参见颜延、陆建忠:《场外衍生品信息披露标准的完善和发展》,载《上海经济研究》2013年第5期。

社会的强烈震撼,证券信息披露制度或许应该做出一些改变。

三、挑战传统信息披露范式:投资者需要什么样的信息披露

(一) 让"充分披露"实至名归:证券信息披露的"质"与"量"

政策制定者以及监管者通常将金融市场视为一个理性投资者的聚集地,而且认为对于理性投资者来说,只要获得了金融商品所有相关信息以及结构合理的经济诱因,他们就能够做出资源最优配置和财富最大化决策。正是基于这样的现代金融理论,金融和证券法规几乎都作出了"充分披露"的信息披露要求。我国《证券法》第19条第1款也规定:"发行人报送的证券发行申请文件,应当充分披露投资者作出价值判断和投资决策所必需的信息,内容应当真实、准确、完整。"为了使信息披露义务人充分披露,金融监管者付出了巨大努力,以确保大量适宜信息对于投资公众的可获得性。然而,这种以信息披露"量"来实现"充分披露"的信息披露范式,往往并不能使"充分披露"实至名归。

在这种信息披露模式下,大量的信息被不断地提供给投资者,但这对于投资者而言其实是一种"信息侵扰",不但会增加投资者信息甄别与筛选的成本,而且会使不成熟的投资者面对大量信息无所适从。"充分披露"不仅是对信息披露"量"的要求,更是对"质"的呼唤。事实上,从便于投资者利用和节约时间成本的角度来看,信息披露绝非越多越好,而应保持适度,即在保证信息质量的前提下,只要为投资者提供决策所需的信息量即可。尤其在证券衍生交易中,投资者所需信息的内容已经突破了传统信息披露下的财务会计信息,而扩展至产品的基础资产状况、设计原理、信用评级、风险与缺陷等各个方面,如果将每个方面、零零碎碎的信息都不加选择地披露给投资者,那么投资者不仅难以依靠这些信息进行决策,而且极有可能遭到信息误导。"充分披露"是为了保护投资者的利益,只有"量"而缺乏"质"的信息披露即使再"充分"也不是真正意义上的充分披露。

从投资者的视角来看,什么样的信息披露才是真正的"充分披露"? 笔者以为应该符合以下要素:① 真实性。20世纪30年代美国经济大萧条的一个重要原因被认为是此前证券市场欺诈横行,为此美国颁布了《1933年证券法》。正如当时的总统、联邦证券法改革计划的推行者罗斯福(Franklin D. Roosevelt)所说的那样:"政府虽然不能阻止个人作出错误的判断",但却"可以在很大程度上

阻止狡猾的人以陈述或信息隐瞒的方式进行欺骗"。"真实性"应该是信息最核心的价值,如果缺少了真实性,那么其他信息要素即使再完备对于投资者而言只是有害无益。② 及时性。信息的价值还在于它的时效性,真实的信息如果不能及时地传达给投资者,那么它对于投资者的价值就会大打折扣。在证券衍生品市场上,行情的瞬息万变更是对信息的及时性提出了严格要求。也许只是短短的时间差,就能导致投资者作出错误决定。① ③ 相关性。为了避免大量信息对投资者造成不必要的袭扰,所披露的信息还应当保证与投资者决策的相关性。那些对投资者决策无关紧要的信息应被剔除在正式披露之外,但同时应保证投资者对于此类信息的可得性,以满足部分投资者的信息个性化要求。④ 完整性。传递给投资者的信息应该是完整的信息。也就是说,对于某一信息不能采取"断章取义"的办法向投资者披露,例如只披露信息中对披露方有利的内容而将其中包含的不利部分剔除掉。完整也意味着信息的连贯性,尤其是主要的财务会计信息在时间上的不间断性。⑤ 适度性。过度的信息披露不仅会增加披露者的披露成本,而且可能会对信息接受者造成"信息袭扰"②,使其投资决策受到信息噪音的影响。因此,无论对于信息披露义务人还是信息需求者,信息披露并非越多越好,而应坚持适度原则。③

(二) 如何披露才是合适的:投资者的接受问题

二十世纪七八十年代,两位美国经济学家——格罗斯曼(Sanford J. Gross-

---

① 例如,2013 年 8 月 16 日发生的震动资本市场的光大证券"乌龙指事件"中,如果光大证券在事件发生之后能立即向投资者披露事实真相,那么许多投资者也许就不会作出"跟仓"的决定,从而也就可以避免投资失误。从"乌龙指事件"发生到最终被披露,这个时间差不过 3 个小时,却终因信息披露的不及时而使众多投资者严重受损。光大证券以及相关责任人也因内幕交易受到严厉的行政处罚。

② 在信息披露的相关性和适度性要求方面,2017 年的慧球科技"1001 项议案"事件是一个典型的"反面教材"。2017 年 1 月,在公司实际控制人鲜言的指使下,慧球科技在信息披露未获上交所批准的情况下,将包含 1001 项议案的临时公告通过域名为"www.600556.com.cn"的网站东方财富股吧对社会公开。这 1001 项议案内容包括《关于公司建立健全员工恋爱审批制度》《关于公司坚决拥护共产党领导的议案》《关于坚决钓鱼岛主权属于中华人民共和国的议案》《关于第一大股东每年捐赠上市公司不于 100 亿元现金的议案》《关于申请变更交易所的议案》等,甚至有前后矛盾的议案,如《关于公司员工每月加薪 1000 元的议案》《关于公司员工每月减薪 1000 元的议案》《公司变更地址为上海的议案》《公司变更地址为乌鲁木齐的议案》等。慧球科技的这一信息披露行为最终被监管部门认定为违法违规并对相关责任人作出了行政处罚。"1001 项议案"事件中的违法性自不待言,仅就此披露行为所披露的巨量对投资者决策无关的信息而言,就是对投资者十分严重的信息袭扰。

③ 也许有人会提出质疑,认为适度性与完整性之间存在着矛盾。实际上,"适度"是对所披露信息"量"的要求,"完整"则是一个"质"的要素,适度的信息并不意味着不完整,信息的完整性与信息的适度性之间并非不可兼得。

man)和斯蒂格利茨(Joseph E. Stiglitz)曾提出这样一种观点:信息披露无须考虑接受者的水平与分析能力,因为财务分析师以及市场研究员等这些专业人士的分析会因其在股价上的反映而"渗透"至普通投资者。然而,世易时移,在证券产品越来越复杂化和投资者越来越多元的今天,我们有必要重新思考证券信息披露的方式和投资者的接受问题。

证券产品的复杂和专业性决定了其信息披露必然包含着诸多投资者不易理解的金融以及法律知识,即使那些接受过高等教育的知识型投资者,也未必能够接受以极其专业的方式表达和传递给自己的此类信息。尤其在证券衍生交易中,一款产品的披露文件包括发行说明书和补充文件通常可达数百页,如此庞大的信息量以晦涩难懂的专业语言呈现在投资者面前,如何能够使普通投资者真正理解和接受呢?即便是那些被视为成熟投资者的机构投资者,也常常因为缺乏理解而导致未能作出正确的投资决定,从而引发市场失灵或企业丑闻。[1] 在内部信息披露义务方面,美国证监会(SEC)发布的《浅白语言手册》,要求上市公司以一种易于理解的方式向投资者及时披露相关信息,以帮助投资者正确评估风险,这种做法显著提升了信息披露文件的"用户体验"。[2]

为了解决2008年的雷曼迷你债券投资者纠纷,香港证监会曾公布了一个旨在加强保护投资大众建议的咨询文件,核心建议是加强信息披露制度,其中提出了向投资者提供不超过四页(图表和图形除外)的披露摘要或简洁的"关键事实陈述",这样做的目的是以投资者友好的方式让普通投资者接触和读懂所披露的信息。不得不说,"投资者友好"一语中的地道出了当前证券信息披露方式中存在的致命缺陷。当信息披露被作为一种监管工具时,披露义务人并未从投资者的角度去审视披露方式的恰当与否,而是站在金融或法律专家的高度以一种高高在上的姿态对投资者消极履行披露义务。投资者迫切地需要一种友好型的证券信息披露方式,这种披露方式应该考虑普通投资者对于接受金融以及法律知识存在的困难,应该以更利于投资者理解和接受的形式进行披露。

---

[1] See Jeffery N. Gordon, What Enron Means for the Management and Control of the Modern Business Corporation: Some Initial Reflections, *The University of Chicago Law Review*, Vol. 69, No. 3, 2002.

[2] 参见戴豫升、韩寒:《注册制下我国证券市场信息披露的优化路径——基于供给义务和市场约束视角》,载《银行家》2021年第5期。

四、信息披露的投资者中心原则：
基于证券衍生交易信息披露的新动向

（一）后危机时代衍生品交易信息披露的新动向

作为次贷危机的肇始者，美国深受危机影响，对危机的感受也最为强烈，危机爆发后美国即着手制定和实施一系列的应对方案。其中，《2009年场外衍生品市场法案》（The Over-the-Counter Derivatives Markets Act of 2009）是美国第一次针对场外衍生品的全面性立法建议。2010年的《多德-弗兰克华尔街改革与消费者保护法案》（The Dodd-Frank Wall Street Reform and Consumer Protection Act，以下简称《多德-弗兰克法案》）对于场外衍生交易的改革更加彻底，法案第Ⅶ章"华尔街的透明度与问责性"为场外衍生市场设置了一系列新的约束。其中关于互换衍生交易，《多德-弗兰克法案》规定，互换交易商和主要互换参与者必须披露关于互换产品的足够信息以满足对手方对下列信息的获取：互换的实质风险；互换的实质特征；互换交易商或主要互换参与者参与互换的真实动机；互换可能产生的任何利益冲突。① 应《多德-弗兰克法案》第Ⅶ章对于制定互换交易商和主要互换参与者行为准则并明确和细化信息披露标准的要求，2011年6月美国SEC发布了《以证券为基础的互换交易商和主要互换参与者经营行为准则》的建议稿，适用于信用违约互换以及股票衍生品等证券衍生交易，其监管的对象主要是高盛、摩根士丹利、摩根大通等大型证券互换交易商和经销商。按照SEC主席夏皮罗的说法，这一建议稿所提出的行为准则"旨在为保护投资者并促进效率、竞争和资本形成确立一个框架"，准则要求以证券为基础的互换交易商和主要互换参与者以一种公平和平衡的方式进行沟通交流，并进行确定的信息披露，包括利益冲突以及重要的激励安排。

如果说美国关于互换交易的信息披露新规为专业的机构投资者指明了未来信息披露的方向，那么香港处理雷曼迷你债券事件而形成的新的披露规则则为如何向个人投资者披露证券衍生品信息树立了一个风向标。香港证监会2009年9月发布的《建议加强投资者保障措施的咨询文件》认为，关于雷曼迷你债券

---

① See M. Holland West, Matthew K. Kerfoot, The Impact of Dodd-Frank on Derivatives, *Fordham Journal of Corporate & Financial Law*, Vol.18, No.2, 2013.

等面向普通投资者的零售金融商品"在销售工作完成后直至投资产品到期期间,为投资者提供的资料可能有限",因为迷你债券的投资者主要是个人而非专业或机构投资者,一般的信息披露根本难以满足这些群体进行投资决定的信息需求。因此,从监管层面出发,香港证监会对信息披露规则的改进提出了三项咨询建议:金钱利益与非金钱利益、披露持续规定以及销售披露文件,旨在帮助普通投资者理解和接受复杂结构型金融商品的信息披露文件。

(二) 证券信息披露的投资者中心原则

后危机时代证券信息披露改革的新动向表明,人们已经逐渐认识到证券产品尤其是证券衍生品信息披露的特殊性,相关规则的细化与改进建议的提出显示了证券交易突破传统的信息披露制度,继而形成与证券产品特殊性相吻合、以服务投资者信息需求为主旨的新型的证券信息披露制度的可能趋势。

法律必须回应社会的发展,任何一种法律制度的创新都必须遵循"问题是什么→法律是什么"的路径。在这方面,也许我们应该学习一点美国人的实用主义。实用主义的方法,并不是什么特别的结果,只不过是一种确立方向的态度。这个态度不是去看最初的事物、原则和假定是必须的东西,而是去看最后的事物、收获、效果和事实。这种"目的决定手段"的逆向思维模式或许可以引导我们探索证券信息披露的制度改革问题。

次贷危机所暴露出的是证券衍生交易信息披露监管失灵问题,而监管失灵在很大程度上是源于信息披露监管存在缺陷,其最致命的缺陷就是未能认识到或者忽视了信息披露应该以投资者为中心这一理念。现行的证券信息披露制度并未考虑证券产品,特别是证券市场创新所带来的各种衍生产品的特殊复杂性,以及这一领域投资者的日益多元化及其对于信息需求的特殊要求,而是将传统的信息披露制度生硬地、一般化地嫁接到了证券衍生交易中,于是就出现了二者难以相容的排异反应。此外,由于信息披露制度公法化趋势的不断强化,金融监管者逐渐成为制度规则的当然缔造者和强势引导者,信息披露义务人所面对的是强大的监管者,将投资者遗忘和抛在了脑后,致使披露逐渐呈现出强烈的形式主义色彩:信息披露义务人应监管要求进行信息披露,而不是真正为了投资者决策的需要,所披露的信息在内容上偏向于满足监管者的最低要求,更类似于监管报告;个体差异等特征性信息不充分,信息披露雷同、样板化和格式化现象严重;基于历史的报告性信息居多,对投资者决策更有意义的未来预测性信息(或称前瞻性信息①)偏少。这样的信息披露显然无法满足投资者的真正需求,披露的方式也难以令投资者满意。于是便形成了这样一个怪圈:义务人进行信息披露→投资者获取信息并作出决策→投资者决策失误→投资者丧失信心→证券市场疲软→金融监管者强势介入→信息披露规则调整(投资者中心地位仍未确立)→义务人按照新规则披露信息→投资者决策依旧失误。证券信息披露制度中存在的最重要的"问题"在哪里至此应该已经十分明确,那就是信息披露制度没有以服务投资者的信息需求为制度中心,在失去了投资者这个制度凝聚点之后,证券信息披露义务人遗忘了真正应该为之披露的对象,从而一再地陷入"为披露而披露"的循环,信息披露制度演变成了一种形式主义模式,从而失去了其最为核心的价值与功能——服务并保护投资者。

　　找到了证券信息披露所存在的问题,接下来便是要解决"法律是什么"的问题。这些问题需要在法律制度中得到回应,我们的目的很明确——革除证券信息披露制度弊病,那么这一目的也就决定了应该采用的手段,很显然就是要结合证券产品的特殊性,确立以投资者为中心的信息披露范式,笔者称之为"证券信息披露的投资者中心原则"。投资者是证券市场的活力所在,为证券市场的繁荣源源不断地输送血液和能量。在投资者不兴的情形下,证券市场也会失去动力和生机。可以说,投资者与证券市场是一损俱损、一荣俱荣的关系,个别投资者投资的失败尽管不会造成证券市场的整体失灵,但是传导机制的存在会使得个体的"小小的失败"被不断传递和放大。信息是投资者作出投资决定的关键依据,投资者所能得到的信息与其希望得到的信息之间的差距越小,说明信息披露制度越有效,这样的信息供给状态才能为投资者作出决策提供强有力的支持。如此方能形成一个良性循环:信息披露有效→投资者决策正确→投资者信心增强→交易机会增加→证券市场繁荣→信息披露义务人受益→增强信息披露有效性。

　　萨维尼言:只有在人民中活着的法才是唯一合理的法。确保证券信息披露制度为投资者所认可、接受并予以尊重的关键,就是使这一制度深深地植根于投

---

① 在我国,这些前瞻性信息一般包括盈利预测、业绩预告、业绩快报、管理层讨论与分析以及业务发展目标等五个类型。我国对于前瞻性信息披露的规定最早可见于1993年通过的《公司法》,其规定公司发行新股的条件之一就是公司预期利润率可达到同期银行存款利率。但由于前瞻性信息的不确定性以及实践中时常发生的所披露的前瞻性信息与未来真实状态相冲突的现象,目前我国对于盈利预测等前瞻性信息已经由强制披露改为自愿披露。据学者统计,IPO盈利预测从强制性披露改为自愿披露之后,拟上市公司的披露意愿显著减弱,披露率已由强制政策下的97.32%下降至不足5%(自2001年自愿政策实施后至2012年3月左右)。相关内容参见魏俊:《证券法上的安全港及其制度价值——以前瞻性信息披露为例》,载《证券法苑》2014年第3期。

资者这一天然土壤之中。当以组织化的名义防控某一种风险而衍生另一种制度返祖的风险时,后一种风险无疑更为可怕,过度强化监管权力的构造而淡化民事主体的权利是当下社会演进必须引起人们警醒的法哲学问题。[①] 金融监管者以矫正信息不对称的姿态介入证券市场交易并缔造信息披露规则,但是这却引发了义务承担者为规则制定者而披露的问题,投资者在这一关系中被架空,其对于信息获取的实然权利远远落后于应然权利。投资者中心原则是证券信息披露制度改革的基点和核心理念,信息应该为投资者而披露而不是迎合监管要求,围绕着这一核心理念,传统信息披露范式下披露的内容、程度、方式、目标都需要根据证券产品的特殊复杂性以及投资者的真实诉求进行改革。

五、以投资者为中心的证券信息披露制度之构想

(一)核心披露义务人及其汇总式信息披露

信息披露制度是以发行人为主线、多方主体共同参与的一项制度。在资本市场上,理想的信息披露应该是由公司、投资者、中介机构和交易所四类主体所作出的信息披露构成的。[②] 在证券衍生交易信息披露制度下,披露主体亦呈现多元化样态,主要包括产品设计者、中介机构、交易所和经营者四类主体。[③] 每一主体根据自己在交易中的角色,承担与其角色相匹配的披露义务。同时,各个披露主体在整个披露制度中的地位也不尽相同。

证券衍生品的设计者即开发和设计了该产品的机构,应主要承担披露产品本身信息的义务,其作用在于使投资者客观了解和认识产品。这种信息披露应该客观而全面。所谓客观,是指对产品的介绍和描述应该使用中性的语言和方式,尽量避免带入个人评价和感受;所谓全面,是指不仅应该披露产品的优点,还应该揭示存在的缺陷以及因此可能给投资者造成的风险。

在信用衍生品交易中,评级机构在减轻信息不对称和揭示信用风险等方面发挥着重要作用,被誉为"资本市场的看门人"。信用评级公司往往将其自身界

[①] 参见黎四奇:《〈多德-弗兰克华尔街改革和消费者保护法〉之透析及对中国的启示》,载《暨南学报(哲学社会科学版)》2012年第10期。

[②] 参见李明良:《理想的信息披露制度需要多方主体的信息披露》,载郭锋主编:《全球金融危机下的中国证券市场法治》,知识产权出版社2009年版。

[③] 一般情况下,投资者在信息披露制度中并不需要履行披露义务,但在特定的情形下也需就个人的某些必要事项进行一定程度的公开。例如,证券衍生品的投资者需要将自己的财务状况、投资经历、投资目的等信息提供给金融机构,以便后者履行适当性判断义务。

定为金融信息的发布者,将信用评级的结果定性为评论或意见而不是商品。①但是,信用评级的收费模式却存在着一个致命缺陷,即由被评级对象向评级机构支付费用。于是产生了这样的道德风险:当基本的收入来源来自于他们所评级的公司时,评级机构该如何作为?② 在这种情况下,本应作为独立第三方的评级机构很难做到真正的独立,利益冲突成为阻挡评级机构客观评级的最大障碍。尽管存在着这些问题,但不可否认评级机构仍然是证券衍生交易中重要的信息提供者。

不同于证券衍生品设计者以及评级机构在信息提供方面的微观性,交易所所提供的一般是较为宏观的信息,主要为投资者交易指令的作出提供参考依据,其作用范围一般局限于标准化的场内衍生品交易领域。投资者可以通过交易所网站、期货公司所提供的行情软件以及公共媒体等途径查询和获取所需信息,根据这些信息对市场行情进行判断,从而作出投资决定和下达交易指令。

证券衍生品经营机构在信息披露制度中扮演着至关重要的角色。在某种意义上来说,经营机构是作为证券衍生品信息的汇总者和总披露者的身份出现在投资者面前的。经营机构在向投资者推荐和销售证券产品时,通常会将产品信息、评级信息以及交易信息等各个方面的信息一并提供给投资者。当然,为了吸引投资者,经营机构在产品售出前主动披露的往往都是利于其推荐和销售的信息。因此,经营机构在证券衍生交易中其实扮演着核心披露义务人的角色,这种披露义务包括产品说明和风险告知两个方面,主要体现在产品推荐和销售阶段。

(二) 投资者"友好型"信息披露的一种可能路径:信息的分层与归类

由于披露主体的多元化,证券信息披露的内容十分广泛,那些不熟练的投资者在纷繁复杂的信息面前常常会无所适从。事实上,"即使信息是免费派送,但使用信息却并非毫无成本。收到信息的投资者必须花费一定的时间加以消化……投资者的时间是宝贵的,认为证券信息……可廉价地使用和散播的,就显然有失偏颇了"③。信息披露内容的多样性给投资者的便利使用带来了困扰,从方便投资者的角度考虑,有必要对这些信息按照一定的标准区分层次和进行

---

① 参见陈洁:《评级机构侵权责任之构造——以公众投资者因评级错误导致投资受损为视角》,载《法律适用》2012 年第 3 期。
② See Bolton P., Freixas X., Shapiro J., The Credit Ratings Game, *The Journal of Finance*, Vol. 67, No. 1, 2012.
③ 〔美〕弗兰克·伊斯特布鲁克、丹尼尔·费希尔:《公司法的经济结构》,张建伟、罗培新译,北京大学出版社 2005 年版。

归类。

1. 信息分层

香港证监会《建议加强投资者保障措施的咨询文件》中关于信息披露的建议将所需披露的信息分为"金钱利益与非金钱利益""持续披露规定""销售披露文件"三个层次。"金钱利益与非金钱利益"信息的披露主要解决的是投资者对于经营者从销售中获取利益情况的知悉权,通过这种透明化的处理,可以有效缓解投资者与经营者之间的利益冲突。"持续披露规定"的目的在于通过向投资者持续性的披露重要资料,从而使投资者在市场波动的情况下更完善地监察其投资产品的表现。"销售披露文件"则是在销售前或销售时向投资者提供的载有重要信息的书面文件。

受香港证监会启示,可以按照以下思路对信息进行分层:① 利益冲突信息。即与投资者作出投资决定可能存在利益冲突的相关信息,比如经营者从中得到的经济利益,经营者与所推荐或销售产品的设计者及其他利害关系者的关系等。② 投资参考信息。即对于投资者作出投资决定具有参考意义的信息,主要是评级信息和产品交易情况信息。③ 与推荐和销售直接相关的信息。这些信息主要是产品本身的信息,也是需要进行进一步归类的信息。

2. 信息归类

信息分层只是将各类信息进行了一个初步分类,为了实现信息的细化处理,还可以在分层的基础上进一步进行归类,其中最核心的是对与推荐和销售有关的信息的归类。

一款证券衍生产品的披露文件动辄长达几十上百页,不仅涵盖了巨量信息,而且其中充斥着对于普通投资者而言甚为晦涩难懂的金融和法律知识,而真正影响投资者决策的关键性信息却被淹没在这些信息洪流中,投资者难以辨识和筛选。因此,可以在这方面做些改进,对披露文件所涵盖的信息进行归类整理。① 关键性信息。即在所有信息中对投资者而言至关重要的信息,主要是指产品的盈亏设计、存在风险以及投资者的义务等方面。关键性信息必须以十分醒目的方式使投资者注意并理解。② 重要信息。除了关键性信息,还有一些其他方面的信息对投资者而言也很重要,但在重要程度上却不及关键信息,例如产品开发者、已上市产品的交易情况、现有投资者的概况、产品的第三方评价等,这些信息可以被归为重要信息的范畴。③ 选择性信息。相比于关键信息,这些信息对于投资者决策的影响可能并不是最重要的,包括产品开发的背景、产品的理念、与其他产品的不同之处等等。这些选择性信息可以作为个性化信息来处理,可能会与投资者对于信息的个性化需求相关联。

通过对信息的分层与归类,呈现在投资者面前的信息就会显得层次分明、条理清晰,这显然要比不分主次、不论轻重地将所有相关或不相关信息披露给投资者所取得的效果优越许多。这种对于信息的人性化处理,也赋予了证券公司一个与投资者改善关系的机会,借助于这种信息分层和归类技术,使投资者认识到其诚心和友好,对其交易关系的促进也是十分有益的。

(三) 基于投资者异质的差异化披露方式

在证券市场尤其是衍生品市场上,投资者的类型是多种多样的,即使都是适格投资者(以个人投资者为例),其投资经验、教育程度、知识水平、年龄层次、语言文化、投资目的、风险偏好和承受能力等各个方面也存在着差异。因此,针对不同的投资者,采取差异化的方式进行信息披露才能真正体现信息披露制度所要求的公平性和提高披露的效率。

1. 披露的语言及方式

信息披露是一种语言的沟通,无论是采取书面形式还是口头形式的披露,都必须以语言为载体。不同的投资者,对于语言文字的要求是决然不同的,这不仅体现在语种方面,还体现在语言风格以及用语的专业性方面。① 语种差异。在雷曼迷你债券事件中,迷你债券系列 36 的披露文件包括了一份长达 54 页的英文发行说明书,而雷曼迷你债券的许多投资者是不懂英文的,这种披露显然不当。信息披露是为了使投资者了解、接受和利用信息,应该使用投资者所熟悉的语种进行披露。② 语言风格及专业性方面的差异。一般而言,为了保证信息披露的准确性,在语言文字的风格上应力求严谨和客观,尽量避免采用夸张、比喻等带有广告色彩的表述。但严谨和客观并不一定意味着晦涩难懂,简单和朴素的语言同样也能够表达出深奥的道理。例如,2011 年 10 月 G20 巴黎峰会通过的《金融消费者保护高级原则》就提出,金融机构应当使用"普通人视角中的朴素语言"(plain language in plain sight),避免使用深奥难懂的行话,以便于消费者获取信息。[①]

2. 披露的程度

信息披露到何种程度才是适合的?不同的投资者对于"适合"的感受和要求是不尽相同的。对此,可以将详式披露和简式披露两种方式加以结合。所谓详式披露,就是将所有强制性披露信息以及自愿披露的信息都详细地披露出来;而简式披露则是在详式披露的基础上,将其中最核心的内容摘录出来形成摘要式

---

① 参见张韶华:《G20 金融消费者保护高级原则》,载《西部金融》2012 年第 5 期。

披露。雷曼迷你债券事件后,香港证监局作出了这方面的先例,即要求所有的披露文件提供披露摘要,这种披露摘要就是一种简式的信息披露。详式披露是全面深入的披露,能够最大限度地满足投资者对于信息披露完整性的要求,但是其中包含的信息量之大往往令普通投资者在短时间内难以消化、接受和利用。因此,摘要式披露就显得极有必要,借助于这种简略的披露方式,普通投资者可以在较短时间内相对容易地了解和掌握所披露的实质内容,在此基础上,投资者可以再通过详式披露进一步获得所需信息。

3. 披露的侧重点

在证券市场上,个人投资者与机构投资者、套期保值者与投机者、熟练投资者与投资新手对于信息披露的关注重点是绝不相同的。为了回应投资者的差异性,信息披露的侧重点也应该有所不同。对于风险厌恶型的投资者,应该重点向其披露金融衍生品存在的缺陷和可能带来损失的风险。而对于希望通过证券衍生交易对冲其现货市场价格风险的投资者来说,则应将产品套期保值的原理以及成功的可能性作为重点披露内容。大部分的个人投资者参与证券衍生交易并不打算长期持有,很多人是将其作为一种"理财"的方式来看待和操作的,针对这些在认识上存在误区的投资者,信息披露应该成为一种"纠偏"的途径,及时消除投资者对于欲投资衍生产品的误解,以免其遭受投资损失和产生不必要的投资纠纷。此外,对于熟练的投资者,在信息披露中应该侧重于产品本身信息,那些关于交易的风险特性以及交易模式的特殊性等通用信息不必作为披露的重点。但对于初次入市的投资者而言,其披露的侧重点首先在于使其了解通用信息,在有了正确的基本认识之后再就打算投资的特定产品的相关信息进行介绍和说明。

(四) 投资者的深度参与:从"确认理解"到"评价披露"

投资者要成为证券信息披露制度的核心服务对象,不能只被动介入该制度,还需要深度参与其中,对所披露的信息进行确认就是投资者参与的一种形式。然而,反思传统信息披露制度设计中的投资者"确认理解"这一环节,似乎缺少一点与投资者之间的沟通,其结果很可能会造成投资者只是按照程序完成了这一环节,却根本没有真正了解这一环节的作用与意义。投资者的"确认理解"应该建立在双方就投资者所需了解的信息进行了有效沟通和交流、投资者确实充分理解了所披露信息的基础上,否则就只是形式上的"签字确认",难以达到这一环节本应具有的预防纠纷、维护交易稳定和保护投资者的目的。因此,不少国家和地区在采取书面方式进行风险信息揭示的同时,还采取录音的办法记录经营者与投资者之间就信息披露问题所进行的沟通,这的确不失为一个有效的方法。

证券信息披露制度需要投资者的深度参与,其作用不应仅仅局限于确认理解所披露信息。从合同的角度来看,提供信息是信息披露义务人对投资者的一项附随义务。在一般的消费关系中,消费者享有对所购买的商品或服务进行评价的权利,这种权利当然也应该被赋予证券衍生品投资者。投资者对于所披露的信息是否满足真实、及时、相关、完整、适度、易读、易解的要求最应享有话语权,但当前的信息披露制度中却缺少让投资者来评价所获得的信息以及信息对其投资决策的有用性这样一个环节。赋予投资者对所披露信息进行评价的权利,是使投资者深度参与信息披露的制度需要。如果将投资者对于信息披露的确认理解比作投资者参与信息披露制度的起点,那么终点就应该是投资者对所获得的信息的评价,这样的参与才是深入和完整的。

信息披露评价是一项旨在促进信息披露优化的良好措施,只是这一制度的设计者却忘了将最核心的角色——投资者纳入其中。现实中的信息披露评价多由交易所或其他机构主导,投资者少有参与的机会。庆幸的是,这一状况有望得到改变。作为对上市公司信息披露监管的一种措施,深交所制定了《深圳证券交易所上市公司信息披露工作考核办法》,对上市公司信息披露的质量从及时性、准确性、完整性、合法性等方面进行考核,最关键的是在考核制度中引入了投资者的作用,通过设置"信息披露网上评价系统",由投资者对上市公司披露信息进行即时评价。信息披露评价已经成为信息披露监管的一种趋势,上交所 2013 年提出建立披露评价体系,希望利用这一体系为投资者提供参与信息披露评价的机会和平台。事实证明,投资者对信息披露进行评价并非空穴来风。投资者深度参与证券信息披露制度,不仅是体现其作为制度服务中心的地位,更是为了切实促进信息披露的公平与效率,实现信息真正为投资者而披露的目的。

六、结　　语

时代变迁引起的证券市场变化对传统的信息披露范式造成了不小的冲击。当前我国证券市场正在全面推行注册制,注册制对于信息披露提出了更高要求,信息披露制度与投资者保护之间的关系也更趋密切。以投资者为中心进行信息披露制度改革,并希望这一改革始终沿着保护投资者的路线延续下去,因为一旦偏离了服务投资者这个中心,证券信息披露制度改革将会前功尽弃、重返旧途。

第五章

证券交易与收购专题

论我国大额持股披露制度的完善

伍 坚

【内容摘要】 在2019年修订前,《证券法》中的大额持股披露制度存在披露信息不够全面、慢走规则阻碍公司收购、对违法行为的行政处罚力度不足、对违法取得的股份之表决权限制不力等诸多缺陷。新《证券法》强化了"慢走规则"、增设持股变动比例达到1%时的披露义务、延长了表决权限制的期间,同时要求披露持股资金的来源,并对不予披露的行为提高了罚款额度。其中,延长表决权限制的期间并要求披露持股资金的来源是合理的;提高罚款额度思路正确但威慑力仍然有限;至于另两项修订,对投资者施加了过高的信息披露要求以及过于严厉的交易限制,并不足取。在不披露且违法交易的情况下,新《证券法》第186条"处以买卖证券等值以下的罚款"不应适用,也不应追究虚假陈述或者内幕交易的民事责任,而应在行政责任上补强,增设"没收违法所得""责令转让/买回股份"等措施。

【关键词】 大额持股披露 慢走 没收违法所得 责令转让/买回

　　大额持股披露(Block Holder Disclosure)是各国证券法中的一项基础性制度,其要求投资者在持有上市公司股份达一定比例时向证券监管机构申报并向市场披露,对实现证券市场公开公平,保护投资者的知情权,防止内幕交易和操纵市场等有着积极意义。我国证券法很早就规定了该项制度,落实情况却不尽如人意。近年来,屡屡发生投资者在持股达到法定比例时不披露乃至继续违规交易、信息披露不全面,尤其是收购资金的来源披露不清晰等事例,典型的如西藏旅游、上海新梅、宝万之争等甚至进入到诉讼程序,这不仅影响了上市公司的正常运营,还往往导致证券市场的异常波动。现实表明,我国的大额持股披露制度已经不能适应证券市场的发展,需要进一步完善。为此,2019年修订的《证券法》在原有规则的基础上,进一步提高了要求程度,并加大了对违规行为的惩处力度。本文认为,新法的一些补充和修改无疑值得肯定,但另外一些补充和修改的正当性则不无疑问。此外,为实现有效规制的目标,《证券法》于未来修订时还需要补上其他规制手段。

一、对《证券法》修订前大额持股披露制度及其实施效果的检讨

原《证券法》[①]第86条关于大额持股披露设有两项要求:一为披露规则,持股达到5%以及之后每增减5%的投资者应在3日内向证券监管机构、证券交易所作出书面报告,通知该上市公司,并予公告;二为慢走规则,即持股达到5%时在披露期限内、持股5%后每增减5%时在披露期限内以及披露后2日内,投资者不得再行买卖该上市公司股票。同时,针对违反第86条的情形,原《证券法》在第193条和第213条设置了相关法律责任。然而,由于规则设计的不足,大额持股披露制度在我国证券市场的运作实效不彰。

(一) 披露规则要求披露的信息不全面

大额持股披露的立法目的,是通知股东和潜在投资者大额股份正在集聚的事实,使其知晓公司控制权可能发生转移,以免作出不知情的投资决策。[②] 为实现该目的,各国通常在立法中详细列举披露报告中需要包含的信息类型。例如,美国《证券交易法》13(d)要求持股人在持股达到5%以后,在10日内披露以下信息:(1) 投资者的背景、身份、住所、国籍等;(2) 收购资金的来源和数额;(3) 如投资者意在收购,任何对目标公司运营或公司结构作出重大改变的计划或安排;(4) 拥有权益的股份数量;(5) 与持有发行人证券的其他人达成的契约或安排的信息。[③] 日本《金融商品交易法》第27条之23要求,持股5%的投资者必须在5日内向内阁总理大臣提交包含持股比例、收购资金相关事项、持股目的以及内阁办公室条例规定的其他事项等信息的报告书。[④]

与前述国家相比,我国原《证券法》第87条仅仅要求披露持股人的名称住

---

① 本文所称原《证券法》是指2019年修订前的《证券法》。
② See Andrew M. Rose, Private Rights of Action for Damages under Section 13(d), *Stanford Law Review*, Vol. 32, No. 3, 1980.
③ 17 C. F. R. § 240. 13d-101 (1978).
④ 参见中国证券监督管理委员会组织编译:《日本金融商品交易法及金融商品销售等相关法律》,法律出版社2015年版,第185页。

所、持股数额以及持股达到法定比例的日期这三项内容，遗漏了持股目的、资金来源等重要信息。就持股目的而言，持股人持股超过5%是为了控制权，还是仅仅做财务投资者，对公众的投资决策显然会产生影响。而资金来源的重要性也是不言而喻的。如果向持股人提供资金的一方并非银行等金融机构，公众在作出判断时就会考虑两者关系以及未来一致行动的可能性。此外，在杠杆式收购中，收购方为了追求短期利益，以及迫于偿还高成本杠杆资金的压力，可能会将公司分拆出售，市场在注意到大量收购资金并非持股人自有时对此也会有所顾虑。

对于上述问题，2020年修订前的《上市公司收购管理办法》第16、17条有所弥补，要求投资者在持股达到5%时披露持股目的，但在资金来源问题上采取了区分立场：如投资者不是第一大股东或者实际控制人，且其持股比例未达到20%，其提交的简式权益变动报告书中无须披露资金来源；若持股人已经成为上市公司第一大股东或者实际控制人，或者持股比例达到20%但未超过30%，则需要在详式权益变动报告书中披露收购所需资金额和资金来源等信息。

（二）慢走规则阻碍公司收购的进行

慢走规则首见于我国1993年《股票发行与交易管理暂行条例》，并为1998年《证券法》所沿袭，在主要国家（地区）的证券立法中，只有韩国有类似规则。[①]在我国证券市场发展早期，由于技术原因导致证券信息传递不够及时和通畅，慢走规则可以保证包括边远地区民众在内的所有股东及时得到信息，并为不成熟的市场参与者提供更多的时间和更充分的机会去吸收、消化相关信息[②]，具有历史发展阶段的合理性。

随着市场发展和技术进步，我国证券市场的效率不断提高，信息传播速度大为迅捷，投资者的水平和素质也有相当提升，慢走规则的负面效果也在逐渐显现。众所周知，大额持股披露可能产生的影响有以下几方面：一是会导致股价上涨，提高了投资者后续取得股份的成本；二是将使目标公司产生警觉并可能采取

---

① 韩国《资本市场法》第150条规定："依据本法第147条第1款、第3款和第4款的规定，持有股份是为了影响发行人的经营权的报告之人，自其应该报告的事由发生之日起，至报告日以后的五日为止，不得追加取得该发行人的股份等或者行使该持有股份等的表决权。"参见董新义译：《韩国资本市场法》，知识产权出版社2011年版，第117页。

② 参见吴建忠：《上市公司权益披露规则与"慢走规则"法律适用——从〈证券法〉第86条和〈上市公司收购管理办法〉谈起》，载《证券市场导报》2013年第1期。

反收购措施;三是使其他潜在的收购竞争者意识到收购战已经打响。① 就股价而言,针对国内证券市场的研究显示,大额持股披露对股价的短期和中长期走势均有正面影响,短期内平均超额收益在举牌后第4日达到最大值,为7.82%;在10—100日内的平均超额收益率为10.46%。②

鉴于上述不利影响的存在,如果还要加上慢走规则这一道束缚,通过证券交易所进行举牌收购就会面临很大的困难,敌意收购以及公司控制权市场对改善公司治理所具有的积极效应也就难以发挥。国泰君安的研究报告也验证了这一结论:2014年至2016年10月,A股市场共发生208起上市公司控制权变更,通过协议转让方式完成的占比超过50%,通过并购重组(包括借壳)占比18%,而二级市场增减持导致控制权变更的仅占6%。③ 对此,也许有人会辩解说协议转让向来是我国上市公司收购的主流模式。但早在2006年,证券市场即已完成股权分置改革,股份全流通至当时已超过10年,通过证券交易所的收购占比还是如此之低,这在一定程度上反映出慢走规则对公司收购所起到的阻碍作用。

(三) 原《证券法》第193条对违反大额持股披露规定的行政处罚力度不足

在我国,违反大额持股披露制度的行为可分为三种类别:(1)同时违反披露规则和慢走规则;(2)违反披露规则而遵守慢走规则;(3)遵守披露规则而违反慢走规则。笔者在中国证券监督管理委员会网站检索发现,2005年修订的《证券法》自2006年1月1日起实施,至2017年8月,证券监管机构对违反大额持股披露制度作出行政处罚的案件一共有131起。其中,属于类别(1)的案件数量是111起,类别(2)有18起,类别(3)仅有2起。由此可见,违反大额持股披露制度主要表现为违反披露规则后继续交易股票。

由于类别(1)和(2)均涉及违反披露规则的情况,因此在这两类合计129起案件中,证券监管机构均适用了原《证券法》第193条进行处罚。但是,第193条仅针对信息披露违法行为,与大额持股披露制度的要求不能完全对应。可以看到,类别(1)是违反大额持股披露制度的主要形态,以第193条作为处罚依据,不披露且继续交易与不披露但不交易在法律责任上没有区别,这意味着有大

---

① See James D. Cox, et al, *Securities Regulation: Cases and Materials*, Citic Publishing House, 2003, p.1044.
② 参见《举牌带来的机遇:对举牌历史案例分析及总结》, http://stock.sohu.com/20100810/n274115109.shtml, 2017年7月27日访问。
③ 参见项剑等:《股东权益变动规则重构:以控制意图和冷却期为核心》,载《证券法苑》2017年第2期。

量投资者并未因后来的违规交易行为受到惩处,此时,慢走规则事实上已经边缘化。

此外,原《证券法》第193条中责令改正、警告、30万元以上60万元以下的罚款等处罚措施不足以震慑违法当事人。对希望取得超过5%的股份但无意收购的投资者来说,选择不披露的主要原因,应该是认为将来为不披露支付的罚款会低于披露带来的股价上涨;至于具有收购意图的投资者,考虑到不披露可以防止"打草惊蛇",他们能够接受的罚款上限应该会更高。在西藏旅游案中,胡彪、胡波兄弟合计持股达到9.59%方才披露并被罚款50万元和40万元。[1] 按照西藏旅游18913.79万股的总股本计算,胡氏兄弟为违法增持4.59%股份支付的罚款是0.104元/股。而在上海新梅案中,王斌忠通过15个证券账户组合计持股达到14.86%才对外披露,并被处以50万元罚款。[2] 按照上海新梅44638.31万股的总股本计算,王斌忠违法增持的9.86%股份所对应的罚款是0.011元/股。退一步说,即便证券监管机构在这两个案件中均顶格罚款,分摊下来的罚款也仅是0.138元/股和0.014元/股。显然,第193条封顶的60万元罚款,在很多时候将远低于依法披露带来的股价上涨,杀伤力极其有限。

(四) 原《证券法》第213条对违法取得之股份的表决权限制不力

原《证券法》第213条规定:"收购人未按照本法规定履行上市公司收购的公告、发出收购要约等义务的,责令改正……在改正前,收购人对其收购或者通过协议、其他安排与他人共同收购的股份不得行使表决权……"此外,原《收购管理办法》第75条也有类似条款,只是针对的主体为"上市公司的收购及相关股份权益变动活动中的信息披露义务人"。

当目标公司发现投资者有收购迹象或表现出积极参加公司治理的意图时,往往诉请法院确认投资者违规增持股份的行为无效,并要求禁止投资者行使包括表决权在内的股东权。关于增持股份行为的效力,虽然有观点认为,原《证券法》第86条属于"效力性强制规定",违反该条的交易无效[3],但更多学者还是认同增持行为的效力。[4] 在司法实践中,当时存在较大争议的是能否限制投资者

---

[1] 中国证券监督管理委员会安徽监管局行政处罚决定书〔2017〕1号。
[2] 中国证券监督管理委员会宁波监管局行政处罚决定书〔2015〕1号。
[3] 参见如水:《借证券法第八十六条威力,震慑上市公司违法收购》,载《第一财经日报》2016年3月24日。
[4] 参见徐聪:《违反慢走规则买卖股票若干争议法律问题研究》,载《法律适用》2015年第12期。

股东权尤其是表决权的行使。①

按理,既然《证券法》已有明文规定,能否限制表决权本不应存在争议,问题出在第213条的主体为"收购人"。有观点认为,持股5%以上的投资者不同于对公司进行收购的收购人,因此《上市公司收购管理办法》第75条对表决权限制对象范围界定过大,违反了证券法的规定。② 照此逻辑,原《证券法》第213条只能适用于上市公司收购,而不能适用于一般的违反大额持股披露制度的行为。但是,这一理解却未必成立。

从原《证券法》条文看,第86条针对大额持股及之后的权益变动,均使用"投资者"概念,一直到第88条第2款,当"投资者"持股达到30%且继续进行收购并因此触发强制要约收购义务时,才开始以"收购人"替换"投资者",这似乎佐证了《证券法》有意区分"收购人"和不以收购为目的的"投资者"。然而,同样是基于对《证券法》相关条文的文义分析,也能得出相反结论。在2014年8月修正前,《证券法》第213条的表述是"收购人未按照本法规定履行上市公司收购的公告、发出收购要约、报送上市公司收购报告书等义务……"。在放松行政许可的改革背景下,《证券法》对强制要约收购不再要求收购人事先向证券监管机构报送上市公司收购报告书,第213条遂将"报送上市公司收购报告书"删除。只有"收购人"包括了持股达到5%的投资者,才能解释修订前的第213条为何会将"上市公司收购的公告"与"发出收购要约、报送上市公司收购报告书"并列,前者一定是指第86条中大额持股披露时的公告,而非要约收购中的公告。

将视野转至股份的协议转让,原《证券法》第94条规定达成收购协议后,收购人必须履行报告、公告义务,第96条规定持股达到30%且继续收购时应履行强制要约收购义务。与通过证券交易所购买股份不同,《证券法》在协议转让中一概使用"收购人"的表述,即使是不涉及公司控制权变更的协议转让也不例外。

以上分析表明,在《证券法》第四章的很多条文中,"收购人"并非仅指以获取控制权为目标的人。在大额持股披露制度屡遭突破的现实背景下,如果对"收购人"采取狭义理解,《证券法》第213条在很多案件中将无法适用,而《上市公司收

---

① 在上海新梅案中,上海一中院认为,在被告改正违法行为以后,原告上海兴盛实业发展(集团)有限公司要求限制持股被告行使股东权利及处分股票权利的诉讼请求缺乏事实及法律依据,参见(2015)沪一中民六(商)初字第66号民事判决书。而在西藏旅游案中,虽然胡波、胡彪此前也已经改正了违法行为,拉萨中院却支持了原告国风集团有限公司采取行为保全的申请,禁止胡波、胡彪在法院判决生效之前行使投票权、提案权、参加股东大会的权利、召集和主持股东大会的权利,参见(2015)拉民二初字第36-2号民事裁定书。

② 参见陈洁:《对违规增持减持股票行为定性及惩处的再思考——以违反〈证券法〉第86条权益披露及慢走规则为视角》,载《法学》2016年第9期。

购管理办法》第75条也将面临法律效力上的质疑。与其如此,不如对"收购人"的含义采取广义理解,这样能更有效回应证券市场的监管需要,也在相当程度上尊重了证券监管机构的权威。

只是,即使第213条可以适用,"在改正前……不得行使表决权"的规定却无助于遏制违规收购。该条只是针对不按规定发布收购公告等信息披露违法行为,需要改正的就只能是信披违规,而并不涉及已经取得的股份的处置。在收购人作出补充披露之后,其违法行为即已改正完毕,其表决权的行使将不再受限。对意在收购的投资者来说,这样的规定完全是反向激励:投资者可以慢慢囤积股份,在合适时机补充披露并缴付少许罚款,就可顺利入主目标公司。

二、新《证券法》的制度变革及其得失

(一) 新《证券法》关于大额持股披露的规定

新《证券法》对大额持股披露制度的规定主要见于第63条、第64条、第196条和第197条。其中,最核心的是第63条,该条一共包括以下4款:

第1款:通过证券交易所的证券交易,投资者持有或者通过协议、其他安排与他人共同持有一个上市公司已发行的有表决权股份达到百分之五时,应当在该事实发生之日起三日内,向国务院证券监督管理机构、证券交易所作出书面报告,通知该上市公司,并予公告,在上述期限内不得再行买卖该上市公司的股票,但国务院证券监督管理机构规定的情形除外。

第2款:投资者持有或者通过协议、其他安排与他人共同持有一个上市公司已发行的有表决权股份达到百分之五后,其所持该上市公司已发行的有表决权股份比例每增加或者减少百分之五,应当依照前款规定进行报告和公告,在该事实发生之日起至公告后三日内,不得再行买卖该上市公司的股票,但国务院证券监督管理机构规定的情形除外。

第3款:投资者持有或者通过协议、其他安排与他人共同持有一个上市公司已发行的有表决权股份达到百分之五后,其所持该上市公司已发行的有表决权股份比例每增加或者减少百分之一,应当在该事实发生的次日通知该上市公司,并予公告。

第4款:违反第一款、第二款规定买入上市公司有表决权的股份的,在买入后的三十六个月内,对该超过规定比例部分的股份不得行使表决权。

相较原《证券法》第86条,新《证券法》第63条发生了以下变化:一是于第2

款将持股变动5%时的禁止交易期限延长了1日,进一步强化了慢走规则的要求;二是增设持股变动1%时的信息披露义务;三是延长了表决权限制行使的期间。此外,新《证券法》第64条要求披露增持股份的资金来源,着眼于提高市场透明度,方便投资者后续决策;第196、197条将信息披露违法的罚款上限从60万元提升至500万元,体现了通过提高成本来抑制违法的常见思路。

(二) 新法规定的合理之处

第一,披露持股资金来源。新《证券法》第64条以及2020年修订的《上市公司收购管理办法》已经要求持股人披露持股资金的来源,这种变化值得肯定。除了有助于增强市场透明度之外,要求披露持股资金来源也有金融监管方面的考量。在2015年的"宝万之争"中,各方争议焦点就包括了收购资金来源的合法性问题、万能险作为并购资金入市以及各种资管计划作为杠杆资金入市的合理性问题等。虽然最终确认此举并不违规①,但这种资金组织方式隐藏着较多的问题。如果收购失败,收购人就存在债务违约的可能性,过高的杠杆收购会在违约行为发生时产生连锁反应将风险放大,最终承担损失的是金融机构与广大公众。② 特别是,将中短存续期的万能险资金用于长期性股权投资,存在流动性风险,对保险公司偿付能力提出了挑战,极有可能引发系统性金融风险。

第二,延长表决权限制的时间。在原《证券法》之下,补充披露大额持股信息后即可行使表决权的规定确实对违法者过度宽容,相比之下,国外立法对表决权限制的时间往往会更长。例如,根据德国《证券交易法》第28条,违反持股通知义务的,在未履行通知义务期间,表决权不存在;因故意或重大过失而违反通知义务的,表决权不存在的期间延长6个月。③ 韩国《资本市场法》第150条规定:"未依据本法第147条第1款、第3款和第4款的规定进行报告者……在总统令规定的期间内,对于超过表决权发行股份总数百分之五的违反份额,不得行使表决权。金融委员会可以责令其在6个月内处分该违反份额";"违反本条第2款的规定追加取得股份等之人,对追加取得部分不得行使表决权,金融委员会可以责令其在6个月内处分该追加取得部分"。④ 我国新《证券法》规定违法者在36

---

① 参见《清华五道口22万字报告解析宝万之争:资金未违规,监管迎挑战》,http://news.xinhuanet.com/fortune/2016-11/27/c_129380156.htm,2016年11月27日访问。
② 参见李维安等:《从"宝万之争"的治理启示解读"杠杆收购"》,载《清华金融评论》2017年第1期。
③ 参见项剑等:《股东权益变动规则重构:以控制意图和冷却期为核心》,载《证券法苑》2017年第2期。
④ 参见董新义译:《韩国资本市场法》,知识产权出版社2011年版,第117页。

个月内不得行使表决权,对于以收购为目的的投资者,如此漫长的限权期间应该足以消除其违法动因。

第三,提高罚款上限。新《证券法》将违反大额持股披露制度的罚款上限提升至 500 万元,加大违法成本的思路无疑是对的,但只要继续采取"定额罚"的形式,由于存在罚款上限,目标公司股本总额越高、投资者违规买卖的股份越多以及每股股价越高,分摊到每一股的违法成本就越低,威慑力也就越有限,不能将其作为唯一的处罚手段。

(三) 新法规定的不足之处

尽管作出了一定的改进,但新法的不足之处也相当明显,其对投资者施加了过高的信息披露要求以及过于严厉的交易限制;而且就每变动 1% 即需披露这一要求,证券市场是否需要如此密集的信息披露也不无疑问。

为缓解信息不对称,法律设定的信息披露义务通常是针对掌握优势信息的一方当事人("卖方"),其在一般性商品交易中是商品或服务的提供者,在证券市场则是发行人。法理上,持股达到 5% 的公司外部投资者属于"买方",其通常不是优势信息的拥有者,证券法为其设置持股披露规则,乃是基于保障其他投资者知情权、增加市场透明度的例外考虑。基于这一目的,凡是可能影响理性投资者投资决策的信息,都应该列入大额持股披露的范围。

同时,也要看到,大额持股披露产生了很高的成本。要求持股人披露通过研究获取的关于其他企业的信息,相关信息由此成了公共产品,这会带来"搭便车"问题。持股人由于不能获取全部收益,从事研究、寻找价值低估企业的激励将会降低,收购也将变得更为少见。简言之,披露实现了财富从持股人向目标公司股东的无效率转移。[1] 可以说,大额持股披露的要求越高,对敌意收购和公司控制权市场的发展也就越不利,制度设计时必须综合考虑,实现增加市场透明度和促进公司收购这两个价值目标之间的平衡。

新《证券法》要求持股变动 1% 时应当于次日披露,提高了针对外部投资者的信息披露要求,这与信披义务的内在逻辑有所抵牾,正当性基础需要更多论证。回顾历史,持股变动披露比例在 1993 年《股票发行与交易管理暂行条例》中是 2%,1998 年《证券法》改为 5%,一般认为这一变化体现了《证券法》鼓励收购的立场。如果收购人希望通过场内收购增持股份到可以触发强制要约收购义务

---

[1] See Jonathan R. Macey, Jeffry M. Netter, Regulation 13D and the Regulatory Process, *Washington University Law Quarterly*, Vol. 65, No. 1, 1987.

的 30%，在过去需要披露 6 次，那现在需要披露的次数就会显著增加，最多可能需要披露 24 次。[1] 投资者需要支付的披露成本大大增加，取得后续股份的交易成本同样也显著上升。或许可以主张美国、日本等设定的持股变动披露比例也是 1%，但是美国公众公司股权相对分散，更重要的是这些国家证券法中并未设置慢走规则。我国证券市场股权集中度较高，数据显示：截至 2016 年 9 月 30 日，在沪深两市 3000 余家上市公司中，第一大股东持股比例在 15% 以下的共有 230 家，10% 以下的只有 52 家公司。[2] 这样的市场结构下，1% 的持股变动披露比例再加上继续强化的慢走规则，对公司收购市场将产生灾难性的后果。

此外，提高信息披露频率就一定具有正当性么？研究文献早已指出，我国的信息披露制度传统上偏重于"监管者导向"，为确保合规，或是证明自身的努力程度，由中介机构撰写的发行人信息披露材料篇幅越来越长，动辄几百页、几十万字。冗长的材料很容易使投资者产生畏难情绪，或囫囵吞枣或干脆放弃阅读，"信息超载"会耗尽读者有限的精力，令其迷失在信息的汪洋中。[3] 而在"棘轮效应"的影响下，此种信息"过载"和"堆积"问题日益明显，进一步恶化了投资者对信息的接收和筛选能力。[4] 试想一下，若投资者在持股 5% 时就披露其持股目的系为获取公司控制权，其将在满足慢走规则的前提下增持股份直至成为第一大股东，那此后每增加 1% 时的多次披露，可能没有太多实际意义。

此外，新《证券法》将原有持股变动 5% 后的暂停交易时间从 2 天延长为 3 天，在慢走规则备受质疑的当下，却选择了不松反紧的立场。如前所述，慢走规则对目标公司过分有利，严重阻碍了敌意收购在我国证券市场的发展。而将暂停交易时间延长到 3 天，对于不谋求控制权的投资者来说，也可能会有更大的"激励"而不去披露。

总体上，新《证券法》关于大额持股披露制度的变化均属于提高要求、加重责任的范畴。但是，市场上违法较多其实也在一定程度上表明其时相关制度的要求过于严厉，若继续提高要求并加重责任，或许可收减少违法举牌的案例数量之表面功效，但也会导致扼杀上市公司收购市场的深层危害。本文认为，新《证券

---

[1] 由于新《证券法》第 63 条第 3 款未要求暂停交易，投资者应可以在 1 日内买进超过 1% 的股份，买到 30% 时的披露次数就会多于 6 次少于 24 次；但如果投资者每日买进 1%，则需要披露 24 次。

[2] 参见刘歆宇：《大股东持股不到 15%，这 230 家公司会被野蛮人盯上吗？》，http://finance.ifeng.com/a/20161009/14923587_0.shtml，2017 年 7 月 4 日访问。

[3] 参见郭雳：《注册制下我国上市公司信息披露制度的重构与完善》，载《商业经济与管理》2020 年第 9 期。

[4] 参见傅穹、廖原：《证券发行注册制中信息披露对投资者的法律适应性分析》，载《江西财经大学学报》2016 年第 6 期。

法》的上述规定显然存在着方向性的错误。持股变动1%时的披露要求以及慢走规则,均应在未来修订时废止。

反对取消慢走规则的人或许会质疑,如果允许在披露的窗口期继续买进股票,持股人在披露信息公开时可能已经拥有远远超过5%的股票,这将违背立法设定大额持股披露制度的目的。应当说,这一担心有其合理之处。在美国,利用长达10日的窗口期累积大额股份的现象并不少见。针对这一问题,美国在制定《多德-弗兰克法案》时授权SEC制定规则缩短窗口期,认为这将有助于市场更加及时地收到有关大额持股的信息,可以实现对股票更加准确的定价。但在2010年,仍有对冲基金借助窗口期获取了J.C. Penney公司26.7%和Fortune Brands.公司10.9%的股份,在公司并购领域排名第一的Wachtell, Lipton, Rosen & Katz律师事务所遂请求SEC行使法律授予的上述权力,将窗口期缩至1日。① 赞成此举者认为,迟延的信息披露产生了社会外部性问题:允许利用不对称信息交易,对冲基金而非卖方获取了如果信息披露后股价上涨的全部收益。当事人将会在缔约时考虑这一因素,股份的流动性因此受到影响,并增加了交易成本;而且此时的交易类似于欺诈,剥夺了当事人的意思自治。② 但是,著名学者Bebchuk等却支持现行规则,理由是只有对冲基金那样的大额持股者才有激励去监督约束公司管理层,他们积极参与公司治理与股东价值之间存在正相关关系,10日窗口期是对他们的一种补偿。③ 由于争议太大,SEC至今未采取行动。

本文认为,窗口期的存在缓解了持股披露对取得大额股份的不利影响,体现了增加市场透明度和鼓励公司收购之间的平衡。相对于美日等国,我国披露规则的窗口期仅为3日,表现出更加重视市场透明度的倾向,较短的窗口期下取消慢走规则并不会产生太大的问题。

三、违反大额持股披露制度的责任优化

针对违反大额持股披露制度的法律责任过于轻微之现状,适度加重法律责任是一种可行的思路,如此方能有效规范市场主体的行为,维护市场正常秩序。问题在于,法律责任应当加重到何种程度呢?

---

① See Joshua Mitts, A Private Ordering Solution to Blockholder Disclosure, *North Carolina Central Law Review*, Vol. 35, No. 2, 2013.
② Ibid.
③ See Lucian A. Bebchuk, Robert J. Jackson Jr., The Law and Economics of Blockholder Disclosure, *Harvard Business Law Review*, Vol. 2, No. 1, 2012.

（一）新《证券法》第 186 条的不可适用性

在《证券法》修订之前，证券监管机构除适用原法第 193 条之外，在前述违法类别(1)111 起案件中的 49 起同时适用了原法第 204 条。理由是，依据原《证券法》第 38 条，依法发行的证券，法律对其转让期限有限制性规定的，在限定的期限内不得买卖，投资者在大额持股未披露时继续买卖股票，属于第 204 条规定的"限制转让期限内买卖证券"的违法行为。① 这么做的原因可能在于该条明确指向投资者的违法交易行为，且罚款额度最高可达买卖证券的同等价值，这既体现了有过必有罚，且处罚力度也刚性十足。

但是，原《证券法》第 38 条的假定条件——"法律对其转让期限有限制性规定的"与行为模式——"在限定的期限内不得买卖"是不合逻辑的搭配。第 38 条主要对应的是《公司法》第 141 条，系针对投资者已经持有的股票再转让的行为。② 因此，该条关于行为模式的正确表述应该是"在限定的期限内不得转让"，买进股票不在禁止之列。如果投资者违法减持股份，适用第 38 条可能还有几分理由，违法增持并不违反第 38 条，适用第 204 条予以处罚是错误的。统计发现，在这 49 起案件中，减持 20 件，增持减持并存 26 件，单纯的增持仅有 3 件；而在类别(1)另外 62 起未适用第 204 条的案件中，增持占到 23 起，增持减持并存 32 起，单纯的减持仅有 6 起，这也反映出证券监管机构主要还是针对违法减持适用第 204 条。然而，收购与反收购之争以及由此引发的市场波动一般是由违法增持而非减持导致，第 204 条对此无能为力。

原《证券法》第 38 条已为新《证券法》第 36 条沿袭，但表述上已修改为"在限定的期限内不得转让"；与此呼应，新法第 186 条设定的法律责任也仅针对"在限制转让期内转让证券"的违法行为。由此，证券监管机构未来最多只能对违法减持股份行为"处以买卖证券等值以下的罚款"，而对违法增持行为无能为力。在近期的一个案例中，当事人在持股达到 5% 未披露的情况下继续进行买入/卖出交易，证券监管机构仅针对其卖出行为适用第 186 条进行处罚。③

进一步说，即使是违法减持，适用第 186 条也可能是不合适的。众所周知，新《证券法》大幅提高了欺诈发行和发行人等信披违法的罚款金额，法定最高罚款上限分别为 2000 万元和 1000 万元。统计数据显示，2021 年实际平均罚款额

---

① 中国证券监督管理委员会行政处罚决定书〔2015〕53 号。
② 参见李振涛：《我国上市公司大额持股变动的法律责任探析》，载《法律适用》2016 年第 1 期。
③ 中国证券监督管理委员会福建监管局行政处罚决定书〔2021〕4 号。

为207万元。欺诈发行和发行人等主体的信披违法是资本市场最严重的违法行为,其危害性比外部投资者的违规减持要大得多,如果处罚上后者反而比前两者更重,显然不合理。① 在"上海瀛翊违背承诺减持药明康德"案中,上海瀛翊违背减持股份前15日对外披露的承诺,减持股份的总金额达到28亿多元,中国证监会在"行政处罚事先告知书"中表示将根据第186条处以2亿元罚款,此举已引发不少批评意见。

(二) 虚假陈述和内幕交易的民事责任亦不可取

鉴于单一的罚款责任之不足,理论上,一些学者主张应对违反大额持股披露制度的行为追究民事责任,具体路径上又有虚假陈述和内幕交易之分。

一种观点认为,由于持股达到法定披露比例的信息发布通常会刺激股价上涨,对于披露之前因不知情卖出股票的投资者来说,就会受有损失,因此不披露的行为属于"诱空型"虚假陈述,应承担民事责任。② 实践中,也已有投资者在违反大额持股披露义务的案件中提起虚假陈述的民事赔偿。③ 2022年1月21日,最高人民法院发布《关于审理证券市场虚假陈述侵权民事赔偿案件的若干规定》,于第5条明确信息披露义务人"未按照规定披露信息"构成虚假陈述的,依照该规定承担民事责任。逻辑上,违反大额持股披露的行为确有构成虚假陈述并被追究相应民事责任的可能性。

另一种观点认为,不披露且继续交易的行为构成内幕交易。具体言之,投资者持股5%时即属于内幕信息的知情人员,其后继续大幅增持股份,依据原《证券法》第67条第2款第8项的规定,"持有公司百分之五以上股份的股东或者实际控制人,其持有股份或者控制公司的情况发生较大变化",这构成内幕信息中的"重大事件"。此后,还需要投资者再从事至少一次的交易,便构成内幕交

---

① 近期的一个案例中,证券监管机构适用2005年《证券法》第204条,对限制交易期限内违规交易金额合计6.87亿余元的两名当事人分别处以1650万元和1350万元罚款,凸显出第204/186条责任设定过于严苛。参见中国证券监督管理委员会四川监管局行政处罚决定书〔2021〕12号、13号。
② 参见樊健:《我国证券市场"诱空型"虚假陈述民事责任研究》,载郭锋主编:《证券法律评论》(2017年卷),中国法制出版社2017年版,第264—268页。
③ 在韩玉与山东京博控股股份有限公司虚假陈述上诉案中,法院不予支持原审原告(上诉人)韩玉,原因是认为其在揭露日之前买入但未卖出的14000股所产生的损失与京博公司的虚假陈述行为之间不存在直接因果关系。但法院也承认,诱空型虚假陈述揭露后,股票价格通常会上涨,如果投资者在揭露日之前因低价卖出股票产生投资损失,则虚假陈述行为人应予赔偿。参见(2015)鲁商终字第327号民事判决书。

易。① 需要指出的是,《证券法》长期以来一直规定,持有或者通过协议、其他安排与他人共同持有公司5%以上股份的自然人、法人、非法人组织收购上市公司的股份,本法另有规定的,适用其规定。有观点认为这表明上市公司收购属于内幕交易的例外。的确,最高人民法院、最高人民检察院于2012年发布《关于办理内幕交易、泄露内幕信息刑事案件具体应用法律若干问题的解释》,将上述情形明定为内幕交易的例外。但仅就《证券法》的文义而言,其并未对不披露时的继续交易行为豁免内幕交易规范的适用,而只是表明在上市公司收购中,如果证券法其他章节另有规定,相关规定将优先适用。因此,不披露时的继续交易行为构成内幕交易看起来不会有太大争议,此种认定甚至只需要两个阶段的交易即可完成:投资者通过交易持股5%时,不仅其自身成了内幕信息的知情人员,上市公司的股权结构也随之发生较大变化,依据原《证券法》第75条第2款第3项以及新《证券法》第80条第2款第9项,"公司股权结构的重大(要)变化"属于内幕信息,此后再继续交易股份就是内幕交易。

但是,上述论断更多是基于法条文义得出的实然层面(positive)的结论,在规范层面(normative)上,有充分理由主张不应追究虚假陈述或者内幕交易的民事责任。虽然不予披露损害了目标公司股东以较高价格出售股票的机会,但是收购成本的升高将削弱"野蛮人"发起攻击的动力,没有这一动力,目标公司股东高价出售股票的机会也就会减少。② 考虑到这一点,美国法院通常否认13(d)下的原告有权获得损害赔偿,而是采取衡平法上的其他救济方式,如禁止行使表决权、撤销股份交易和追缴违法所得等。因为根据美国1934年《证券交易法》18(a)规定,如果表格13D中有重大错误或者误导性陈述,原告就可以获得损害赔偿,但不提交表格13D并不在18(a)的范畴内。③ 本文认为,大额持股披露毕竟属于证券法中的例外设计,而且我国的相关规则相较美国更加苛刻,以严厉的民事责任来惩处违法,将不利于大额股份的取得以及收购市场的发展,并非好的做法。此外,内幕交易规范打击的是信息优势的不公平获取,而不是追求投资者之间绝对的信息平等。违反大额持股披露义务的投资者在继续交易时,其所拥有的信息优势来源于自身先前交易行为,这不应属于内幕交易禁止范围。实践中,前述我国111个不披露且继续交易股份的案件,中国证监会按照内幕交易进行

---

① 参见陈洁:《对违规增持减持股票行为定性及惩处的再思考——以违反〈证券法〉第86条权益披露及慢走规则为视角》,载《法学》2016年第9期。
② 参见张巍:《资本的规则》,中国法制出版社2017年版,第327页。
③ See Ronald J. Colombo, Effectuating Disclosure under the Williams Act, *Catholic University Law Review*, Vol. 60, No. 2, 2011.

处罚的数量为零,这应该也表明了我国监管机构对该问题的类似理解,殊值赞同。大额持股披露的责任设置应当适度,在未来证券立法或司法解释中,应明确规定违反大额持股披露制度的行为豁免适用虚假陈述和内幕交易的民事责任。

除了民事责任以外,还有学者建议我国应借鉴日本《金融商品交易法》以及韩国《资本市场法》的相关规定,明确规定大额持股违法行为的刑事责任。[①] 但如果用虚假陈述和内幕交易的民事责任来处置违反大额持股披露要求的行为人都是不必要的,就更不宜适用刑事责任了。总的来说,为维护证券市场秩序和保护投资者权益,必须加重违反大额持股披露制度的法律责任。但若不加区分,盲目加重责任,又会阻碍公司收购活动的健康发展,最终也不利于证券市场的长远发展和上市公司治理水平的提升。

(三) 行政责任的补强

不依法披露主要是为了减少后续买进股票的支出(或已更高的价格卖出),以及促进收购目的的实现。法律责任的设定应当对症下药,通过提高违法成本以及阻碍收购目的的实现,来促使投资者守法。除了定额罚以及表决权限制以外,以下两项举措是必须的。

第一,没收违法所得。这一处理方式在美国适用较为普遍。例如,在 SEC v. First City Financial Corp. 一案中,被告于 1986 年 3 月 4 日越过 5% 的持股披露线,一直到 3 月 26 日才提交披露报告。地区法院发布被告违反 13(d) 的永久禁令,并判决其交出非法所得 270 万美元,这一数额的计算是假定如果被告在窗口期结束的 3 月 14 日作了披露,那么 14 日至 25 日之间购买的股份将要支付更高的价格。被告上诉声称国会未明确授权违反 13(d) 时的金钱救济,上诉法院认为,交出违法所得作为衡平法中的救济,目的在于剥夺违法者的不当得利,并遏止违法行为[②],最终驳回了被告的上诉。在本案之后,美国法院在多起案件中继续采取了这一处理方式。[③] 在我国现行法律体系下,没收违法所得也是相当常见的一种处罚手段,其在消除违法的经济诱因方面比定额罚款具有更大的作用。事实上,《证券法》第 186 条也规定了没收违法所得,于未来修订时,股份增持行为的规制条款应当借鉴。

---

① 参见钟洪明:《证券法大宗持股权益变动法律责任研究——以非合意并购为视角》,载郭锋主编:《证券法律评论》(2017 年卷),中国法制出版社 2017 年版,第 519 页。
② SEC v. First City Financial Corp., 890 F. 2d 1215 (D. C. Cir. 1989).
③ See SEC v. Fischbach Corp., 133 F. 3d 170, 177 (2d Cir. 1997); SEC v. Sierra Brokerage Servs., Inc., 608 F. Supp. 2d 923, 974 (S. D. Ohio 2009).

第二,责令转让/买回。在美国,请求法院判令违反持股披露义务者出售股份是目标公司常常主张的一种衡平法上的救济方式,当然,法院并不总是支持这一诉请。在著名的 Rondeau V. Mosinee Paper Corp. 一案中,Rondeau 违反了持股披露义务,Mosinee 起诉要求法院判决 Rondeau 不得行使表决权、处置相关股份并赔偿损失。美国联邦最高法院认为,该案不满足授予衡平法救济的标准,且被告的违法并非出于恶意,最终未支持原告的诉请。[①] 对最高法院的上述立场,有学者提出了批评:"Rondeau 案的判决阻碍了更严厉的救济方式的适用,从而破坏了法案的目标。"[②] 而在韩国,《资本市场法》第 150 条明确授权金融委员会可以责令违法者在 6 个月内出售股份。本文认为,在违法买进股份的场合,由于表决权限制通常都有一定的期限,若有人对某家公司志在必得,很可能会选择违反披露义务以囤积大量股份,并在忍受一段有名无权的日子后成功入主,强制股份出售对防止这种情况具有不可替代的价值。同理,在违法出售股份的场合,责令买回股份也是合适的规制手段。《证券法》第 186 条中规定有"责令改正",其意旨应如何理解?本文认为,由于该条设定了多种违法情形,"责令改正"的含义应当根据具体情形加以确定。在当事人不能卖出而卖出的场合,"责令改正"就是指买回股份,于此而言,我国证券监管机构在个案中从未适用"责令改正",不知出于何故? 立法上,鉴于该条仅针对违法的股份转让,有必要对违法的股份增持行为明确规定"责令转让"或者"责令依法处理"等措施。

---

① Rondeau v. Mosinee Paper Corp., 422 U.S. 49 (1975).
② Ronald J. Colombo, Effectuating Disclosure Under the Williams Act, *Catholic University Law Review*, Vol. 60, No. 2, 2011.

上市公司收购中收购方的余股挤出权

王东光

【内容摘要】 为了提升经营效率和防止少数股东滥用权利,实现收购方对目标公司在法律上和经济上的完全所有和控制,欧盟和一些国家设定了少数股东强制排除制度。我国《证券法》赋予了少数股东在上市公司收购中的退出权,但却没有赋予收购方作为利益平衡机制的强制排除权。这种状况不仅可能影响公司的经营效率,更可能影响收购方的收购意愿和我国法律在吸引国际投资方面的竞争力。因此,基于公平与效率的考量,我国应当引进少数股东强制排除制度。

【关键词】 强制排除 排除权 强行购买

根据我国《证券法》第 74 条规定,收购期限届满,被收购公司股权分布不符合上市条件的,该上市公司的股票应当由证券交易所依法终止上市交易;其余仍持有被收购公司股票的股东,有权向收购人以收购要约的同等条件出售其股票,收购人应当收购。2019 年修订的《上海证券交易所股票上市规则》第五章第一节第 1 条规定的上市条件为,公开发行的股份达到公司股份总数的 25% 以上;公司股本总额超过人民币 4 亿元的,公开发行股份的比例为 10% 以上。也就是说,收购方通过公开要约收购上市公司股份,在其持股达到 75% 或 90% 以上时,上市公司不再符合上市条件,此时仍持有公司股份的股东就享有退出权。

为少数股东提供退出权保障无疑是正确的,但法律是否也应该采取平衡措施,在保护少数股东的同时,顾及经由收购而成为多数股东的收购方完全持股的愿望和目标?是否应该给予收购方防治"麻烦小股东"的机会?是否应该从经济效率的角度将对公司发展已无关紧要的极少数股东"请"出公司?欧盟及一些国家通过确定收购方的强制排除权对此做出了肯定的答复,即收购方在取得目标公司极高持股比例时,有权强制购买极少数股东仍然持有的公司股份。退出权和排除权赋予双方各自选择"抛开"对方的机会,由此形成了平衡机制。

强制排除极少数股东的宗旨在于,为公司顺利地行使其管理权创造条件,因为在实践中少数股东经常为公司的管理制造麻烦。从经济上考察,企业集团中保留少数股东是不明智的。如果一个国家的法律强制收购人花费大量的成本发出强制要约收购公司的大部分股份,但又无权购买目标公司余下的少数股东的股份,显然是不彻底亦是不公平的。①

一、域外法中的强制排除规则考察

(一) 欧盟法指令中的强制排除规则

欧洲议会于 2004 年 4 月 21 日通过的《欧盟要约收购指令》(2004/25/EG)在第 15 条中规定了少数股东的强制排除。② 该指令所规定的少数股东强制排除适用于为取得全部股份而向目标公司的所有股东发出收购要约的情形中,也就是,少数股东强制排除的适用以前置的要约收购为条件,只有进行过针对全部股东的要约收购后,方得行使强制排除少数股东的权利;且目标公司的股份全部或部分在一个或多个成员国的半官方市场上市交易。前置的要约收购仅是程序上的要求,收购方要强制排除剩余股东,收购行为还必须满足实质性的条件。该指令规定了收购方可以强制排除少数股东的两种情形:(1) 收购方至少持有目标公司 90% 的有表决权资本和至少 90% 的表决权;(2) 收购方因为要约被接受已经取得或者根据合同约定有确定义务取得目标公司至少 90% 的有表决权资本和至少 90% 的要约所涉及的表决权。这两种情形实际是代表了不同国家对于强制排除标准的价值取向,采第一种标准模式的国家(如德国)注重收购人通过收购行动最后在公司资本中所占的比例,采第二种标准模式的国家(如英国)则注重收购要约被接受的程度,只有收购行动本身得到了很大程度的认同,才允许收购人采取排除行动。③ 该指令还授权欧盟成员国可以将第一种情形中的 90% 提高到不超过 95%。如果目标公司发行了多种股份,成员国可以规定,只有对于达到了上述两种情形要求的股份种类才能行使强制排除权。强制排除权

---

① 参见吴越:《企业集团法理研究》,法律出版社 2003 年版,第 336—337 页。
② Richtlinie 2004/25/EG des Europäischen Parlaments und Rates vom 21. April 2004 betreffend Übernahmeangebot, Amtsblatt der Europäischen Union 2004, 12-23.
③ Andreas Austmann/Petra Mennicke, Übernahmerechtlicher Squeeze out und Sell out, NGZ 2004, 846-855.

的行使存在期限限制,即必须在收购要约接受期满后三个月内行使。被排除的少数股东必须得到适当的补偿,而且补偿的形式必须与收购要约中的对价形式相同,或者采取现金补偿形式。如果在上述两种情形中收购方因其发出的任意要约被接受而获得至少90%的要约所涉有表决权资本,则要约中的价格将被视为是适当的补偿价格;在强制要约中,要约价格将被视为适当的补偿价格。

(二) 德国法中的强制排除规则

1.《股份公司法》上的排除规则

德国《证券取得与收购法》于2002年1月1日生效。[①] 该法除第一章规定了自己的内容外,其他各章都是对其他资本市场法的适应与更正。其中第七章是对《股份公司法》的修正,在《股份公司法》第三篇"集团企业"中引入了共有六条内容(327a条至327f条)的"排除少数股东"制度,即如果大股东的持股比例达到或超过了公司全部股本的95%,就有权要求持有公司剩余股份的少数股东向其转让股份。虽然该项排除规则是经《证券取得与收购法》得以确立,但却属于公司法的内容,该项规则的适用范围不限于收购的情形,只要大股东的持股比例达到了法定的要求,就可以启动强制排除程序,至于大股东何时以及通过何种方式取得的股份在所不问。

2. 收购法上的排除规则

《欧盟收购要约指令》要求各成员国最迟在2006年5月20日通过颁布必要的法律或行政规定来贯彻实施该指令。为贯彻实施欧盟收购指令,德国议会于2006年7月8日通过了《欧盟收购指令实施法》,该法于2006年7月14日生效。[②] 该实施法在第一部分就对该国于2001年12月20日颁布的《证券取得与收购法》进行了修改和补充,以符合欧盟收购指令的规定。《欧盟收购指令实施法》在《证券取得与收购法》第39条之后添加了39a条(排除剩余股东)、39b条(排除程序)和39c条(退出权)三条内容。[③]

依《欧盟收购指令实施法》之规定,通过收购要约或强制要约而取得目标公司至少95%的有表决权股本的要约人可以向法院提出申请,请求法院作出裁决,以提供适当的补偿为对价而受让其他的有表决权股份。如果目标公司占资

---

① Wertpapiererwerbs- und Übernahmegesetz, Bundesgesetzblatt 2001(Teil I Nr. 72), 3822-3841.

② Gesetz zur Umsetzung der Richtlinie 2004/25/EG des Europäischen Parlaments und Rates vom 21. April 2004 betreffend Übernahmeangebote (Übernahmerichtlinie-Umsetzungsgesetz) vom 8. Juli 2006, Bundesgesetzblatt 2006 (Teil I Nr. 31), 1426-1433.

③ Übernahmerichtlinie-Umsetzungsgesetz, Artikel 1 1. c.

本总额95%的股份归收购人所有,则企业有权申请受让无表决权的优先股。补偿的形式必须与收购要约中的对价形式一致,现金将始终作为可供选择的补偿形式。如果收购方因要约收购而取得了至少90%的要约所涉股本,则要约中提供的对价将被视为是适当的补偿。对于有表决权的股份和无表决权的股份,接受要约的比例要单独计算。受让股份的申请必须在要约接受期届满后的三个月内提出;如果收购要约或强制要约被接受的比例使得在此后的要约执行时,要约人将获得为强制排除少数股东所必需的目标公司有表决权股本或股份总额的最低比例的股份,则要约人可以提出强制受让申请。

法兰克福州法院作为唯一的法院受理强制排除少数股东的申请,法院必须在公司刊物上公告强制排除少数股东的申请。法院的裁定要附有理由,强制排除少数股东的申请至少要在联邦司法部公报电子版上公告一个月,并且要约人证明其所持股份在目标公司有表决权股本或股本总额中所占比例已经达到强制排除少数股东所需之最低要求后,法院才能作出裁定。针对州法院的裁定可以向法兰克福州高等法院立即上诉,上诉具有延迟效力,但不能对高等法院的裁定再提出上诉。州法院要将其作出的裁定送达申请人、目标公司以及在裁定程序中持有股份的其他公司股东,并且要公告在公司刊物上;收到法院送达之裁定的申请人和公司其他股东都可以提出上诉。

裁定生效后对所有股东产生效力,裁定生效之时,其余股东的全部股份转移给享有排除权的股东,如果存在股份凭证,则其他股东在交出股份凭证之前,只享有适当补偿请求权。目标公司董事会应立即将生效的裁定提交到商业登记簿。申请人承担诉讼费用,出于公平的考虑,法院还可以要求申请人支付相对人为解决诉讼事务所付出之正当费用。

3. 两法排除规则的协调

首先,收购法上的排除规则并不排斥股份法上的排除规则。欧盟收购指令没有要求成员国变更已在国内法中规定的股东排除规则的适用范围,在建立排除制度方面,该指令仅要求成员国引进在特定条件下的排除规则,即针对上市公司股份进行要约收购或强制收购之后,如果达到了一定的持股要求或要约在一定程度上被接受,要约人在承诺期届满之后的一定期间享有排除权。如果成员国已有的排除规则也是针对该特定条件的,则该规则必须适应欧盟指令的规定;但如果成员国已有的排除规则并不是针对该特定条件的,则成员国贯彻欧盟指令引进的排除规则对原有的排除规则并不产生影响,两类排除规则将适用于不同的情形,是并存、配合适用的关系。德国《股份公司法》第327a—f条所规定的少数股东强制排除制度将继续适用于收购指令没有规范的情形,即如果公司股份没有上市交易或者超过了收购法上的强制排除期限,大股东可以根据《股份公司法》的规定强制排除少数股东。

其次,在收购法中引入强制排除规则并没有完全破除股份法上强制排除规则的立法理由。必须承认,建立强制要约收购的配套机制以平衡大股东的利益是在股份法上建立少数股东强制排除制度的立法理由,在收购法上建立少数股东强制排除规则之后,这样的理由不复存在。但是,当初在股份法上建立少数股东排除制度的重要原因,即简化公司管理、提高公司经营效率并未因收购法上少数股东排除制度的引进而有所改变,单单这一理由就足以使股份法上的少数股东排除规则继续存在获得正当性。公司内少数股东的正当利益可以视为仅仅存在于财产上的投资利益,而不是参与公司经营管理的利益。[①] 因此,在进行完全经济补偿的情况下,可以剥夺少数股东的股份所有权和相应的参与权,无论是否为上市公司以及是否进行过公开的要约收购。这一点在德国比其他欧盟国家都重要,因为德国《股份公司法》赋予股东一定程度的"警察权利",股东拥有非常强的干预权。[②]

最后,《证券取得与收购法》第 39a 条第 6 款规定,自申请提出之日起直至排除程序生效结束,《股份公司法》第 327a—f 条之排除程序不适用。这就意味着,大股东可以一开始就选择股份法上的排除程序,而不采用收购法上的排除程序;或者在收购法上的排除程序生效结束之后再启动股份法上的排除程序。但不能采取相反的顺序,因为收购法上的排除程序必须在要约收购期限届满之后的三个月内启动,而三个月的期限对于完成股份法上的排除程序应该是不可能的。[③] 如果在股份法上的排除程序尚未完成之时就启动收购法上的排除程序,前一程序必须终止,因为收购法的排除程序排斥股份法排除程序的同时适用。

(三) 英国的强制排除规则

《1985 年英国公司法》第 429 条规定了收购方在符合一定条件时强制购买没有接受收购要约的少数股东的股份的制度。依该法之规定,(1)若 A 持有 B 公司股份在 10% 以下或根本没有持股,若 B 公司持占 90% 的股东或其他股东已经在 4 个月内接受了要约,则 A 可以在达到持股 90% 之后的 2 个月内,向异

[①] BverfG, WM 2000, 1948-1950 (Moto Meter); BverfGE, 100, 289-303 (DAT/Altana).

[②] Andreas Austmann/Petra Mennicke, Übernahmerechtlicher Squeeze out und Sell out, NGZ 2004, 846-855.

[③] Barbara Deilmann, Aktienrechtlicher verus übernahmerechtlicher Squeeze out, NGZ 2007, 721-760.

见股东发出欲购买其股份的通知。异见股东可自通知之日起6个星期内向法院提出申诉。若是没有这种申诉,或者法院没有颁发相反命令,A公司就可以购买这些股份。(2)若A拥有B公司10%以上的股份,则须在要约后4个月内,获得B公司其他股东人数四分之三和持股额占90%的股东同意。

英国的强制购买是收购方收购行动的后续行为,只有收购方在要约收购阶段向目标公司的所有股东发出旨在于收购目标公司全部股份的收购要约,并在法定期间内,接受要约的股东人数和持有的股份数都达到了法定的要求,收购方才能向尚未接受收购要约的少数股东发出收购其股份的通知。强制购买时,向少数股东发出的是购买的通知,而非购买的要约,除非应少数股东的申请法院做出相反的命令,否则少数股东必须向收购方出售其股份。

若要约公平,法院很少会干预。但不得将强制购买用于不正当目的,比如排挤小股东。在巴格尔出版公司案中,公司90%的股东组成新公司,该公司向原公司发出收购要约。正如所预期,90%的股东均接受要约,新公司便向其余10%的股东发出通知,表明其欲购买其余股份。上诉法院认为,新公司实质上与大多数股东是一回事,该计划实际上是剥夺小股东利益。"该条所针对的情形就是,存在购买公司的合同或计划、合并、重组或类似情形,且要约人要独立于让与公司的股东,或至少独立于涉及90%股东的那部分。"[1]

(四)其他国家或地区的强制排除规则

葡萄牙新修订的《商业公司法》第481条规定,如果控制公司拥有被控制公司90%以上股份,控制公司就拥有强行购买剩余股份的权利;如果它不行使该等权利,则少数股东亦有权强制其购买。[2] 在新加坡,如果要约人获得目标公司90%以上股份,它可以引用《公司法》第215条之规定,向法庭申请强制购买少数股东剩余股份。[3] 根据我国香港特别行政区《公司条例》第九附表,若一收购公司已在四个月内取得目标公司十分之九股权,收购公司可在一个月内向目标公司其余股东发出通知,收购彼等股权。目标公司其余股东可向法庭申请颁令彼等无须出售股权,或彼等可异于所出盘价的条件,售出其股权。若没有人向法庭

---

[1] 〔英〕丹尼斯·吉南:《公司法》(原著第十二版),朱弈锟等译,法律出版社2005年版,第428页。
[2] See Ronald Charles Wolf, *Corporate Acquisitions and Mergers in Portugal: A Practical Guide to the Legal, Financial and Administrative Implications*, Springer, 1993, p. 47.
[3] See Philip N. Pillai, *Company Law and Securities Regulation in Singapore*, Butterworths, 1987, p. 18.

提出申请,或法庭不批准申请,收购一方可悉数收购所余十分之一的股权。①

二、强制排除权之立法理由

立法理由主要有两个方面:第一,因为少数股东的存在公司必须履行保护股东权利及其行使的形式义务,这给公司带来不适当的高成本;第二,少数股东可能"四两拨千斤",滥用股东大会决议撤销权谋取私利。这两个方面都将影响公司的经营效率。

德国《股份公司法》第327a—f条的立法理由认为,遵守少数股东的强制性保护准则会产生高额的成本,所以让极小部分的少数股东继续留在股份公司内在经济上没有积极意义。② 根据现行法律之规定,无论持股结构如何,都要遵守《股份公司法》的所有规定,尤其是对股东有利的保护性规定,即使公司中实际仅存一位局外股东,原则上该股东仍然享有股东之全部权利,例如参加股东大会的权利、做出决议时的表决权、信息权和问询权以及股东大会决议的撤销权等。即使多数股东的持股比例已经远远超过做出根本性决议和采取结构变更措施所需之四分之三资本多数,属于股东大会职权范围之内的任何决议事项仍然需要获得股东大会的形式同意。做出股东大会决议时,公司为仅有的一位局外股东付出的时间和金钱成本并不比分散持股程度较高的情形明显减少,甚至是相同的,也就是说为了极少部分的少数股东,公司仍然要付出较高的时间和金钱成本。在这种情形中,少数股东的保护因为无谓的高成本而变得令人厌烦和不适当。③

排除少数股东的第二个重要原因就是股东的撤销权。即使股东大会以压倒性多数做出了相应决议,董事会还是有可能面临少数股东提起的具有"挑衅性"的撤销之诉,这将明显拖延股东大会决议的实施,甚至使决议根本无法实施。德国《股份公司法》对股东行使撤销权未作限制,这为某些"强盗小股东"滥用股东权、严重阻碍多数股东经营企业和破坏具有重要经济意义和必要性的结构变更措施提供了便利,这些小股东提起撤销之诉的唯一目的仅在于迫使多数股东在经济上向他们做出妥协。④

---

① 参见李宗锷:《香港合约法与公司法》,商务印书馆1986年版,第186页。
② Begr. RegE-WpÜG, Allgemeiner Teil, BT-Drucks, 2001, 1-88.
③ Doralt/Druey/Hommelhoff/Hopt/Lutter/Wymeersch, Forum Europaeum Konzernrecht, ZGR 1998, 672-772.
④ Klaus J. Hopt /Herbert Wiedemann, Großkommentar zum Aktiengesetz, 4. Auflage, Verlag de Gruyter 1999, § 245, Rz. 48.

根据德国《股份公司法》第243、245条之规定，出席股东大会并在会议记录中声明反对股东大会决议的任何股东都可以股东大会决议违反法律或公司章程为由在一个月的法定期限内提起股东大会决议的撤销之诉。股东的撤销权并没有附加其他诸如原告的利益必须因股东大会决议而受到影响或者原告需达到一定的持股比例等前提条件。此外，撤销之诉原告的诉讼费用负担很小，有限的经济代价和风险在为少数股东采取救济措施扫平障碍的同时也刺激了少数股东轻率行使或滥用撤销权的潜在可能，法律也没有规定股东不当诉讼的赔偿责任。

股东大会的决议事项不但要获得股东大会的同意，还要登记到商业登记簿才能生效。登记的批准是以申请人的声明为前提的，即"未有或者未在法定期限内提起针对决议效力的诉讼，或者诉讼在法律上被最终有效驳回或撤回"，未经所谓的"消极审查"，相应的股东大会决议原则上不能登记到商业登记簿。① 撤销之诉所蕴含的杠杆作用促发了撤销之诉的滥用。针对决议效力提起的任何一项诉讼，即便是恶意提出的，也会造成很难克服的登记障碍。公司决策可能因为滥用撤销之诉引发的有时长达数年的登记阻碍而被明显拖延，而这些决策的迅即实施恰恰对于公司重要结构变更措施和资本措施能否取得成功具有决定性影响。

三、对完善我国相应法律的启示

（一）与排除权相对应的退出权

在大股东已经拥有绝对持股优势的公司内，少数股东的作用已微乎其微，少数股东的权益实现可能变得十分困难。为了维护少数股东的利益，法令赋予少数股东在该种情形下的退出权，即当公司大股东已经拥有绝对的持股优势，少数股东可以要求大股东以公平价格或前期的收购价格购买其持有的少数股份，大股东必须购买。这也就等于赋予了少数股东是否主动退出公司的选择权。

大股东的排除权与少数股东的退出权相呼应，共同构成了特定股权结构下的利益平衡机制。大股东的排除权构成少数股东的退出义务，少数股东的退出权构成大股东的购买义务，任何一方都有主动选择的权利，任何一方都不完全处于被动的地位。两项权利并不冲突，在不存在前期收购的情形中，无论少数股东

---

① Bruno Kropff /Johannes Semler, Münchener Kommentar Aktiengesetz, Band. 8, 2. Auflage, Verlag C. H. Beck 2000，§ 319, Rz. 32.

行使退出权,还是多数股东行使排除权,少数股东都应以公平价格退出公司;在存在前期收购的场合,无论少数股东行使退出权,还是多数股东行使排除权,少数股东都应以前期的收购价格退出公司。

英国、法国为股东的退出权规定了严格的法律条件,瑞士和意大利也有类似的实践。《欧盟第9号指令草案》(1984年)也有类似的规定。而比利时规定,退出权的行使要有适当的理由或者由法院裁定。德国原本没有一般的退出权,只规定在特殊情况下有退出权,例如在企业转变法律形式(公司改组)时。有的国家规定只有上市公司的少数股东可以行使退出权,有的则无此限制。荷兰虽然规定了一般的排除权,但是却没有规定退出权。根据《欧盟企业集团法制令草案》的意见,行使退出权的前提是大股东持有的股份已经达到90%至95%之间法定值。此外,在非义务性收购要约场合,也可以为少数股东或者投资人规定退出权,退出权同时也是退出义务(界限为90%至95%之间)[1],即与退出权相对应的是大股东的排除权。2004年的《欧盟收购指令》在第16条中规定了少数股东的退出权,即如果要约人向目标公司所有股东发出了旨在获得全部股份的要约,并且要约人的持股比例达到了行使强制排除权时的要求,少数股东可以要求要约人以前面要约中的条件收购其股份。[2] 德国以《欧盟收购指令实施法》在《证券取得与收购法》中加入了有关少数股东退出权的第39c条,根据该条规定,如果要约人在收购要约或强制要约之后,有权根据第39a条之规定提出强制受让其他少数股东股份的申请,则当初没有接受要约的目标公司股东可以在要约承诺期届满后的三个月内接受原来的要约。[3]

我国《证券法》规定了少数股东的退出权,而且是条件相当宽松的退出权。我国1998年颁布的《证券法》第87条第1款规定:"收购要约的期限届满,收购人持有的被收购公司的股份数达到该公司已发行的股份总数的百分之九十以上的,其余仍持有被收购公司股票的股东,有权向收购人以收购要约的同等条件出售其股票,收购人应当收购。"2019年通过的新《证券法》大大放宽了退出权的条件,其第74条第1款规定,收购期限届满,被收购公司股权分布不符合上市条件的,该上市公司的股票应当由证券交易所依法终止上市交易;其余仍持有被收购

---

[1] 参见吴越:《企业集团法理研究》,法律出版社2003年版,第338页。
[2] Richtlinie 2004/25/EG des Europäischen Parlaments und Rates vom 21. April 2004 betreffend Übernahmeangebot, Amtsblatt der Europäischen Union 2004, 12-23.
[3] Gesetz zur Umsetzung der Richtlinie 2004/25/EG des Europäischen Parlaments und Rates vom 21. April 2004 betreffend Übernahmeangebote (Übernahmerichtlinie-Umsetzungsgesetz) vom 8. Juli 2006, Bundesgesetzblatt 2006 (Teil I Nr. 31), 1426-1433.

公司股票的股东,有权向收购人以收购要约的同等条件出售其股票,收购人应当收购。2019年修订的《上海证券交易所股票上市规则》第五章第一节第1条规定的上市条件为,公开发行的股份达到公司股份总数的25%以上;公司股本总额超过人民币4亿元的,公开发行股份的比例为10%以上。也就是说,收购方通过公开要约收购上市公司股份,在其持股达到75%或90%以上时,上市公司不再符合上市条件,此时仍持有公司股份的股东就享有退出权。相比于其他国家90%甚至95%的持股要求,我国规定的75%的界限值(针对股本总额不超过四亿元的公司)的确过于宽松。实际上,其他国家是以超高的持股要求为退出权的前提,但我国是以上市公司的退市为退出权的前提,这种设计的合理性值得质疑。而在非上市股份公司中,即使大股东拥有超高的持股比例,少数股东也不享有退出权。

(二)实务操作中的不规范性

对部分顽固股东手中所持有的股份,虽然我国立法并没有规定余股强制挤出的相关内容,但查阅相关案例资料,不难发现实务中一些公司似乎已经为这种困境找到了看似可行的解决方法。例如,2006年中国石化试图推进私有化进程时,面对部分因不满收购价格而拒绝出售股份的股东,采取了全资设立壳公司进行吸收合并的方式,使得异议股东被迫只能行使股份回购请求权退出公司,从而正中中国石化的下怀。虽然如此一番操作,既增加了中国石化的收购成本,又拖缓了公司私有化的时间,但却达到了强制挤出顽固余股的效果,并且也并未逾越任何一条法律条文。[①]

这种做法其实在域外早就有了先例,在美国,很多公司就经常采取一种"排挤式合并"的做法来针对少数没有公司支配权的股东,迫使他们退出公司或者排除对公司的支配权。在英国,还出现了一种"简易式兼并"的做法,具体表现为当母公司拥有子公司一定比例股权,就可以在收购子公司时强制收购其他小股东手中的股权。[②] 但有一点值得注意的是,以上所提及的域外公司处理余股之做法,在其本国立法中均有相关法条进行规定,从而赋予这些做法法律上的规范性与形式上的合法性。

虽然我国上市公司私有化的案例数量较少,并且实践中也产生了一些似乎可以完美应对顽固股东的做法,可以供后来者参考与借鉴,并不需要为此专条立

---

① 参见江川:《余股强制挤出:证券投资者保护视阈下的反向思考》,载《新金融》2017年第7期。
② 参见张善斌:《论强制取得少数股东股权——简易式兼并探析》,载《法学评论》2002年第5期。

法，但仔细推敲，就会发现这样的做法其实无视了公司小股东的合法权益保护，也与公司法的基本原则与立法价值相悖，缺乏了形式上的合法性与规范性。归根到底，任何一种公司之间的现实困境都是需要通过法律来得到最终解决的。

（三）立法构想

为了应对激烈的市场竞争，企业间的并购整合日渐频繁，集团内部的结构调整更是屡见不鲜。企业并购目的的实现和集团内部结构调整的顺利实施往往与100%的完全控股相关联，有时企业发动要约收购的目的就在于取得目标公司全部的股份。但这样的目标并不容易实现，或者说完全通过要约收购实现完全持股的目标几率很小，有时企业不得不在完成大部分股份的要约收购之后与拒绝要约收购的少数股东进行私下交易，力求取得剩余的少数股份，代价往往是远远高于要约收购时的价格。尤其是部分少数股东在了解大股东希望收购全部股份的意图后，即使认为收购价格合理，也会拒绝承诺收购要约，目的就在于希望通过自己持有的少数股份对大股东进行"敲诈"。这种状况不仅可能影响公司的经营效率，更可能影响收购方的收购意愿和我国法律在吸引国际投资方面的竞争力。

排除权与退出权两种制度体现了对不同的价值目标的选择，一个选择了公平，一个选择了效率。这不仅仅是一个法律问题还是一个经济问题，学者认为就我国目前的经济现状来讲，我们应该选择效率兼顾公平，少数股东利益的保护也应该是有边界的，这个边界就是不能以牺牲效率为代价。一味囿于所谓公平正义，对少数股东进行过度保护，会过度增加社会成本，这不仅造成社会财富的浪费，也为我国股权结构调整、公司治理机制的改善设置了障碍，不利于我国目前的经济发展。我国目前实施的强制要约收购制度是从维护少数股东的利益设计的，这个制度的优劣得之于对少数股东保护的充分，失之于提高了收购成本，减少了并购的进行并降低了收购的效率。[①]

基于前文论述的排除少数股东的经济上的、经营管理上的理由和促进企业收购目标的完全实现，在我国引进少数股东排除制度是必要的。我国《证券法》已经确立了少数股东在要约收购中的退出权，而且是条件十分宽松的退出权，理应赋予大股东一定条件下的排除权，只是为了充分照顾和保障少数股东的利益，大股东的排除权不能采用与退出权同样的持股要求，只有大股东的持股达到非常高的比例时，才能产生排除权。另外，无论是少数股东的退出权还是大股东的

---

① 参见赵万一、吴晓锋：《美国法上的排挤式公司合并及对我国的借鉴意义》，载《西南民族大学学报（人文社会科学版）》2005年第7期。

排除权,都应当扩展到非上市公司和非要约收购的场合,因为无论公司是否上市以及以何种方式形成股权高度集中的状态,都会出现股权高度集中诱发的问题,都存在设置退出权和排除权的诱因。

(四) 立法设计

我国的强制排除制度应当包括以下内容:(1) 股份公司大股东获得公司90%以上的股份时,可以强制购买少数股东的股份。(2) 购买请求应以通知的形式提出,并附大股东的持股数量证明。如少数股东对大股东的购买资格存在异议,应在接到通知后的一定期间内向法院提出裁决申请,否则视为无异议。(3) 在要约收购的情形中,购买价格即为收购方的前期要约价格。如果收购方在要约收购结束后的法定期间内(如三个月)没有提出购买请求,以后再提出购买请求时,无权再要求以当初的要约价格购买。在非要约收购情形中,由大股东提出购买价格,并附价格说明。如果少数股东不同意大股东提出的购买价格,应在一定期限内向法院提出价格裁决申请;在法定期间未申请价格裁决,视为接受大股东提出的价格。(4) 价格异议不影响强制购买的生效。(5) 强制购买生效后,大股东须立即向少数股东支付价款;价格异议不影响大股东首先按其提出的价格进行支付的义务;如果法院裁决的价格高于大股东提出的价格,大股东必须进行补充给付。

证券错误交易撤销权研究

王东光

【内容摘要】 证券交易可能因交易系统技术故障或者指令输入错误而在价格、数量、交易对象等方面发生错误,形成错误交易,以明显偏离市场的价格达成交易是典型的错误交易。错误交易不仅直接影响交易参与人的利益,更对证券市场正常交易赖以实现的交易信息的准确性产生影响,使得市场信息无法反映市场的真实情况,对市场其他参与者形成误导,甚至影响其他相关市场的正常运行。为了维护证券市场的公平、诚信和交易所集中交易功能的正常发挥,交易所可以依职权或依申请撤销错误交易,撤销交易应遵循公开性、及时性与整体性原则。交易参与人不得以因撤销交易而遭受损害为由向交易所或相对人主张损害赔偿。

【关键词】 证券交易 错误交易 撤销交易 撤销权

2000年12月,瑞银集团下属瑞银华宝公司的交易员本来要以每股60万日元的价格出卖日本广告公司的股份,结果键盘上的一个小错误使他竟以每股6日元的价格卖出了61万股股票,在几秒中内使瑞银华宝损失7100万英镑。2005年6月27日,台湾富邦证券的一名交易员收到来自香港的8000万元的落盘指令,但错误地落成80亿元。为了稳定股市,富邦决定以公司资金买回这批股份,这个错误指令让富邦证券的账面损失超过4亿元新台币。因粗心、手笨敲掉上亿元的例子在金融界数不胜数,这一现象被金融业人士称为"胖指头综合症"。1994年1月26日,上交所集合竞价时,"广州广船国际股份有限公司"的股价以20元的天价开出,较前一日收盘价的6.58元上升203.95%,原因是广东一券商驻上交所的交易员在将81万余股"广船国际"股票以每股人民币6.5元左右的买进申报输入电脑时,错打成20元,造成1220余万元损失。最终,该交易员被以玩忽职守罪判处三年有期徒刑。① 除了上述"人"的因素之外,"物"的因素也同样可能导致证券交易发生严重错误。一旦高度电子化的证券交易所依赖的主机系统、终端系统或通信系统发生故障,很可能错误地形成、更改、传输指令信息,发生违背指令原意并引发混乱的错误交易。

错误交易不仅直接影响交易方的利益,而且在更广的范围内影响其他市场参与者的利益,在更高的层面和更大的程度上影响市场集中交易功能的发挥和市场的诚信、秩序,甚至影响其他相关市场的正常运行。为了避免或降低错误交易可能带来的严重影响,一些发达国家的交易所纷纷建立了错误交易处置制度,尤其是错误交易撤销制度。我国 2019 年新修订的《证券法》对证券交易异常条款作出修改,首次新增了重大技术故障和重大人为差错两种异常交易情形,并赋予证券交易所以错误交易撤销权,填补了我国证券错误交易的制度空白。证监会在其颁布的《证券交易所管理办法》中则再次对撤销权制度进一步强调。随后,上海证券交易所和深圳证券交易所分别在其发布的《上海证券交易所交易规则》和《深圳证券交易所交易规则》中细化了错误交易撤销权的行使条件和紧急措施。尽管我国已初步构建了错误交易撤销权的制度体系,但错误交易撤销权的制度框架和法理基础仍不完善,且国内学者对这一问题仍然缺乏足够的重视和深入的理论研究。希望本文从法理与规范两个角度的研究对我国建立错误交易政策有所裨益。

一、证券错误交易及其认定

(一) 错误交易(Mistrade, Error Trade or Erroneous Trade)

交易所交易具有公开化、电子化和自动撮合等特征。电子化交易依赖于技术系统的正常运行和指令的准确输入。技术系统故障或指令输入错误将直接导致错误交易。因此,从原因的角度观察,错误交易是"因市场参与者行为或交易系统故障而导致错误执行的交易"②。技术错误和人为错误都属于可能导致错误交易的原因,只有在原因之下产生了特定的交易结果,即交易所执行的交易在交易价格等条款上存在错误才属于错误交易。有的交易所通常仅考虑交易的结果,即"如果一个交易的价格与执行交易时的市场价格相差悬殊,NASDAQ 通常

---

① 参见何杰:《论证券交易制度目标设计》,载《证券市场导报》1999 年第 7 期。
② Final Report-Policies on Error Trades, Technical Committee of the International Organization of Securities Commissions, October 2005.

将它视为明显错误",错误原因仅在一些特殊情况下作为判断是否属于明显错误交易的额外因素。① 在限价申报中,如果输入限价时发生了错误,但却以市场价格达成交易,则交易不能撤销。②

关于哪些参数的错误可以认定为错误交易,各交易所的规定多有不同。有的交易所采取比较宽泛的错误交易政策,如果交易价格、股票数量、证券成交单位或证券名称等任何交易条款存在错误,交易所执行的交易都属于错误交易。③ 例如,《上海证券交易所交易规则》和《深圳证券交易所交易规则》中皆规定④,因突发事件导致证券交易结果出现重大异常,按交易结果进行交收将对证券交易正常秩序和市场公平造成重大影响的,证券交易所都可基于错误交易行使撤销权。因此,只要影响证券交易秩序和市场公平,无论交易价格、股票数量、证券成交单位等要素中的任何一项出现错误,都可以认定为错误交易。而有的交易所则规定,只有交易价格和数量发生错误,并且产生极大的结算困难,才能认定为错误交易。⑤ 但有的交易所却明确规定,仅仅是数量输入错误不能构成可撤销的错误交易。⑥ 因为在数量输入错误的交易中,虽然也存在"错误",但此等错误并不符合错误交易中的"错误"本质。"仅仅是数量还不足以证明存在客观上可识别的错误,因为委托数量处于波动之中并与参加者个人因素有关。"⑦ 对于交易对方而言,无从判断输入的数量是否存在错误。数量输入虽然影响供求数量,但对于形成正确的交易所价格不会产生足够的影响。目前建立错误交易政策的很多交易所都采取比较严格的态度,将价格错误作为唯一的可能引发错误交易的因素。综合考察发达国家证券交易所的错误交易政策,价格错误是最典型、最

---

① NASDAQ Clearly Erroneous Transaction Guidance for Fillings under NASDAQ Rule 11890(a) and Single Stock Events under NASDAQ Rule 11890(b).

② Bedingungen für die Geschäfte an der Börse München § 12b (2).

③ Rule 11. 19. Clearly Erroneous Executions (a), Rules of national stock exchange (updated through March 2, 2011); Rule 128. Clearly Erroneous Executions for NYSE Equities (a), Section Dealings and Settlements, NYSE Rules.

④ 2020 年修订的《上海证券交易所交易规则》和《深圳证券交易所交易规则》第七章交易异常行为处理第 7.1 款皆规定:"因下列突发性事件,导致部分或全部证券交易不能正常进行的,为维护证券交易正常秩序和市场公平,本所可以决定采取技术性停牌、临时停市等处置措施:(一)不可抗力;(二)意外事件;(三)重大技术故障;(四)重大人为差错;(五)本所认定的其他异常情况。因前款规定的突发性事件导致证券交易结果出现重大异常,按交易结果进行交收将对证券交易正常秩序和市场公平造成重大影响的,本所可以采取取消交易、通知证券登记结算机构暂缓交收等措施。"

⑤ 《大阪证券交易所业务规程实施细则》(2010-1-4)13-2(1);《东京证券交易所业务规程实施细则》(2009-11-24)13(1)。

⑥ Mistrade Rule(Ausführungsbestimmung zu § 59 Abs. 1 der Bedingungen für Geschäfte an der Börse Berlin) § 4.

⑦ Bedingungen für die Geschäfte an der Börse München § 12a (1).

重要的错误交易类型,即因交易系统技术错误或输入报价、限价等信息时出现错误而以明显偏离市场的价格达成的交易。

错误交易可以分为广义的错误交易和狭义的错误交易。广义的错误交易指根据上述"质的标准"存在错误的所有交易,狭义的错误交易为可撤销的错误交易。并非所有的错误交易皆可撤销,撤销错误交易还要满足"量的标准",只有"错误"达到了一定的程度才构成狭义的错误交易,即可撤销错误交易。例如,柏林证券交易所规定,如果一项交易因交易所技术系统错误或者因输入申报限价或报价时明显的错误而达成,并且该错误导致形成错误的交易所价格,产生至少5万欧元的损失,则该交易属错误交易。[1] 根据该项规定,只有达到了"明显的错误"并且"产生至少5万欧元的损失",才能认定为错误交易。

(二) 明显偏离市场价格

如上所述,典型的错误交易是以不符合市场的价格或称明显偏离市场的价格达成的交易。那么,我们就必须搞清楚两个问题:第一,如何确定"市场价格"?第二,何为"不符合"或"明显偏离"市场价格?

所谓"市场价格"是正常交易条件下的可能价格,是判断是否构成错误交易的参考价格,是基于一定条件的计算或推断价格。各交易所确定"市场价格"的方式、方法各有不同,偏离程度的判断标准也多有差异。

1. 统一标准

《柏林证券交易所错误交易处置规则》[2]规定:"价格是否符合市场情况,由交易所业务执行机构根据个案情况判断。"业务执行机构有权判断交易所价格是否为错误价格;如果交易价格与同一交易日参考市场上在此之前达成的三项交易的平均价格相差超过百分之五,通常属价格错误;如果只有两项交易所交易,以他们的平均价格为依据;如果只有一项交易所交易,以该价格为依据。我国上海证券交易所和深圳交易所亦采取了统一标准对错误交易中的交易价格进行限定。《上海证券交易所证券异常交易实时监控细则》规定[3]:"证券竞价交易出现以下异常波动情形之一的,本所可以根据市场需要,实施盘中临时停牌:(一)无价格涨跌幅限制的股票盘中交易价格较当日开盘价首次上涨或下跌超过10%(含)、单次上涨或下跌超过20%(含)的……"确定统一标准的同时,上交所还留有一部

---

[1] Mistrade Rule(Ausführungsbestimmung zu §59 Abs. 1 der Bedingungen für Geschäfte an der Börse Berlin) §4.
[2] 该处置规则为《柏林证券交易所交易条件》第59条第1款之实施细则。
[3] 《上海证券交易所证券异常交易实时监控细则》第3条第1款。

分对于错误交易判断的实时监控权,即在该细则第 3 条第 6、7 款中规定对于涉嫌存在违法违规交易行为,且可能对交易价格产生严重影响或者严重误导其他投资者的以及中国证监会或上交所认为可以实施盘中临时停牌的其他情形,上交所可以在交易价格暂未异常的情况下,采取紧急停牌措施或错误交易撤销权。

  2. **根据个案情况的不同选择适当的市场价格查明方法**

  德国法兰克福交易所采取这种方式,并就此作出了详尽的规定。① 对于在连续竞价系统中进行的结构性产品交易,业务执行机构根据适合于个案的准则查明该项交易是否以明显不符合市场的价格达成。为了查明明显偏离市场价格的情况,业务执行机构还可以咨询被允许进入法兰克福证券交易所进行交易的券商中的专业人士。业务执行机构以三位被咨询的专业人员的意见为依据。如果在适当的期间内少于三项意见,业务执行机构可以考虑两项或一项意见。对于在连续竞价系统中进行的基金份额和交易型开放式指数基金(ETFs)交易,为查明符合市场的价格,业务执行机构可以在下列五种查明方法中按照顺序选择其中的一种。如果据此优先选用的方法在个案中不适用,则再考虑下一种方法。查明市场价格的方法有:(1) 在该项交易的价格确定之前在法兰克福证券交易所的电子交易系统中所确定的前三项价格的平均值,如果在法兰克福证券交易所的电子交易系统中确定的价格少于三项,则取两项价格的平均值或一项价格;(2) 专家经纪人做出有约束力的报价(在其范围内确定了交易价格)之前的三个参考报价平均值的加权时间平均值,在此过程中不考虑该参考报价,即在其基础上专家经纪人在连续竞价系统的叫价中输入了确定交易价格之前的有约束力的报价;(3) 通过咨询专业人士查明的价格;(4) 最后可动用的净资产值;(5) 根据其他恰当的准则,尤其是使用信息报查明的价格。如果交易价格与根据上述方法查明的市场价格相比:(1) 当交易仅属于主要投资于德国或西欧股票的股票基金时,至少偏离了 3%;(2) 当交易仅属于主要投资于欧洲之外或东欧的股票或者投资于特定领域的股票基金以及不动产基金、混合和其他基金时,至少偏离了 4%;(3) 当交易属于退休基金领域时,至少偏离了 2%;(4) 当交易属于货币市场基金领域时,至少偏离了 1%;则基金份额和交易型开放式指数基金(ETFs)交易就是以明显不符合市场的价格达成的。对于以在连续竞价系统中交易的股份、代表股份的权证,市场价格的查明方法与结构性产品类似,此外参考价格还包括在法兰克福证券交易所现场交易中确定的价格或由业务执行机构在个案中指定的国内外其他交易所或证券交易平台确定的价格。对于在连续竞

---

① Bedingungen für Geschäfte an der Frankfurter Wertpapierbörse, § 32, 33, 33a.

价系统中进行的股份和代表股份的权证交易,如果交易的价格与根据上述方法查明的市场价格相比至少相差 5% 和 0.5 欧元,则该交易是以明显不符合市场的价格达成的。

3. 根据交易时间和上市场所的不同分别确定参考价格和判断标准

美国 NASDAQ 就采用这种判断机制[①],参考价格和判断标准如表 6 和表 7 所列。

表 6　NASDAQ 判断错误交易的参考价格

执行时间和场所	参考价格
在 NASDAQ 上市的证券于美国东部时间 9:30—下午 4:00 之间(常规交易时间)进行的交易	争议交易首次成交时的 NASDAQ BBO 最优报价
非 NASDAQ 上市证券在常规交易时间和主要市场发布的第一个双边报价之后进行的交易	争议交易首次成交时的全国 BBO 最优报价
非 NASDAQ 上市证券在常规交易时间和主要市场发布的第一个双边报价之前进行的交易	争议交易首次成交时的全国 BBO 最优报价。如果全国 BBO 与市场未发生实质性的联系,那么 NASDAQ 可以考虑其他的参考价格,包括开盘价、投资意向书、主要市场的首次双边报价以及主要证券市场常规交易时间的收盘价
NASDAQ 上市与非上市证券在东部时间早 9:30 前或下午 4:00 后进行的交易	主要证券市场当日常规交易的收盘价

表 7　NASDAQ 判断错误交易的标准

执行价格	参考价格幅度
1.75 美元以下(含 1.75 美元)	等于或高于依据 NASDAQ11890(a)(2)(c)(ⅱ)规则确定的最低值
1.76 美元—25 美元	10%
25.01 美元—50 美元	5%
50.01 美元以上(含 50.01 美元)	3%

---

① NASDAQ Clearly Erroneous Transaction Guidance for Fillings under NASDAQ Rule 11890(a) and Single Stock Events under NASDAQ Rule 11890(b).

4. 实行一般参考价格和特殊参考价格,并根据交易时间以及参考价格范围的不同分别确定偏离幅度

美国国家证券交易所和纽约—泛欧交易所采取这种方式。[①] 一般情况下,参考价格就是交易执行前汇总的交易所当日收盘价。但为了维持市场公平和秩序,保护投资者和公共利益,交易所可以自己决定使用其他参考价格来决定是否发生了明显的错误交易。其他的参考价格包括汇总的内部价格、汇总的开盘价、汇总的前一天收盘价或者在一系列交易执行之前汇总的交易所当天收盘价。

表8 明显错误交易的价格偏离度

参考价格	交易所常规交易时间内适用的数字准则(每类交易偏离参考价格的百分比)	交易所常规交易时间外适用的数字准则(每类交易偏离参考价格的百分比)
0美元—25美元(包括25美元)	10%	20%
25美元—50美元(包括50美元)	5%	10%
超过50美元	3%	6%

之所以可以根据价格偏离的幅度判断交易价格是否符合市场真实情况,乃因证券交易具有公开性、透明性,交易所实时公布成交价与成交量等重要参考信息,投资者根据这些信息做出的投资方案具有相对稳定性,不会超出合理的波动范围。另外,交易所交易采用自动撮合方式,理论上也排除了因市场参与者谈判能力欠缺而导致个案价格超范围波动。

二、错误交易政策:原则与框架

2005年10月,国际证监会组织(IOSCO)技术委员会公布了《错误交易政策研究报告》(Final Report-Policies on Error Trades)。该报告就错误交易政策的价值、目标以及各国交易所可以采取的错误交易政策的设定原则与整体框架进行了阐述。根据该报告之意旨,错误交易处置规则应遵循公开性、及时性与平衡性原则。

[①] Rule 11.19. Clearly Erroneous Executions (c), Rules of national stock exchange (updated through March 2, 2011).

(一) 公开性

一个市场的规则、程序与重要决定的透明度,对于该市场的公平与效率均非常重要。① 错误交易处置应遵循公开与透明原则,该原则包含两个方面的内容:第一,规则的公开与透明。全面而具体的处置规则应当包含错误交易的认定、可以对交易提出质疑的主体范围、撤销交易的程序与条件、交易所的判断标准、撤销交易的法律后果等内容,这些规则必须以适当的方式向所有市场参与者公开,"市场应尽量在互联网上向市场参与者提供错误交易规则,对于这些政策的任何修改均应尽快使公众知晓"。只有公开处置规则,市场参与者才能对可能遭遇的情况做出预见,"市场参与者可以提前知晓和评估一旦适用错误交易政策将产生的风险和成本,并采取适当行动"②。如果没有明确公开、公布撤销交易政策,在错误交易影响市场价格的同时,交易者的行为可能加剧市场波动。③ 第二,处置情况的公开与透明。基于错误交易政策而做出的对具体交易的撤销决定,应当向市场参与者进行公开,交易报告应当准确而充分地体现已撤销的交易。许多市场采用一定的方式,确保关于错误交易处置决定的公告鲜明、突出,能够引起应得到通知的人群的足够注意。由于市场发布的大量信息中,有些可能被参与者视为"噪音",市场应当寻找和采取适当措施向市场参与者特别指出或有意"突出"错误交易信息。④

(二) 及时性

证券交易的即时性、连续性以及对信息的依赖决定了证券市场的信息披露必须达到及时、准确、完整。为了实现证券市场的公平原则,增强市场信任度和参与者信心,降低错误交易的影响程度,证券错误交易处置也必须符合及时性要求。无论交易所针对错误交易做出何种决定都应立即向市场公布,任何决定都应尽快告知交易方,以尽量降低市场混乱。⑤ 如果错误交易以及交易的撤销可能对其他交易产生即时影响(直接影响或通过引发意外交易而影响),则及时性要求对于提升市场的公正、公平尤为重要。错误交易政策的设计者应当考虑为

---

① Final Report-Policies on Error Trades, Technical Committee of the International Organization of Securities Commissions, October 2005.
② Ibid.
③ Ibid.
④ Ibid.
⑤ Policy Statement and Guidelines Regarding Error Trade Policies for Interdealer Brokers, Interdealer Brokers Advisory Committee and Securities Industry and Financial Markets Association, 2006.

错误交易规则中的所有程序性事项设定明确的时限要求。在设定时限要求时，应当充分考虑市场对于交易确定性和程序公平性的需求，使时限设定满足决策的迅速性与终局性要求。①

（三）平衡性

法律通常是在冲突的利益中寻求平衡的结果，最终确定的规则是立法者在既有利益冲突框架内认为最合乎利益最大化的选择。错误交易政策的确定表现出同样的特性。维持市场公正性的目标要求避免并更正错误价格信息在市场中的传播及其对定价机制的影响。然而，这一目标还包含一个可能与此冲突的要求，即维护交易的确定性。错误交易政策的设计必然包含交易所如何客观、理性地认识或划分两项需求各自"功用"的判断，反过来，这种判断又将影响交易所在其错误交易政策中对这两项要求的衡量。② 最终确定的错误交易政策应该是交易所认为在充分考虑纠正错误交易与维护交易确定性两种不同需求的情况下最能体现市场整体利益的选择。基于判断的差异性，各交易所的具体错误交易政策并不相同，但市场整体利益最大化的目标是相同的。利益平衡不仅是确定错误交易政策时应遵循的原则，也是执行错误交易政策的指导原则，在与其他市场存在联动的情况下尤为如此。譬如，证券或证券指数产品大额交易的撤销可能影响相关产品的价格，如在另一个市场交易的该证券期权，这些价格影响对相关市场的价格形成机制而言可能是决定性的。因此，交易所应尽可能地充分考虑被撤销交易对其所知的相关市场的影响。③

（四）基本框架

根据《错误交易政策研究报告》《为券商经纪人所做之错误交易政策分析与指引》以及主要发达国家证券交易所现有的错误交易处置规则，可以将错误交易政策的构建框架概括为以下几个方面：(1) 何为错误交易以及如何认定错误交易。明确、恰当界定错误交易的类型、范围以及错误交易认定标准是错误交易政策的基础内容，也是决定错误交易政策宽严程度以及适用空间的标尺。(2) 针对错误交易可以采取的处置措施，譬如调整交易价格或数量、撤销交易、复权交易等。(3) 交易所如何做出处置决定，包括主管机构、决定程序、判断标准、处置

---

① Final Report-Policies on Error Trades, Technical Committee of the International Organization of Securities Commissions, October 2005.
② Ibid.
③ Ibid.

结果、处置决定的拘束力、法律后果(损害赔偿权的排除)等。制定规则时"应确保决定程序得以明确规定并得到严格遵守,清晰、详尽阐释决定程序有助于消除模糊性和不确定性"。(4) 其他有关程序规则,包括有权主张错误交易的主体、主张错误交易的时间限制、提出主张的方式(书面、电邮、电话等)、应当或可以提交何种支持主张的证明材料、是否以及由谁和如何通知交易相对方、是否允许相对方做出回应以及必须做出回应的时间、就错误交易主张以及处理情况向市场进行公告、处置决定的复议等。

三、我国错误交易撤销权的制度体系

2019年新的《证券法》修订通过,按照顶层制度设计要求,进一步完善了证券市场基础制度。其中,完善证券交易制度、有效防控市场风险是这次修订的主要任务之一。在新《证券法》中,首次规定了异常交易的若干具体情形,其中重大人为差错是法定的异常交易情形之一。此外,《证券法》第111条第2款赋予证券交易所以错误交易撤销权,即证券交易所可以按照业务规则采取取消交易、通知证券登记结算机构暂缓交收等措施。随后,由中国证券监督管理委员会颁布的《证券交易所管理办法》对《证券法》第111条再次进行强调,并规定证券交易所对证券交易享有实时监控权,及时发现和处理违反业务规则的错误交易行为。在上述法律和部门规章相继提出错误交易撤销权后,上海证券交易所和深圳证券交易所分别颁布了相关交易规则和证券异常交易实时监控细则,细化了价格异常标准、紧急措施、错误交易撤销权的行使要件等具体内容。

(一) 错误交易及其撤销权的法定内涵

我国新《证券法》将错误交易规定在证券异常交易的项下。根据原《证券法》第114条的规定:"因突发性事件而影响证券交易的正常进行时,证券交易所可以采取技术性停牌的措施……"[①] 修订后的《证券法》将异常交易的引发因素扩充为不可抗力、意外事件、重大技术故障、重大人为差错四项具体情形。其中,重大人为差错应是立法中错误交易的应有之义;在错误交易的处置措施方面,不仅允许交易所技术性停牌,还赋予其决定取消交易、暂缓交收的权利。

---

① 原《证券法》(2014年修订)第114条:因突发性事件而影响证券交易的正常进行时,证券交易所可以采取技术性停牌的措施;因不可抗力的突发性事件或者为维护证券交易的正常秩序,证券交易所可以决定临时停市。证券交易所采取技术性停牌或者决定临时停市,必须及时报告国务院证券监督管理机构。

从字面来看，我国证券法将错误交易限定为因人为原因而产生的影响证券交易正常进行的情况，包括但不限于以下几种情形：第一，交易者由于操作失误使证券申报时的价格、数量、买卖方向等条款与真实的交易意愿不符，按照错误情形申报将严重影响市场正常交易秩序。类似于民法领域的"重大误解"，此时做出交易指令的交易人并没有订立相应证券买卖合同的真实意愿。比如，2005年12月8日，日本瑞穗证券的交易员在对"J-Com"股票下单时，误把"1股61万日元"输入为"61万股1日元"，使得瑞穗证券遭受3.4亿日元的损失。又如，1994年1月26日，我国某证券公司交易员将数百万股广州广船股票以20元高价卖出时，将第九笔81万余股错打成了"买入"，使得证券公司遭受1200余万元的损失。在光大证券乌龙指案件中，交易异常是由于光大证券使用的交易系统存在设计错误所引发的，而该设计错误是由人为因素导致，则应可归入人为差错的范围。

针对错误交易的撤销权的概念，立法并未给出明确界定，但从新《证券法》第111条规定的针对异常交易的紧急措施来看，错误交易撤销权的行使具体表现为取消交易。取消交易是指由证券交易所撤销交易双方已达成的交易后果，使其恢复到交易之前的状态。

（二）错误交易撤销权的行权条件

根据新《证券法》的规定，取消交易和暂缓交收的条件是"交易结果出现重大异常，按交易结果进行交收将对证券交易正常秩序和市场公平造成重大影响"。对于这一条件的含义，根据《上海证券交易所交易规则》，交易结果异常是交易已经结束，但在结果上出现问题，包括结果出现严重错误、行情发布出现错误、有关指数计算出现重大偏差等可能严重影响整个市场正常交易的情况。新《证券法》则进一步规定异常程度应是"重大"的，足以对市场秩序和公平造成重大影响。参考域外交易所规则，交易结果重大异常可以分为价格、数量、亏损、其他因素四个方面。在价格上，如果证券交易价格偏离正常参考值较多，可能构成结果重大异常。例如，在《纳斯达克股票规则》中，要构成"明显错误的交易"必须满足特定的数值标准，只有价格变动超出相应标准的才属于明显错误的交易。在数量上，《东京证券交易所业务规程实施细则》规定，若一笔交易在数量或者金额上超过规定，且由于错误订单而产生严重的结算困难，发出错误订单的交易参与者可以申请取消该笔交易。在光大证券乌龙指案件中，因交易系统错误导致光大证券的申购成交额达到72.7亿元，实际上就是交易数量的异常。在亏损程度上，伦敦证券交易所将会员公司损失的严重程度作为衡量是否取消交易的考量因素之一,如单一市场股票交易产生的可能损失应在 100000 英镑及以上,多重市场股票交易产生的可能损失应在 200000 英镑及以上,等等。对于其他因素,《纳斯达克股票规则》规定,可供交易所参考决定是否构成"明显错误的交易"的因素包括但不限于:系统故障或受干扰程度、证券数量和波动程度、与证券有关的新闻、证券交易最近是否被暂停或终止、是否是首次公开发行证券、是否有市场划分或重组、整个市场的情况等;每个因素在被考虑时都应致力于维护一个公平有序的市场,以及保护投资者和公众的利益。不论是价格、数量、亏损程度还是其他因素,解释上都可以归入证券交易秩序不正常的情况。同时,考虑到异常事件的发生往往较为突然,设置较多因素,也有助于交易所根据不同情况及时认定是否出现交易异常并作出反应。因此,上述异常情形都可以作为重要的考量因素。

(三) 错误交易撤销权的法律性质界定

新《证券法》中将错误交易撤销权的行使主体限定为证券交易所,根据民法中撤销权的基本定义,撤销权是一种综合性权利,当债务人或他人实施某种行为危害到债权人的利益时,债权人可申请法院撤销债务人与他人之间的法律关系。在民法语境下,撤销权应当由与债权债务关系有直接利害关系的主体享有。显然在证券错误交易的情景中,交易所基于中间立场、为维护市场交易秩序而撤销相关交易的行为不能界定为平等民事主体间的撤销权,那么其法律性质为何?在新《证券法》第 111 条填补我国错误交易撤销权的制度空白之前,对于因重大人为差错引发的异常交易,法律仅赋予证券交易所对相应交易暂缓交收的权利。因此,对于错误交易撤销权的性质界定,可比照"暂缓交收"这一措施的法律性质探知一二。

2000 年发生于上海证券交易所的"3·16 虹桥转债异常交易事件"[①],引起了一场关于"暂缓交收指令可诉性"的争议。交易人赵某于 2000 年 3 月 16 日委托北京证券有限责任公司上海营业部买进 741 手虹桥机场可转换公司债券(以下简称"虹桥转债"),并经上海证券交易所电脑交易系统确认生效,以 1.30 元/张的价格成交。[②] 2000 年 3 月 17 日,上交所在《上海证券报》和《中国证券报》上刊登公告:2000 年 3 月 16 日"虹桥转债"交易异常,系少数投资者在填报委托申

---

① 参见郭俭主编:《浦东法院二十年案例精选》,法律出版社 2013 年版,第 41 例:证交所因证券成交价格异常作出暂缓交收决定的性质及可诉性——赵杰诉上海证券交易所要求解除债券暂缓交收指令民事诉讼不予受理案。

② 债券的面值是 100 元,卖出方误将其面值当作 1 元,由此导致申报卖出价格出现差错。

报时操作失误引起的,为最大限度地保护投资者利益,上海证券交易所按照有关交易及结算规则,已决定对当日"虹桥转债"成交价格异常部分(成交价低于90元)的成交实施暂缓交收。根据上海证券交易所的公告,赵某买进的741手"虹桥转债"因属成交价格异常部分而暂缓交收。

交易人赵某认为,依据相关法律法规、交易及结算规则,其买进的741手"虹桥转债"已经被上海证券交易所电脑交易系统确认生效,交易所应履行维护其在证券交易所达成的证券交易合同有效性的法定义务,无权暂缓交收,故向法院提起诉讼,要求法院判令上海证券交易所解除暂缓交收指令,允许其就已买进的741手"虹桥转债"进行结算交割。

对于赵某的上述要求,上海市浦东区人民法院认为,根据国务院1996年8月21日的《证券交易所管理办法》规定,证券交易所职能包括:制定证券交易所的业务规则;组织、监督证券交易。自1999年7月1日起施行的《证券法》第109条第1款规定,因突发性事件而影响证券交易的正常进行时,证券交易所可以采取技术性停牌的措施;因不可抗力的突发性事件或者为维护证券交易的正常秩序,证券交易所可以决定临时停市。第110条第1款规定,证券交易所对在交易所进行的证券交易实行实时监控,并按照国务院证券监督管理机构的要求,对异常的交易情况提出报告。由此可见,本争议中,上海证券交易所在2000年3月16日"虹桥转债"交易价格出现异常后,发出暂缓交收公告和通知,决定暂时冻结异常交易部分成交的"虹桥转债"及相应资金,并组织买卖双方协商解决,这是履行其管理职能,是对证券交易活动的一种市场监控管理行为,而非平等民事主体间的民事法律行为。

上述案件中,交易人因价格申报错误导致错误交易,但交易所受制于当时的证券法(无撤销权),仅对该笔交易采取暂缓交收的紧急措施,法院将这一措施认定为市场监控管理行为,从而认定该行为具有不可诉性。而在新的《证券法》中,取消交易作为错误交易撤销权的具体表现形式,与暂缓交收并列于同一法律规范中。因此,证券交易所基于维持市场秩序、保证交易公平的公共目的,对因重大人为差错造成的市场交易失常结果,采取取消交易的方式行使撤销权,应当同属于市场监控管理行为。

四、错误交易撤销权

撤销交易是最典型、最重要的错误交易处置制度。撤销交易包括依职权撤销交易和依申请撤销交易,二者侧重不同,相互配合。依职权撤销交易主要针对涉及大量交易方和交易量的系统性问题，如与交易有关的系统（报价系统、执行系统、通信系统、报告系统等）发生崩溃或故障，造成大量的错误交易。即使涉及单一证券的事件也满足了依职权撤销交易的条件，而市场参与者未能根据依申请撤销交易的程序提出申请，也不能依职权撤销交易，除非市场上存在系统性风险。[①]

（一）依职权撤销交易

所谓依职权撤销交易，是交易所基于自身维护证券市场正常交易秩序和社会公共利益的职责与权力，无须交易参与人的请求即可主动采取的撤销交易行为。交易所依职权撤销交易的情形主要有：(1)"如果对于保证正常的交易所交易确有必要"或称"如果交易不符合正常交易所交易的要求"，交易所可以依职权下令撤销交易。[②] (2)如果交易以不符合市场情况之价格达成，交易所可以依职权撤销交易。[③] 第一种情形以目的为导向，旨在维护正常的交易秩序，赋予交易所较大的自由裁量权，交易所可以对其认为妨碍正常交易的情形采取撤销交易的处置措施。在美国国家证券交易所，除了交易所电子通讯和交易设备使用或运行中发生崩溃或者故障的情形外，在特殊市场行情或其他为了维护市场公平和秩序、保护投资者和公共利益而需要取消交易的情形下，交易所执行官（或者其他高级雇员、被指派人员）也可以自己提出动议审查这些交易，并宣布此类情形下的交易无效。[④] NASDAQ 也有类似的规定。[⑤] 第二种情形则是针对价格明显错误的交易。德国汉堡交易所规定，如果价格的确定是以技术系统的瑕疵或其错误的数据存储或者以客观上可识别的错误委托为基础的，尤其应当允许纠正错误。在法兰克福证券交易所，如果交易不符合正常交易的要求，特别是确定价格时存在错误，则业务执行机构可以依职权撤销此类交易。尤其是下列交易可以依职权被撤销：(1)基于交易所技术系统的错误达成的交易；(2)以公布的定价或区间之外的价格达成的交易；(3)因经纪人明显错误的分派而偏离在确

---

① NASDAQ Clearly Erroneous Transaction Guidance for Fillings under NASDAQ Rule 11890(a) and Single Stock Events under NASDAQ Rule 11890(b).
② Bedingungen für Geschäfte an der Börse Berlin § 59(3); Bedingungen für die Geschäfte an der Börse München § 12b (1); Bedingungen für Geschäfte an der Frankfurter Wertpapierbörse § 25 (1).
③ Bedingungen für die Geschäfte an der Börse München § 12b (2).
④ Rule 11. 19. Clearly Erroneous Executions (g), Rules of national stock exchange (updated through March 2, 2011).
⑤ NASDAQ Clearly Erroneous Transaction Guidance for Fillings under NASDAQ Rule 11890(a) and Single Stock Events under NASDAQ Rule 11890(b).

定价时所使用的价格附加值达成的交易;(4) 对于达成交易的证券,根据《法兰克福交易所规则》第 92 条导致删除现有指令的事件未能或错误地通过相应的系统输入消除。《伦敦证券交易所交易规则》也列举了可以取消交易的情形,即交易所基于自己判断取消交易的情形包括但不限于:对公司事件的信息传达发生明显错误,或者由于错误订单的进入导致股票的收盘价发生重大扭曲。①

"可以依职权撤销交易"并不表示必须或必然撤销交易,在行使撤销权时,交易所还需对不同的利益和相关情况进行权衡和判断。根据《慕尼黑证券交易所交易规则》,如果进行的交易不符合市场价格,在听取交易审查处的意见后,业务执行机构可以从交易系统(MAX-ONE)中删除该交易。在依职权可以撤销交易的场合,"在作出决定前,业务执行机构应当审查《交易所条例》第 27 条规定的参考市场的最后支付的价格以及现金和证券报价、听取双方意见或者以其他适当的方式查明事实。应当考虑交易费用、经济风险和现货市场与期货市场的共同作用"②。《法兰克福交易所规则》规定:"在决定撤销交易时,业务执行机构尤其要考虑下列因素:(1) 撤销或保留交易可能对交易方造成的可预见损失;(2) 应经纪人的询问在指令执行之前可能做出的对为交易方申报的并以该交易执行的指令的确认或变更;(3) 在法兰克福证券交易所上市交易的企业对于交易存续的信赖;(4) 自达成交易已经过去的期间。"③在汉堡证券交易所,"经纪人在决定纠正错误时既要考虑交易参与人对于符合实际市场情况的价格的利益,也要考虑交易参与人对于已经确定并经公开的价格的存续的信赖。在输入价格后立即进行纠正的情形中,通常,交易参与人对于符合市场情况的价格的利益占优势。如果在原始的委托转录到指定记录册的期间内进行了纠正,尤为如此"④。

(二) 依申请撤销交易

所谓依申请撤销交易,就是发生错误交易时,交易所根据相关主体提出的合乎规则的申请而撤销已经达成的交易。对于申请主体、申请的形式、提出申请的时间等程序要求,不同交易所的规定不尽相同。(1) 关于申请主体。有的交易所规定,"只有相应交易的当事方才能提出撤销交易的申请";⑤而有的交易所将

---

① Guidance to Rule §2120(Amended N05/09-Effective 26 January 2009), Rules of London Stock Exchange.
② Bedingungen für die Geschäfte an der Börse München §12b (2).
③ Bedingungen für Geschäfte an der Frankfurter Wertpapierbörse §25; §35.
④ Bedingungen für die Geschäfte an der Hanseatischen Wertpapierbörse Hamburg §12b (2).
⑤ Mistrade Rule(Ausführungsbestimmung zu §59 Abs. 1 der Bedingungen für Geschäfte an der Börse Berlin) §5.

主体范围扩展到专家经纪人和报价义务人。① (2)申请时间及申请形式。《法兰克福交易所交易条件》对电子交易中申请撤销交易的程序规定得非常详尽。② 对于以连续竞价形式进行的交易，错误交易撤销申请应在执行确认到达之后的两个交易小时内提出。对于以连续竞价形式进行的证券以外的交易，如果前面规定的申请期限在交易日的交易时间截止后结束，最迟在交易时间结束后的半小时内提出错误交易撤销申请。提出申请可采书面、传真、电子或电话形式；以电话方式提出申请时，必须在申请期限结束（执行确认到达之后的两个交易小时）后的一个小时内以书面、传真或电子形式补交撤销申请必须包含的内容，否则将被视为撤回了申请。错误交易撤销申请必须包含如下内容：(1)申请人的名称和联系人；(2)作为交易标的的证券的名称，标明名称和证券编码（ISIN）；(3)交易的时点、数量和价格；(4)关于符合市场的价格的说明。业务执行机构需公布提出的错误交易撤销申请、对申请的答复或撤回。除了公告之外，业务执行机构还要将错误交易撤销申请告知交易方以及专家经纪人和报价义务人。柏林证券交易所将撤销交易申请时间确定为一个小时，即反对交易的参与人应立即以书面或传真形式向业务执行机构提出申请，通常只有填写完整的申请表在交易达成之后的一个小时内递交，方认为是立即提出了申请。撤销申请应说明理由。③ 美国国家证券交易所将申请时间缩短至 30 分钟，即交易所必须在交易执行发生起 30 分钟内接收到审查请求，撤销请求必须包括的信息有交易时间、证券代码、股票数量及价格、交易方向（买方或是卖方）和确信交易明显错误的事实依据等。④ 根据《NASDAQ OMX Nordic 会员规则》(5.7.3 部分)制定的取消交易准则对时间的要求更为严苛，如果会员执行了被视为错误的交易，该会员应在该交易执行后的 10 分钟内立即联系其相对应的 NASDAQ OMX Nordic 交易所。如果取消交易的请求未能在 10 分钟之内提出，NASDAQ OMX Nordic 仍保留取消交易的权利，但迟延的请求被其批准的可能性是相当低的。除非极端情况的存在，对于大盘股（包括 ETFs），如果取消交易的请求未能在 10 分钟内提出，将不会被取消。⑤

---

① Bedingungen für Geschäfte an der Frankfurter Wertpapierbörse §31.
② Ibid.
③ Mistrade Rule(Ausführungsbestimmung zu §59 Abs. 1 der Bedingungen für Geschäfte an der Börse Berlin) §5.
④ Rule 11.19. Clearly Erroneous Executions (b)(1), Rules of national stock exchange(updated through March 2, 2011).
⑤ Guidelines for Cancellation of Trades Based on NASDAQ OMX Nordic Member Rules section 5.7.3(30 September 2010).

交易所收到撤销申请后,应当根据一定的原则和标准,就是否撤销交易公正、及时地做出裁决。美国国家证券交易所规定①,交易所执行官必须从维护市场公平和秩序、保护投资者和公共利益的角度来审查该争议交易并决定是否明显错误。除非争议交易的双方同意撤销最初的审查请求,交易所执行官必须审查争议交易并做出裁决。如果交易所执行官裁决该交易不是明显错误,他必须拒绝在已完成的交易上采取任何行动。裁决一般必须在交易所接受请求后的30分钟内做出,但是绝不能迟于下一个交易日开始常规交易前。交易所必须及时将裁决告知交易方。

伦敦证券交易所以市场整体利益最大化为目标,通常只有交易所认为取消交易符合市场整体的最大利益时才会考虑接受会员公司取消交易的请求。在审查会员公司取消交易的请求时,交易所应当考虑以下几个方面的因素:交易双方是否无法通过协商解决问题、向交易所提出的取消交易的请求是否在规定的时限内提交到市场监管部门、请求交易所取消交易的会员公司是否向市场监管部门提交指引中列明的相关重要信息以及会员公司是否在被申请的交易中遭受了一定数额的损失。② 根据《NASDAQ OMX Nordic 会员规则》(5.7.3 部分)制定的取消交易准则③,监督部门在决定是否需要强制性取消一项具体交易时,将考虑以下几项因素:(1) 该项交易确因一个毫无争议的差错所致,如错误的证券名称、交易价格或成交量的转变。(2) 该交易必须引起了价格的实质性变化。该交易执行的价格必须大幅偏离错误指令输入前该证券的市价,且这种价格的变化必须是突然的、具有特殊性的。(3) 基于当前行情和相关证券的交易活动,该项交易肯定被视为不合理。(4) 当前市场行情、市场活动、市场波动以及已经达成交易的证券价值亦应考虑。

法兰克福交易所则指出了不能准许撤销申请的情形。如果应业务执行机构的询问或者在连续竞价中应专家经纪人的询问,提出申请的交易方在执行指令之前已经确认或变更过由其申报的并以该交易来执行的指令或者由其提出的并且现金或股票方以该交易已经执行的具有拘束力的报价,除了《法兰克福交易所规则》第 165 条规定的情形不能准许错误交易撤销申请。④ 大阪和东京证券交

---

① Rule 11. 19. Clearly Erroneous Executions (b)(1), Rules of National Stock Exchange(updated through March 2, 2011).
② § 2120(Amended N05/09-Effective 26 January 2009), Rules of London Stock Exchange.
③ Guidelines for cancellation of trades based on NASDAQ OMX Nordic Member Rules section 5. 7. 3(30 September 2010).
④ Bedingungen für Geschäfte an der Frankfurter Wertpapierbörse § 31(5).

易所则以"结算困难"和"市场混乱"为判断标准。如果某笔证券交易的数量或金额超过规定数额,并且由于错误订单而产生极大的交易结算困难,发出错误订单的交易人可以申请取消该笔交易。交易所在听取交易参加人申请事项的具体情况以后,如果认为该项错误交易的结算确存在极为严重的困难并可能引发市场混乱时,可以决定取消交易。[1] 取消交易时,该笔交易被认为自始未成立。[2]

(三) 撤销效力

针对交易所做出的撤销交易决定是否可以提出救济,各交易所态度不一。伦敦证券交易所规定,交易所可以根据交易当事人的请求或基于自己的判断取消相关交易,交易所做出的取消交易决定具有最终效力。[3] 而汉堡证券交易所则允许针对撤销交易提出申诉,即交易所可以纠正在确定价格过程中产生的错误,纠正错误将导致在确定价格过程中获得执行的交易被撤销,反对撤销交易者可以针对纠正错误提出申诉,但申诉不得迟于实施纠正的下一交易日十点钟。如果提出反对者要求全部或部分取消错误纠正,但遭到拒绝或者并未如期进行,可以起诉到仲裁院。美国国家证券交易所对撤销裁决的上诉作出了规定,即由于裁决而受损害的 ETP 持有人可以对该裁决提出上诉。如果受到撤销裁决影响的交易方在规定的时间内提出上诉请求,错误交易执行委员会将审查交易所执行官做出的裁决,审查内容包括明显错误交易执行是否发生以及已做出的裁决是否正确。但是,如果交易所执行官考虑到受影响交易的数量过多,为了维护市场的公平、秩序以及保护投资者和公共利益,认为其做出的裁决应为终局性的,则明显错误交易执行委员会将不再审查执行官已经做出的裁决。[4]

五、错误交易撤销权的法理基础

在这一部分,我们要解决三个问题。第一,为何要设立证券错误交易撤销权,其价值基础何在? 第二,为何要赋予证券交易所错误交易撤销权,其正当性何在? 第三,错误交易被撤销后会产生何种法律后果,如何平衡交易双方的

---

[1] 《大阪证券交易所业务规程施行规则》《东京证券交易所业务规程施行规则》第13-2 条。
[2] 《大阪证券交易所业务规程》《东京证券交易所业务规程》第 13 条第 3 款。
[3] Guidance to rule § 2120(Amended N05/09-Effective 26 January 2009), Rules of London Stock Exchange.
[4] Rule 11.19. Clearly Erroneous Executions (e)(2), Rules of National Stock Exchange(updated through March 2, 2011).

利益?

(一) 撤销权的价值基础

在民商法体系中有多种撤销权,虽然这些撤销权的性质不尽相同[1],但每种撤销权都有其设立的价值基础。例如,重大误解与显失公平撤销权、违背真实意思撤销权[2]的设立目的在于维护当事人免受不公平损害和捍卫合同自由;债权人代位撤销权的目的在于平衡债权人利益与债务人处分自由以及第三人的利益[3],保全一般债权人的共同担保;[4]破产撤销权的设立是为防止债务人在丧失清偿能力、对破产财产无实际利益的情况下,通过无偿转让、以明显不合理的价格交易,或者偏袒性清偿债务等方法损害全体或多数债权人的利益,破坏破产法的公平清偿原则;[5]赠与撤销权的设立旨在保护赠与人的利益;[6]设立业主撤销权[7]是为了防止业主大会或业主委员会滥用权利做出决定而侵害业主的合法权益。[8] 在学者试图建立的统一撤销权概念中也蕴含了对撤销权价值基础的理解,"统一撤销权是法律基于意思自治、公平等民法基本原则,赋予一方当事人为补救其意思表示瑕疵或避免其遭受显失公平之不利益,而迳直或通过诉讼(或仲裁等)程序使已经成立或生效的自身或他方之民事行为效力归于消灭的权利"。[9]

证券错误交易撤销权与证券交易所的集中交易功能密切相关,交易所的集中交易具有成本上的明显优势。首先,交易所和购物中心或跳蚤市场在经济职能上没什么实质差别,都是将买卖双方聚集在一起,从而减少彼此发现对方的搜寻成本;[10]其次,集中竞价形成了一种独特的价格发现机制,增强了市场供给价格信息的能力,交易信息的瞬时披露大大降低了市场参与者获得信息的成本;再

---

[1] 参见王利明:《民法总则研究》,中国人民大学出版社2003年版,第160页。
[2] 参见原《民法通则》第59条。
[3] 参见张广兴:《债法总论》,法律出版社1997年版,第204页。
[4] 参见〔日〕我妻荣:《新订债权总论》,岩波书店1964年版,第202—203页;〔日〕於保不二雄:《债权总论》(新版),有斐阁1972年版,第178页。转引自韩世远:《债权人撤销权研究》,载《比较法研究》2004年第3期。
[5] 参见王欣新:《破产撤销权研究》,载《中国法学》2007年第5期。
[6] 参见王荣珍:《论赠与人的任意撤销权与赠与人的责任》,载《社会科学家》2003年第5期。
[7] 参见原《物权法》第78条第2款。
[8] 参见姚辉:《〈物权法〉上的业主撤销权及其适用》,载《法学论坛》2009年第6期。
[9] 杨立新、王伟国:《论统一撤销权概念》,载《兰州大学学报(社会科学版)》2007年第1期。
[10] See Daniel R. Fischel, Organized Exchanges and the Regulation of Dual Class Common Stock, *The University of Chicago Law Review*, Vol. 54, No. 1, 1987. 转引自方流芳:《证券交易所的法律地位——反思"与国际惯例接轨"》,载《政法论坛》2007年第1期。

次,交易所提供公开、透明的程式化交易规则,免除了个别磋商和交易的成本;最后,股票交易特殊的清算、交收机制最大程度地保障了交易的履行,降低了违约风险。① 交易所集中交易功能的发挥除了硬件设施、软件要求等条件外,交易信息的正常形成与及时发布亦不可少。

根据价格形成的主导力量不同,可将证券价格的形成机制分为指令驱动制和报价驱动制。在指令驱动制下,交易者提交指令并等待在拍卖过程中执行指令,交易系统根据一定的指令匹配规则来决定成交价格。所以,指令驱动制的本质特征就在于通过交易者提交指令来向市场提供流动性,证券价格的形成由买卖双方直接决定。② 证券本身的品质和价值应当是证券价格确定的核心因素,但是证券价格在其他因素的作用下,往往偏离于它的价值。③ 交易信息就属于非常重要的"其他因素"。证券交易信息是"基于投资者的申报行为而产生,并由证券交易所收集、编排的信息"④,是证券依一定规则在证券交易所市场集中交易产生的交易数据及由此产生的信息集合体,如证券交易申报和成交的价格、数量以及股价指数等,证券市场的有效性依赖于及时、准确和完整的交易信息⑤,交易信息是市场参与者做出交易决定和确定交易价格的重要参考信息。关于市场交易的数量和价格的精确信息,对于保证市场公正、效率尤其是市场流动性和价格形成水平十分重要。一般而言,可利用的交易信息越全面,价格发现机制就越有效,公众对市场的信心也越强。⑥ 股市交易活动是信息的交易,股价变动是信息变动的反映,股市的作用在于信息的汇集与发布。⑦ 包括交易价格、交易量在内的交易信息必须准确反映市场真实情况,必须是基于正常的市场交易所形成的信息。不符合市场真实情况的错误交易必然影响交易信息的准确性、真实性,错误的交易信息将对市场参与者形成误导。因此,有人认为:"错误交易可以视为'过失'操纵股价的行为。"⑧一个错误交易一旦被执行,其数据就会被散布,

---

① 参见方流芳:《证券交易所的法律地位——反思"与国际惯例接轨"》,载《政法论坛》2007年第1期。
② 参见吴林祥:《证券交易制度分析》,上海财经大学出版社2002年版,第36页。
③ 参见郭晓霞:《证券交易的法律性质及风险分析》,载《中国商法年刊》2008年第1期。
④ 参见曲冬梅:《证券交易信息的属性与产权归属》,载《山东大学学报(哲学社会科学版)》2008年第6期。
⑤ 参见陆文山、王升义:《证券交易所交易信息权利的法律保护研究》,载《证券市场导报》2006年第11期。
⑥ Final Report-Policies on Error Trades, Technical Committee of the International Organization of Securities Commissions, October 2005.
⑦ 参见何杰:《论证券交易制度目标设计》,载《证券市场导报》1999年第7期。
⑧ Angela Lindfeld, Die Mistrade Regeln-Voraussetzungen und Rechtsfolgen der Stornierung von Wertpapiergeschäften im börslichen und ausserbörslichen Handel, Nomos Verlagsgesellschaft 2008, S. 41.

并成为其他交易者行为的基础。例如,对证券或其衍生品的申报,若以远远偏离现有交易范围的价格而大量错误成交,则会导致其他交易者以这些交易为基础采取行动,不仅对于同一证券如此,对于衍生产品及现货关联市场亦是如此。被错误执行的交易还会自动导致"意外交易"处理(如"停板"或"限制"指令)。交易者报告和交易所处理错误交易耗时越久,此类"不准确"交易信息对于价格形成所产生的影响就越久。[①]

交易制度的目标在于提供健全的交易设施,保证证券价格公平、有效地形成。[②] "对于证券市场而言,交易所的功能就在于形成公平、透明、符合市场情况的价格。如果公布了不符合市场情况的价格,并以该价格对客户委托进行清算,就无法发挥交易所集中进行市场交易的功能。"[③]错误交易撤销权的目的不在于保证个案公平,而在于维护正常的交易所交易秩序和所有市场参加者的利益,即通过错误交易撤销权消除以明显偏离市场的价格所达成的交易,阻止以不符合市场情况的价格为基础的交易信息的形成和传递,避免对以交易信息为决策基础的市场造成干扰和误导。撤销交易政策和程序不仅有助于引发错误交易的市场参与人,也有助于其他市场参与者。如果交易明显偏离市场通常价格,会引起现金、期货、金融衍生品等其他市场参与者做出缺乏经济和理性的行动。结果就是交易参与者对作为以公平价格进行集中交易场所的市场丧失信任。错误交易撤销政策有助于形成市场的诚信、透明、公平以及对潜在的市场崩溃进行适当管理。[④]

需要指出的是,在依申请撤销交易的场合,交易参与人享有撤销交易申请权,交易所在决定是否撤销交易时也会考虑参与人可能遭受的损失,但这并不意味着错误交易撤销权乃因个案公平而设。首先,交易所虽然考虑参与人损失因素,但最终的决定因素却是"市场整体利益"和"市场交易秩序";其次,交易所不是法院或仲裁机构,不负有维护个案公平之责,也不享有因此而否定交易的权力。

[①] Final Report-Policies on Error Trades, Technical Committee of the International Organization of Securities Commissions, October 2005.

[②] 参见杨邦荣:《证券交易制度的目标取向及其冲突与协调》,载《长安大学学报(社会科学版)》2003年第1期。

[③] OLG Frankfurt a. M., Urteil vom 4. Maerz 2009(16 U 174/08), WM 2009 1032.

[④] Policy Statement and Guidelines Regarding Error Trade Policies for Interdealer Brokers, Interdealer Brokers Advisory Committee and Securities Industry and Financial Markets Association, 2006.

（二）撤销权的法源基础

"在法理上，撤销自己行为的法律资格属权利，撤销他人行为的法律资格属权力。"[①]交易所撤销错误交易的权力来源于何处呢？错误交易撤销权通常规定在由交易所制定的"交易规则"或"交易条件"等业务规则中。有资格进入交易所进行证券交易的或者是交易所的会员，或者是符合一定条件的商人，普通投资者不能进入交易所直接进行证券交易，而只能委托有资格经营证券代理业务的经纪公司进行交易。经纪公司受交易所章程（会员制）或契约（公司制）的约束，必须接受交易所的业务规则，而经纪公司与普通投资者签订的委托协议又声明"受国家法律、法规、监管机构规章以及交易所业务规则"的拘束，结果投资者就必须接受交易所的业务规则。但是，仅仅从契约的角度认为，经纪公司和投资者都必须遵守交易所的撤销权规则，交易所的撤销权力来源于交易参与人的权利让渡，还远远不够。交易所的撤销权与证券法律的规范目标以及由此确定的交易所的监管职责密不可分，错误交易撤销规则是经国家监管部门审查、批准具有准法律性质的规范，区别于纯粹的自律规范。

德国《交易所法》第 24 条规定，在交易所交易时间内确定的价格为交易所价格，交易所价格必须正常形成和符合交易所交易的真实市场情况。该法第 7 条第 5 款规定，如果交易所交易监督处确认的事实表明，交易所法上的规定或规则被违反或者存在其他的不良现象，以致可能损害交易所交易的正常进行或交易所业务的清算，应立即通知交易所监管机关和业务执行机构。业务执行机构可以制定确保交易所交易正常进行和清算的适当规则，业务执行机构应立即将所采取的措施告知交易所监管机关。"业务执行机构仅代表公共利益履行和行使本法赋予其的责任和权力。"[②]错误交易将形成错误的、不符合市场情况的交易所价格，这有悖于《交易所法》第 24 条关于交易所价格形成的规定。错误的交易所价格必然导致交易所不能进行正常的交易。针对这种可能发生的情形，为了维护交易所的正常交易，业务执行机构就有权力也有义务制定相应的处置规则，撤销影响形成正常交易所价格的错误交易。由此可见，交易所是根据法律的授权"制定确保交易所交易正常进行和清算的适当规则"，"代表公共利益履行和行使法律赋予的权力"。德国法院认为："交易所交易中的交易条件实际上毫无例

---

① 参见李锡鹤：《论民法撤销权》，载《华东政法大学学报》2009 年第 2 期。
② Börsengesetz §15(6).

外地适用,不允许偏离,在具体个案中实际上也几乎不可协商。"①

交易所区别于一般的自治团体,具有特殊法律地位,交易规则也不是一般的自治规范,而是具有准法律性质的规范。从这个角度观察,所有的市场参与者都应当遵守交易所的业务规则。在美国,作为自律监管组织的纽约证券交易所虽然一直充当着证券市场游戏规则制定者和争议仲裁者的角色,但其决定权已有所减缩。在 1975 年之前,纽约证券交易所的自律规则几乎不受政府干预,美国证券交易委员会(SEC)只能根据利害关系人的书面请求而对交易所自律规则的特定部分进行审查、变更或补充。这种情况在 1975 年因《证券交易法》(SEA)的修改而发生变化。现在,所有的交易所自律规则都必须经过 SEC 的批准,SEC 可以不经利害关系人申请而直接审查自律规则,并自行裁决是否更改、废止有争议的规则。② 在新加坡,交易所规则的修改必须提交新加坡货币局(MAS)审批,MAS 有权批准或不批准、修改或者补充交易所的规则,亦有权主动补充或修改交易所的营业规则(business rule)和上市规则(listing rule)。我国香港特别行政区《证券及期货条例》也规定,交易所的规章或对该等规章的修订必须获得证监会批准,否则不具效力,证监会亦有权要求交易所订立或者修改规则。加拿大和我国台湾地区的相关法律亦有类似规定。③ 由此可见,证券监管部门掌握着交易所业务规则的实质决定权。经过国家证券监管部门审查、批准的错误交易撤销规则就超越了一般契约和纯粹自律规范,由此获得了形式上的合法性和实质上的正当性。

(三)撤销交易的法律后果

虽然错误交易撤销权的主旨并不在于个案干预,但无论是依职权撤销交易还是依申请撤销交易,撤销一项已经达成的交易必然对交易双方的权益产生影响。对于以明显偏离市场的价格达成的错误交易,如果维持交易,在其中一方遭受损失的同时另一方获得了超出交易本身的"额外"利益;如果撤销交易,在一方避免损失的同时却使另一方错过了进行正常交易的机会,进而丧失可期待的交易获利。在这种情况下,因撤销交易而遭受不利的一方能否主张民法上的救济权利呢?交易所是否会因撤销错误交易而面临损害赔偿呢?

---

① OLG Frankfurt a. M., Urteil vom 4. Maerz 2009(16 U 174/08), WM 2009 1032.
② 参见方流芳:《证券交易所的法律地位——反思"与国际惯例接轨"》,载《政法论坛》2007 年第 1 期。
③ 参见谢增毅:《政府对证券交易所的监管论》,载《法学杂志》2006 年第 3 期。

1. 撤销错误交易属于交易所监管行为，交易所不承担民事赔偿责任

美国法院基于交易所履行公共职能的属性，逐渐将其视为准政府机构，并将原本适用于政府机构的"民事责任绝对豁免原则"（Absolute Immunity from Civil Liability）适用于交易所的自律管理。根据该原则，交易所在善意执行法律或者自己的规则、履行自律管理的公共职能中，即便给被管理者造成了利益损害，交易所及其管理人员也无须承担契约或侵权之类的民事责任。在 Barbara v. NYSE 上诉案中，法官认为作为私人组织的纽约证券交易所和证券交易委员会不一样，本来并不享有民事赔偿豁免权，但鉴于它的特殊地位以及与证券交易委员会的密切关系，应当授予交易所因其管理行为而遭赔偿之诉的绝对豁免权。国会鼓励交易所实行强有力的自律管理，如果法院容许交易所因履行管理职能而遭致诉讼并承担责任，很明显将妨碍自律监管职能的强化。在 Dl Capital Group, LLC. v. Nasdaq 上诉案中，因一只股票突然发生异常交易，纳斯达克宣布取消了异常期间的股票交易，交易被撤销的原告要求纳斯达克赔偿其因此遭受的损失。法院在该案中指出，取消异常交易并向市场公布是交易所自律管理职能的一部分，也是保护投资者利益所必需。保障投资者利益以及维持市场的公正、有序之权力是交易所自律管理中一项十分关键和必要的权力，如果交易所没有权力根据市场情况决定以何种方式公布异常交易的取消，将意味着这种权力被剥夺了。只要交易所是在履行法定的自律管理职责，都应当适用豁免原则。[①]我国香港特别行政区则以法律明文的形式确定了交易所的"民事责任豁免原则"，《证券及期货条例》第 22 条规定，交易所及任何代表交易所行事的人在履行或其本意是履行第 21 条所规定的交易所的责任时，在执行或其本意是执行交易所的规章授予交易所的职能时，如出于真诚而作出或不作出任何作为，则无须就该等作为或不作为承担任何民事法律责任。

2. 对于撤销交易后相对方或第三方的损害赔偿请求权，有"保留损害赔偿请求权"和"排除损害赔偿请求权"两种完全不同的规则安排

柏林交易所和慕尼黑交易所规定，"相对方或第三方的其他法定损害赔偿请求权不受影响"[②]，"交易双方之间其他权利主张不受影响"[③]。在错误交易规则

---

① 上述案例及论述见卢文道：《美国法院介入证券交易所自律管理之政策脉络》，载《证券市场导报》2007 年第 7 期。

② Bedingungen für Geschäfte an der Börse Berlin § 59 (2); Bedingungen für die Geschäfte an der Börse München § 12a (2).

③ Mistrade Rule(Ausführungsbestimmung zu § 59 Abs. 1 der Bedingungen für Geschäfte an der Börse Berlin) § 7.

(Mistrade-Regel)正式纳入交易条件之前,法兰克福交易所的错误交易规则为交易条件中相关条款的实施细则,即"《法兰克福交易所交易条件》第 12a 条第 2 款和第 40 条实施细则"。该细则第 7 条规定:"交易方之间的其他权利主张不受影响。"而修订后的《法兰克福交易所交易条件》则排除了民法上的请求权,即"交易方不能根据第 2 条第 1 款和第 2 款对交易的撤销和调整提出民事请求权,民法上的交易撤销权也被排除。在交易所业务执行机构撤销交易的情形中,交易双方不能向对方提出损害赔偿请求"[①]。日本大阪交易所和东京交易所也排除了相对方的赔偿请求权,"交易参加人因为第 1 项下的交易被取消而遭受损失,而向发出错误订单的另一方交易参加人提出损害赔偿请求的,交易所对此不予支持,除非发出错误订单一方存在故意或重大过失","交易参加人因为第 1 项或第 2 项下的交易被取消而遭受损失,向交易所提出损害赔偿请求的不予以支持,除非交易所一方存在故意或重大过失"[②]。

　　交易参与人能否依民法撤销权上的损害赔偿规则向交易相对方请求损害赔偿,关键在于错误交易撤销权是否与民法撤销权具有相同的属性。通过比较民法撤销权与错误交易撤销权的特征,可以发现这两种撤销权之间的差异:首先,价值选择不同,前者以交易公平为目标,聚焦于交易双方的利益划分,后者旨在维护证券市场的正常交易秩序,以宏观市场运行秩序和公共利益为出发点;其次,主张的对象不同,前者向撤销相对人发出,而后者则是向交易所提出或者由交易所依职权撤销;最后,在权利性质上,前者是交易一方享有的形成权,后者则属行使一定市场监管职能的交易所享有的"行政权"。交易所的错误交易撤销权并非约定撤销权,在性质上不属于民法撤销权的补充。基于错误交易撤销权与民法撤销权具有本质区别,在交易所撤销错误交易的场合,证券错误交易的相对人不能因交易被撤销而主张民法上的损害赔偿请求权,因为此时的撤销并非依据民法上的撤销权。以德国的情况为例,《德国民法典》第 119 条规定,如果表意人的意思表示内容错误或者根本无意做出包含这一内容的意思表示,在其知道事情的状况或合理地评价情况时就不会做出意思表示,则其可以撤销意思表示;第 120 条则规定,为传达而使用的人或机构不实传达的意思表示也可以被撤销。[③] 该法第 122 条规定了意思表示被撤销时的法定损害赔偿请求权,即意思表示根据第 119 条、第 120 条被撤销的,表意人必须赔偿相对人或第三人因信赖

[①] Bedingungen für Geschäfte an der Frankfurter Wertpapierbörse § 28.
[②] 《大阪证券交易所业务规程》《东京证券交易所业务规程》第 13 条(交易的取消)第 4 款、第 5 款。
[③] 参见陈卫佐译注:《德国民法典》,法律出版社 2004 年版,第 37 页。

该意思表示有效而遭遇的损害。① 由此可见,只有当根据《德国民法典》第119条、第120条通过行使民法撤销权撤销交易时才可能产生第122条规定的法定赔偿请求权,交易所撤销交易并不能作为主张该项法定损害赔偿请求权的原因。

虽然因交易所撤销错误交易而受到影响的交易方不能向交易所和相对方提出损害赔偿请求,但其利益并未受到不当损害,其受影响的程度亦未超出合理范围。首先,交易方的损失不是维持交易时将得到的收益,也不是正常交易条件下的可能获利,因为这些都属于预期收益,不能以此作为现实损失而主张损害赔偿。交易方损失的是资金利用的效率,这种损失只能以相应期间的利息来计算。错误交易的处理具有严格的时间限制,因错误交易而给交易方造成的利息损失相当有限。其次,证券市场具有高度流动性,证券交易具有同质性,交易机会并不像其他领域稍纵即逝,可供即刻选择的替代性交易机会大量存在。因此,因错误交易造成的机会成本亦相当有限。最后,证券交易本身就属风险投资,证券交易方应当充分认识交易所的功能和证券交易的特殊性,预见和评估可能遭遇的风险,这种风险不仅包括股价跌宕的直接风险,也包括诸如撤销错误交易时可能遭受的不利。权益保护固然重要,但并不意味着细致入微、密不透风,适当的"疏漏"反而是一种有益的刺激,可以唤起利益主体主观能动性,进行自我评估和判断,进而走向成熟。

---

① 参见陈卫佐译注:《德国民法典》,法律出版社2004年版,第38页。

第六章

证券市场监管专题

后金融危机时代评级机构的监管改革、评价与未来趋势*

——兼及对我国评级监管的启示与借鉴

窦鹏娟

【内容摘要】 评级机构是固定收益市场上的重要角色。次贷危机中,评级机构遭到了前所未有的谴责与指控,被认为是危机的重要推手。危机爆发后,以美欧为代表的评级机构监管改革打破了评级世界的旧秩序,建立了新的评级规则和制度。但这场改革沿袭了金融监管变革一贯的温和模式,取得的实际效果并不显著。未来的改革应进一步变革评级机构的收费模式,改善评级行业高度垄断的市场属性,通过多种渠道弱化金融领域尤其是监管者对外部评级的过度依赖,持续探索并不断完善评级机构的责任规制路径。我国应吸取后危机时代评级机构监管改革的经验教训,完善关于评级监管的法律制度,致力于改进评级质量,改革评级监管格局和健全监管机制。

【关键词】 次贷危机 信用评级 评级机构 利益冲突 金融监管改革

2007 年次贷危机的影响力和破坏程度堪比美国 20 世纪 20 年代末、30 年代初那场大萧条。在这场危机中,评级机构成为舆论的漩涡,饱受谴责与指控。人们认为信用评级对危机起到了推波助澜的作用,正是评级下调对金融市场产生

---

* 原文发表于《人大法律评论》2017 年第 3 期。本文在原文基础上对部分内容进行了更新、修改和删节。

的系统性影响导致了金融系统流动性迅速枯竭。① 评级机构是资本市场尤其是固定收益市场上的重要角色。我国近年来频繁发生的债券违约事件也与信用评级的屡屡失灵密切相关,债券违约潮折射出的其实是评级的乱象。迄今为止,各国的评级机构监管改革仍在继续,政策和法律的制定者矢志不移地致力于提高评级机构的责任性和评级过程的透明度,彻底变革评级机构监管的建议从加强信息披露要求发展到了去除评级依赖。② 然而,改革的效果究竟如何,未来将会怎样,我们又可以从中吸取哪些经验教训,都值得我们重新审视和反思。

一、评级机构迎来监管改革风暴

关于信用评级的争议由来已久,权力的极度膨胀和缺乏约束被认为是导致评级机构看门人角色失守和评级失灵的症结所在。次贷危机爆发后,金融领域要求改革信用评级业监管现状的呼声日益高涨,这一强烈诉求引发了一场评级世界的监管改革风暴。

(一) 美国:将评级权力关进法治之"笼"

早在世纪之初的安然(Enron)事件中,美国信用评级的致命缺陷就已经暴露出来——不能准确地判断或者经常延迟判断债券的违约信息。尽管自此以后美国政府开始考虑监管 NRSROs③,但关于监管到何种程度的问题还是悬而未决。④ 2006 年以前,美国对于评级机构很大程度上是没有监管的⑤,直到《信用

---

① 直到次贷危机爆发前夕,三大评级机构(即标准普尔 Standard & Poor's、穆迪 Moody's 和惠誉 Fitch Ratings)对数千只几乎毫无价值的次级债务工具依然维持着 AAA 级的资信评级。从 2007 年 6 月份开始,结构性金融产品的资信评级迅速恶化。2007 年至 2008 年间,穆迪对其 36346 份资信评级进行了下调,其中 1/3 曾被评为信用等级最高的 AAA。最典型的当属雷曼兄弟(Lehman Brothers)的评级事件。2008 年 9 月 15 日,雷曼兄弟申请破产,而在 3 天前雷曼的评级才刚刚从投资级(investment-grade)降为垃圾债(junk)。See Efraim Benmelech, Jennifer Dlugosz, The Credit Rating Crisis, NBER Working Paper No. 15045, June 2009; Amadou N. R. Sy, The Systemic Regulation of Credit Rating Agencies and Rated Markets, IMF Working Paper 09/129, June 2009.

② See Aline Darbellay, Frank Partnoy, Credit Rating Agencies and Regulatory Reform, San Diego Legal Studies Paper No. 12-082, April 2012.

③ 1975 年,美国证监会(SEC)创立了"全国认可统计评级机构"(NRSRO)目录,被纳入该目录的评级机构所作出的评级被认定为对投资决策是有价值的。See Patrick Bolton, Xavier Freixas, Joel Shapiro, The Credit Ratings Game, *The Journal of Finance*, Vol. 67, No. 1, 2012.

④ See Sofya Abdurakhmanova, Using Unsolicited Ratings to Regulate the Credit Rating Agencies, *Fordham Journal of Corporate & Financial Law*, Vol. 18, No. 2, 2012.

⑤ See Lynn Bai, On Regulating Conflict of Interests in the Credit Rating Industry, *Legislation and Public Policy*, Vol. 13, 2010.

评级机构改革法案》(Credit Rating Agency Reform Act of 2006)的颁布。尽管该法案正式明确了 NRSRO 的注册程序,赋予了美国证监会(SEC)为信用评级行业制定规章、进行监管和强制执行的权力,但这次关于评级机构的立法改革却并没有使评级机构的失职问题得到改善。在法案颁布和刚刚实施后即爆发了震动世界的次贷危机,而评级机构在其中的角色就是先是为华尔街制造的大量"有毒"证券贴上安全标签,助长次贷市场的非理性繁荣,当金融风暴席卷而来时评级机构又迅速下调评级,加速了危机的蔓延与恶化。次贷危机的爆发使人们对信用评级公信力的质疑达到了顶峰。SEC 针对三大评级机构展开调查,美国众议院也就评级机构的问责与脱责问题举行听证会进行辩论,听证会之外的相关学术讨论也异常热烈……[1]

次贷危机爆发后,SEC 随即出台了针对 2006 年《信用评级机构改革法案》的修正案,在 2008 年 12 月至 2009 年 11 月期间 SEC 又连续三次对 2007 年的《信用评级机构改革法案实施细则》进行修正,这些修正案主要集中在改善评级机构的利益冲突、提高评级透明度、强化评级机构责任以及促进评级行业竞争等方面。2010 年 7 月 21 日,美国颁布《多德-弗兰克华尔街改革和消费者保护法案》(Dodd-Frank Wall Street Reform and Consumer Protection Act)(以下简称《多德-弗兰克法案》)。该法案关于评级机构的监管改革体现在法案第九部分"投资者保护与证券监管的改进"的第三子部分"信用评级机构监管的改进"中,包括关于信用评级行业及其与市场交互作用的相关条款。监管者的目标之一就是当评级机构向市场提供了误导性评级时,对其苛以法律责任,以提高评级机构的忠实度。此外,在《多德-弗兰克法案》下,SEC 能够更容易地制裁和处罚评级机构,法院也可以受理针对评级机构的私人诉讼。[2] 概括来讲,《多德-弗兰克法案》将原本脱离监管的评级机构纳入了监管范畴,试图将评级权力装进法治的"笼子",其对评级机构的监管规制可归结为四个方面:加强了评级机构的内部控制、解决利益冲突问题;增加了关于评级程序与方法的新规定以促进评级信息的透明化;废除了美国证券法为评级机构提供的专家责任豁免的安全港,明确了评级机构的法律责任;取消了联邦法律对评级的参考和依赖,致力于减轻监管机构对于信用

---

[1] 参见王彦鹏:《管控的失语与权力的高歌——美国信用评级机构助推次贷危机根源论》,载《金融法苑》2009 年第 1 期。

[2] See Rainer Jankowitsch, Giorgio Ottonello, Marti G. Subrahmanyam, The New Rules of the Rating Game: Market Perception of Corporate Ratings, https://ssrn.com/abstract=2655684 or http://dx.doi.org/10.2139/ssrn.2655684, accessed January 11, 2017.

评级的依赖。① 2014年9月15日，美国《联邦公报》正式公布了SEC制定的《信用评级机构改革规则》。该规则基本满足了《多德-弗兰克法案》关于评级机构监管的14项规则制定要求，一定程度上标志着美国基本完成了对危机后评级机构监管制度的构建。②

（二）欧盟：进行专门的评级立法并整合监管机构

美国在次贷危机后关于评级机构监管改革的立法行动最为迅疾和突出，但主张实施全面监管的最有力的呼声和举措却来自欧盟。③ 在次贷危机发生之前，欧盟关于信用评级的主要立法包括《市场滥用指令》(MAD)、《资本要求指令》(CRD)、《金融工具市场指令》(MIFD)，彼时欧盟委员会认为这些立法足以应对评级机构出现的问题。欧洲证券监管委员会(CESR)和欧洲证券市场专家小组(ESME)也一致认为，无须对信用评级专门立法。次贷危机爆发后，三大评级机构相继调低了希腊主权信用评级，由此揭开了欧盟主权债务危机的序幕。从2010年开始，欧洲的其他国家也开始陷入危机，整个欧盟都受到了这一危机的困扰。在此背景下，欧盟开始重新定义和审视评级机构的作用，尤其对美国主导下国际信用评级的负面作用高度重视。

美利坚民族惯用的实用主义在行为上所表现出的"损人利己"的做法，导致欧盟为了自保而在评级监管的理念与制度上发生了激烈反弹④；欧盟一改以往认为无须为评级专门立法的态度，开始通过一系列新的立法加强评级机构监管。2008年11月欧盟委员会正式提出了关于评级机构监管的建议，2009年11月出台了《信用评级机构监管法规》(CRA I(EC) No. 1060/2009)。此次立法采用条例(regulation)而非一般性质的指令(directive)，法律层级相对较高且对成员国具有普遍约束力，可直接适用。⑤ 根据CRA I，评级机构须经过欧盟注册批准其出具的信用评级方能得到欧盟法规的认可使用，欧洲证券监管委员会(CESR)协调评级机构注册流程，在欧盟境内统一注册。申请注册的评级机构需在欧盟境内成立子公司，并向CESR提交一份注册文档。CRA I还要求银行和投资公司只能采用已注册的评级机构所出具的信用评级来测算资本。CRA I对评级机构

---

① 参见毛海栋：《论信用评级机构看门人角色的危机与变革》，载《商事法论集》2012年第2期。
② 参见杨勤宇、潘紫宸：《危机后国外信用评级行业监管改革情况及启示》，载《债券》2015年第12期。
③ 参见周嘉：《欧盟信用评级机构监管机制研究》，载《河北法学》2015年第6期。
④ 参见黎四奇、李时琼：《后危机时代信用评级监管法律制度创新研究》，载《国际经济法学刊》2014年第3期。
⑤ 参见陈亚芸：《欧债危机背景下欧盟信用评级机构监管改革研究》，载《德国研究》2013年第1期。

所提要求中的许多内容都是美国《信用评级机构改革法案》所没有的,由于直接干预了评级机构的内部制度、经营管理、评级方法以及评级程序等,CRA I 对评级机构形成了更强的约束力,但更加严格的监管要求也在一定程度上加重了评级业的进入壁垒,进一步削弱了评级机构的行业竞争。①

除了进行专门的立法加强评级机构的监管外,欧盟还对信用评级的监管机构进行了重新整合。2010 年,欧洲证券和市场监管局(ESMA)成立,取代之前的欧洲证券监管委员会(CESR)对评级机构进行专门监管。2011 年欧盟通过修改相关条例,赋予了新成立的 ESMA 较之 CESR 更大的权力,在弱化欧盟成员国监管当局权限的同时制定了更具操作性的惩罚机制。

在正式立法和修正案之外,欧盟还出台了许多立法建议和决定,例如提出的修改 CRA I 的建议以及 2011 年提交的关于信用评级机构的第二份提议等,这些建议或决定虽然并不具有多大的法律约束力,但在一定程度上预示着欧盟关于评级机构立法的未来方向。② 2011 年,欧盟再次对评级机构监管机制进行改革,形成了新的《信用评级机构监管法规》(CRA II(EU)No.513/2011),强化了关于强制性信息披露的要求。2013 年 5 月,欧盟又一次修改通过了全新的《信用评级机构监管法规》(CRA III(EU)No.462/2013),这一次的修改从去除评级依赖、规范主权评级、防范利益冲突、强化民事责任以及公示评级结果等方面加强了评级机构监管。据英国《金融时报》2017 年 4 月 4 日消息,欧盟金融市场监管部门将通过规则调整再次加强对评级机构的监管,修改后的监管规则将要求美国评级机构在欧分支机构须向 ESMA 证明其母公司符合欧盟监管要求,方能获得欧盟监管规则对其信用评级产品合规资格的认可。③

(三) 美欧之外的改革:重构评级"新秩序"

次贷危机发生后,日本、中国香港地区、澳大利亚、墨西哥、加拿大等国家和地区的金融市场监管部门也将评级机构监管视为一个重要主题。④ 2009 年 6 月,日本国会通过了《金融商品交易法修正案》,第一次以法律的形式明确了评级机构的监管模式,其监管改革的总体思路与美欧并无二致,主要在于增强评级透

---

① 参见彭宇松:《美欧信用评级监管体制改革及启示》,载《中国金融》2009 年第 14 期。
② 参见陈亚芸:《欧债危机背景下欧盟信用评级机构监管改革研究》,载《德国研究》2013 年第 1 期。
③ 参见中华人民共和国商务部:《欧盟加严对信用评级机构的监管规则》,http://www.mofcom.gov.cn/article/i/jyjl/m/201704/20170402551371.shtml,2017 年 4 月 20 日访问。
④ See Aline Darbellay, Frank Partnoy, Credit Rating Agencies and Regulatory Reform, San Diego Legal Studies Paper No. 12-082, April 2012.

明度、解决利益冲突、加强行业竞争,但在具体操作上与美欧略有不同,表现在建立注册评级机构控制体系增加对注册评级机构的特别监管、加强非注册评级机构评级结果的使用限制等方面。① 2009年11月,澳大利亚证券投资委员会(ASIC)宣布从2010年1月1日起评级机构需获得澳大利亚金融服务许可证,澳大利亚信用评级开始实行许可证制度。根据该制度,评级机构除应接受2001年澳大利亚《公司法》关于一般性义务的约束外,还需遵守 ASIC 要求的特定义务。2010年,加拿大证券管理部门也发布了评级机构监管规则,要求所有评级机构须成为指定评级组织(DROs)并需遵守国际证监会组织(IOSCO)的规范。2011年,我国香港特别行政区也修订了《证券及期货条例》(SFO 第571章),其中将评级服务作为受香港证监会(SFC)监管的第10类活动,要求在香港经营的评级机构及其评级分析师均需取得执业牌照,并受《证券及期货条例》一般责任的约束。②

后危机时代各国对评级监管的改革也对国际证监会组织(IOSCO)2004年制定的《信用评级机构基本行为准则》形成了冲击。③ 为适应各国监管政策的新变化,IOSCO 分别于2008年和2015年对《信用评级机构基本行为准则》进行了两轮修改/修订。2008年的修改侧重于评级机构需披露事项方面,以强化评级机构在结构融资评级方面的作用。2015年的修订增加了关于评级机构内部控制和利益冲突的相关准则,修订之后《信用评级机构基本行为准则》的适用性、规范性和统一性都有所提高。

巴塞尔银行监管委员会(BCBS)也进行了评级机构监管改革。2010年的《巴塞尔资本协议 III》进一步要求商业银行据其实际情况建立和采用不同的内部评级来计算信用风险资产,以减轻对外部评级的依赖。巴塞尔委员会还通过《增强银行体系稳健性》的要求指令强化对内部模型法的使用,以减少监管部门对外部评级的依赖。另外,巴塞尔委员会还将 IOSCO 的《信用评级机构基本行为准则》纳入了《巴塞尔资本协议 III》。

其他一些国际组织也通过减轻评级依赖来改革评级监管,如国际货币基金组织(IMF)2010年9月发布的《全球金融稳定报告》提出:"政策制定者应继续

---

① 参见占硕:《信用评级监管:后危机时代的变革与借鉴》,载《征信》2010年第3期。
② 参见张学安、金文杰:《后危机时代国际信用评级监管法律制度的重构》,载《国际经济法学刊》2011年第4期。
③ 《信用评级机构基本行为准则》是国际信用评级行业的基本准则,被认为是评级机构行为自律的世界标准。该准则也获得了 G20 集团以及金融稳定理事会(FSB)的认可,其监管准则的目标被各国监管实践所采纳。以三巨头为首的主要评级机构均采用《信用评级机构基本行为准则》。

努力减少自身对信用评级的依赖,尽可能删除或替换法律法规及中央银行抵押政策中提及评级的地方。"金融稳定委员会(FSB)也在 2010 年 10 月通过了《降低对信用评级机构依赖性的原则》,以期减少政府和金融机构对信用评级的机械性依赖。

二、后危机时代评级机构监管改革的成效与不足

这场声势浩大的信用评级监管改革打破了评级世界的旧秩序,为其带来了新的气象和规则。美国的改革目的在于通过降低评级行业的准入门槛,减少评级机构的监管特许权,促进市场竞争和行业透明度,同时希望借助市场力量和声誉资本的约束来管理评级行业。而以欧盟为代表的另外一些国家和地区则是在承认给予评级机构必要的监管特许权的前提下,将改革重点放在强化监管制度方面,通过一定的干预机制提高评级业进入壁垒,以提高评级机构的独立性,保证评级质量。

(一) 改革的成效

尽管关于评级监管改革的理念和思路存在差异,但改革的根本动机都在于矫正评级机构的不佳表现和弥补引发评级失灵的诸多缺陷。从全球范围来看,这场评级机构监管改革的许多方面都值得肯定。但笔者不打算过多渲染改革的成效,因为改革的效果究竟如何还需要时间的检验,在此仅作几点总结。

第一,改革使得评级机构监管在整体上从宽松转向严格,为评级行业、评级机构和评级业务制定了许多新的约束规则,这在一定程度上改善了以往评级机构作为"准监管者"较少受到监管约束、怠于履行其作为看门人角色应尽义务的状态。

第二,改革致力于减轻评级依赖,并将解决利益冲突作为治理评级机构效率低下的重要突破口,表明监管部门已经深刻认识到了评级机构表现不佳的根源所在,也彰显了改革评级机构监管的强烈决心。

第三,改革对于评级机构法律责任制度的完善起到了重要的推动作用。原本很少遭到起诉的评级机构越来越多地成为诉讼的"标靶",除了普通投资者以外,一些政府以及具有政府背景的机构也成为控告的提起者。

美国几个州的检察长就对评级机构展开调查,如康涅狄格州检察长 2008 年 6 月宣布对评级三巨头提起诉讼,理由是"其故意对市政当局所发行的债券给予了较低评级的行为违反了《康州反不公平贸易行为法》,导致纳税人为此额外承

担了数百万美元的损失"①。另一显例是标准普尔的一系列受罚事件。2015年1月,标准普尔宣布与美国SEC以及纽约和马萨诸塞两个州达成了超过7700万美元的和解协议,这是标准普尔为结束美国联邦以及州一级对其放松评级标准以争取业务,并且没有对投资者披露这些变动所提起的指控付出的代价。同时,标准普尔还将继续就美国司法部以及其他十多个州对其在2008年以前长期对评级的独立性与客观性的不当陈述提起的指控进行协商,最终的和解成本可能高达13.7亿美元。除了支付高额的和解金,美国SEC还对标准普尔开出了长达一年的业务禁令,在禁令期内标准普尔将不能为特定的债券提供评级。②

如果说评级机构取悦客户和招揽业务的欲望造成了评级虚高,那么对未能基于稳健分析而作出的不实评级提起法律诉讼的威胁或许有助于扭转这一现象。③ 评级机构遭到起诉以及标准普尔的受罚事件体现了监管机构将评级机构的法律责任追究落到实处的态度与决心,同时也警示了其他评级机构,开创了通过评级监管和追究评级机构责任保护投资者利益和维护社会公共利益的新篇章。

(二) 改革之不足

从性质来看,后危机时代的评级监管改革并不是一次"推倒重来"式的彻底变革,而是仍然沿袭了金融监管变革一贯采用的温和改良方式。尽管基于金融领域敏感性的考量,此种温和的改革方案会避免引发剧烈的动荡和造成危机之后的"次生灾害",但这种在原有基础上修修补补的改革方式能够发挥作用的空间和力度毕竟是有限的,这就决定了这场表面上声势浩大的改革风暴实际取得的效果并不那么显著。

首先,这场改革并非来自于监管制度本身的主动调整,改革的动机仍然未能摆脱为走出危机而寻求改革道路的一贯思路。简言之,改革不是基于监管层面的主动追求,而是危机倒逼的一种结果。回顾美国信用评级市场与监管的历程不难发现,导致评级机构被反复质疑和批评的主要原因之一,就在于美国对评级机构的监管是一个"危机导向"的过程,即在危机爆发后各界众口一词、对评级口

---

① See Larry P. Ellsworth, Keith V. Porapaiboon, Credit Rating Agencies in the Spotlight, *Business Law Today*, Vol. 18, No. 4, 2009.
② 参见孔军:《标普与SEC及两个州达成7700万美元和解协议》,http://finance.qq.com/a/20150122/011640.htm,2017年4月20日访问。
③ See John Crawford, Hitting the Sweet Spot by Accident: How Recent Lower Court Cases Help Realign Incentives in the Credit Rating Industry, *Connecticut Law Review*, Vol. 42, 2009.

诛笔伐时,监管机构便信誓旦旦,出台强效的监管措施。但当危机渐行渐远、市场恢复繁荣、公众对于监管的关注淡化而利益集团又开始大规模游说时,具体的监管措施在实施中又遭到了一些困难或技术上的难题,监管机构便不得不根据实际情况作出相应调整,造成监管的"逆向回潮"。因此,危机后的监管强化往往只是一个短期现象,而危机暴露的问题也只能得到部分解决。① 欧盟的评级监管改革也存在着类似现象。虽然欧盟关于信用评级立法的修正历经数年光景,但仍属应急之作,其信用评级法律制度的建构只是迫于市场压力而为的自下而上的产物。② 这即是说,在某种意义上,这场以美欧为代表的全球范围内的评级监管法治变革,从根本上仍然难逃金融危机治乱循环的历史宿命。

其次,尽管所有的改革都致力于祛除监管依赖和解决利益冲突,但从实际效果来看,此次改革在这两个方面并没有取得实质性进展。从改革的结果来看,美国的改革最终并没有废除饱受诟病的 NRSRO 制度,无论是《信用评级机构改革法案》还是《多德-弗兰克法案》,都一如既往地采用了 NRSRO 制度。而欧盟提高评级行业的进入门槛、要求使用已注册评级机构评级结果以期提高评级机构及其评级质量的做法,却恰恰削弱了评级行业的竞争,加深了已注册评级机构的垄断地位,造成了弱化评级依赖的改革目标与加重监管依赖的改革结果之间的矛盾。这表明,尽管监管者付出了改革努力,但在其思想深处仍然沿袭了早期的声誉资本理论,导致无论如何变革,信用评级监管法律制度的底色并没有实质改变③,变革之后的法律仍然有利于评级机构垄断地位的维持。而在利益冲突的解决方面,虽然美欧以及 IOSCO 等国际组织都制定了一系列制度或规则,但对于引发信用评级利益冲突的关键性问题——发行人付费模式,即使遭到强烈指责和批评,要求转向投资者(订阅者)付费模式的呼声也日益高涨。但除了美国的改革方案新批准增加了 3 个采取投资者付费的评级机构外,其他的改革并没有否定和抛弃原有的发行人付费模式。这也就意味着这场表面上轰轰烈烈的改革终究不过是一种"曲线"战略,其绕开了评级收费的重大障碍,只是通过改革具体的操作程序、增强透明度、强化声誉机制的约束等作用,间接缓解发行人付费模式的内在冲突④,因此在利益冲突风险处置上的力度是相当有限的。

---

① 参见鄂志寰、周景彤:《美国信用评级市场与监管变迁及其借鉴》,载《国际金融研究》2012 年第 2 期。

② 参见黎四奇、李时琼:《后危机时代信用评级监管法律制度创新研究》,载《国际经济法学刊》2014 年第 3 期。

③ 同上。

④ 参见张亦春、游舜杰:《美国金融危机与信用评级的教训和启示》,载《山东社会科学》2010 年第 10 期。

尽管次贷危机催生了一些关于评级机构法律责任的立法和司法活动，但改革带来的实质性变化还不足以使人乐观。我们看到，在危机之后作为评级行业巨头的标准普尔受到了严厉的制裁，针对评级机构的诉讼也在增多，但这距离使评级机构承担应有法律责任的道路依旧漫长。对美国而言，2006年《信用评级机构改革法案》的规定并不构成任何私人诉权的产生。在美国宪法体系下，只有国会才享有建立一个权利或义务的专有职权，2006年《信用评级机构改革法案》所阐述的"并不产生私人诉权"的规定说明美国立法机关对于评级机构的法律责任仍然没有明确的态度。关键的问题在于，法律监管制度的变革并未从根本上动摇评级报告属于"意见表述"、评级机构作为"意见提供者"的法律定位，因此无法撼动美国宪法《第一修正案》对于评级机构"言论自由"的保护。所以，评级机构尽管在金融危机中"问题缠身"、饱受批评，但仍然可能被排除在责任追究的范围。这并不是投资者所期待的，也与美国国会听证会以及SEC调查结论所揭示的评级机构存在利益冲突、反应迟滞、数据失真等事实严重背离。[①] 从欧盟评级监管改革的结果来看，《信用评级机构监管法规》规定了严格的评级机构监管处罚措施，当评级机构出现类似次贷危机中的重大失误和违规行为时将面临行政处罚的风险，其付出的代价轻则将受罚金，重则可能失去注册资格从而在欧洲信用评级市场上出局，这样的行政处罚力度对于评级机构无疑将产生巨大的威慑力，但究竟会产生怎样的实际效果目前还存在争论。[②]

三、评级机构监管改革的未来方向

在当今的资本市场上，评级机构所扮演的角色和发挥的作用不是其他机构可以轻易取代的。尽管评级机构制造了许多混乱与困扰，评级监管改革的成效并不尽如人意，信用评级和评级机构本身也存在着难以克服的缺陷，但我们不能简单地因噎废食，应在梳理改革成败得失的基础上，针对改革未能解决的关键问题继续探索，把握好未来改革的努力方向。

（一）进一步变革评级机构的收费模式

评级机构的收费模式与其最终提供的评级报告的质量息息相关。国外有学

[①] 参见聂飞舟：《美国信用评级机构法律责任反思与启示——以司法判例为视角》，载《东方法学》2010年第6期。
[②] 参见王晓丽：《欧盟对信用评级机构的立法监管及新动向》，载《欧洲研究》2012年第4期。

者通过比较穆迪(Moody's)和伊根-琼斯(EJR)不同的评级性能,发现采取投资者付费模式的伊根-琼斯(EJR)所提供的评级更为有用。也有学者研究证明,采取发行人付费的评级机构倾向于迎合发行人的利益,对其存在的信用风险故意轻描淡写。而快速评级公司(Rapid Ratings)以及其他采取订阅者付费方式的评级机构则能够提供更符合投资者需求的有效评级。采取投资者付费模式的评级机构在进入市场后能够提供更加及时和有用的评级,这可能会揭露出现有的被依赖的评级机构评级质量低下的问题。以公司债券为例,若由发行人付费,则当公司发行债券时作为发行人的公司可以选择由哪家评级机构来出具评级。这种选择给了发行人一种"评级购买"(Rating Shopping)的机会,发行人只会聘用那些预期能够给出对发行人所发行债券有利评级的评级机构。而评级购买正是威胁信用评级真实性的重要因素[1],也是监管部门致力于消除的现象。

在发行人付费的模式下,评级机构面临着一种困境:难以在抢占市场份额和保证评级质量之间保持平衡。投资者付费能够在很大程度上避免发行人的评级购买行为,对于解决困扰评级机构监管的利益冲突问题无疑是有效的办法。目前在三大评级机构之外已经产生了一些采取投资者付费模式的评级机构[2],其占有的市场份额虽然不可与三大机构比肩,但其影响力以及市场的评价却不可小觑。有学者通过比较标准普尔(S&P's)与伊根-琼斯这两个采取不同评级收费模式的评级公司,发现了一个耐人寻味的现象:当采取投资者付费的伊根-琼斯开始对某一公司进行评级后,标准普尔对该公司的评级质量就会显著提高,其评级变得更能反映信用风险,而且评级所包含的信息内容也更加详实。[3] 如果这一研究结论是可信的,那么这些采取投资者付费的评级机构将会对采取发行人付费模式的评级机构产生深刻影响,促使其提高评级质量、规范评级行为,这样一来整个评级行业的有效性将会得到很大改观。

监管部门也认识到改变评级机构的收费模式可能是解决信用评级利益冲突最重要的突破口,实践中各国和地区对于评级收费模式的多样化也进行了不少探索。例如,美国审计署(GAO)已经展开了旨在通过建立替代性商业模式和独立分析师组织以激励评级机构提供更准确评级报告的评级机构收费模式的相关

---

[1] See Mathias Kronlund, Do Bond Issuers Shop for Favorable Credit Ratings?, http://ssrn.com/abstract=1712923 or http://dx.doi.org/10.2139/ssrn.1712923, accessed March 19, 2017.

[2] 例如 EJR、Lace Financial、Realpoint、A. M. Best 等评级机构均采取不同于三大评级机构的投资者付费模式。

[3] See Han Xia, Can Investor-Paid Credit Rating Agencies Improve the Information Quality of Issuer-Paid Rating Agencies?, *Journal of Financial Economics*, Vol. 111, No. 2, 2014.

研究；欧盟也提出了包括投资者付费、基于评级结果的付费、交易平台付费、政府租用付费、公用事业模式等多样化的付费模式以解决发行人付费带来的利益冲突问题；英格兰银行提出通过实施结构性改革解决评级机构利益冲突，提出的选择方案包括投资者付费、评级清算所、公共评级机构三种形式。①

当然，评级机构拥有决定评级收费模式的权利，监管制度无法强制要求所有评级机构都实行投资者付费。因此，尽管采取投资者付费的评级机构更容易避免利益冲突，但提议回归到传统的投资者付费模式显然不够现实。② 出于营利的考虑，大多数的评级机构势必将沿用发行人付费的模式。相对于转变评级收费模式，还有一种较为温和的方式来缓解因发行人付费带来的评级购买等利益冲突问题。这种做法的基本思想是在发行人和评级机构之间建立一定的隔离机制来阻挡二者之间的利益输送，可以采取的具体方式包括政府租用、投资者所有、集中结算平台方式以及基于评级结果的付费方式等。③

(二) 致力于改善评级行业高度垄断的市场属性

垄断会导致低效，这是经济学最朴素的原理。评级行业整体表现不佳的重要原因之一，就在于其高度垄断的市场属性。不夸张地说，信用评级的世界其实就是评级三巨头的世界。评级市场的高度垄断造成了竞争的严重缺乏，缺少制衡和竞争压力的环境阻碍了评级质量的提升和评级机构的进步。改变评级机构表现不佳的状况，要从提高市场竞争、改善评级机构的垄断地位入手。

评级三巨头垄断地位的形成绝非一日之功，因此在短期内不可能出现能够与三巨头并驾齐驱的评级机构。但是，对中小型评级机构的培育也不应放弃。虽然依靠某一个或几个评级机构的力量来对抗评级三巨头的做法无异于螳臂当车，但通过不断培植和强化中小评级机构使其形成合力来共同对抗三巨头还是有一定可能性的。提高评级行业竞争、消解寡头垄断的另一思路，就是在评级行业的市场准入制度方面做文章。从这一点来讲，美国式改革可能比欧盟改革更有利于提高评级行业的市场竞争。竞争的加剧将会降低市场上现有评级机构的市场份额，国外有学者通过对比金融危机前后评级机构数量的变化，证明当市场

---

① 参见黄国平：《评级功能视角下的利益冲突和付费模式》，载《证券市场导报》2012年第10期。
② See Déborah Lipszyc, Credit Rating Agencies and Conflicts of Interest: Comparative Study of the Post-credit Crisis Regulatory Reforms, https://ssrn.com/abstract=1919960, accessed September 15, 2009.
③ 关于这四种方式的具体介绍可参见黄国平：《评级功能视角下的利益冲突和付费模式》，载《证券市场导报》2012年第10期。

上有更多评级机构的时候能够促进评级业的快速发展。[1]

评级三巨头的垄断实际上是国际评级行业美式评级的垄断,打破这种垄断局面的一条重要途径,就是各国和地区培育及筹建本土化的权威评级机构。对此,欧盟的改革已经做了较好的诠释。尽管在改革的实际效果上可能距离压制美国评级三巨头的目标还有差距,甚至在一定程度上还起到了相反的作用,但是欧盟致力于削弱三大评级机构的评级"话语权"、创建本土化评级体系的努力不应遭到否定。除了欧洲以外,亚洲等主要经济体也在加快自主信用评级体系的建设步伐,日本就是其中的典型代表。印度以及俄罗斯等国家也认识到信用评级在一国金融体系中的战略性地位,并开始着手培育本土化的信用评级体系。[2]另外值得一提的是,2012年10月24日,来自中国的大公国际资信评估有限公司、美国的伊根-琼斯评级公司和俄罗斯信用评级公司三家独立评级机构在北京宣布,三方将联合发起成立一个"世界信用评级集团",以推动建设一个独立的国际评级监管体系,向世界提供公正的评级信息,致力于打破以三巨头引领的评级行业的垄断局面。世界信用评级公司已于2013年6月25日在中国香港成立,同时举办了首届改革国际评级体系高峰论坛。这种非主权性质的国际信用评级机构是对现有国际信用评级体系的一次挑战,在打破评级世界由三巨头垄断的局面、扭转国际主权信用评级中的美式霸权地位方面可能发挥一定作用。

(三) 多渠道弱化金融领域的评级依赖

一定程度上,评级机构是以准监管者的身份代替政府来行使一部分监管职权,这造成了信用评级对政府监管的替代,而这种替代又造成了监管者对于信用评级的过度依赖。这种过度依赖不仅是监管方面的,还表现在行为方面,即市场参与者,如机构投资者依靠评级作出决策。[3]治愈评级依赖症的关键,在于削弱监管部门对信用评级的使用。这种在监管体系中去除评级依赖的做法在次贷危机之后便在一些国家、地区和国际组织中开始展开,但在力度和进程方面还需要进一步加大和加快。弱化监管部门的评级依赖,除了减少评级使用外,还应加强评级机构监管。国内有学者通过实证研究发现,监管部门对发债企业的监管能

---

[1] 参见韩丹、徐伟:《国际信用评级业发展困境研究》,载《济南大学学报(社会科学版)》2015年第4期。

[2] 参见聂正彦、安小雪:《国际信用评级体系的演进、利益冲突及其变革方向》,载《征信》2014年第2期。

[3] See Aline Darbellay, Frank Partnoy, Credit Rating Agencies and Regulatory Reform, San Diego Legal Studies Paper No. 12-082, April 2012.

够加强债券评级与债券价格之间的联系,提高债券评级的信息含量;监管部门对于评级机构干预程度的增加也有助于评级过程的规范。① 信用评级不足以取代政府监管,二者之间是互补而非替代的关系。

弱化评级依赖的另一途径,是鼓励使用具有替代外部评级作用的其他判断信用风险的方法,例如使用内部评级模型。作为"世界上最简短的评论",信用评级以其外在的对于信用风险的简单明了的表示方式为投资者判断违约风险提供了直观的工具。但信用评级只是诸多的风险判断依据中的一种,对于信用评级的绝对依赖造成了市场参与者对其他信用风险判断方法的忽视,尤其是投资者不再对所投资产品进行独立的风险判断,完全将风险分析的工作寄希望于那些与受评对象有着千丝万缕的利益关联的评级机构身上,这样的风险分析工作态度和方式显然是欠妥当的。对于投资者而言,如果受客观条件限制无法通过向评级机构支付评级费用而获得较之发行人付费模式更为准确和及时的评级报告,那么更为现实的做法就是不要将基于发行人付费而得到的信用评级作为自己投资判断的唯一依据,而应通过其他多种方式对欲投资的金融产品的信用风险进行综合分析和判断,这样得到的风险分析结果才可能更加全面、客观和准确。监管部门也应通过监管改革继续扭转对于评级的依赖,鼓励金融机构提高内部评级的能力,从而替代信用评级对信用风险作出独立判断。

重新认识和定位评级机构在金融体系中的角色也可能有助于弱化评级依赖现象。一直以来,评级机构都被看作是金融监管的辅助机构,其以准监管者的身份地位获得了超乎寻常的特殊权力。事实上,评级机构或许可以被视为一种协调机制来实现多重平衡。大多数的公司债券通常至少有一个信用评级,许多有两个评级。信用评级的确扮演了足够重要的经济角色,在实践中这一地位也一再被强化。但评级机构其实更应该被作为一个"中心点"(focal point)来看待,也就是说,评级机构可以用于帮助实现我们所渴望的内部平衡,失去了这个"中心点",各种均衡势力可能将无法共存。② 当评级机构被作为一种平衡机制时,信用评级就能够在发行人、投资者和监管部门之间起到一种桥梁和平衡的作用;不再意味着一个特殊身份、一种监管特权,而是通过自己的评级联接发行人与投资者,促使发行人为了获得更好的评级提高自身和金融工具的信用水平,帮助投资者利用评级信息选择更加安全的投资工具,同时使监管部门借助信用评级实现

---

① 参见韩斯玥、刘力一、温权:《政府监督与信用评级:互补还是替代?》,载《上海金融》2015 年第 1 期。

② See Arnoud W. A. Boot, Todd T. Milbourn, Anjolein Schmeits, Credit Ratings as Coordination Mechanisms, *The Review of Financial Studies*, Vol. 19, No. 1, 2006.

更加有效的监管。

(四) 持续探索和完善评级机构的责任规制

尽管与人们的期待还有一定差距,但后危机时代的评级监管改革在评级机构法律责任方面还是取得了一些进展。例如,欧盟的《信用评级机构监管法规》(CRA III(EU)No. 462/2013)强化了评级机构的民事责任。根据 CRA III,评级机构若因故意或重大过失违反该规则的相关规定,应对造成的投资者损失进行赔偿。关于举证责任的分配,该规则也更利于投资者,投资者只需证明评级机构违规的事实,而评级机构则负责证明其已尽到注意义务。该责任不仅适用于委托评级,也适用于评级机构主动评级的情形。①

次贷危机之后,美国的法院对于评级机构受宪法第一修正案保护的特权有了新的认识。例如,In re Nat'l Century Fin. Enters. 案中②,法院认为评级没有面向社会公众发布,评级机构不能受到宪法第一修正案的保护。评级机构通常在发布评级时会附上法律提示作为免责声明,美国的司法进展预示了如评级机构被认定为侵权,则其免责声明将不能免除其法律责任。根据侵权行为的构成要件,评级机构需存在违法行为、存在故意或重大过失、虚假的评级结果给投资者造成了损失、评级结果与投资者损失之间存在着因果关系。③ 在 Abu Dhabi Commercial Bank 诉 Morgen Stanley & Co. 案中④,法院就是通过分析欺诈侵权之诉的构成要件后认为,案中穆迪和标准普尔的行为符合侵权之诉的构成要件。美国的这些判例说明,评级机构一旦丧失其客观中立的立场就可能失去受宪法第一修正案保护的特权;为了得到这种特权保护,评级机构在今后的业务中可能会尽量避免利益冲突影响其客观中立的立场。未来的评级机构监管改革势必将继续沿着提高评级机构法律责任的方向前行,通过强化法律责任来矫正评级机构的行为,促使其保持客观中立的地位,真正发挥市场信息媒介的正面作用。⑤

当然,通过诉讼令评级机构承担民事责任只是评级机构承担法律责任的一部分,对评级机构进行责任规制的内容远不止这些。例如,既然信用评级已经成

---

① 参见黎四奇、李时琼:《后危机时代信用评级机构监管法律制度创新研究》,载《国际经济法学刊》2014年第3期。
② In re Nat'l Century Fin. Enters. , 580 F. Supp. 2d. 630, (S. D. Ohio 2008).
③ 参见罗培新:《后金融危机时代信用评级机构法律责任之完善》,载《法学杂志》2009年第7期。
④ Abu Dhabi Commercial Bank v. Morgen Stanley & Co. , 651F. Supp. 2d. 155, (2009).
⑤ 参见方添智:《次贷危机中信用评级失灵的原因及法律规制——美国信用评级制度改革评析》,载《国际经济法学刊》2010年第2期。

为一种不可或缺的辅助监管工具,监管部门对于权威评级机构的认定对评级机构而言意义非凡,那么何不借助监管的力量对评级机构施压促使其审慎评级? 美国哥伦比亚大学法学院教授科菲教授就认为,可以透过 SEC 认定评级机构为 NRSROs 的权力,令评级机构遵循诸如强制性核实机制、定期评级等以增加评级的可信度,若评级机构的行为未达到这些要求,SEC 可在一定时期内取消其作为 NRSROs 的资格。①

四、我国的信用评级与监管的完善

债券市场的发展是评级行业发展的基础,债券的发行量、发行方式、投资者对发行人信用质量的关注程度等是决定市场对信用评级需求的重要因素。② 我国债券市场发端于 20 纪 80 年代末,伴随着债市的兴起,债券评级行业也应运而生。与评级机构的百年历史相比,我国的评级业发展至今不过 30 多年,总体上还处于初级发展阶段。近年来,中国的债市也发生了一些革命性的变化,在国际债券市场上的地位与影响力日益增强。然而,在取得不俗成绩的同时,我国债券市场的进一步发展也遇到了一些障碍,从早年间债券监管中的权力腐败和利益输送,到近年来频繁发生的债券违约和违约潮刺激下的"萝卜章"事件。债券违约本无可厚非,它是债券市场化运作的必然结果之一③,是国际债券市场发展的一般规律,能够促使一国债市走向成熟。债券违约风险可以通过评级信息进行测量,信用评级就是向市场传递评级对象信用水平高低的信号,因此评级质量的好坏在很大程度上就决定着所传递市场信号的准确与否。我国近年来的债市问题折射出的其实是债市评级的乱局。评级质量的问题主要表现为评级高估或评级低估。④ 据业内人士的普遍观点,当前我国债市近半信用评级存在着"虚高"的现象,约有 37% 的外部评级高于中债市场隐含评级⑤,债券外部评级高于市场隐含评级 2 个等级以上,且都集中在钢铁、煤炭、有色等产能过剩的行业⑥,而这

---

① 参见侯怀霞:《论美国次贷危机的法律根源》,载《苏州大学学报(哲学社会科学版)》2012 年第 4 期。
② 参见何平、金梦:《信用评级在中国债券市场的影响力》,载《金融研究》2010 年第 4 期。
③ 参见吴伟央:《债券违约应对处理法律机制探析》,载《证券法苑》2014 年第 4 期。
④ 参见邓博文、曹廷贵:《信用评级行业的监管与评级质量》,载《国际金融研究》2016 年第 3 期。
⑤ 中债市场隐含评级由中央国债登记结算有限责任公司于 2008 年开始推出,是在外部评级的基础上,参考市场价格、发行人财务信息等因素,抽取出市场对受评对象的信用评级,其实质在于通过这种"二次评级"对外部评级的虚高和泡沫现象进行修正。
⑥ 参见李玉敏、周智宇:《中债登估值中心总经理刘凡:37%外部评级高于隐含评级》,http://epa-per.21jingji.com/html/2016-07/25/content_43896.htm,2017 年 4 月 19 日访问。

些正是债券违约频发的行业。

债市评级是信用评级行业的一部分,这部分反映出来的问题可以窥见我国评级业现状之一斑。我国目前有数十家评级机构,但总体上良莠不齐且缺乏核心竞争力,评级虚高、以价定级、不当竞争等现象比较突出。与国际上那些权威评级机构在资本市场的地位以及所受到的"礼遇"相比,评级在我国往往被看作是债券发行审批中的一项形式化流程而不被市场主体所重视,评级机构的独立性严重不足,信用评级质量的公众认可度较低,评级机构为抢占市场份额还存在着低价竞争等现象,扰乱了我国评级市场的正常秩序。十八届三中全会提出了"发展并规范债券市场,提高直接融资比重"的要求,我国债券市场正处于突飞猛进的发展时期,将成为中国发展直接融资的下一个重要战略支点。债市的规范当然包括了对信用评级行业发展的规范,这就需要更为严格的监管措施。后危机时代国际上对评级机构的监管改革于我国而言是一次难得的学习机会,我们应该在吸取这些经验教训的基础上完善评级机构监管。

首先,我们应加快完善关于评级监管的法律制度。目前,我国关于资信评级的规定散见于各个部委的文件之中,这些文件法律层次低、内容分散且标准不一,而最大的问题则在于其混淆了评级业务指导和评级监管两个不同层次的立法。[①] 评级的复杂性和金融创新所导致的现有监管立法的不足,对我国制定一部规制信用评级的统一立法提出了要求。我国可以在借鉴国际经验和结合我国国情的基础上制定一部法律位阶更高的专门法[②],对信用评级的市场准入、利益冲突的解决、信息披露、评级机构的监管标准以及法律责任等问题作出明确、系统的规定。值得一提的是,2016年10月中国人民银行会同发改委和证监会起草了《信用评级业管理暂行办法(征求意见稿)》,开启了信用评级专门立法的重要一步。2019年,《信用评级业管理暂行办法》正式发布,并于2019年12月26日正式施行。

其次,我们应通过多种途径减轻对外部评级的依赖,致力于提高信用评级的质量。具体的办法包括:采取双评级制度改善我国信用评级缺乏风险甄别能力的问题;在评级机构与评级对象之间建立隔离机制,减轻利益冲突、增强评级机构独立性,提高评级结果的准确性;鼓励市场参与者多参考和利用市场隐含评级,以减轻对外部评级的依赖,减少因评级失灵带来的问题,也可以参考和利用

---

① 参见聂飞舟:《美国信用评级机构法律监管演变与发展动向——多德法案前后》,载《比较法研究》2011年第4期。
② 参见张学安、金文杰:《后危机时代国际信用评级监管法律制度的重构》,载《国际经济法学刊》2011年第4期。

一些非营利性评级机构发布的评级报告,弥补专业评级机构因利益冲突和缺乏独立性导致评级结果有失公允的缺陷。

最后,我们还应改革目前的评级机构监管格局,健全评级监管的体制机制。信用评级业务一般都是跨市场、跨行业的,我国对于评级机构的监管是典型的多头监管模式。分裂和多头的监管格局增加了监管部门之间的协调工作,难以形成统一的监管标准,影响了我国评级机构监管的整体效率。在这方面,或许我们可以学习欧盟,建立一个超越部门利益的统一的信用评级监管部门,采取统一的监管标准对评级机构实施监管。在此基础上,还需明确评级监管机构的具体职责和权限,增加对评级流程和方法的检查评估,严格执行信息披露要求,建立起对评级结果的追踪与问责机制,实现评级机构权力与责任的对称[1],以期有助于解决评级机构虚高评级、无责评级的问题。

五、结　　语

经过百年的发展,评级机构已成功跻身于金融市场准监管者的行列,在某种意义上担当着一定的国家职能。尽管对于信用评级我们可能仍然缺乏清楚的认识,但在全球金融市场上,信用评级正在逐渐改变着债权人与债务人之间成本收益分配的言说方式已是不争的事实。[2] 几乎所有的评级机构都是根据相对而非绝对的违约概率进行评级。[3] 信用评级不是针对单个债券的买入与卖出的推荐,也不是对市场预期所作的评论,尽管评级机构的信用分析的确考虑了整个市场以及经济的运行状况,但信用评级的最终目的是对债券发行人的财务状况和偿付能力给出评价。[4] 尽管评级机构的历史是一段充满了失误的历史[5],但在债券市场交易规模扩大化、债券产品日趋复杂化的当今时代,投资者越来越需要一个理性的标尺来判断投资风险[6],评级机构的缺席所导致的结果可能更加糟糕。

尽管过去了十余年,次贷危机的阴影已经渐行渐远,但人们关于评级机构能

---

[1] 参见黄良波:《次贷危机对我国信用评级机构规范与发展的启示》,载《中国金融》2009 年第 2 期。
[2] 参见黎四奇、李时琼:《后危机时代信用评级监管法律制度创新研究》,载《国际经济法学刊》2014 年第 3 期。
[3] See Carol Ann Frost, Credit Rating Agencies in Capital Markets: A Review of Research Evidence on Selected Criticisms of the Agencies, https://ssrn.com/abstract=904077, accessed March 15, 2006.
[4] 参见〔英〕莫拉德·乔德里:《债券市场导论》(第 3 版),杨农、蒋敏杰等译,清华大学出版社 2013 年版,第 171 页。
[5] 美国民主党国会议员亨利·韦克斯曼(Herry Waxman)语。参见〔德〕乌尔里克·霍斯特曼:《评级机构的秘密权力》,王煦逸译,上海财经大学出版社 2015 年版,第 1 页。
[6] 参见李建云、田京海:《百年金融发展中的国际信用评级业》,载《中国金融》2006 年第 16 期。

否公正地开展评级业务的讨论并没有就此停止。不管讨论的结果如何,至少有两点可以肯定:评级机构依然会继续存在,它们永远都是金融基础设施的组成部分[1],并仍为法律监管和市场功能服务;对于评级机构的监管改革势在必行,已经发生的法治变革或许就是未来立法将使评级机构接受更多监管的一个信号,或者致力于削弱信用评级体系重要性的一种政策倾向。[2] 提高评级行业的市场竞争、增强信用评级过程的透明度、不断弱化对于外部评级的依赖、改革评级机构的收费模式、矫正评级机构权重责轻的失衡状态,这些既是全球金融领域关于评级机构监管的共识,也是未来改革继续前行的方向。

---

[1] See John C. Coffee Jr., Ratings Reform: The Good, the Bad, and the Ugly, *Harvard Business Law Review*, Vol. 1, 2011.
[2] See Robert J. Rhee, Why Credit Rating Agencies Exist, *Economic Notes*, Vol. 44, No. 2, 2015.

论证券行政和解的正当性及其制度功能[*]

窦鹏娟

【内容摘要】 内幕交易、操纵市场、虚假陈述和欺诈客户等禁止性证券交易行为不仅损害证券市场整体利益,也可能会使个体投资者受到此类行为的损害。现实中证券市场整体利益通过行政处罚可以得到有效恢复,但是投资者的个人利益却很难以私权救济的方式获得保护。证券行政和解的诞生有助于改变这一状况。无论从现代行政法治的转变还是证券监管理论与实践的发展以及证券市场的效率性要求来看,证券行政和解都是必要且正当的。在制度功能上,证券行政和解能够沟通监管执法与投资者补偿,具有替代行政处罚与民事赔偿诉讼并同时实现惩罚与补偿目的的双重功能。但是证券行政和解也存在权力寻租的可能性,应不断完善和细化规则设计以减轻制度运行的负面效应。

【关键词】 行政和解 证券监管 投资者补偿 民事诉讼 行政处罚

内幕交易、操纵市场、虚假陈述以及欺诈客户是各国证券法皆明确禁止的交易行为。[①] 但是,源于此类行为可能带来的巨大利益和潜藏于人们内心深处的侥幸心理,这些违法行为依然顽固地存在于各个国家或地区的证券市场上,难以杜绝。证券违法行为不仅破坏证券市场正常的交易秩序,而且会给投资者带来经济损失,引发证券纠纷甚至群体性证券事件。因此,能否妥善地处理这些行为,及时恢复受损害的投资者权益,不仅关系到证券市场的正常交易秩序,还关系到投资者对证券市场的信任与信心,乃至整个证券市场的可持续健康发展。

---

[*] 原文发表于郭锋主编:《证券法律评论》,中国法制出版社2015年版。本文在原文基础上对部分内容进行了更新、修改和删节。

[①] 我国《证券法》第5条规定:"证券的发行、交易活动,必须遵守法律、行政法规;禁止欺诈、内幕交易和操纵证券市场的行为。"另外,第三章第三节还专门就"禁止的交易行为"进行了详细规定,本文所讨论的禁止性证券交易即基于这一界定。

保护投资者的合法权益,一方面需要通过公权的力量对各类市场违法与失信行为进行制裁,以实现对证券市场全体投资者利益的整体保护;另一方面也要确保私力救济渠道的畅通,以及时弥补因违法违规行为给投资者造成的损失,实现对单一投资者的个体保护。① 然而,审视我国证券法律制度,其对于证券违法和侵权行为的规制理念似乎更为强调纠错、惩罚和预防的作用,导致实践中执法者对于证券市场行政处罚的重视程度往往远甚于对投资者民事赔偿问题的关心。本文即是在这样的背景下,对证券领域引入行政和解制度的必要性与正当性以及该制度所具有的监管执法和投资者补偿的双重功能进行分析与论证。

一、禁止性证券交易民事赔偿责任的实现困境

根据投资者保护的基本原理,投资者的合法权益如遭到侵害应得到及时恢复。然而,在证券市场上,因行为人内幕交易、操纵市场以及虚假陈述等造成其他投资者损害的,投资者以私权救济的方式追究其民事赔偿责任的渠道其实并不畅通。

(一) 投资者索赔碰壁:看不见的玻璃天花板

在我国证券市场上,投资者因行为人禁止性证券交易行为给自己造成损害而提起民事赔偿诉讼,最终获得胜诉的案件主要为虚假陈述民事赔偿案。在三类禁止性证券交易违法行为中,内幕交易和操作市场民事赔偿责任的实现比较艰难,迄今为止两类案件投资者胜诉的案例寥寥无几。② 以首单内幕交易投资者获赔案为例,投资者往往要经历诸多波折才能最终获得赔偿。2013年震动证券市场的光大证券"8.16"事件中,证监会最终定性为光大证券内幕交易,并采取"顶格处罚"的措施开出5.23亿元的罚单,相关责任人也分别被给予警告、罚款以及终身禁入证券市场的处罚。在作出行政处罚的同时,证监会也提出投资者因光大证券内幕交易遭受的损失,可以依法提起民事诉讼要求赔偿。③ 在证监

---

① 参见肖钢:《积极探索监管执法的行政和解新模式》,载《行政管理改革》2014年第1期。
② 内幕交易案投资者索赔的典型案例有股民陈某某诉陈建良内幕交易损害赔偿案、股民陈某某诉潘海深内幕交易损害赔偿案、股民李某诉黄光裕内幕交易损害赔偿案等。在这三起案件中,一起以投资者撤诉宣告结束,另外两起皆以投资者败诉而告终。内幕交易投资者获赔的典型案例是光大证券乌龙指事件投资者民事赔偿案,操纵市场投资者获赔的典型案例是杨某诉阙某等恒康医疗股价操作民事赔偿案。
③ 参见《光大证券异常交易事件的调查处理情况》,http://www.csrc.gov.cn/pub/newsite/zjhxwfb/xwdd/201308/t20130830_233365.html,2015年3月9日访问。

会的处罚决定作出后,即有投资者开始启动索赔程序,但在案件受理环节即遭遇了阻碍。后上海市第二中级人民法院根据最高人民法院下发的《关于光大证券股份有限公司"8.16"内幕交易引发的民事赔偿案件指定管辖的通知》,在全国率先受理了投资者诉光大证券内幕交易索赔案。① 其后,由于乌龙指事件的主角之一杨某某以个人名义起诉证监会要求撤销对其作出的行政处罚,使得上海市二中院受理的投资者索赔案不得不延期审理。期间,投资者曾提出庭外和解的要求,但遭到了光大证券的拒绝,其理由是投资者主张的损失缺少充分的关于计算可靠性的证明,且杨某某案还未判决,是否构成内幕交易尚无定论。② 尽管这一案件在经历几番波折后最终作出了光大证券向投资者承担民事赔偿责任的判决,但投资者为了维权也在时间、精力以及金钱等有形和无形方面付出了巨大投入。与行政处罚的效率相比,投资者的民事赔偿诉讼往往"道阻且长"。

(二) 证券民事责任优先原则:难以实现的立法美意

任何个人或企业通常都需要为其不当行为所造成的损害承担相应责任。在责任承担的背后几乎总会涉及补偿与震慑两种法律价值的复杂融合问题。③ 同一性质的证券违法行为,行为人可能同时承担民事、行政甚至刑事三重责任。这种证券违法行为所导致的法律责任的重合现象并不比其他违法行为更为特殊。一般情况下,这三种违法责任的承担方式可以并行不悖,相互之间不发生冲突和矛盾,但在行为人财产不足以同时承担三种责任时,就需要立法就如何处理和协调三种责任的承担问题进行规定。

事实上,我国法律已经确立了财产性民事责任优先承担的规则。我国《刑

---

① 参见刘莲英:《投资者索赔案有望加快审理进程》,http://www.shbiz.com.cn/Item/248931.aspx,2015年3月18日访问。

② 参见王洁:《光大证券遭53位投资者索赔520万 有望一个月后开庭》,http://finance.ifeng.com/a/20140611/12518693_0.shtml,2015年3月18日访问。另外,就证监会将光大证券事件定性为内幕交易一事,有学者提出质疑,如陈洁等即认为"就法律适用的技术层面以及证券期货市场运行规律的角度考量,证监会对光大事件的处理结果无论在法律规则的准确把握还是市场逻辑的理性坚守方面都值得商榷"。详见陈洁、曾洋:《对"8·16光大事件"内幕交易定性之质疑》,载《法学评论》2014年第1期。学者缪因知也认为,据我国法律与法理,光大证券以及员工行为难以构成操纵市场、内幕交易、信息误导,证监会的处罚决定存在着法律定性错误。试图对光大证券追究民事责任的尝试也缺乏坚实的法律和法理基础。详见缪因知:《光大证券事件行政处罚与民事索赔之合法性质疑》,载《法学》2014年第1期。可见,证监会对于光大证券"8.16"事件的定性并不意味着最终的尘埃落定,本文无意于深入探讨光大证券事件内幕交易的定性问题,仅是为了借学者的质疑佐证实践中内幕交易等证券违法行为定性以及民事责任承担所面临的复杂和困难性。

③ See Harvey J. Goldschmid, Capping Securities Fraud Damages: An Unwise Proposal in an Imperfect World, *Arizona Law Review*, Vol. 38,1996.

法》第 36 条第 2 款规定："承担民事赔偿责任的犯罪分子,同时被判处罚金,其财产不足以全部支付的,或者被判处没收财产的,应当先承担对被害人的民事赔偿责任。"《公司法》第 214 条规定："公司违反本法规定,应当承担民事赔偿责任和缴纳罚款、罚金的,其财产不足以支付时,先承担民事赔偿责任。"《证券法》第 220 条也规定："违反本法规定,应当承担民事赔偿责任和缴纳罚款、罚金、违法所得,违法行为人的财产不足以支付的,优先用于承担民事赔偿责任。"民事责任优先承担规则充分体现了我国强化、优先行为人对受害人或被害人承担民事赔偿责任的立法价值取向,其积极意义不容置疑。① 但是这种立法上的美意在禁止性证券交易投资者损害赔偿案件中却往往难以实现。

因为行政处罚在送达后即产生效力,违法者须在受到行政处罚决定书之日起 15 日内缴纳罚没款。而投资者的民事赔偿诉讼往往耗时耗力,即便最终胜诉也很可能会面临违法行为人"无钱可赔"的窘境,这就意味着如果出现了行为人"财产不足以同时支付"的情况,投资者在事实上也可能无法实现令行为人优先承担民事赔偿责任的权利。②

(三) 取消前置程序:索赔阻碍并未完全消除

对于虚假陈述、操纵市场和内幕交易类民事赔偿案件,我国法律经历了从法院"暂不受理"到"逐步有条件受理"的转变。③ 然而,在实现这一突破之后的很长一段时间,"前置程序"一直制约着虚假陈述等禁止性证券交易行为的民事索赔案件。该前置程序作为我国司法实践因应资本市场发展的权宜制度安排,历行十余年,在避免滥诉、解决投资者举证难等方面发挥了有目共睹的功效,但也因限制了投资者的诉权而饱受诟病。随着 2015 年 5 月我国从立案审查制向立案登记制的转变,"对符合法律规定条件的案件,法院必须依法受理,任何单位和个人不得以任何借口阻挠法院受理案件",制约证券虚假陈述等民事赔偿诉讼的前置程序有了松动的迹象。2015 年 12 月 24 日,最高人民法院在《关于当前商

---

① 参见李建华、麻锐:《论财产性民事责任优先承担规则》,载《社会科学战线》2011 年第 8 期。
② 参见窦鹏娟:《探索证券内幕交易投资者损害救济的新路径》,载《证券法苑》2013 年第 2 期。
③ 2001 年 9 月 21 日最高人民法院发布《关于涉证券民事赔偿案件暂不予受理的通知》,对内幕交易、欺诈、操纵市场等行为引起的民事赔偿案件,决定暂不予受理。2002 年 1 月 15 日最高人民法院又发布《关于受理证券市场因虚假陈述引发的民事侵权纠纷案件有关问题的通知》,明确规定了法院受理民事侵权纠纷案件的类型、前置程序、管辖法院、诉讼时效以及诉讼形式等问题。2003 年 1 月 9 日最高人民法院公布了《关于审理证券市场因虚假陈述引发的民事赔偿案件的若干规定》,作为对 2002 年 1 月 15 日所公布通知的细化,这也是已公布关于审理证券民事赔偿案件适用法律的第一个系统性司法解释。具体参见薛峰:《证券法中民事责任的设定方式研究》,载《中国法学》2003 年第 1 期。

事审判工作中的若干具体问题》中提出："因虚假陈述、内幕交易和市场操纵行为引发的民事赔偿案件,立案受理时不再以监管部门的行政处罚和生效的刑事判决认定为前置条件。"2020年7月15日,最高人民法院发布的《全国法院审理债券纠纷案件座谈会纪要》率先取消了前置程序。紧接着,2020年7月30日,最高人民法院出台的《关于证券纠纷代表人诉讼若干问题的规定》第5条也明确规定,适用普通代表人诉讼程序进行审理时,原告可以提交"有关行政处罚决定、刑事裁判文书、被告自认材料、证券交易所和国务院批准的其他全国性证券交易场所等给予的纪律处分或者采取的自律管理措施等证明证券侵权事实的初步证据"。时至今日,证券领域呼吁许久的取消前置程序的要求逐渐成为现实。[①] 但因证券交易和违法行为特点影响,即使在取消前置程序后,司法实践中投资者提起证券民事赔偿诉讼仍然面临着不小的阻碍。有学者曾总结我国证券民事赔偿诉讼案件存在着"起诉不受理、受理不开庭、开庭不判决、判决不执行"等问题,阻碍证券民事赔偿案件顺利进行的直接原因在于"有法不依、执法不严、违法不究,甚至知法违法"[②]。尽管证券市场经过多年发展和法治完善之后,上述问题已大为缓解,但并未完全消失,我国证券民事赔偿案件依然面临一些困境。其中,获得了法院受理的案件,在审理中遇到的最大障碍是原告之损失与被告违法行为之间必然因果关系的证明问题,以及原告主张之损失计算的可靠依据。这两个要求对于投资者而言十分严苛,投资者通常因不能严密地证明并提出损失计算依据而无法得到法院的支持。

二、证券行政和解及其正当性基础

化解证券投资者损害赔偿困境无非两种思路,一种是从证券民事责任制度出发不断完善证券民事赔偿规则。然而,理论和实务界就是否应强化证券民事赔偿责任问题长期以来存在着不同的看法和认识[③],而即便能够就此问题形成共识,投资者却依然受制于证券民事赔偿诉讼前置程序以及司法实践中因果关系证明和损失计算的难题。因此,通过完善证券民事赔偿规则来改变投资者损害赔偿困境恐怕需费时日。另一种思路就是绕开民事赔偿的种种难题,转而探索受害投资者补偿与救济的其他渠道,而证券行政和解就是这种渠道之一。

[①] 陈洁:《证券民事赔偿诉讼取消前置程序的司法应对——以虚假陈述民事赔偿为视角》,载《证券市场导报》2021年第5期。
[②] 宣伟华:《证券民事赔偿为何昙花一现》,载《财经时报》2006年5月22日。
[③] 参见王利明:《关于完善中国证券侵权民事责任制度的几点思考》,载《证券法苑》2012年第1期。

（一）行政和解及在证券领域的应用

在民法上，和解是"当事人约定，互相让步，以终止争执或防止争执发生之契约"①。民法上的和解体现了民法一贯主张的合意理论与契约自由精神。和解制度在民商事领域固然不存在法理上的障碍②，但在被引入行政领域时却遭到了不小的阻挠，主要原因在于行政权的不得处分原理与和解的互让互谅之间被认为存在着严重冲突。时至今日，无论在理论还是实践层面，行政权不得处分的原理仍然未被推翻。③ 但是，关于行政和解的正当性讨论已经不再那么剑拔弩张，这在很大程度上源于 20 世纪尤其是二战以后，行政民主性、开放性的增强使得公众参与迅猛发展。相对人参与行政行为的作出彰显了民主时代法律对权力的重新分配，其性质是国家从总体上将部分权力通过法律的明文规定"让渡"予公众，与行政机关在个案中的自行让渡或对权力的处分截然不同。④ 20 世纪 90 年代起，西方政治学界兴起的协商民主理论强调公民的民主参与，通过不断地公共协商，使各方了解彼此立场⑤，这为和解制度在行政领域的推行提供了政治理论上的基础。⑥ 行政和解所体现的是行政自由裁量权与行政法治追求的变化，目前，无论是英美法系的美国、英国以及我国香港特别行政区，还是大陆法系的德国和我国台湾地区，在其行政程序法律中均对行政和解制度作出了统一、明确的规定。⑦ 可见，行政和解正在"逐渐成为许多国家和地区行政法治的重要制度安排和实践形式"⑧。

伴随着行政领域和解制度的逐步推行，一些国家的证券行业也采用了行政和解的办法，其中最有代表性的当属美国。美国《联邦行政程序法》规定，在时间、案件性质和公共利益容许的情况下，行政机关应给予所有的争议当事人进行和解的机会。美国证券交易委员会（SEC）享有广泛的调查权，以此为基础，SEC

---

① 王泽鉴：《民法概要》，中国政法大学出版社 2003 年版，第 447—448 页。
② 当然，对于和解并非没有学术上的争议。例如，20 世纪 80 年代美国耶鲁大学法学院的著名教授欧文·费斯就曾写作《反对和解制度》一文，针对彼时轰轰烈烈的 ADR 运动尤其是其中的和解制度进行评击，认为和解并不比司法判决更加可取，和解制度不应在整体上被制度化。和解类似于民事请求权的交易，是对公众社会的妥协，不应被鼓励或推崇。关于欧文·费斯教授具体的观点可参见吴蓉：《理性对待和解制度——欧文·费斯〈反对和解制度〉引起的思考》，载《司法改革评论》2009 年第 1 期。
③ 参见叶必丰：《行政和解和调解：基于公众参与和诚实信用》，载《政治与法律》2008 年第 5 期。
④ 同上。
⑤ 参见陈剩勇：《协商民主理论与中国》，载《浙江社会科学》2005 年第 1 期。
⑥ 参见温辉：《论行政和解的理论基础》，载《法学杂志》2008 年第 3 期。
⑦ 参见李光磊：《资本市场行政和解或让民事赔偿不再"路漫漫"》，载《金融时报》2014 年 2 月 21 日。
⑧ 肖钢：《积极探索监管执法的行政和解新模式》，载《行政管理改革》2014 年第 1 期。

与其调查对象在调查过程中时常"讨价还价",如能达成妥协,就有形成和解的可能性。事实上,SEC 一半以上的案件都是在正式的诉讼程序前通过和解解决的,另外还有大量的案件在诉讼中达成了和解。SEC 所调查的案件以行政和解方式处理的最终比例高达 90%,只有大约 10% 的案件才会真正走完民事诉讼或行政审裁的程序。可见,和解是 SEC 监管执法中一项极为重要的手段和环节。①SEC 官方网站还定期将和解案例公之于众②,以起到公示和外部监督的作用。和解已经作为最常用的替代性纠纷解决方法,逐渐成为 SEC 执法的首选。此外,和解也是美国期监会(CFTC)市场监管案件的主要结案方式。相关统计数据表明,在 CFTC 所审结的衍生品市场违法案件中,四分之三以上是采取和解方式结案的。③ 加拿大也有类似的证券行政和解制度。加拿大安大略省证券委员会(OSC)就制定了有关和解制度的规定,详细设定了和解的条件与方式,以提高执法效率,强化执法效果,同时彰显对投资者的保护。④

近年来,我国也在大力推行证券行政和解制度。2013 年,国务院办公厅发布了《关于进一步加强资本市场中小投资者合法权益保护工作的意见》,其中就提出了"探索建立证券期货领域行政和解制度,开展行政和解试点"的要求。据此,证监会于 2015 年分别发布了《行政和解试点实施办法》和《行政和解金管理暂行办法》,这标志着行政和解制度在我国证券期货领域的正式适用,也为我国证券监管部门开展行政和解工作提供了基本的法律依据。经过几年的试点,实践领域终于迎来了证券期货行政和解第一案。2019 年 4 月 23 日晚,证监会公告称依法与高盛(亚洲)有限责任公司、北京高华证券有限责任公司以及相关工作人员等 9 名行政和解申请人达成行政和解协议,申请人交纳行政和解金 1.5 亿元人民币。这是中国资本市场首例行政和解案。⑤ 2020 年年初,证监会公告称,与司度(上海)贸易有限公司等 5 家机构及其有关工作人员达成行政和解,和解金超 6.8 亿元人民币。证监会依照规定终止对申请人有关行为的调查、审理程序。2019 年修订的新《证券法》首次规定了证券期货行政执法当事人承诺制度,即之前的证券行政执法和解制度。新《证券法》第 171 条虽未直接界定行政

---

① 参见郭雳:《美国证券监管执法中的调查与和解制度》,载《经济法研究》2006 年第 1 期。
② 详见美国证监会(SEC)官方网站的相关网页,http://www.sec.gov/litigation/litreleases.shtml。
③ 参见牛广济、张啸尘:《金融危机后美国金融衍生品市场最新违法特点的实证研究及启示——以 CFTC 监管案件为视角》,载《证券法苑》2013 年第 1 期。
④ 参见吴陶:《论我国证券行政执法领域和解制度之构建》,载《云南大学学报(法学版)》2013 年第 2 期。
⑤ 参见《行政和解全面推行:证券期货行政执法当事人承诺制实施……》,https://www.sohu.com/a/504633935_118776,2022 年 6 月 2 日访问。

和解制度,但事实上被监管机构视为行政和解的法律依据。在对证券行政和解制度作出原则性规定,正式将和解制度纳入证券期货行政执法体系的同时,新《证券法》还大幅度放宽了和解的适用范围。① 此外,新《证券法》第 171 条授权国务院对证券期货行政执法当事人承诺制度规定具体的实施办法。2020 年 8 月,证监会就《证券期货行政和解实施办法(征求意见稿)》(以下简称《征求意见稿》)公开征求意见。《征求意见稿》对 2015 年《行政和解试点实施办法》作了多方面重要修订。2021 年 10 月,《证券期货行政执法当事人承诺制度实施办法》(以下简称《承诺制度实施办法》)正式发布,自 2022 年 1 月 1 日起施行。作为细化完善《承诺制度实施办法》的配套规则,证监会同时发布《证券期货行政执法当事人承诺制度实施规定(征求意见稿)》《证券期货行政执法当事人承诺金管理办法(征求意见稿)》公开征求意见。这意味着经过实践探索,行政执法当事人承诺制度正式以行政法规的形式得到确立。②

(二) 证券行政和解的正当性基础

保护投资者是资本市场永恒的主题。在投资者保护理念不断被强化和日益深入人心的当今时代,证券监管应以维护证券市场秩序和保护投资者合法权益为根本宗旨。证券市场是追求效率的市场,任何违法违规的证券行为都应该被及时制止并予以惩处,对于因此行为遭受损害的市场主体,应及时恢复其合法权益。若不如此,将可能在证券市场上引起"劣币驱逐良币"的效应,其他市场主体可能会纷纷效仿违法违规行为人,从而使证券市场交易秩序遭到严重破坏,而那些遵守交易规则的市场主体反而受到伤害,从而对整个市场失去信任和信心。

与发达市场经济国家的证券市场相比,我国作为新兴证券市场,在内部结构上还存在着一定程度的不合理性,其表现之一就是投资者结构缺陷,即不同于成熟证券市场以机构投资者为主的格局,我国证券市场呈现出个人投资者主导的特征。③ 相对于机构投资者,个人投资者在权益受侵害后的维权方面可能遭遇更多的阻碍。这就决定了证券监管部门应该直面实践中出现的问题,积极、主动、迅速地实施公共管理,体现证券监管的主动性、能动性和快捷性。④ 证券市场的发展推动了证券监管的理论与实践的成熟,其执法模式正在从单一、强制走

---

① 参见陈建伟:《证券期货行政和解:要素解构与制度重塑——兼评〈证券期货行政和解实施办法(征求意见稿)〉》,载《多层次资本市场研究》2020 年第 4 期。
② 参见杨毅:《证券期货"行政和解"制度升级》,载《金融时报》2021 年 12 月 2 日。
③ 参见王开国:《中国证券市场超常规创新的理性思考》,载《中国社会科学》2001 年第 1 期。
④ 参见宋功德:《证券执法和解机制》,载《甘肃行政学院学报》2010 年第 3 期。

向多样、互动和协商。① 协商性的增强能够弱化证券监管的强制性，这对于提高证券监管过程的正当性以及结果的可接受性十分有利。② 而证券行政和解正是证券监管协商理念的体现，代表了证券监管执法发展的一种新方向。

证券行政和解最大的特点是不再纠结于对行为人违法与否的定性判断，而是允许和解相对人既不承认违法事实也不否认违法行为。③ 双方各退一步，从而就投资者最为关心的实质问题，即对可能造成的市场侵害进行物质性惩罚，并最终将这种物质性惩罚返还给真正受到侵害的投资者，使真正受害者的权益能够得以弥补。证券行政和解的优越性之一就在于能够依托证券监管部门的执法权限，迅速发现证券市场上的违法违规活动，在法律允许的范围内对适合的案件采取和解方式进行处理，这样既能够体现证券监管公权制裁的严肃性，更重要的是能够解决投资者最为关心的损害补偿问题。

在我国，证监会拥有现场检查、记录查询、账户冻结、交易限制等多个方面的执法权限，许多违法违规的证券交易活动，尤其是内幕交易、操纵市场等行为，作为个体的投资者一般很难发现，往往是证券监管部门在行使监管权的过程中暴露出来的。随之而来的必然是调查和处理，在调查的过程中证券监管部门会逐渐掌握行为人违法违规行为的具体细节，然后视情节严重情况进行处理。和解也是处理的方式之一，因此赋予证券监管部门判断证券违法行为是否适宜和解和决定如何和解的权力就显得顺理成章。

伴随着金融创新的加剧，改革与创新已经成为我国证券市场的主旋律。可以预见，一个全新的中国证券市场格局正在逐渐形成。然而，创新即意味着新变量与新能量的引入，市场的扰动性将会因此增强。④ 在证券市场创新如火如荼展开的同时，因创新而引致的纠纷也随之产生，而法律漏洞的存在无疑给这些纠纷的处理增添了难度。例如，作为金融创新重要成就的金融衍生交易，逐渐成为现代经济生活中最为复杂的商事交易形态，一些嵌入了金融衍生交易的理财产品在销售中误导和欺骗投资者。⑤ 当事人诉诸法院，法院要么不予受理，要么虽

---

① 参见肖钢：《积极探索监管执法的行政和解新模式》，载《行政管理改革》2014年第1期。
② 参见宋功德：《证券执法和解机制》，载《甘肃行政学院学报》2010年第3期。
③ 例如，在美国SEC的调查和解制度中，几乎所有的和解会使用"既不肯定也不否认所指控的违法行为"的表述。参见郭雳：《美国证券监管执法中的调查与和解制度》，载《经济法研究》2006年第1期。
④ 参见戴文华：《证券市场创新与系统风险的若干问题》，载《证券市场导报》2013年第3期。
⑤ 如前些年发生在我国香港、台湾地区和新加坡等地的雷曼迷你债券事件，迷你债券的持有人声称自己原以为或误以为该产品是稳妥且低风险的投资产品，之所以如此认为是由于受到了发放银行或经纪人的误导和欺骗。具体可参见沈伟：《复杂结构金融产品的规制及其改进路径——以香港雷曼兄弟迷你债券事件为切入点》，载《中外法学》2011年第6期。

然受理但在审理时却苦于裁判无以为据,对当事人提交的所谓"国际惯例"也难以裁断。① 可见,证券市场创新所引致的证券纠纷内容的复杂化与专业化,已经大大超出了一般性民事法庭及其审判人员所熟悉和能够解决的范畴。对此,我们显然需要更为专业的人员来了解证券纠纷的来龙去脉,迅速掌握纠纷的争点,准确适用法律并作出公平的处理,而这些正是证券行政和解所可能具备的优点。

三、证券行政和解在监管执法与投资者补偿之间的沟通性

行政处罚的着眼点在于制止违法行为并对违法行为人进行惩罚,主要起惩戒作用;民事赔偿责任不以惩罚行为人为根本目的,而是着眼于对权益受损者予以补偿。② 这两种责任机制的共同特点就是都只能实现责任追究效果的一元化,而行政和解则能够在证券监管执法与投资者补偿之间起沟通作用,具有监管和补偿的双重功能,可以实现责任追究效果的二元化。

(一)证券行政和解的监管执法功能

证券行政和解缘起于证券监管部门所拥有的监管执法权限,是证券监管部门在监管过程中与被监管者就后者某些涉嫌违法违规的证券行为进行处理并形成合意,据此作出和解决定的过程。证券行政和解是行政和解在证券领域的应用,是一种非强制、非对抗、贯穿一定契约自由精神的纠纷解决模式。③ 与证券纠纷解决的其他方式相比,证券监管部门是证券行政和解中的主导,因此这种对于证券违法违规行为的处理方式自然具有监管执法的效果。

在我国,对于禁止性证券交易,违法行为人可能承担行政、民事或者刑事责任,三种责任的承担没有排他性,证监会的权力在于追究行为人的行政责任,通常采取的办法包括没收违法所得、罚款、对相关责任人的警告、撤销资格等。这些行政处罚措施的预期目的是惩罚行为人过错,令其付出违法违规成本,预防此类行为再次发生并警示其他市场主体。行政处罚在本质上其实是一种"秩序罚"

---

① 参见刘燕、楼建波:《金融衍生交易的法律解释——以合同为中心》,载《法学研究》2012年第1期。
② 参见袁建国:《立法中如何对待行政处罚与民事责任的几个问题》,载《中国法学》1992年第4期。
③ 参见李润:《契约理论下证券和解制度的正当性分析——以万福生科案中对投资者权益的保护为视角》,载《证券法苑》2013年第2期。

(ordnungs strafe)，是对不遵守行政法规或不遵守行政义务者的一种警告。① 与刑事责任和民事责任相比，行政责任的核心目的在于惩罚。禁止性证券交易行为对于证券市场整体利益的损害主要在于其破坏了正常的交易和市场秩序，这正是行政处罚作为"秩序罚"予以规制的对象。行政处罚固然有其不可取代的作用，但是对于这样一种责任追究方式，我们也应顺应时代变化以发展的眼光重新打量和审视。

社会的不断变迁使得现代行政法治的价值追求发生了改变，它已不再局限于规范和限制权力这一单一目标，而是逐渐以实现效率行政、民主行政、程序行政和和谐行政等多重目标为发展方向。与此相适应，现代证券监管也由传统的消极行政转向积极行政，监管者与被监管者的关系亦从对抗走向合作。② 在过去的几十年间，金融监管理论上的一个重要转变就是提出了所谓的"柔性监管"（flexible regulation）理念。它实际上是一个囊括了诸多监管措施的"监管工具包"，这些柔性监管措施的共同之处在于它们都寻求监管工具与当前特殊需求的调适，从过去"一刀切"式的"疗法"逐渐过渡到更加联系实际和具有动态化的监管方法。③

证券监管是国家治理证券市场的一种必要手段，而关于治理，法国学者皮埃尔·戈丹曾感叹："如果说治理是一种权力，那它表现为一种柔性且有节制的权力。"在柔性监管下，监管者不再简单地视被监管主体为监管对象，而是尊重其意志与权利，不再生硬地使用命令和强制，而是更注重激励、协商等柔性手段的运用，不是强调结果控制，而是注重民主的过程与被监管主体的参与。④ 证券行政和解颇具英美公司治理中的督导系统责任特点，即运用政府的行政力量来影响私人作出决定以达到集体目的的方法，其目标是形成没有官僚主义的有活力的政府。⑤ 可见，证券行政和解是顺应了现代行政法治转向柔性治理的时代特点，是证券领域柔性监管的一种体现。

在功能上，证券行政和解并没有因为其柔性的增强而抹杀证券监管执法应有的效应。证券行政和解的核心在于令证券违法行为人支付和解金，这一点与行政处罚下没收违法所得和罚款异曲同工，其意也在于使行为人付出违法违规

---

① 参见陈兴良：《论行政处罚与刑罚处罚的关系》，载《中国法学》1992年第4期。
② 参见肖钢：《积极探索监管执法的行政和解新模式》，载《行政管理改革》2014年第1期。
③ See Cristie Ford, Innovation-Framing Regulation, *The ANNALS of the American Academy of Political and Social Science*, Vol. 649, No.1, 2013.
④ 参见蒋建湘、李沫：《治理理念下的柔性监管论》，载《法学》2013年第10期。
⑤ 参见赵忠龙等：《论政府柔性监管的制度建构——强化市场型政府监管与督导系统责任的植入》，载《经济法学评论》2010年第1期。

的成本,因此也具有与没收违法所得和罚款相当的惩罚目的。自然,证券行政和解虽然具有相应的监管执法功能,但也只是行政处罚的一种替代,不能完全取而代之,如果仅作经济性惩罚不足以消除行为人所造成的损害时,证券监管部门则不应允许其行政和解。

(二) 证券行政和解的诉讼替代与投资者补偿功能

在各种纠纷解决机制中,诉讼其实是一种成本高昂的救济方式。这种成本不仅包括国家负担的审理成本,还包括当事人应负担的诉讼成本。诉讼机制也绝非完美,因受制于严格复杂的程序,诉讼对公正的追求远胜于效率,而证券市场恰恰是追求效率的市场,证券市场行情瞬息万变,诉讼这种"拉锯战"般的纠纷解决方式无法满足证券市场对纠纷解决效率的要求,因此诉讼最终所作出的判决可能会成为"迟到的正义"。[①] 况且,诉讼尽管能处理证券纠纷,但却难以消解双方当事人之间的矛盾,由此造成券商与投资者之间的对立不利于证券市场的发展。[②] 投资者提起证券民事赔偿诉讼的根本目的一般在于希望通过法院的审理与判决恢复自己受到损害的权益,而最根本的是使自己因证券违法违规行为遭到的经济损失得到弥补。因此,建立和完善替代性纠纷解决机制,专门处理证券纠纷就显得极为必要。[③]

替代性纠纷解决机制(Alternative Dispute Resolution,ADR)是 20 世纪 70 年代以来在诉讼案件激增的背景下,为应对程序复杂、诉讼迟延、费用巨大等诉讼弊端逐步发展起来的一种诉讼外纠纷解决方式。事实上,节约诉讼成本和解决诉讼迟延只是 ADR 的部分长处,从某种意义上讲,它其实意味着"适当的纠纷解决方式"。[④] 这是一种以利益为基础的纠纷解决方式,ADR 的出现促进了纠纷解决理念的变化,使当事人之间的矛盾由对抗走向对话,由单一价值走向多元价值,由"胜负决斗"走向谋求"共赢"。[⑤] 近年来,由于我国证券市场的不断发

[①] 参见胡改蓉:《证券纠纷解决机制多元化的构建》,载《华东政法大学学报》2007 年第 3 期。
[②] 参见杨东:《论我国证券纠纷解决机制的发展创新——证券申诉专员制度之构建》,载《比较法研究》2013 年第 3 期。
[③] See Karl Mackie et al., *The ADR Practice Guide: Commercial Dispute Resolution*, 3rd ed., Bloomsbury Professional, 2007, p.3.
[④] See James F. Henry, Some Reflections on ADR, *Journal of Dispute Resolution*, Vol. 2000, No. 1, 2000.
[⑤] 参见齐树洁:《论我国民事审前程序之构建》,载《法治研究》2010 年第 4 期。

展,摆脱对证券民事诉讼的依赖,寻求替代性的纠纷解决办法已经成为一种共识。① 证券行政和解正是诞生于这一背景,它具有替代证券民事赔偿诉讼并补偿受损害投资者的功能。

证券行政和解对于证券民事诉讼的替代作用是指它能够达到与后者同等的化解证券纠纷的目的,可以实现补偿受损害投资者的功能。证券行政和解并不只是发生在证券违法行为人与监管者之间,监管部门允许和解的目的除了满足证券市场纠纷解决的效率要求以外,还有一个重要的目的就是保护投资者,尽快恢复其受损权益,使其损失得到应有的经济补偿。证券行政和解的核心是和解金制度。在证券行政处罚模式下,监管机构通常会对证券违法行为人处以没收违法所得和罚款的处罚,这些行政罚没款最终将上缴国库,而根据我国《行政处罚法》的相关规定,这些上缴国库的行政罚没款是不能用来补偿受损害投资者的。但是在证券行政和解模式下,监管部门会以令涉嫌违法行为人缴纳和解金的方式允许其"救赎"涉嫌违法的指控,这些和解金在性质上不同于行政罚没款,不应该上缴国库,而是直接用以补偿那些受到损害的投资者,这既可以提高投资者获得补偿的效率,又能够降低投资者求偿的难度,其现实意义非同一般。② 在我国证券行政执法当事人承诺制度下,当事人所交纳的承诺金可用于赔偿投资者损失,投资者获得及时有效救济的新途径,更加有利于保护投资者尤其是中小投资者的合法权益。

(三) 证券行政和解是监管执法与投资者补偿的沟通机制

无论是从公权制裁的角度强调对证券违法行为的行政执法,还是从私权保护的角度主张对证券投资者的损害补偿,都是单一目标纠纷解决思路的体现。公权制裁与私权救济绝非水火,是故,适当调和证券行政处罚与投资者损害补偿的制度功能,实现证券市场利益整体维护与单一投资者权益个体保护的双重目标值得我们探索。与行政处罚和证券民事赔偿诉讼相比,证券行政和解的优越

---

① 例如,证监会原主席肖钢在谈及证券投资者保护问题时曾提出应研究建立证券侵权和解金赔偿制度、侵权行为人主动补偿投资者制度、证券专业调解制度等七个方面的多元化证券纠纷解决机制;最高人民法院也提出应完善适应多层次资本市场发展要求的法律框架,建立多元化的证券纠纷解决机制;王利明教授认为应完善证券市场虚假陈述纠纷解决机制,建立多元化的投资者损失填补制度;法官汤黎明从审判实务出发建议发挥仲裁、调解等 ADR 模式的优势解决证券纠纷。具体可见《证券法的法理与逻辑——肖钢主席在第四届上证法治论坛上的演讲》,http://www.gov.cn/gzdt/2013-11/28/content_2537788.htm,2015 年 3 月 20 日访问;《人大举办第五届上证法治论坛》,http://www.ruceduyan.com/html/rendazixun/rendaxinwen/13520.html,,2015 年 3 月 20 日访问。

② 参见肖钢:《积极探索监管执法的行政和解新模式》,载《行政管理改革》2014 年第 1 期。

性在于它既可以解决受损害投资者补偿的现实诉求,也能够体现作为证券监管机构行政执法的严肃性。

2010年7月,高盛集团与美国SEC达成了一项和解协议,同意就高盛此前在次贷抵押债务凭证销售中误导投资者一事进行行政和解。根据美国2002年萨班斯法案(Sarbanes-Oxley Act)第308(a)节的规定,高盛须支付共计5.5亿美元的罚金,其中2.5亿美元将通过公正基金返还给因高盛证券欺诈行为遭受损失的投资者,剩余3亿美元上缴美国财政部。[①] 高盛和解案可以看作是美国证券监管执法和解的成功范例,它经典地诠释了行政和解在证券监管执法与投资者损害补偿之间的沟通性,彰显了该制度在公权制裁与私权救济之间的调和。

作为一种对证券违法违规行为的处理方式,证券行政和解打破了证券监管执法与投资者损害补偿之间互不干涉的局面,通过利用证券监管机构的力量,向涉嫌证券违法的行为人收取行政和解金,利用和解金弥补受损害投资者的方式,将证券监管执法与投资者损害补偿有机连接起来,体现了这一制度所具有的双重功能,从而实现了法律规制效果的二元化。

四、余 论

事实上,早在2007年中国证监会就曾提出《证券期货行政和解暂行规定》的草案,尝试在证券领域引入行政和解制度,但这一尝试一直被搁浅至2015年才得以实现。其中,人们对于这一制度引入后的各种担忧,以及对于推行证券行政和解的质疑之声[②],是造成证券行政和解迟迟未能获得推行的重要原因。当然,即使在证券行政和解制度已经付诸实践的今天看来,人们的担忧也并非杞人忧天。而人们担忧的焦点,在于这样一种制度可能会给证券监管部门权力寻租留下空间,这可能是该制度推行所面临的最大风险。

时至今日,我们似乎仍然没能找到绝对有效的对策来杜绝权力机关的寻租活动,我们所能做的只是尽力将这种风险降至最低。为了减少证券行政和解中发生权力寻租的可能性,证监会在现有的制度设计中已经做了一番努力。这些规则设计的确能够起到减轻证券监管机构权力寻租的作用,但是仍无法保证这

[①] 该案参见赵晓钧:《力量的博弈 or 博弈的力量——从高盛和解案看中美证券虚假陈述法律规制》,载《证券法苑》2011年第1期。

[②] 例如,有人就对证券监管机构行政和解存在扩权之嫌,证券监管机构是否能够代表和解以及证券行政和解能否先行先试等问题提出了质疑。详见厉健:《行政和解试点办法之喜忧解读》,载《证券时报》2015年3月7日。

种权力运行的绝对廉洁。诚然，与任何一种制度一样，证券行政和解并不完美，我们所能做的，除了容忍权力天生具有的难以克服的弊病以外，更重要的是要不断完善和细化制度规则，真正实现证券行政和解的制度化、法治化。唯有如此，方能将可能带来的权力寻租空间压缩到最小。

在政府与市场关系逐渐转向"限定政府、余外市场"模式的今天，[①]经济领域的简政放权和市场化的推进不断加速，在此过程中"应减掉扭曲市场配置又无助于公共利益的行政行为"，强调市场主体自担风险、自负其责，但是这不排斥适当的行政干预，对于必要和合法的市场监管必须予以保留。[②] 在我国，证券期货交易投资者赔偿难是不争的事实，证券监管机构既然承担着市场监管和保护投资者的责任，就没有理由只负责违法行为人的行政处罚而对投资者无法获赔的事实坐视不管，这就好比外科医生对身中毒箭的病人不能只负责剪去露在身体外部的箭羽而不管不顾其身体内部的伤势。证券行政和解使得以往证券市场上纯粹的监管与被监管关系得以改观，从市场治理的角度着重于解决禁止性证券交易投资者赔偿难的问题，无论是受损害投资者的个人利益还是证券市场的整体利益都有望通过证券行政和解得到有效维护，这正好顺应了政府与市场关系转变下我国从"管理型"立法走向"治理型"立法的一个转向，因此，尽管不完美，但是证券行政和解制度依然反映了我国证券立法的进步。

[①] 关于这种模式转换的详细论述参见陈甦：《商法机制中政府与市场的功能定位》，载《中国法学》2014年第5期。

[②] 参见张守文：《政府与市场关系的法律调整》，载《中国法学》2014年第5期。

新三板市场差异化监管略论*

窦鹏娟

【内容摘要】 作为我国多层次资本市场的基础层,新三板在进一步扩容和分层之后面临着如何实施差异化监管的问题。新三板分层的本质在于对挂牌公司风险进行分层管理,而差异化的制度安排则是这种分层管理的实现方式和路径。差异化监管既包括新三板应采取区别于主板、创业板和区域性股权市场的监管理念、监管方式和监管规则等,也包括在新三板市场内部针对已有分层的特征实施不同的监管套路。差异化监管体现了监管的灵活性和能动性,通过调整监管方式、手段、力度,整合监管资源,既保障监管的公平性又注重监管的效率性。差异化监管的构建实施是一个持续的过程,要在市场分层的基础上有序推进,只有不断完善这一制度,将差异化监管的理念转化为切实可行的具体制度,才能使新三板市场分层制改革的真正目的落到实处。

【关键词】 新三板　注册制　分层制改革　信息披露　差异化监管

新三板是我国多层次资本市场的基础层,承担着为创新型、创业型、成长型中小微企业提供资本市场融资通道的重要任务。在实现扩容和分层之后,新三板面临的一个现实问题就是如何通过差异化监管破解当前的监管困局。实施差异化监管是与市场扩容和分层制改革一脉相承的制度措施,是新三板市场实行分层制度的目的之所在。经过2015年的跌宕起伏、2016年的分层制改革之后,新三板市场的发展无疑被寄予了更多关注与期待。本文着重从法治角度,分析实现分层后的新三板市场特征,厘清新三板分层制度与差异化监管的关系,探索新三板实施差异化监管的理论依据及制度可行性,最后提出新三板市场差异化

---

* 原文发表于《银行家》2017年第12期。本文在原文基础上对部分内容进行了更新、修改和删节。

监管的基本径路。

一、从新三板分层制改革到北京证券交易所的成立

自2006年建立以来,新三板市场经过十余年的发展,已经成为我国最大的基础层证券市场,是多层次资本市场中承上启下的重要组成部分。根据《国务院关于全国中小企业股份转让系统有关问题的决定》(国发〔2013〕49号)对新三板市场的功能定位,其"主要为创新型、创业型、成长型中小微企业发展服务",境内符合条件的股份公司都可以通过主办券商申请在新三板市场挂牌。为充分发挥新三板市场的功能,使更多中小微企业能够进入这一市场,新三板分别于2013年和2016年两次扩容。2013年的扩容突破了以往国家高新区的限制,扩容至全国所有符合条件的创新型、创业型、成长型中小微企业,从而使新三板成为全国性场外市场。2016年,伴随着分层制改革的实施,新三板市场再次加速扩容。此次扩容后,新三板实现了挂牌公司数量与市场规模的大幅度增长。

两次扩容体现了新三板市场致力于扩大市场规模和挂牌公司数量,实现为创新型、创业型、成长型中小微企业发展服务的市场定位。扩容之后,新三板发展为名副其实的海量市场。但较低的市场准入门槛和较强的市场包容性,也使得新三板呈现出海量市场的典型特征,即挂牌企业的质量参差不齐,企业间在规模、股东人数以及市值等方面的差异逐渐显现且日益拉大,企业类型从创业型互联网公司到成熟型金融企业或实体大公司,分布于国民经济的各个行业,业绩分化相当严重。

实现了市场规模和挂牌公司数量扩张、发展为海量市场之后,新三板接下来要解决的便是如何做强市场和提升质量的问题。而分层制度就是适应新三板海量市场和企业分化严重的特性,在同一市场内部建立不同层次的一项制度改革。我国新三板市场规模的不断发展,为市场分层创造了基本的条件。2015年11月,证监会发布《关于进一步推进全国中小企业股份转让系统发展的若干意见》(证监会公告〔2015〕26号),提出要针对新三板市场挂牌公司差异化特征和多元化需求,在市场内部实施分层,提高风险管理和差异化服务能力。现阶段先分为基础层和创新层两个层次,日后将逐步完善市场层次结构。2016年5月,股转系统在前期《全国股转系统挂牌公司分层方案(征求意见稿)》的基础上,制定了《全国中小企业股份转让系统挂牌公司分层管理办法(试行)》(股转系统公告〔2016〕37号),根据该试行办法,股转系统于2016年6月27日开始对挂牌公司实施分层管理。

新三板市场分层是多层次资本市场建设的必然要求。多层次资本市场是由资本市场各要素有机组合形成的体系，既包括多层次的交易市场，也包括同一市场内的不同层次。而新三板分层制度就是在同一市场内建立不同层次的制度尝试。尽管在实施分层之后，新三板出现了成交量回落和市场降温的现象，但这并不能成为否认分层制改革和阻止改革继续前行的理由。我国新三板处于市场发展的初期阶段，一些制度效应还未完全释放。在2016年分层之后，新三板市场的规范化程度得到提高，融资手段更加多元，挂牌公司覆盖了80余个证监会行业分类板块，所属行业范围比创业板市场更为广泛，新三板进入全新的发展阶段。可以肯定的是，我国新三板的分层制改革不可能一蹴而就，2016年的分层只是开启了新三板分层的新时代，进一步分层是新三板市场发展的必然趋势。

在快速发展的过程中，新三板曾遭遇流动性不足、部分挂牌企业"先天不足"等成长的"烦恼"。面对这些问题，新三板于2019年10月开启全面深化改革，此次改革最引人瞩目的措施无疑是设立精选层，在此前两层市场结构的基础上进一步细分为"基础层、创新层、精选层"三层市场结构。根据股转系统修订后的《全国中小企业股份转让系统分层管理办法》，在股转系统连续挂牌满12个月的创新层挂牌公司，可以申请公开发行并进入精选层。精选层共有四套进入标准，企业只要符合其中之一即可申请。精选层的成功推出，是新三板全面深化改革的重大成果，不仅有利于提高新三板的活力，也将助力新三板更好地坚守"为创新型、创业型、成长型中小企业发展提供服务，以更好地解决中小民营企业融资难、融资贵问题"的市场定位。相对于传统的新三板，精选层在交易制度、信息披露、参与投资者、转板制度等方面显著区别于基础层与创新层，更加与沪深市场接轨，但整体上精选层也具有别具一格的特色。2021年9月2日，习近平主席在中国国际服务贸易交易会全球服务贸易峰会致辞中宣布，继续支持中小企业创新发展，深化新三板改革，设立北京证券交易所，打造服务创新型中小企业主阵地。以精选层为基础组建北京证券交易所，为进一步深化新三板改革指明了方向，也给新三板市场的进一步提升带来了机遇，意味着聚焦服务中小企业创新发展的新三板再一次站上了改革的新起点。

二、新三板分层制度与差异化监管的辩证关系

随着扩容和进一步分层后，新三板市场规模和挂牌公司数量的激增，随之而来的问题是如何使有限的监管资源适应海量市场风险控制的要求。在加快市场发展的同时，新三板市场的监管也从原来的相对宽松到逐渐趋于严格，严格监管

将是未来新三板监管的主旋律。尽管监管趋严，但新三板仍深受违规现象的困扰，财务造假、欺诈发行、关联方资金占用、重大资产重组违规等问题频繁发生。在市场发展改革的同时，新三板监管也成了一个现实难题。

新三板是我国证券市场注册制改革的先行者与试验田。在 2019 年修订的《证券法》确立注册制之前，新三板就率先实行以信息披露为核心、不设财务门槛的类注册制的市场准入制度。它的监管架构是证监会统一部署下，以自律监管为中心、以事中和事后监管为主的创新性监管体系，这与主板市场强调市场准入的事前监管模式迥然不同。信息披露是新三板市场监管的核心和底线，但实践中新三板的信息披露却问题频出。2015 年 5 月，证监会发布《关于加强非上市公众公司监管工作的指导意见》(证监会公告〔2015〕13 号)，提出了坚持市场化、法治化方向，以信息披露为本，促进非上市公众公司监管转型的要求。新三板监管的核心在于信息披露和公司治理，但目前的问题主要在于在自律监管为主的监管体系下，并未完全厘清行政监管与自律监管的边界，现有的监管能力与新三板海量市场的特性与要求不相适应。

与纳斯达克(NASDAQ)的发展历程相比，我国新三板市场的发展才刚刚起步。作为典型的政府主导型市场，新三板对政策红利的依赖性比较高。因此，这一市场的发展只能循序渐进，逐渐摆脱对于政策性输血的惯性依赖，通过不断健全和完善市场制度，逐步提升监管质量，凝聚市场吸引力，形成自身造血能力。扩容是新三板市场改革的首个举措，分层是紧随其后的制度要求，接下来顺理成章的便是差异化监管与服务的提出。新三板市场挂牌公司数量众多，所属行业范围又十分广泛，"一刀切"式的传统监管模式自然无法适应这一市场的监管要求。分层制度契合了新三板海量市场的特点，分层的目的是为了更好地满足中小微企业差异化管理与服务的需求，更加合理地分配监管资源。差异化监管是与分层制一脉相承的制度措施，是根据分层形成的不同市场层次的特性有针对性地进行差异化的管理与服务。

如果说制度创新是新三板市场发展的主基调，那么差异化监管则是决定分层制改革能否取得预期成效的关键。分层制是新三板重要的基础制度，通过不断完善市场分层的制度与方法，能够为新三板数量众多的挂牌公司提供差异化的制度供给，从而真正提升新三板服务中小微企业的能力。目前，股转系统已经开始差异化管理的初步尝试。2016 年 9 月 5 日，股转系统公布了银行、券商、私募机构等六类金融机构的信息披露指引，这是新三板在金融类企业内率先实行差异化监管的一项具体措施。而分行业审查则是另一项颇受期待的差异化监管举措。分行业审查旨在改变新三板"一刀切"式的市场准入标准，根据挂牌公司所属层次、行业、发展阶段以及自身特征等,采取因地制宜、分而治之的准入标准,通过实施差异化监管更好地服务于挂牌企业。此外,股转系统还推出了挂牌准入负面清单,旨在对科技创新类公司和非科技创新类公司实施差异化的准入条件。另外,股转系统发布的《全国中小企业股份转让系统挂牌公司董事会秘书任职及资格管理办法(试行)》(股转系统公告〔2016〕68号)区别创新层和基础层,对创新层挂牌公司董事会秘书的任职及资格做出了明确规定,这也是新三板实施差异化监管的一个具体体现。2019年股转系统发布的《全国中小企业股份转让系统股票异常交易监控细则(试行)》在对股票异常波动制度安排作出完善的同时,配套了差异化的交易公开信息和信息披露要求。此外,依据《全国中小企业股份转让系统挂牌公司信息披露规则》,所有挂牌公司年度报告中的财务报告都应当经符合证券法规定的会计师事务所审计,但对精选层和创新层公司则提出了更高的要求。在部门规章层面,2020年1月证监会发布的《非上市公众公司信息披露内容与格式准则第9号——创新层挂牌公司年度报告》和《非上市公众公司信息披露内容与格式准则第10号——基础层挂牌公司年度报告》,进一步优化创新层公司披露要求,减轻基础层公司披露负担,对年报披露内容作出了差异化的安排。总体来看,尽管目前新三板还没有一套系统性的差异化监管体系,但这些具有差异化特征的制度措施已经表明新三板市场差异化监管早已起步。可以预见,未来将有更多的差异化管理与服务制度陆续供给,直至最终形成系统性的新三板差异化监管体系。

三、新三板市场差异化监管的法治逻辑

多层次资本市场的繁荣发展,离不开市场化和法治化的共同推动。而法治,既包括法律供给的充分与有效性、法制体系建设的完善性,还包括运用法律治理国家的能力以及全社会自觉遵守并运用法律的意识。新三板市场的差异化监管不是凭空想象的改革方案,其提出和施行有其内在的法治逻辑。在当前新三板监管整体趋严的形势下,必须坚持法治监管的基本理念,区分创新层和基础层,采取不同的监管思路、监管方法和监管制度,通过实施差异化监管,整合有限的监管资源,提高新三板市场监管效率,解决新三板海量市场的监管难题。

从广义来看,新三板市场的差异化监管包含两个层面的涵义:一是监管应体现新三板作为多层次资本市场的一个市场层次,应采取区别于主板、创业板和区域性股权市场的监管理念、监管方式和监管规则等;二是在新三板市场内部,针对现有的分层,即创新层和基础层各自的特征实施不同的监管套路。差异化监

管一般仅指第二个层面的含义，通常与新三板内部分层相提并论。所谓差异化，主要体现在监管理念、监管架构、监管方式以及监管措施等方面，包括信息披露监管的差异化、市场交易监管的差异化和公司治理监管的差异化。信息披露监管的差异化是指对处于新三板不同层次的挂牌公司、同一层次不同类型，以及不同发展时期的同一类型挂牌公司，采取差异化的信息披露标准与要求，使其信息披露的内容和方式不完全相同。市场交易监管的差异化是指对于不同层次、不同类型和不同情况的挂牌公司在违法违规行为的监管方面可以允许存有一定差异。公司治理监管的差异化则是指对新三板不同层次的挂牌公司采取不同的公司治理要求，例如目前已经开始实行的对于创新层董事会秘书的任职和资格要求，即体现了新三板在创新层和基础层采取差异化公司治理监管的思路。

差异化监管作为新三板市场一项特殊的制度安排，承载着调整新三板不同市场层次、不同类型和不同发展阶段的挂牌企业利益的责任，这既是新三板市场法律规制中一个极具操作性和实践性的现实问题，更是一个严肃的法学理论问题。新三板实施差异化监管是有法理依据的。任何法律规范的创设都有其确定的立法目的和需要法律保护的制度利益。在规制社会秩序和金融行为的过程中，法律应体现与时下蓬勃发展的金融创新相适应且与社会发展相兼容的法律风格。新三板市场的法律法规承担着组织、协调和管理新三板市场金融活动，保障该市场的秩序以及社会利益的重大使命。

新三板市场实施差异化监管的依据首先来自维护新三板市场整体利益的需要。差异化监管制度本身所蕴含的内在的公共价值，就是实现市场各主体利益与国家政策和法律的公平正义之间的平衡。新三板差异化监管的另一依据在于调和监管效率与监管公平之间的矛盾所需。监管资源的有限性决定了监管新三板这一海量市场具有一定难度，传统监管模式难以兼顾监管效率与公平。差异化监管则通过调整监管方式、手段、力度等，整合监管资源，既保障监管的公平性，又注重监管的效率性。新三板的分层现状，以及不同层次市场的定位，也是决定差异化监管的依据之一。创新层和基础层的市场定位不同，两个层次市场上挂牌企业的异质性比较明显，只有采取差异化监管才能契合新三板分层要求并实现分层制度的最终目的。

新三板曾有一度被当成 A 股市场的预备板，不少挂牌企业试图利用转板制度跃进主板市场。为此，证监会 2015 年发布的《关于进一步推进全国中小企业股份转让系统发展的若干意见》再次强调要坚持新三板独立的市场地位，指出公司挂牌不是转板上市的过渡安排。新三板应发掘和打造自身的独特优势，形成独具一格的市场竞争力，吸引并留住优质企业，获得可持续发展的能力。内部多层次的市场发展思路和服务中小微企业融资的市场定位,正是使新三板能够获得独特魅力和发展潜力的优势所在,但这需要差异化监管的共同发力才能实现。差异化监管体现了监管的灵活性和能动性,股转系统正在依据分层制改革,不断修订新三板相关业务规则,以贯彻落实差异化监管的理念,为挂牌公司创造更加适宜其发展的市场环境。

四、新三板"后分层时代"的差异化监管径路

随着2022年3月新修订的《全国中小企业股份转让系统分层管理办法》的实施,以及北交所的成功开市,新三板市场开始步入全新的发展阶段。内部分层制度的出台对于差异化监管的构建实施具有决定性意义,因为分层制度本身就蕴含了实行差异化管理与服务的内在要求。分层的本质在于对新三板挂牌公司风险进行分层管理,而差异化的制度安排则是实现这种分层管理的方式和路径。新三板设立精选层才短短几年,分层制改革的最终完成还需要一个过程。与之相适应,差异化监管的构建实施必然也是一个持续的过程,要在市场分层的基础上有序推进。

我国新三板市场目前已有基础层、创新层和精选层三层市场结构。股转系统的《全国中小企业股份转让系统分层管理办法》设定了分层标准和维持标准,为创新层挂牌公司制定了三套筛选标准,符合其中一套标准并满足相应条件即可进入创新层,挂牌公司未进入创新层和精选层的应当进入基础层。在全国股转系统连续挂牌满12个月的创新层挂牌公司,可以申请公开发行并进入精选层。精选层有四套入选标准,符合其中一套标准即可申请公开发行并进入精选层。创新层和基础层的挂牌公司名单是动态的,股转系统会根据分层和维持标准,在每年4月30日启动挂牌公司所属市场层级定期调整工作。原属基础层的挂牌公司,如已符合创新层条件,经申请调整进入创新层;而对于不符合精选层和创新层维持标准的挂牌公司,则将其调出所属市场层次。

新三板市场的差异化监管还应体现在投资者适当性的差异化方面。差异化的监管制度要求不同层次的市场应采取不同的信息披露标准,信息披露的最终目的是为了投资者的信息获取和投资决策,在差异化信息披露制度的基础上,对精选层、创新层和基础层采取不同的投资者适当性标准从制度上来讲不仅可行而且必要。

分层制度能够通过企业分类和差异化管理调整新三板市场挂牌企业良莠不齐的状态。纳斯达克是证券场外交易市场进行成功分层管理的经典案例。自

1975 年开始实施分层以来,纳斯达克通过三次分层不断探索具有区别性的上市标准,最终形成了纳斯达克全球精选市场(Nasdaq Global Select Market)、纳斯达克全球市场(Nasdaq Global Market)和纳斯达克资本市场(Nasdaq Capital Market)组成的三个层次的市场结构,完成三次分层的时间跨度长达 30 年。相比之下,我国新三板的三次分层效率更高。但是,更高的市场层次和企业挂牌标准也意味着更加严格的监管,其监管方式、手段等也必然不能等同于另外两个市场层次。新三板精选层以及建立在精选层基础上的北交所差异化监管提出了更高要求,只有不断完善这一制度,将差异化监管的理念转化为切实可行的具体制度,才能使新三板市场分层制改革的真正目的落到实处。

证券期货市场诚信监管及其法治化的实现[*]

窦鹏娟

【内容摘要】 诚信监管是我国资本市场的制度创新,有利于矫正证券期货市场失信现象。诚信监管在本质上是诚信信息的监管,也是一种立体化和动态化的监管方式。权力寻租的泛化是诚信监管法治化命题提出的现实背景,而伦理学、经济学以及法学的相关原理则为诚信监管法治化提供了理论基础。诚信监管的法治化作为一个历史进程,应以完善相关立法为前提,在依法监管的基础上,强调严格执法和违法惩戒,以此作为诚信监管法治化的实现路径。

【关键词】 证券期货交易 诚信监管 信息 利益冲突 法治化

资本市场作为要素资源配置、政策传导、风险防范化解和预期引导的枢纽,具有牵一发而动全身的作用。诚信对于资本市场意义重大,是维护资本市场的发展基石[①],是每个市场主体都应遵循的基本准则和价值指引。2012年7月,中国证监会发布了《证券期货市场诚信监督管理暂行办法》,明确了资本市场诚信建设和监管的重要基础性制度,被媒体誉为填补了"法治和诚信结合"的空白,还被评选为"全国诚信建设制度创新十佳事例"。2017年11月,《证券期货市场诚信监督管理办法》(以下简称《诚信管理办法》)获中国证监会通过;2020年3月,证监会又根据《关于修改部分证券期货规章的决定》对《诚信管理办法》作出了修正。毋庸置疑,诚信监管制度是我国资本市场制度创新的结果,也昭示了监管部门矫正证券期货市场失信现象的决心。然而,现实中权力寻租的泛化使社会舆论一再发出"谁来监管监管者"的质疑,这难免令人担忧诚信监管

---

[*] 原文发表于《理论月刊》2013年第5期。本文在原文基础上对部分内容进行了更新、修改和删节。
[①] 参见何玲:《诚信建设夯实资本市场稳定健康发展基石——访中国证券监督管理委员会首席律师兼法律部主任焦津洪》,载《中国信用》2021年第2期。

是否也存在着异化的风险。证券期货市场诚信监管法治化的命题就诞生于斯。

一、证券期货市场诚信监管的法律维度

诚信监管作为证券监管领域的实践创新,学术界对此关注和研究相对较少,以至于缺乏一个相对明确和普遍的概念。笔者尝试以法律视角,从若干维度对诚信监管进行界定,以便更为理性地了解和认识证券期货市场诚信监管。

(一)信息监管是证券期货市场诚信监管的对象维度

现代社会是信息社会,证券期货交易更是离不开信息的获取、传播、交流和使用。《诚信管理办法》第 2 条规定:"中国证券监督管理委员会(以下简称中国证监会)建立全国统一的证券期货市场诚信档案数据库(以下简称诚信档案),记录证券期货市场诚信信息。"第 3 条规定:"记入诚信档案的诚信信息的界定、采集与管理,诚信信息的公开、查询,诚信约束、激励与引导等,适用本办法。"由此可见,证券领域诚信档案的记录客体是证券市场主体违法失信的行为,诚信档案的特殊价值在于监管者既可以通过记入诚信档案的方式警醒失信者,也可以通过后续的惩戒措施倒逼失信者践约守法,以培育崇尚守信的社会文化氛围。[①] 而诚信档案所记录的证券市场主体违法失信行为,即为诚信信息。诚信监管首先是对诚信信息的监管,诚信信息是诚信监管的主要内容,它构成了证券期货市场诚信监管的核心与基础。

首先,诚信监管是对信息真实性的监管。信息有真伪之分,"货真价实"的信息不仅稀缺,而且具有相当的价值,是市场主体据以作出判断和采取行动的重要依据。"胡编乱造"的信息则恰恰相反,其不仅没有价值,还会误导市场主体的判断与行为,从而可能引发风险并造成损失。诚信监管就是保证证券期货市场信息的质量和实现信息去伪存真的过程。其次,诚信监管是对信息充分性的监管。如果说去伪存真实现了诚信监管对于信息"质"的要求,那么保证信息供给的充分性则是诚信监管对于信息"量"的要求。仅有"质"而没有"量"的信息供给对于证券期货市场而言如同外表华丽而内里空虚的饰品,只能起到妆点"门面"的作用,缺乏实际意义和应有价值。因此,诚信监管就是要实现证券期货市场信息供给的充分性,这种充分性是指在满足市场主体获得足够信息的同时,又不至于造

---

① 参见姚一凡:《证券市场诚信档案制度的法治化省思与构筑》,载《档案管理》2021 年第 3 期。

成信息的泛滥而带来信息甄别与筛选的困难。再次,诚信监管是对信息适当性的监管。所谓信息适当性,是指在信息提供和公开的过程中,市场主体无须提供全部的信息,监管部门也不必将所有信息公之于众,提供和公开的信息应仅限于涉及相关者利益,不得损害市场主体的个人隐私和商业秘密。诚信监管对于信息适当性的这一要求,是对公众知情权和个体隐私权进行权衡以及两者相互妥协所达成的结果,是公共利益保护和私人利益保护的最佳结合点。最后,诚信监管是对信息可得性的监管。信息的价值在于信息的有用性,而实现信息有用性的前提则在于信息具有可得性。信息的可得性包括信息查询、信息使用和信息交流等环节的畅通无阻,是市场主体进行信息筛选,从而获取对自身有用信息的前提。证券期货交易诚信监管信息的真实、充分和适当还需建立在信息可得的基础上,否则就是"镜中花、水中月",难以实现信息的真正价值。

(二) 动态监管是证券期货市场诚信监管的方式维度

证券期货市场瞬息万变,这就要求证券期货市场必须"随机应变",以动态化的方式进行诚信监管。这种动态化的诚信监管包含三个方面的要素:一是及时提供和公布诚信信息。信息的价值不仅在于它的稀缺性和有用性,还在于其时效性。对于证券期货市场主体而言,"时过境迁"的信息的利用价值已经减损,甚至还可能误导市场主体的判断和行为。诚信信息提供的不及时不仅会造成信息供给的滞后,还会在事实上造成信息失真,影响市场主体作出正确决断。诚信信息公开若不及时,就无法满足相关主体的信息需求,从而可能带来交易机会的丧失。因此,证券期货市场诚信监管应保证信息的时效性,以动态反映主体和市场的真实情况。二是及时调整诚信监管力度。证券期货市场变动频繁,在市场行情出现不利变动时,交易者可能会因市场风险的考虑而逃避监管;在市场行情利好之时,交易者又可能因急于寻找交易机会而自觉配合监管。因此,监管部门应根据市场的变动情况把握监管力度,在市场动荡频繁之时,强化对于市场主体的硬性约束,使其无从逃避基本的诚信责任;在市场运行较为平稳之时,适当放松监管的力度,给市场主体一个相对宽松的监管环境以增加交易机会。三是及时更新诚信监管手段。证券期货市场作为金融市场的重要组成,同样具有强烈的创新动机,而适当的监管就是对创新过度的预防和纠正。源于金融创新的复杂多样性,在证券期货这个"新兴加转轨"的市场上,诚信监管的手段也应随实践的发展不断丰富和完善。① 证券期货市场诚信监管手段的及时更新，不仅是指监管手段设计上的推陈出新，还包括监管手段运用的适时改进，如此方能有效防止因市场主体过度创新而造成的监管滞后或监管真空。

（三）立体监管是证券期货市场诚信监管的效果维度

传统的证券期货市场诚信建设是平面化、单向化和片面化的，诚信建设的平台只搭建在监管部门和市场主体之间，缺乏向社会公开和接受公众监督的包容性，仅强调对于市场主体的诚信监管，过于侧重对失信行为的谴责与惩戒，却忽略了对监管部门监管效果的要求，未能很好地发挥诚信建设的预防和激励作用。鉴于证券期货市场传统诚信建设的不足，以证监会《诚信管理办法》为核心而形成的诚信监管制度，将从监管的覆盖面、监管手段以及监管作用等方面实现诚信监管的立体化效果。

首先，关于诚信监管覆盖面的立体化效果。证券期货交易利益相关者众多，诚信监管不应局限于监管者与被监管者之间，还应具有一定的社会包容性。因此，诚信监管制度扩大了其覆盖面，实现了对内的信息整合和对外的信息共享，从而形成一个立体化的监管网络体系。其次，关于诚信监管过程的立体化效果。证券期货市场的诚信问题不是监管部门对于被监管者的单向约束，而是一个互动、沟通和合作的过程，因此诚信监管必须实现监管过程的立体化。这种监管过程的立体化是指，以建立统一的诚信档案为中心，使激励、预防和惩戒手段并重，规范证券期货市场诚信行为。最后，关于诚信监管作用的立体化效果。证券期货市场诚信监管可能会产生三种作用，即积极作用、中性作用和消极作用。就积极作用而言，主要依靠监管的引导作用得以实现，是激励机制的作用表现。中性作用是监管预防作用的体现，介于积极和消极之间，虽然不会产生激励机制所起到的示范效应，但是也不会造成惩戒机制所形成的规避效应。消极作用作为监管惩戒作用的显现，是对市场主体规范行为逆向保护的结果。以诚信监管覆盖面和监管过程的立体化作为基础，鼓励和促进诚信监管积极作用，保留中性作用，避免或减少消极作用，从而使证券期货市场诚信监管作用的立体化效果最终得以实现。

---

① 参见申屠青南：《尚福林：构建"一处失信，处处受限"的诚信监管体系》，载《中国证券报》2008年11月15日。

(四) 法治监管是证券期货市场诚信监管的目标维度

逐利是金融领域的黄金准则,可以成就金融业的辉煌,也可以带来金融业的毁灭。美国金融危机爆发和深化以后,各方都在积极探索危机根源。毫无疑问,在微观层面人的"贪婪"可以为危机做注脚,然而"贪婪"不过是道义上的针砭,其隐含之意是"逐利行为",而后者本来就是市场经济的应有之义,只有法律和规制才能判定其是非。[①] 诚信行为作为证券期货交易的基本要求,对其监管应该是法治监管,实现监管的法治化是证券期货市场诚信监管的最终目标。

诚信监管之所以是法治监管,其原因可以从以下方面进行诠释:其一,伦理道德的约束不足以压制证券期货市场主体贪婪本性之于诚信的背叛。诚信作为对人性贪婪的矫正,如果仅靠道德与伦理约束,而没有法律来惩治因诚信缺失所引起的后果,那么人性中的"自利"因子很容易导致对诚信的背叛。其二,伦理道德的约束不足以消除证券期货交易中投机心理之于诚信的影响。投机心理是人类的本性,在不损害他人及公共利益的前提下,投机本无可厚非,然而证券期货市场的风险性决定了个体的投机几乎总会影响他人或公共利益,对此,作为不具有强制约束力的伦理道德,显然难以抑制在市场交易中的投机心理,从而对市场诚信造成不良影响。其三,伦理道德的约束不足以减轻证券期货市场信息障碍对诚信的冲击。证券期货市场是信息的市场,也是信息障碍普遍存在的市场。作为社会精神文明的产物,伦理道德显然难以克服证券市场中的信息障碍,在人性贪婪和投机心理的共同作用下,信息障碍会被人们巧妙利用,从而形成对诚信的冲击。以上原因决定了对于诚信不应只从伦理道德层面进行约束,更应从法治的范畴对其予以监管。而《诚信管理办法》的"核心"和"亮点",恰好在于"正式把'诚信'纳入监督管理的范畴,创新建立专门的诚信监督管理制度"[②],从而使市场主体对于诚信原则的遵守从伦理的层面上升到法治的视野。

二、证券期货市场诚信监管法治化的理论基础

一直以来,人们虽然将法律与诚信作为两个相互独立的概念进行理解与探

[①] 参见魏燕慎主编:《国际金融体制与监管变革》,社会科学文献出版社2011年版,第3页。
[②] 李会:《对有失信记录者实行"一票否决" 证监会发布资本市场首部诚信监管规章》,载《经济日报》2012年8月1日。

讨，却从不否认二者之间的有机联系。① 这说明，将诚信监管纳入法治范畴具有舆论上的可接受性。而《诚信管理办法》的出台又证明了将诚信监管纳入法治范畴具有实践上的可操作性。然而，在理论层面，诚信监管是否同样具有法治化的基础和依据？笔者认为答案是肯定的。

（一）诚信的伦理学起点决定了将其纳入法治监管的必要性

"诚"是中国传统伦理道德体系的一个重要范畴。北宋著名哲学家周敦颐对"诚"作出如是界定："诚"是五常之本，仁、义、礼、智、信及其他一切德行均以其为基础；"诚"也是道德修养所达到的最高境界。"信"同样也是中国传统伦理道德体系的重要内容。《论语》对"信"的内涵作了系统的探究："信"是人皆应有的品格，是人生求学的前提和基础，是治理国家的重要准则。② 可见，诚信作为诚实信用之意，首先以伦理学作为逻辑的起点。诚信是伦理道德对人的规范和约束，是人自身的一种选择与自由，是通过"自律"实现自我施压与自我控制，更是一种自觉、自愿、自主、自由的积极判断和行为。诚信一旦内化为主体的道德需求和自觉的道德意识，就能产生强大而持久的内源性自律力量，从而支配主体行为。③

新制度经济学创始人之一、1993年诺贝尔经济学奖得主道格拉斯·诺斯（Douglass C. North）将制度定义为"人类设计的、构造着政治、经济和社会相互关系的一系列约束"，它"由非正式约束（道德约束力、禁忌、习惯、传统和行为准则）和正式的法规（宪法、法令、产权）所组成"。④ 所以，作为非正式约束的伦理与正式的法规具有制度上的相容性。伦理道德是诚信的起点，诚信包含着制度化的本义，而制度本身就"内蕴着一定的伦理追求、道德原则和价值判断"⑤。然而，伦理毕竟不是具有强制约束力的正式制度，因而缺乏令社会公众服从和遵守的权威性，伦理范畴的诚信主要依赖于"自律"的约束，在遭到背弃之后也只能依靠舆论压力和道德谴责作为救济之道，难以起到预防和惩戒的作用。如果不能将诚信纳入法治范畴，诚信就将陷入纯粹以伦理道德支撑的岌岌可危之境。

---

① 参见李涛：《法律专家："诚信入法"应注意法律规范性条款的可操作性》，载《中国食品安全报》2012年7月12日。
② 参见朱亚玲：《诚信：社会主义市场经济伦理的内在需求》，载《兰州交通大学学报》2009年第5期。
③ 参见吴宗友：《诚信对经济场域的构建功能》，载《云南民族大学学报（哲学社会科学版）》2009年第6期。
④ 参见李兴耕等主编：《当代国外经济学家论市场经济》，中共中央党校出版社1994年版，第49页。
⑤ 方军：《制度伦理与制度创新》，载《中国社会科学》1997年第3期。

(二) 信息不对称和信息劣势的存在决定了将诚信纳入法治监管的必然性

信息不对称(information asymmetry)作为信息经济学的基本假设之一,深刻影响着证券期货交易的公平性。信息不对称是指,市场经济中交易双方在严重影响交易行为及其后果的信息拥有程度上是不对称的。① 信息不对称所引发的可能结果之一就是道德风险(moral hazard)②,而道德风险的存在决定了诚信危机几乎不可避免。由于证券期货市场中信息不对称的普遍存在,掌握信息比较充分的交易者在交易中往往处于比较有利的地位,而信息贫乏者则基本处于不利的地位,这种信息占有上的"贫富分化"现象在某种意义上造成了交易公平性的缺失。源于证券期货市场中的信息不对称,拥有内幕信息而具有信息优势的交易者可能出现市场操纵行为,此类交易者可称之为"市场操纵者"。而那些不掌握内幕信息、只拥有共同的普通市场信息的交易者可称之为"市场追随者"。市场操纵者由于信息上的优势,可以操纵市场行情,使其向着利己的方向变动,从而得以获利脱身。③ 受证券期货"零和交易"的性质决定,市场操纵者的所得必定来自市场追随者的损失,信息获得上的优劣之分造就了交易结果上的不公平。

信息不对称已经成为证券期货市场上一部分人获利的手段,造成了对广大投资者利益的损害,违背了资本市场"三公原则"④。证券期货交易是信息的交易,而诚信监管的核心就在于信息监管。通过将个人、机构等相关信用信息利用现代电子技术搜集和汇总起来,形成具有实时反映功能的诚信档案数据库,实现诚信信息的可得、共享与流通,使交易者通过诚信信息筛选潜在交易对象,从而减少交易中的不公平现象。同时,监管部门对于证券期货交易失信行为的"零容忍"和严厉惩戒,也能够在一定范围内抵消依靠内幕交易、市场操纵等行为获取的利益,从而实现对于市场追随者和守信者的心理补偿。因此,如果说诚信在伦理学上的逻辑起点决定了将其纳入法治监管的必要性,那么经济学上的信息不对称则决定了诚信监管法治化的必然性。

---

① 参见李必强:《信息不对称与人的经济行为》,载《中国地质大学学报(社会科学版)》2006年第6期。
② 道德风险是20世纪80年代西方经济学家所提出来的一个经济哲学范畴的概念,系指从事经济活动的人在最大限度地增进自身效用的同时做出不利于他人的行动。
③ 参见高鸿桢、林嘉永:《信息不对称资本市场的实验研究》,载《经济研究》2005年第2期。
④ 参见黄震:《证券市场中信息不对称问题研究》,载《山东社会科学》2002年第5期。

(三) 诚信的法制精神与法的功能决定了将诚信纳入法治监管的可行性

市场经济是契约经济,遵循等价交换的原则。① 现代市场经济条件下的诚信建立在契约的基础之上,"体现了平等、自由与正当权利的法制精神"②。诚信所具有的法制精神决定了将诚信纳入法治监管范畴的可行性。诚信监管的实质在于信息监管,证券期货市场信息披露制度就是对信息不对称的制度性矫正。通过对相关主体信息披露义务的强制性规定,信息劣势一方得以通过披露的信息获得与信息优势一方大体对称的信息地位,从而在一定程度上保证交易的公平性。然而,即便如此,在证券的发行与上市、交易、上市公司重组等环节仍然存在着大量的信息不对称现象。此外,信息混淆以及证券期货市场政策变动的信息不对称也依然构成交易者的信息障碍。

证券期货市场交易者的交易动机来源于对自身利益的追求。而关于利益,美国社会学法学创始人罗斯科·庞德(Roscoe Pound)认为:"我们必须以个人对享有某些东西或做某些事情的要求、愿望或需要作为出发点","在法律科学中,我们把这些要求、愿望或者需要称为利益"。③ 由于信息不对称以及信息障碍的普遍存在,证券期货市场交易者在追求自身利益的过程中发生利益冲突在所难免。利益冲突是"利益主体基于利益差别和利益矛盾而产生的利益纠纷和利益争夺"④,其实质则在于"权利与义务、利益与责任失衡的冲突"⑤。在证券期货市场上,处于信息劣势的交易者作为弱势一方,具有利益实现上的困难,需要通过法律给予特别保护。信息不对称所引发的利益冲突是导致证券期货市场失信行为频发的重要原因,利益冲突的妥善解决有利于从根本上抑制失信现象。

亚里士多德认为,"法是最优秀的统治者"。而庞德也认为,法的功能就在于调节、调和和调解各种错杂和冲突的利益。⑥ 法与利益之间的天然联系决定了其对于解决利益冲突的必然性。证券期货市场信息不对称和利益冲突所引发的诚信危机,还有赖于法律的调整和法治手段的运用。法律作为由国家制定、认可并由国家强制力保证实施的正式规范,通过改变市场参与者的权利、义务分配,

---

① 参见郭长军:《公平正义与诚信》,载《吉林师范大学学报(人文社会科学版)》2011年第6期。
② 李长健、伍文辉:《和谐社会建构的现实困境与法治思路研究——以诚信为逻辑起点》,载《政法学刊》2006年第2期。
③ 参见〔美〕罗斯科·庞德:《通过法律的社会控制》,沈宗灵译,商务印书馆1984年版,第35页。
④ 赵震江主编:《法律社会学》,北京大学出版社1998年版,第250页。
⑤ 朱未易:《中国社会阶层利益冲突的法律调整机制》,载《江苏社会科学》2008年第4期。
⑥ 参见屈广清、王秋玲:《弱势群体特殊保护的法理分析》,载《福建政法管理干部学院学报》2007年第2期。

"强制信息优势方披露信息、赋予信息劣势方知情权以减少信息不对称"①,实现对于弱势一方的倾斜性保护,从而起到缓解利益冲突,纠正失信行为的作用。

在证券期货市场上,难免有交易者不守诚信,隐蔽甚至明目张胆地践踏诚信,尽可能越过法律规则所许可的最大边界,游走于合法与违法的边缘,其之所以行不由衷、违心地遵守法律,仅因摄于法律背后的强制力。②尽管这并非法之本意,但也是无奈现实的最好结果。因此,证券期货市场的诚信监管还需以法律作为保障,还需以法治作为实现的手段。可见,将诚信纳入法治监管具有深厚的法学底蕴,诚信监管的法治化是"自律"与"他律"的结合,是伦理与公平的统一,是道德正义与法律良知的合体。

三、证券期货交易诚信监管法治化的实现路径

资本市场的繁荣发展有赖于投资者在证券期货交易中的广泛参与,后金融危机时代,中国如何进行证券期货市场的诚信监管以及实现诚信监管的法治化,无疑将考验监管者的智慧与水平。作为资本市场监管制度,诚信监管法治化的实现无疑将是一个历史的进程,但这并不妨碍对其实现的路径进行探索与追求。

(一)证券期货市场诚信监管的法治化以稳定的制度预期为实现前提

诚信本属于伦理道德的范畴,在现代市场经济条件下演化为一种内生的市场德性。③ 对诚信的监管体现了国家干预的作用,而经济法的基本原理决定了国家干预"需要法律授权,需要法律保障,需要法律规制"④。因此,实现诚信监管的法治化,首先必须完善相关立法,解决监管的法律依据问题,为市场相关主体提供一个稳定的制度预期。

《诚信管理办法》作为一部部门规章面临着与相关法律的衔接问题。证券期货交易以及上市公司是诚信监管的重要内容,《证券法》《公司法》以及2022年4月通过的《期货和衍生品法》等法律也是证券期货市场诚信监管的重要依据。源于我国的立法风格,《证券法》《公司法》等证券期货市场重要法律总体比较原则化,法律规定的粗疏之弊虽可由政策予以解释、细化和弥补,但政策的灵活性和

---

① 闻德锋:《论信息不对称的经济法规制》,载《河南师范大学学报(哲学社会科学版)》2004年第4期。
② 参见张国钧:《内生的市场德性:自由·公平·诚信》,载《华中科技大学学报(社会科学版)》2010年第1期。
③ 同上。
④ 漆多俊:《经济法基础理论》(第四版),法律出版社2008年版,第19页。

主观性未免冲淡法律的严肃性,而且政策有时难免短视,缺乏慎重和长远的考虑。源于法律位阶的低下,《诚信管理办法》在与其上位法发生冲突之时,只能放弃或修改冲突条款实现法律的协调一致,这也使得诚信监管制度处于一种不太稳定的状态。因此,必须通过不断完善诚信监管立法,才能解决诚信监管的法律依据问题,为诚信监管法治化的实现提供一个稳定的制度预期。

证券无纸化和网上证券交易的发展是推动完善诚信监管立法的另一原因。证券期货市场现行监管制度建立在一般证券交易活动基础之上,其监管的手段与方式已不适应对于网上证券交易的监管。而网上证券交易的电子化及虚拟性、自由和开放性、跨国性以及迅捷性都对传统的证券交易制度和监管体制造成了冲击,其中影响最为深远的当属信息披露制度。网络的运用在降低了信息披露成本和提高了信息披露及时性的同时,也增加了信息甄别、筛选以及信息披露不实的责任认定难度,这一切都需要对原有的信息披露规则进行不断调整。[①]诚信监管作为信息监管,信息披露规则的调整要求诚信监管制度作出回应,因而必须通过不断完善立法才能为诚信监管提供充分、有效的法律依据,使诚信监管有法可依,也才具有实现法治化的可能性。

(二) 证券期货市场诚信监管的法治化以严格的法律依从为实现基础

立法的完善能够解决诚信监管的法律依据和制度预期问题,然而诚信监管的法治化还必须以严格的法律依从作为其实现基础。事实上,实现"有法可依"并不难,难的是如何做到"有法必依"。明代政治家张居正在上疏明神宗实行考成法时提到,"天下之事,不难于立法,而难于法之必行"[②]。有法而不依,不仅是对立法资源和立法成本的浪费,还会造成人们对法律必要性的质疑,这无疑是法律的悲哀。法律实施的难度并不低于法律的制定,这与法治传统缺失的背景有关,也与社会转型期的博弈密不可分。[③]

诚信监管是对证券期货市场主体诚信行为的监管。"监管"一词本身就带有强烈的权力色彩,以至于在形式上容易被误认为依"权"监管而不是依"法"监管。尽管诚信监管确实需要"权力",但"权力"只是使监管者的监管行为和决定得到遵守与服从的必要手段,况且这种"权力"本身即来源于法之授予,是法的外在表现形式,服务于法的目的。然而,现实中,权力的膨胀欲望往往导致监管权异化,

---

[①] 参见冯果等:《网上证券交易法律监管问题研究》,人民出版社2011年版,第27—35页。
[②] 完整语句是:"天下之事,不难于立法,而难于法之必行;不难于听言,而难于言之必效。"
[③] 参见范正伟:《有法可依是方位,有法必依是方向》,http://news.xinhuanet.com/comments/2011-03/11/c_121174261.htm,2012年9月26日访问。

成为凌驾于法律之上的权贵,扭曲了监管的应有之义。"权力寻租"成为高悬于证券期货市场诚信监管制度之上的"达摩克利斯之剑",时刻考验着监管者的意志,威胁着监管法律的权威性。

诚信不仅应作为被监管者的约束与要求,更应作为基本的职业操守而为监管者所自觉、自愿遵守。因此,实现诚信监管的法治化,还需建立在监管者依法监管的基础上。依法进行诚信监管,首先要使监管权回归服务法律目的的原来轨道,强调依"法"监管而非依"权"监管,以改善诚信监管中的权力寻租现象,从监管者的角度增强证券期货市场诚信度;其次要在防止监管者滥用监管权的同时,避免监管者懈怠监管责任,从而消除或减少证券期货市场诚信监管不足和监管真空问题;最后要求监管者在监管的每一环节都严格遵守法律的规定,以法律作为监管的唯一依据和准绳,以克服诚信监管过程中的主观性和随意性,保证法治监管的权威性、严肃性和正当性,为诚信监管的法治化提供一个坚实的实施基础。

(三) 证券期货市场诚信监管的法治化以良好的社会评价为实现条件

根据法经济学派的贝克-斯蒂格勒模型,"最优的法"具有最好的阻吓作用。[①] 所谓"最优的法",是指法律的内在完备性,即法律的制定要足够清楚、毫不含糊,使得每个个人、每一法官对于法律都有相同的认识。显然,这种"最优的法"在现实中不可能实现,社会的无穷变化和法律的相对稳定决定了现实中法律的不完备性。法律不完备的本性要求以其他方式或其他制度改善法律效果,而引入监管机构进行主动式执法便具有改善法律效果的功能。[②]

就我国证券期货市场而言,法律不完备性表现得更为突出。诚信监管的提出作为一种制度创新无疑具有改善法律效果的潜能,然而这种潜能的发挥与否还取决于监管者执法的严格性。法律执行的严格与否决定着诚信监管法治化的成败关键,而现实中"人情监管"等监管乱象的存在在一定程度上威胁着诚信监管执法的难度。诚信监管作为金融监管的一部分,其核心实际上就是一个执法过程,包括依法检查和处罚两个阶段。人情监管的存在,使得被监管者得以通过事实上的贿赂效应和人质效应对监管行为形成掣肘,造成监管者的执法行动瞻前顾后,难以做到秉公执法,因而相应的检查和处理措施亦难以有效落实。人情监管只是监管乱象的一角,现实中金钱、权力、关系的影响都可能造成诚信监管

---

① 参见白雪飞:《法的缺位与金融监管模式选择》,http://article.chinalawinfo.com/article_print.asp？articleid=22483,2012 年 9 月 28 日访问。
② 参见许成钢:《法律、执法与金融监管——介绍"法律的不完备性"理论》,载《经济社会体制比较》2001 年第 5 期。

目的的落空。这种现象的可能存在不仅将直接影响证券期货市场诚信监管的效率和权威,还将导致许多本可避免或能够减少损失的问题不能被及时发现和解决,从而使得违法违规活动愈发无所顾忌。①

法的创制是实现法治的前提,法的依从是实现法治的基础,而法的执行则是实现法治的关键,严格执法能够为诚信监管创造良好的社会评价,从而使诚信监管法治化的实现条件得以成就。诚信监管的法治化在本质上要求监管者必须严格执法,防范和杜绝监管中的人情监管等监管乱象。严格地进行诚信监管,就是要实现执法的正确性、合法性和及时性,使立法的意图完全实现,使执法的纯洁性得到保证,使执法的诸种功能得以充分展示。②《诚信管理办法》第五章对诚信监管机构的监督与管理作出了明确规定,作为监管者的诚信监管机构是否能够依法严格执行尚待实践检验。

(四)证券期货市场诚信监管的法治化以适当的惩戒机制为实现保障

现代市场经济的土壤既培育了诚信原则,也滋生了失信现象,失信问题成为困扰证券期货领域的固有顽疾,不仅市场层面如是,监管层面也面临着同样的问题。不同的是,前者已为人们所深刻认识和了解,而后者却未引起应有的重视与关注。实现诚信监管的法治化,违法惩戒是其重要保障。这里的违法惩戒,不仅针对作为被监管者的证券期货市场主体,还包括证券期货市场监管者。应该说,《诚信管理办法》已经为证券期货市场主体失信行为设定了严格的惩戒机制。诚信档案的建立和使用、失信行为"零容忍"以及"一处失信、处处受限"的诚信监管体系,使证券期货市场主体的失信行为无所遁形,监管者对于被监管者的违法惩戒始终保持着高压态势。③ 然而,在证券期货市场监管领域,权力寻租的欲望和个人私利的膨胀也可能催生监管内部的违法失信行为。从诚信监管制度对于主板和创业板发审委、并购重组委等委员和专家遴选中有失信记录者实行"一票否决"的规定可以窥见,监管部门已经意识到对监管者自身进行诚信约束和失信惩戒的必要性。

激励与惩戒构成了经济秩序维系力量的两极。市场经济提供了高强度的激励机制,但如果缺乏相应的惩戒制度,市场经济必定陷入混乱。随着经济市场化

---

① 参见孙世重:《人情监管的道德风险:成因及其防范——对我国金融监管低效率问题的一个新解释》,载《河南金融管理干部学院学报》2003年第2期。
② 参见祝珍明:《严格执法释义》,载《时代法学》1999年第1期。
③ 参见孙世重:《人情监管的道德风险:成因及其防范——对我国金融监管低效率问题的一个新解释》,载《河南金融管理干部学院学报》2003年第2期。

程度的提高以及法制社会的深入人心,惩戒制度愈发彰显出其独立于激励制度之外的价值所在。① 如果说诚信激励从自律的角度实现了诚信监管,那么失信惩戒则是以法治的力量促使诚信与司法对接。对市场主体和监管内部违法失信行为的惩戒,作为一种具有否定意义的法律评价,将承担法律责任作为行为人违法失信的成本。法律的强制力赋予了违法惩戒不可抗拒性和相当的威严性,从而使市场主体和监管者因惧于这种威严而尽量避免违法失信。相对于激励和引导机制对于诚信所具有的正面效应,对违法失信行为的惩戒制度将会使相关主体产生一种"违法不值"的心理预期,从而从反向上刺激相关主体践行诚信义务,因此与诚信激励机制相得益彰,成为实现诚信监管法治化的重要保障机制。

四、结　　语

在我国资本市场四十余年的发展历程中,诚信与失信现象始终相伴而生。证券期货市场作为资本市场的重要组成部分,长久以来承受着失信顽疾的困扰。诚信的缺失不仅威胁着证券期货市场的健康发展,也日渐侵蚀着证券期货市场的制度根基。诚信监管正是我国改善证券期货市场信用机制,进行金融监管制度创新的结果。创新作为对传统观念、理论、体制、技术的革命性扬弃②,其本身就是一种创造性的活动,因而比之传统具有更为强大的适应性和生命力。作为资本市场制度创新的诚信监管如能实现法治之治,将有望成为治愈失信顽疾的一味"新药",使我国资本市场的面貌焕然一新。令人欣喜的是,近年来资本市场已在不断完善优化诚信建设。在新《证券法》和注册制实施的背景下,2022年5月,中国证券业协会发布了《证券行业诚信准则》和《证券行业执业声誉信息管理办法》两个重要的自律性诚信规则,从内外两个方面完善证券行业诚信管理。③ 目前,我国已基本形成符合资本市场特点的诚信建设体系,初步建立起以资本市场诚信法律规章制度为依据,以资本市场诚信数据库与查询平台为基础,以健全部际信息共享与联动奖惩机制为核心,以行业诚信建设与宣传教育为支撑的诚信监管制度。④ 在诚信监管及其法治化的保障之下,我们充分确信未来一定会形成崇信守法、规范透明的证券期货市场新格局。

---

① 参见朱方明、贺立龙:《惩戒制度与经济秩序》,载《社会科学研究》2007年第3期。
② 参见马宏伟:《经济发展与制度创新》,载《经济评论》2003年第1期。
③ 参见杨毅:《证券行业诚信建设迎来重要自律规则》,载《金融时报》2022年5月25日。
④ 参见何玲:《诚信建设夯实资本市场稳定健康发展基石——访中国证券监督管理委员会首席律师兼法律部主任焦津洪》,载《中国信用》2021年第2期。